Lars Meyer-Waarden

La Fidélisation client

Stratégies, pratiques et efficacité des outils du marketing traditionnel

Préface de Laurent Battais et Christophe Benavent

Collection éditée avec la Fondation nationale pour l'enseignement de la gestion des entreprises

FNEGE

Vuibert

ISBN 2 7117 6966 6

Une collection FNEGE

La Fondation nationale pour l'enseignement de la gestion des entreprises a été créée en 1968, avec l'aide des pouvoirs publics et des entreprises, pour développer en France un véritable enseignement de gestion dispensé tant dans les universités que dans les écoles supérieures de commerce. Pour atteindre cet objectif, elle a aidé plus de 1 500 enseignants à se former, soit en France soit à l'étranger.

Aujourd'hui, la FNEGE poursuit sa mission en donnant l'occasion à de jeunes chercheurs de se perfectionner dans le cadre de son Centre européen de formation à la gestion, le CEFAG.

Cette institution vise à former les futurs professeurs par la recherche sur l'organisation des entreprises. Elle permet chaque année à des doctorants en sciences de gestion, lors de séminaires, de compléter et d'approfondir leurs savoirs dans certaines disciplines, notamment en épistémologie, statistiques, mathématiques appliquées.

L'idée de publier des livres sous le patronage de la FNEGE est née de la volonté de diffuser le plus largement possible le contenu de ces rencontres. Quant au fondement intellectuel qui anime ce projet éditorial, il peut se résumer ainsi : la gestion est une « science de l'action » à part entière et non pas un simple ensemble de méthodes et de techniques d'observations empruntées ici ou là.

Il s'agit de mettre à la disposition des gestionnaires, qu'ils soient enseignants, praticiens ou étudiants en troisième cycle, les contributions dispensées lors de ces séminaires du CEFAG par les meilleurs spécialistes français et européens. Les ouvrages restituent dans un cadre théorique les pratiques managériales. Ils apportent à la fois une réflexion interdisciplinaire sur les fondements des sciences de gestion, une mise à jour des connaissances dans les grands domaines du management et une ouverture sur de nouvelles perspectives.

Outre ces ouvrages collectifs, la collection publiera régulièrement des thèses de gestion. La FNEGE veut ainsi faire connaître les meilleures recherches françaises sur l'entreprise avec des approches variées et des points de vue originaux.

Jean-Claude Cuzzi
Secrétaire général de la FNEGE

À Patricia
Für Lisa
Für meine Eltern

Sommaire

Préface

Laurent Battais et Christophe Benavent

La fidélisation est l'une des priorités des stratégies marketing sur les marchés matures. Que l'on soit distributeur ou industriel, on se doit de consacrer une part importante de ses ressources marketing à l'amélioration de la fidélité de ses clients.

Depuis le début des années 1990, les distributeurs ont initié des programmes de fidélisation, qui se sont généralisés au début de cette nouvelle décennie à travers le support des cartes de fidélités. Ces programmes qui se sophistiquent dans leur approche du client, génèrent des coûts croissants autant sur le plan informatique que sur le plan marketing. Mais les enjeux sont à la hauteur de ces investissements. Le gain de quelques dixièmes de point de fidélité pour une enseigne représente plusieurs centaines de millions d'euros sur les marchés de grande consommation.

Ce livre est issu d'une thèse qui a reçu, respectivement de l'Association Française de Marketing (AFM) et puis de la FNEGE, le prix de la meilleure thèse de doctorat en marketing ainsi qu'en sciences de gestion de l'année 2002.

Il a le mérite de présenter une recherche particulièrement innovante parce que cette thèse ne se contente pas d'analyser et de décrire les stratégies et les programmes de fidélisation, mais elle cherche à en quantifier les bénéfices sur le chiffre d'affaires des distributeurs. Cette recherche qui s'appuie sur les nouvelles approches de modélisation allie à la fois le caractère scientifique de ce type de travaux et l'opérationnalité qui séduira les professionnels du marketing.

L'avenir de ces politiques de fidélisation passe en effet par une meilleure identification du retour sur investissement de chaque action mise en place et du programme de fidélisation dans son intégralité. Mesurer le retour sur investissement permettra de supprimer les actions les moins efficaces et d'augmenter les ressources pour celles qui le sont plus. Il est en effet important de contrôler pour tous ces nouveaux programmes, l'efficacité en terme de chiffre d'affaires additionnel. Tout d'abord pour l'enseigne ; un programme de fidélisation a-t-il un rôle de conquête en augmentant la fidélité des clients occasionnels ? Ou est-ce un mécanisme de défense qui permet à l'enseigne de maintenir sa performance auprès de ses clients principaux (qui par ailleurs représentent la plus grande part de son chiffre d'affaires) ?

Ensuite, pour les fabricants, qui sont de plus en plus associés aux opérations de fidélisation développées par la distribution au travers des baisses de prix ou des remises proposées sur une sélection de produits. Ces opérations ont-elles un véritable effet sur le volume des marques et si oui quel est-il ? Là encore les mesures des panels consommateurs et distributeurs devront prendre en compte les nouveaux outils promotionnels que constituent les cartes de fidélité.

Mesurer le retour sur investissement des programmes de fidélisation est un enjeu à la fois pour les distributeurs et pour les industriels ; c'est aussi un outil à mettre à disposition des relations entre l'industrie et le commerce pour permettre une meilleure efficacité des opérations trade-marketing et un renforcement des partenariats entre industriels et distributeurs.

Les investissements consacrés au programme de fidélisation vont progressivement devoir intégrer des outils et des études permettant de mesurer précisément l'efficacité et la rentabilité des actions entreprises. Les premiers à investir dans cette voie auront un avantage concurrentiel certain qui se traduira dans leurs performances nationales et ce livre a le mérite de définir des méthodes d'analyses et d'en présenter des premiers résultats.

Ces premiers résultats conduisent à des points de vue nuancés, et montrent qu'en matière de fidélisation, la conduite des programmes exige une réflexion stratégique affinée, qui se construit sur la base d'une analyse fine des effets à la fois en terme de modification durable des comportements moyens, d'auto-segmentation des porteurs de cartes, et de qualité de l'animation du programme. Le choix du niveau de couverture, la définition de la cible principale, la nature et l'intensité des récompenses, la fréquence des contacts et des stimulations apparaissant comme les principaux paramètres de cette stratégie. Ce livre ne donne pas de recette, ni de formule magique, mais en définissant de manière détaillée et solide les concepts clés de la fidélisation, en s'appuyant sur des méthodes robustes, et des données de qualité, il permettra au praticien de mieux penser ses programmes, et au chercheur de mieux orienter son travail.

Un dernier mot doit être consacré aux conditions qui ont permis à cette recherche d'aboutir de manière fructueuse. Il s'agit d'une collaboration exemplaire entre universitaires et professionnels. En apportant, pour les uns, une connaissance théorique accumulée dans les revues scientifiques, des méthodes pointues, une exigence conceptuelle aiguë, et pour les autres des données réalistes, que seul un outil de mesure industriel permet d'obtenir, mais aussi une connaissance concrète des pratiques de l'industrie et une perception fine des problématiques rencontrées par les acteurs du marché, tous les éléments étaient réunis pour qu'un chercheur talentueux, puisse ouvrir un nouveau chapitre dans le grand livre du marketing, et contribuer ainsi aussi bien à une connaissance fondamentale et académique, qu'aux savoirs faire pratiques des professionnels.

Laurent Battais
Directeur général Marketing Scan

Christophe Benavent
Professeur à l'IAE de Pau
et des pays de l'Adour

Avant-propos et remerciements

La fidélisation et la gestion de la relation client, cherchant à créer une relation pérenne entre le consommateur et l'entreprise, sont aujourd'hui pour de nombreuses entreprises des priorités pour contrer la concurrence sur des marchés saturés. Elles s'inscrivent dans des démarches visant à retenir les meilleurs consommateurs et justifient des investissements considérables dans des outils de fidélisation, avec l'objectif de diminuer le « zapping » des consommateurs.

Mais, trop souvent, sont lancés des programmes qui ne correspondent pas à une stratégie pertinente d'une meilleure connaissance réciproque entre le client et l'entreprise. La conséquence est une surenchère féroce pour gagner la faveur des clients et une multiplication des programmes de fidélisation qui se ressemblent et se banalisent. La rentabilité de ces programmes semble plus qu'aléatoire, et l'absence de réflexion stratégique leur interdit toute pérennité. Des questions essentielles se posent ainsi : les consommateurs deviennent-ils réellement plus fidèles au travers des systèmes récompensant leur attachement? Ces programmes attirent-ils les plus gros clients de la firme ? Permettent-ils de créer un avantage concurrentiel durable ? Qui fidéliser ? Quand ? À quoi ? A la marque ? Au produit ? Au point de vente ? Comment évaluer la rentabilité de la fidélisation ? Quel est l'apport des nouvelles technologies ?

Donner des réponses à ces questions pour aider à concevoir une stratégie de fidélisation client efficace et rentable est l'objectif principal de ce livre, qui est issu d'une thèse de doctorat en sciences de gestion préparée à l'IAE de Pau ainsi que l'université de Karlsruhe en Allemagne. Il réunit une synthèse des travaux développés dans le monde entier et des éléments sur les stratégies et pratiques actuelles de la fidélisation à partir d'une analyse d'une centaine de cas d'entreprises internationaux. Ensuite, l'efficacité de plusieurs programmes de fidélisation est mesurée et illustrée à partir des bases de données magasin, issues de la grande distribution généraliste française croisées avec le marché test *BehaviorScan* de la société MarketingScan, un des leaders mondiaux d'outils de panel.

Dans ce contexte, l'auteur introduit les lecteurs à de nombreuses méthodes d'analyse du comportement d'achat, particulièrement intéressantes pour les responsables marketing pour évaluer des stratégies marketing: le modèle Dirichlet, qui fournit des diagnostics, parfaitement complémentaires aux informations fournies par les entreprises de panel, permettant une meilleure compréhension des phénomènes de l'achat répété.

De nombreux indicateurs de mesure de la fidélité, directement observables dans les bases de données marketing, ainsi que des outils économétrique de mesure, comme les analyses de variance à mesure répétée et les analyses de survie, sont également proposés dans un but de réaliser des segmentions des clients en fonction de leur potentiels, comportements et attentes. Ces indices peuvent être facilement intégrés dans des procédures de segmentation déjà existantes, de type RFM[1] ou de la valeur actualisée client (Lifetime Value). Dans ce contexte, la méthodologie, allant d'un diagnostic général au niveau agrégé, à celui qui est le plus désagrégé, semble être particulièrement complète et opérationnelle pour les entreprises, désirant de mettre en place un marketing relationnel.

C'est ainsi qu'une des principales recommandations de ce livre est justement l'utilisation de la richesse des « data warehouses » (donnant la possibilité de suivre chronologiquement le comportement d'achat des clients) qui constituent l'élément de base, permettant d'établir cette relation entre les clients et l'entreprise, tant revendiquée par les praticiens et les chercheurs du marketing relationnel. En concluant sur les perspectives de la fidélisation, ce livre donne des conseils pratiques pour réussir la mise en oeuvre de la gestion de la relation client.

Comme je l'ai précisé plus haut, une partie des résultats publiés dans cet ouvrage provient du panel *BehaviorScan* de MarketingScan et d'une base de données d'un distributeur français souhaitant rester anonyme. Je remercie ces sociétés de leur encouragement et de leur contribution et en particulier Laurent Battais, directeur général de MarketingScan et Helen Zeitoun, directrice générale GfK-Sofema. L'intérêt de cet ouvrage tient justement dans l'étroite collaboration qui s'est développée entre le monde de l'université et celui des entreprises. C'est dans ce contexte, que je remercie les distributeurs Leclerc, Casino (Damien Demaisoneuve) et la chaire Auchan (Adilson Borges et Renaud Sore-Larregain), pour leurs conseils précieux ainsi que leur financements respectifs de ce travail.

À cet endroit, je profite également pour exprimer mes remerciements à un grand nombre de spécialistes du domaine pour leurs conseils respectifs à ce travail sans lesquels je n'aurais jamais pu écrire ce livre. En particulier, je suis reconnaissant à mes directeurs de thèse, les professeurs Christophe Benavent, de l'IAE de Pau et Wolfgang Gaul, de l'université de Karlsruhe en Allemagne. Ma gratitude va aussi aux professeurs Byron Sharp et Cam Rungie, de l'université de South-Australia à Adelaide, pour leurs précieux conseils lors de la mise en place du modèle Dirichlet. Un merci aux professeurs Francis Salerno et Michel Calciu, de l'IAE de Lille, qui m'ont introduit aux techniques du marketing relationnel au sein de la formation du magistère du marketing direct, il y a une dizaine d'années. Je remercie aussi le laboratoire de gestion et cognition ainsi que le professeur Robert Descargues pour leurs soutiens. Merci aussi à Frédéric Popiolek de Dataconnexion, avec qui j'ai pu tester un certain nombre d'idées. Ma reconnaissance va également au CEFAG et ses intervenants (en particulier le professeurs Raymond-Alain Thiétart et Pierre-Louis Dubois) dont les conseils scientifiques et séminaires en méthodologie m'ont été fortement utiles pour l'élaboration de ce travail. Enfin, je remercie la FNEGE de me donner la possibilité de publier mon travail aux éditions Vuibert.

1. Recency, Frequency, Monetary.

Introduction

Les distributeurs et industriels sont souvent écartelés entre le souci de fidéliser les clients et un usage bien ancré de la promotion, qui incite au zapping entre les magasins et les marques. En effet, les clients fidèles constituent le fonds de commerce de la distribution. Ainsi, selon une étude récente réalisée par Sofrès-Distribution (*LSA*, 1999), les 36 % des clients d'un hypermarché considéré comme leur magasin principal représentent 75 % du chiffre d'affaires en dépensant en moyenne 325 € par mois. Les enseignes poursuivent alors une double stratégie : créer du trafic, en privilégiant les grandes promotions, et fidéliser, en misant sur des gammes de produits claires et en utilisant des programmes de fidélisation. L'objectif des distributeurs est ainsi de modifier favorablement le comportement d'achat des consommateurs de manière à ce que ces derniers augmentent en même temps leur fréquence d'achat, leur taux de nourriture ainsi que leurs paniers moyens et diminuent le nombre de changements de magasins en faveur des concurrents. Pour atteindre ces buts, les entreprises essaient connaître de la façon la plus précise les besoins de leurs clients à partir de systèmes de fidélisation ou de CRM/GRC (*Customer Relationship Management*/Gestion de la relation client). Les sommes consacrées à ces fins sont considérables et peuvent atteindre jusqu'à 60 % du budget marketing. Effectivement, si l'on regarde le secteur de la distribution en Europe, les coûts liés à la gestion des cartes de fidélité ont été estimés en 1999 à 2,5 milliards d'euros pour 350 millions d'exemplaires émis (*Wall Street Journal*, 2000). Les investissements pour un programme de fidélisation peuvent atteindre des dizaines de millions d'euros, comme l'indique l'exemple de l'enseigne E. Leclerc. En supposant un coût de l'ordre d'un à deux euros pour fabriquer, diffuser, gérer la carte de fidélité et un coût des gratifications de l'ordre de 2 % (parfois plus) du chiffre d'affaires réalisé par les détenteurs, nous arrivons facilement dans une fourchette de six millions d'euros pour la gestion et de plusieurs dizaines de millions d'euros pour les remises (même si l'on pense que les taux de rédemption seront faibles).

De l'autre côté, le cabinet de conseil marketing, OgilvyOne Worldwide, estime que les plus grandes entreprises mondiales perdraient chaque année un chiffre d'affaires d'environ 29 milliards d'euros lié à une mauvaise gestion de leur capital clients (*Wirtschaftswoche*, n° 36, 28 août 2003).

Considérant ces sommes vertigineuses, on peut s'interroger sur l'efficacité des programmes de fidélisation et les facteurs y contribuant. Cette question peut être décomposée en deux aspects :

– Ces programmes modifient-ils de manière substantielle le comportement d'achat des consommateurs ?

– Permettent-ils d'exploiter au mieux les différences existantes entre les consommateurs ?

Pour répondre à ces deux questions, cette étude se donne alors comme objectif d'explorer, dans un premier temps, l'impact des cartes de fidélité sur ce que Chétochine (1992) appelle le marketing « d'entrée », c'est-à-dire la pénétration, la fréquence d'achat, la durée interachat, le taux de nourriture et le marketing « de sortie », en l'occurrence le panier moyen. Dans un second temps, il sera étudié si les programmes de fidélisation ont un effet plus fort auprès de certains consommateurs selon qu'ils sont gros ou petits clients dans le magasin. Cette dernière question tient compte du souci actuel des managers des programmes de fidélisation d'orienter les ressources vers les 20 % des clients qui réalisent 80 % du chiffre d'affaires et d'adapter la politique de fidélisation aux caractéristiques et différences de la population des zones de chalandise.

Avant de présenter les objectifs et la méthodologie de l'étude, nous souhaitons présenter brièvement l'historique des programmes de fidélisation et le contexte de cette investigation avec les facteurs ayant contribué à leur développement.

L'émergence des programmes de fidélisation

Les programmes de fidélisation ne sont certes pas un phénomène récent et ce sont probablement les coopératives nées au milieu du XIXe siècle qui ont précédé les systèmes tels qu'on les connaît aujourd'hui. Puis, il y a cent ans, le programme de fidélisation S&H Green Stamp a été lancé aux États-Unis, dans le cadre duquel les consommateurs pouvaient obtenir des timbres pour chaque dollar dépensé. Une fois obtenu un certain nombre de timbres, ceux-ci pouvaient être échangés contre de la marchandise. Cet état d'esprit a été repris et adapté technologiquement par American Airlines avec le lancement de son programme AAdvantage en 1981, pour contrer la concurrence sur des marchés plutôt stationnaires où un gain de parts de marché n'était possible qu'avec des efforts marketing considérables (Butscher, 1998). En effet, c'est le premier programme de l'ère moderne avec une carte de fidélité « électronique » qui enregistre et stocke les informations individuelles du client. Le mode de fonctionnement est resté quasi inchangé jusqu'à nos jours et le principe consiste à récompenser les meilleurs clients ou ceux qui sont les plus fidèles, par des réductions de prix, des points, des cadeaux. Depuis, les autres compagnies aériennes, mais également les distributeurs, les loueurs de voitures et bien d'autres secteurs ont évidemment très vite imité cette initiative, ce qui a résulté en une concurrence et surenchère féroce (Kearney, 1990). Ainsi, Air France propose la carte Fréquence Plus, Lufthansa le programme Miles and More, British Airways la carte Executive. Le résultat est qu'en 1988 les voyageurs détenaient en moyenne 2,3 cartes de fidélité de différentes compagnies aériennes. En 1993, selon le OAG (Official Airline Guide), ce nombre est passé à 3,1 cartes par voyageur.

Le taux de détention dans la distribution est similaire à celui du domaine du transport aérien, avec 3,2 cartes en moyenne par personne (Retail Advertising and Marketing Association International Chicago, 1999). En effet, en France, en Allemage et aux États-Unis, plus de 50 % des consommateurs appartenaient au moins à un programme de fidélisation en 2000 (source Mc Kinsey, 2000). Le cabinet de conseil Roland-Berger (2003) estime que le nombre de cartes de fidélité distribuées en Allemagne est de 70 millions d'exemplaires pour atteindre 110 millions en 2007 (source *Wirtschaftswoche*, n° 36, 26 août 2003). La situation dans les autres pays européens est similaire.

Figure 1.
Le nombre de cartes distribuées en Europe

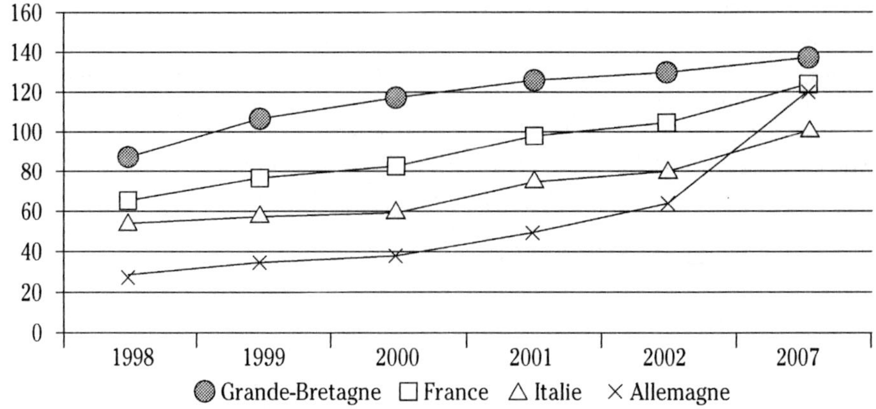

Source : Datamonitor.

Karstadt/Quelle, en Allemagne, a en effet distribué sa carte de fidélité à 7 millions de clients jusqu'en 2003. Le distributeur estime doubler ce chiffre en 2004. Le tableau suivant donne une liste des principaux programmes de fidélisation pour quelques distributeurs français. Par exemple, Intermarché qui lance sa carte le 12 juin 2002 à atteint en 2003 une diffusion à 2,7 millions d'exemplaires.

Tableau 1.
Les principaux programmes de fidélisation des distributeurs français (en 2003)

Programme	Pénétration France (en %)	Nombre de cartes (en million)
Carte Pass	10	1,4
Carte Leclerc	20	1,7
Carte Super U	12	1,0
Waaoh-Auchan	9	1,7
S'Miles-Casino	9	1,5
Carte Champion	8	1,4
FNAC	4	0,8
Carte Intermarché	inconnu	2,7

L'examen des pratiques effectives des entreprises donne une autre idée précise de l'ampleur des programmes de fidélisation. Pour simplement donner une idée, citons cet article du *Monde* [1] (2002) qui évalue la valeur faciale des miles gratuits du transport aérien à plus que la masse des euros en circulation sous forme de billet : « La valeur des 500 milliards de miles en circulation représenterait, selon les évaluations, de 170 à 765 milliards de dollars. »

1. *Le Monde*, 20 août 2002, « Les "miles" aériens, nouvelle monnaie mondiale », par Julien Tiphine.

1. Le contexte

Les chiffres qui viennent d'être exposés montrent que les programmes de fidélisation sont actuellement considérés comme fondamentaux par beaucoup d'entreprises, car ils mettent en œuvre des stratégies marketing défensives de rétention de clientèle, s'appuyant sur la double conviction que retenir un client coûte moins cher qu'en conquérir de nouveaux et que les meilleurs clients sont les plus rentables (Bolton et Drew, 1994). Reichheld (1996) prétend qu'une augmentation du taux de fidélisation de 5 % permettrait d'accroître le profit de 25 à 85 % selon les secteurs d'activité, car une entreprise perd en général entre 15 à 20 % de sa clientèle chaque année. Ces gains attendus ou potentiels de la fidélisation semblent même être plus forts dans le domaine du commerce électronique que dans celui du commerce traditionnel, car les dépenses marketing destinées au recrutement de clients y sont nettement plus élevées.

Même s'il convient d'avoir une certaine distance vis-à-vis de ces chiffres très médiatisés, dont les sources ne sont pas bien établies, il est indéniable que les politiques de fidélisation avec des programmes associés sont devenues une priorité stratégique pour certaines entreprises. Quelles que soient leur efficacité et leur pertinence, ils absorbent désormais des ressources considérables et il convient de remarquer qu'un certain nombre d'idées fortes, développées par la littérature, trouvent leur origine principalement dans deux courants de pensée.

Le premier, relativement ancien, date des années 1980 et est issu du milieu académique (Berry, 1983). Il s'agit du courant du marketing relationnel, stimulé par les problèmes du marketing industriel et des services. Les travaux se désintéressent de la question du choix des marques et mettent au cœur de leur réflexion l'établissement et le maintien d'un lien à long terme entre le client et l'entreprise (Sheth et Parvatiyar, 1995 ; Day, 2000). Ce courant a profondément influencé la théorie et la pratique marketing. Certains chercheurs académiques parlent même de changement de paradigme (Grönroos, 1994 ; Gummeson, 1996).

Le deuxième courant, plutôt normatif, est le fruit des travaux des grands consultants. Il correspond aux travaux sur l'orientation client se préoccupant de la gestion et du maintien de la clientèle et fait émerger les idées de la *« Life Time Value »* (Berger et Nasr, 1998), de portefeuille de clientèle (Wiencke et Koke, 1994) ainsi que du marketing *« One-to-One »* (Peppers et Rogers, 1993). Il se développe aujourd'hui avec les technologies et la philosophie du CRM *(Customer Relationship Management).*

L'émergence des deux courants de pensée, ayant comme préoccupation principale la gestion de la relation client, est le résultat d'une lente évolution de la pratique des entreprises et des réflexions académiques, et surtout d'une transformation des systèmes d'information marketing. Les doctrines et les techniques, élaborées dès les années 1950 correspondaient à une distribution de masse et une communication de masse. En effet, dans cet environnement en forte croissance, les actions marketing se limitaient souvent au recrutement de nouveaux clients, la fidélisation étant le résultat de la rareté de l'offre. Cette organisation semble avoir éloigné l'entreprise de ses clients. Parallèlement, les firmes ont dû faire face à la nécessité de réduire les coûts marketing et de maintenir les parts de marché ainsi que les clients, dans un contexte saturé par une offre pléthorique. Ainsi, depuis une vingtaine d'années, l'idée d'un lien direct entre le client et le fournisseur a réapparu. La fidélisation du client devient un objectif marketing stratégique qui est devenu réalisable grâce au développement des technologies de l'information et de la communication. L'essor dans le domaine technologique est tellement important que Blattberg, Glazer et Little (1994) parlent d'une révolution de l'information marketing. Cette tendance se traduit par la création de nouvelles doctrines marketing, comme le marketing relationnel, le « *One-to-One Marketing* » ou le « *Customer Relationship Management (CRM)* », qui deviennent des dénominateurs communs de cette nouvelle orientation client.

La première conséquence, entre autres défendue par des auteurs comme Vavra (1993), serait un déplacement de la gestion de la transaction, avec comme préoccupation principale la marque ou les produits, vers la gestion de la relation client, visant à optimiser les conditions et le flux des échanges entre les clients et l'entreprise. Cette approche s'opposerait en effet à l'analyse traditionnelle de la part de marché considérant que les ventes augmentent suite à des actions de marketing offensif. Ainsi, l'ère du marketing de conquête serait révolue pour faire place à celle du marketing de la fidélisation, qui semble être une bonne alternative pour défendre les parts de marché en situation de concurrence intense, où les coûts de recrutement sont plus élevés que ceux liés à la rétention.

D'autres auteurs militent vers un dualisme transactionnel-relationnel du processus de gestion marketing, se traduisant d'un côté par des actions offensives visant à étendre la base de clientèle et à développer le niveau de consommation des clients actuels, et de l'autre côté par des opérations défensives destinées à immuniser le portefeuille de clients des actions concurrentielles (Salerno et Calciu, 1997 ; Venor et Zinke, 1998).

Le point commun de toute la littérature est que la fidélisation, correspondant aux efforts défensifs de l'entreprise pour éviter le départ d'un client, est essentielle pour celle-ci dans le contexte économique actuel. Donc, le grand changement dans les mentalités est un éloignement des visions du marché à court terme vers une approche à long terme. L'optimisation de la marge n'a plus pour cible l'acte d'achat mais un flux de transactions réalisées avec un client (De Souza, 1992). Ainsi, plusieurs remarques s'imposent à ce sujet :

• Le point central de l'orientation client est l'établissement d'une relation durable, interactive et individualisée entre le consommateur et le fournisseur, basée sur la confiance et l'engagement, qui devient déterminante pour le choix, car la fidélité ne peut pas être atteinte uniquement par la préférence pour la marque, ni même par la satisfaction ponctuelle à l'égard des produits (Morgan et Hunt, 1994). Mais la relation ne s'arrête pas à ces éléments affectifs ou attitudinaux, elle touche aussi à une dimension informationnelle.

• La revendication principale pour fidéliser est l'élaboration d'une relation d'apprentissage, se nouant entre une entreprise et son client, qui se nourrit d'une remontée d'informations régulières de la part du client et du fournisseur. Cette relation permet à l'entreprise de satisfaire de plus en plus précisément les besoins individuels du consommateur. Des approches de personnalisation de masse *(mass customization)*, rendues possible grâce aux progrès technologiques des systèmes d'information marketing avec l'enregistrement d'informations individuelles sur le client, permettent désormais d'adapter l'offre et de déstandardiser les produits (Deshpande, 1999). Un client ayant investi dans une relation d'apprentissage avec un fournisseur va se heurter à des barrières de changement psychologiques et pratiques lorsqu'il envisagera de s'adresser à un concurrent (Shapiro et Varian, 1999).

• La fidélisation vise d'abord à conserver ou « verrouiller » ses clients, et par la suite à maintenir et intensifier le chiffre d'affaires et le profit.

• Une autre remarque concerne la durée de la relation, ce qui nous renvoie à des modèles de cycle de vie (Dwyer *et al.*, 1987). On doit retenir l'idée de la durée, ensuite celle du changement de nature de la relation au cours du temps. La notion de la durée est parfaitement contenue dans le concept de « *Lifetime Value* », qui tente de reproduire les effets de la rétention et du cycle de vie du client.

• Cependant, chaque client n'est pas éternel, pour des raisons de défection naturelle, d'insatisfaction ou tout simplement de changement de besoin ou de cycle de vie, ce qui nécessite le recrutement permanent de consommateurs. L'acquisition reste nécessaire car les défections de clients sont inévitables (Jones et Sasser, 1995).

Benavent (2002) résume ces idées en trois problèmes marketing à résoudre : acquérir le client en obtenant sa préférence, le maintenir en inhibant le choix, et développer sa consommation à travers une augmentation de la valeur perçue. Dans ce contexte, les programmes de fidélisation peuvent apporter une solution plus structurée et organisée autour du management de la sélection, de la relation et du comportement d'achat des clients, au travers de leurs caractéristiques informationnelles, transactionnelles et relationnelles pour :

- **La gestion de la diversité des clients**

Au centre de la stratégie de fidélisation, se situe la diversité des clients nécessitant des actions de personnalisation et d'individualisation de l'offre en fonction de leurs besoins individuels. C'est dans ce contexte que les programmes de fidélisation offrent la possibilité d'enregistrer, de stocker et de gérer les informations individuelles sur le comportement d'achat des clients grâce à la carte de fidélité, pour établir une relation interactive et individualisée.

La base de données marketing est ainsi un outil stratégique pour gérer l'hétérogénéité du portefeuille client et pour allouer les ressources marketing sur la base d'une sélection des acheteurs, dont la valeur future est la plus importante et dont le comportement d'achat peut être modifié de manière durable. Dans ce contexte, la notion de cycle de vie client conduit à un arbitrage optimal entre les stratégies de recrutement et de fidélisation.

Après avoir segmenté et sélectionné les clients, le programme de fidélisation et la base de données offrent des possibilités quasi illimitées pour construire une relation interactive entre l'entreprise et son client, afin de pratiquer la discrimination par les prix à un niveau individuel et la personnalisation de l'offre. L'analyse des cycles de vie et du comportement d'achat passé permet de donner désormais une allure moins anonyme à la relation en fonction des avantages recherchés du client.

Cependant, O'Brien et Jones (1995) avancent que certains secteurs ou structures de marché s'apprêtent plus à l'emploi d'un programme de fidélisation. Par exemple, dans le secteur de la grande distribution qui est caractérisée par un grand nombre de consommateurs anonymes et très hétérogènes effectuant des transactions fréquentes mais de faible valeur, l'entreprise a peu connaissances sur les clients. Les programmes de fidélisation semblent alors appropriés dans ce cas de figure et offrent d'importantes perspectives dans la gestion de la diversité des clients et de la discrimination des offres.

- **La gestion de la relation pour modifier le comportement d'achat**

La fidélisation s'inscrit dans des stratégies qui visent d'abord à conserver ses clients, et par la suite, sur une base de clients établie, à augmenter la valeur du client. Un programme de fidélisation efficace doit alors permettre par ses caractéristiques intrinsèques d'attirer dans un premier temps de nouveaux consommateurs intéressants quant à leur futur flux de revenus. Puis, il doit gérer dans le temps la relation avec le client et augmenter sa valeur perçue pour le maintenir dans une optique de modification durable de son comportement d'achat, se traduisant par des fréquences d'achat, des paniers, des taux de nourriture et un niveau de fidélité plus élevés.

À ce moment, il convient de distinguer la fidélité et la fidélisation. La première notion est une qualité attribuable directement au client, la seconde est la mise en place de politiques spécifiques par l'entreprise pour obtenir la fidélité du consommateur. Ainsi, pour fidéliser, un programme de fidélisation peut agir sur globalement quatre antécédents de la fidélité qu'il convient d'identifier. Les deux premiers déterminants ont l'objectif de créer et renforcer la préférence :

– l'évaluation post-achat positive conduit à la satisfaction des attentes (Lababera et Mazursky, 1983 ; Rust et Zahorik, 1993), ce qui renforce les attitudes positives (Jacoby et Chestnut, 1978) ;

– l'évaluation de la relation entre le client et l'entreprise aboutissant à la confiance et à l'engagement (Morgan et Hunt, 1994).

Si l'avantage de la fidélité recherchée par la préférence ne peut être maintenu [2], il devient nécessaire d'envisager une autre manière de maintenir cette situation de quasi-monopole partiel. L'idée est de prohiber le choix par :

– l'inertie et les coûts de recherche (l'économie cognitive), (Morrison, 1966 ; Jeuland, 1979) ;

– la dépendance et les coûts de changement qui empêchent en quelque sorte le libre choix du consommateur (Jackson, 1986 ; Shapiro et Varian, 1999).

Le programme de fidélisation devient alors un instrument qui sert de catalyseur sur un niveau intermédiaire afin de nouer des relations plus structurées et plus satisfaisantes autour de l'échange transactionnel. Notre profonde conviction est dans ce contexte que les programmes de fidélisation poursuivent une double stratégie : ils permettent d'un côté de créer la préférence, avec des techniques du marketing transactionnel, et puis de mesurer la valeur de la clientèle et sa sensibilité à l'action de fidélisation, conduisant à un meilleur ajustement des ressources (la gestion de la diversité dans un portefeuille clients). De l'autre côté, les programmes de fidélisation devraient satisfaire de plus en plus précisément les besoins avec l'optique de renforcer l'utilité globale de la relation et de construire des barrières de changement pour lier le client de plus en plus à l'entreprise. Ensuite, ils visent à contrôler et modifier durablement les comportements d'achat (la gestion de la relation). Un programme de fidélisation se caractérise alors par la superposition des deux approches transactionnelles et relationnelles, génératrices d'une fidélité transversale et longitudinale.

2. Cette situation est rencontrée dans la majorité des marchés de produits de grande consommation, la grande distribution incluse.

2. L'importance du sujet

Pour rendre compte de l'importance du sujet, on peut tout d'abord se référer aux recommandations du Marketing Science Institute (2004) et des cabinets de conseil Roland-Berger et Boston Consulting Group [3] (1998 et 2003), qui ont classé, conscients des besoins de recherche des managers en marketing, le sujet sur la gestion de la relation clientèle comme prioritaire dans leurs agendas.

Un autre fait souligne l'envergure du domaine d'étude : beaucoup de compagnies ont développé des programmes de fidélisation dans les années précédentes, avec des investissements considérables. Certaines enseignes de distribution anglaises, comme Safeway et Asda [4], ont décidé de les abandonner en raison des coûts de collecte et de traitement d'une multitude de données inutiles [5]. Dans le cas de Safeway, les économies réalisées sont estimées à 75 millions de dollars par an. L'enseigne est ainsi revenue en arrière et a investi ces gains dans des promotions plus agressives, considérées plus efficaces pour le recrutement (Jungwirth, 1998). En effet, une enquête anglaise révèle que 18 % des consommateurs augmenteraient leur taux de nourriture dans un magasin si celui-ci proposait des prix plus bas. Seulement 3 % des clients feraient de même pour un programme de fidélisation (Curtis, 1999). En revanche, d'autres enseignes, comme E. Leclerc ou Casino en France, ou Tesco en Angleterre, renforcent encore leurs dépenses marketing en consacrant une majeure partie de leur budget à l'animation et à la gestion de leur programme. Des études des cabinets de conseil Roland-Berger et Boston Consulting Group en Allemagne (1998 et 2003) montrent que 54 % des distributeurs allemands sont pourvus d'un programme de fidélisation et 35 % ont l'intention de s'en équiper dans les années à venir. Dans le même sens, 64 % des entreprises ont l'intention d'intensifier leurs efforts de fidélisation en 2004 en augmentant le budget marketing associé de 20 %.

Devant ces constats, un grand nombre de questions restent non résolues (Kotler, 1994). Les investissements lourds dans les programmes amènent-ils vraiment à la différentiation ? Apportent-ils une vraie valeur ajoutée ? Changent-ils réellement le comportement d'achat ? La multiplication du nombre des programmes de fidélisation serait-elle alors principalement due à un effet d'imitation ? Cet isomorphisme va-t-il conduire à une saturation et un refus général des cartes de fidélité ? Doit-on, au regard de ces faits, reconsidérer leur rôle et proposer des programmes plus différenciés ?

Devant ces interrogations, nous constatons que la réalisation d'études empiriques rigoureuses sur l'efficacité des programmes de fidélité s'avère indispensable pour apporter des réponses à un grand nombre de questions, comme celle sur l'efficacité des programmes de fidélisation. Une réflexion devrait amener à des considérations sur les facteurs déterminants quant aux choix des stratégies de fidélisation, relatifs aux problématiques de la gestion de l'hétérogénéité ou de

3. Boston Consulting Group et Euro-Handelsinstitut (1994) : « Studie Deutscher Kundenbarometer ».

4. Asda, possédé par le géant américain Wal-Mart, a décidé en 1999 de ne pas lancer de carte de fidélité, après un test peu prometteur dans 19 magasins. L'enseigne va cependant continuer à enregistrer les données de manière plus limitée dans ses 166 (sur 470) points de vente ayant des caisses où les clients autoscannent leurs articles.

5. En effet, la plupart des entreprises ne savent pas les traiter et les analyser. La sous-traitance en datamining coûte cher (entre 40 000 à 200 000 dollars par an).

la relation. Cet arbitrage doit certainement être fait en fonction du degré de différenciation des produits, de l'hétérogénéité des clients, de l'intensité de la compétition, du degré d'implication pour les produits, de la fréquence d'achat. Dans ce contexte, il est important de savoir qu'il y a une forte différence entre les consommateurs, en ce qui concerne leur volonté de s'engager dans la relation avec une entreprise (Garbarino et Johnson, 1999), car certains clients ne cherchent simplement pas cette relation.

Compte tenu de l'importance du sujet, on arrive a un constat relativement étonnant après un inventaire des études : dans la littérature académique, très peu de travaux empiriques ont été consacrés à la mesure de l'efficacité des actions de fidélisation. En particulier, l'impact des programmes de fidélisation n'est guère étudié, à l'exception des travaux de Sharp et Sharp (1997/1999), Dowling et Uncles (1997), Nako (1997), Benavent et Crié (1999), Benavent *et al.* (2000), Bolton *et al.* (2000). L'accord commun de ces études est que leur efficacité ne serait pas garantie, et, d'une manière générale, il semblerait qu'elle est plutôt faible. Les auteurs doutent en particulier sérieusement de leur efficacité, tout en avançant que dans un marché concurrentiel, l'initiateur sera certainement imité [6] si le programme n'est pas suffisamment différencié, et de ce fait là, le résultat sera une saturation et un retour à la situation antérieure avec comme conséquence une augmentation des coûts marketing. En plus, East *et al.* (1995) avancent que, dans le contexte de la distribution alimentaire, ce sont toujours les déterminants classiques, comme le confort, le rapport qualité/prix, la localisation géographique, qui conduisent à la fidélité et non un programme de fidélisation. Une autre faiblesse des programmes de fidélisation pourrait être recherchée dans l'absence de segmentation précise de la clientèle en fonction des avantages recherchés. Ainsi, en fidélisant ceux que l'on peut fidéliser, on échapperait partiellement au jeu de la concurrence et de l'imitation, et ces programmes permettraient de minimiser le jeu concurrentiel.

Ainsi, il convient également de mentionner que des études désagrégées, tenant compte de l'hétérogénéité des consommateurs, sont quasi inexistantes. Ce constat est d'autant plus étonnant que l'individualisation est considérée comme un des facteurs clefs de la fidélisation (Peppers et Rogers, 1993) et que les études académiques, notamment sur la promotion des ventes, intègrent depuis deux décennies des données au niveau individuel à partir de panels scannerisés (Bucklin et Gupta, 1999).

3. Les objectifs

D'un point de vue théorique, notre investigation part de deux courants de recherche. L'un concerne les travaux sur la fidélité, notamment à la marque, et est très ancien et riche. En effet, ses origines remontent aux années 1920 (Copeland, 1923). L'autre courant, beaucoup plus jeune et moins abondant, se rapprochant plus de notre étude, s'oriente vers l'évaluation des instruments de la fidélisation, c'est-à-dire des outils permettant d'obtenir la fidélité. C'est la raison pour laquelle notre objectif n'est pas tant d'expliquer les antécédents ainsi que les causes de la fidélité [8], que de comprendre le fonctionnement des techniques employées et de savoir si elles produisent réellement ces effets tant espérés, à savoir sélectionner,

6. Le « Food Marketing Institute » (2000) estime que 71 % des distributeurs américains proposaient en 1999 un programme de fidélisation.

maintenir et stimuler sa clientèle au travers d'une modification du comportement d'achat. La problématique de notre étude se situe ainsi pleinement dans la logique des politiques de gestion des clientèles. Dans ce contexte, nos objectifs et questions d'étude sont les suivants :

– dans une optique plus générale, nous nous interrogeons sur la question de l'impact des programmes de fidélisation sur la structure du marché, comme la pénétration, les parts de marché et l'achat répété ;

– les programmes de fidélisation contribuent-ils à identifier, segmenter et sélectionner les meilleurs clients de l'entreprise ? Dans le cadre de cette question, nous allons explorer la direction et l'ampleur des effets d'auto-sélection de la carte de fidélité sur certaines cibles, et en particulier les gros consommateurs ;

– les programmes de fidélisation peuvent-ils modifier substantiellement le comportement d'achat? Cette question est abordée sous deux aspects. Tout d'abord, nous allons examiner s'il existe des différences comportementales entre les porteurs de la carte de fidélité et les non-porteurs. Puis, dans un second temps, nous testerons si l'adhésion au programme de fidélisation modifie durablement le comportement d'achat ou non.

Dans un premier temps, nous essayons de clarifier les idées sur l'orientation client ainsi que la fidélisation et tentons d'établir un concept théorique de ce qu'est un programme de fidélisation et de déterminer son champ d'action sur la fidélité et ses antécédents dans le management de la clientèle. Au travers de ce cadre d'analyse, nous pouvons mieux apprécier son efficacité générale dans la partie empirique. En particulier, nous traitons cette question sous la double perspective démographique et comportementale correspondant aux interrogations les plus importantes des managers dans la gestion d'un programme de fidélisation : peut-on identifier et sélectionner les 20 % des consommateurs qui réalisent 80 % du chiffre d'affaires ? Et puis, peut-on modifier durablement le comportement d'achat de ces clients potentiellement intéressants ?

4. La méthodologie

D'un point de vue méthodologique, notre étude exige un dispositif de collecte de données régulier, sophistiqué, précis, fiable et exhaustif de la structure du marché, qui permet de comparer les enseignes et de saisir les effets concurrentiels. Mais elle requiert également un cadre suffisamment souple pour intégrer des variables de natures différentes (variables individuelles, comportementales, géographiques et situationnelles [9]). Considérant ces critères, notre choix s'est porté sur la méthodologie du marché test fermé ou « hermétique » du panel *« single source »* scannérisé BehaviorScan de la société MarketingScan [10].

7. Les antécédents de la fidélité sont bien connus. Nous effectuons cependant une réflexion théorique dans le chapitre 3, à savoir comment un programme de fidélisation pourrait les influencer.
8. C'est-à-dire la possession ou non d'une carte de fidélité à la date de souscription.
9. MarketingScan est une joint-venture entre GfK et Médiamétrie. Aux États-Unis, le panel BehaviorScan a notamment contribué de manière importante aux connaissances sur les effets à court et à long terme de la publicité et de la promotion des ventes. En particulier, voir les travaux d'ABRAHAM et LODISH (1987).

L'échantillon contient environ un million d'actes d'achat individuels (le lieu et la date d'achat, les paniers en volume et valeur) de 5 175 panélistes (dont sont connus la CSP (catégorie socioprofessionnelle), le revenu, le lieu d'habitation et l'âge, la possession ou non de l'une des six cartes de fidélité disponibles sur le marché) réalisés au cours d'une période de trois ans (1998-2001) dans six magasins (Leclerc, Carrefour-Promodès, Casino, Super U, Intermarché) de la zone d'Angers.

Une particularité méthodologique de notre approche est le croisement du panel avec la base de données magasin de deux points de vente de la zone, permettant de compléter les informations décrites ci-dessus par la date de souscription au programme de fidélisation de ce distributeur. À notre connaissance, le seul projet de recherche similaire existe aux États-Unis, où des entreprises intersectorielles (Kraft Foods, IBM, Information Resources Inc. (IRI), Pricewaterhouse Coopers, ACNielsen, quelques distributeurs et Catalina Marketing) se sont regroupées dans un programme pilote, s'appelant Shopper*Direct, qui relie les données d'achat scannérisées du panel consommateurs HomeScan (55 000 foyers américains) à celles provenant des points de vente des distributeurs (Sheperdson, 2000).

Notre travail se distingue alors de la majorité des investigations passées sur la fidélité qui ont été faites uniquement sur des déclarations attitudinales ou des panels de consommateurs. L'intérêt méthodologique majeur de notre approche est que l'analyse est faite à partir d'un marché test fermé nous donnant une vision complète des comportements actuels des consommateurs d'Angers. De cette façon, nous pouvons observer, ainsi que contrôler, tout l'univers concurrentiel : en effet, nous possédons la totalité des achats dans l'ensemble des magasins représentant 97 % des achats de produits de grande consommation de la zone test.

Dans ce contexte, nous travaillons d'abord au niveau agrégé à partir d'un modèle bien connu dans l'analyse marketing, le modèle Dirichlet (Ehrenberg, 1988). Ensuite, nous allons passer à un niveau d'analyse de plus en plus désagrégé, ce qui nous permet de tenir compte de l'hétérogénéité interindividuelle du comportement d'achat des consommateurs (Cooper, 1993). En effet, peu d'études sur la fidélité ou l'achat répété tiennent compte de la diversité des individus. L'hétérogénéité de la demande individuelle est souvent tout simplement occultée. C'est ainsi que l'enregistrement des comportements dans une base de données revêt tout son intérêt dans la gestion des clientèles pour une approche individualisée des clients. Le résultat devrait être une segmentation fine en fonction des sensibilités et des cycles de vie pour orienter de manière plus efficace les ressources marketing envers les cibles dont on est sûr qu'elles réagissent au travers d'une communication et d'actions de plus en plus individualisées.

Nous ne visons ainsi pas à établir et à valider un modèle conceptuel, ni à donner une explication théorique de la fidélité, ni même à démontrer l'intérêt d'une pratique managériale, mais à construire la réalité d'un fait. Ainsi, en répondant clairement à nos questions d'étude, décrites ci-dessus, nous pouvons contribuer à l'élaboration de nouvelles grilles d'analyse qui permettent de mieux explorer les effets des politiques de la relation client afin d'optimiser leur mise en œuvre. Ainsi, nous reprenons et discutons les hypothèses et les idées sur l'impact des programmes de fidélisation, en particulier celles formulées par Reichheld (1996) qui sont largement répandues dans le monde des managers. Ces suppositions seront par la suite testées empiriquement en observant et en établissant la nature des effets des programmes de fidélisation sur les données du panel BehaviorScan. La priorité de l'étude est ainsi d'abord de savoir si les programmes de fidélisation sont efficaces en terme de modification du comportement d'achat, et si oui, sur quel type de cible, car pour tous les auteurs, la fidélité comportementale est unanimement source de profit.

Ainsi, nous nous positionnons à l'encontre d'une dichotomie classique des approches du marketing transactionnel *versus* relationnel tout au long de notre investigation. Nous préférons, en revanche, une combinaison et une superposition des deux, conduisant à redéfinir les diverses composantes de la politique de recrutement, de transformation et de fidélisation, même si beaucoup d'auteurs avancent que l'on s'éloigne des stratégies de conquêtes vers des stratégies de fidélisation (Grönroos, 1994). La première est nécessaire pour remplacer les défections de consommateurs, la deuxième sert à valoriser et optimiser le portefeuille de clientèle.

5. La présentation

Le but du chapitre 1 est de définir l'objet de l'étude et de répondre aux questions suivantes : qu'est-ce qu'un programme de fidélisation? Comment sont-ils mis en œuvre par les entreprises? Il s'agit ainsi d'illustrer en quoi et comment les stratégies de fidélisation trouvent une place prépondérante dans les politiques marketing des entreprises, toujours sous les deux aspects, gestion de la diversité des clients et de la relation. Dans ce but, nous proposons une synthèse de la littérature sur l'orientation client et la fidélisation afin de comprendre les enjeux stratégiques et les objectifs pour les entreprises (section 1). Puis, nous faisons un état des lieux des pratiques dans les firmes, basé sur une analyse descriptive de 71 programmes de fidélisation, de divers secteurs et pays (section 2). Cette trame d'analyse générale nous permet de donner une définition d'un programme de fidélisation, de mieux cerner son rôle ainsi que les conditions de son efficacité dans le domaine de la gestion de la relation clientèle.

Le chapitre 2 permet d'aborder le cadre des leviers de la fidélisation en traitant la fidélité et ses antécédents que nous avons regroupés sous quatre thèses :

- l'attitude et la satisfaction ;
- la relation avec les antécédents confiance et engagement ;
- l'habitude et l'inertie ;
- les coûts de changement (section 1).

Nous examinons par la suite, comment un programme de fidélisation peut affecter chacun de ces leviers (section 2). Une brève revue sur les travaux académiques empiriques au sujet des programmes de fidélisation est faite dans la sous-partie 3.

Le chapitre 3 est consacré aux effets supposés, provoqués par les programmes qui se regroupent autour de trois grandes interrogations :

- modifient-ils ou non la structure générale du marché au niveau agrégé?
- conduisent-ils ou non à une modification durable du comportement d'achat individuel?
- sélectionnent-ils et attirent-ils des populations spécifiques, en particulier les plus gros acheteurs de la marque et de la catégorie?

La seconde partie a comme but la validation empirique de ces hypothèses.

Le chapitre 4 décrit d'abord le panel BehaviorScan et la base de données interne du distributeur (section 1), ainsi que les caractéristiques du marché. Puis, nous expliquons l'opérationalisation de l'échantillon et des variables.

Dans la section 2, les sous-échantillons et une série de tests sont proposés pour chacun des groupes d'hypothèses. L'effet général des programmes est testé avec le modèle Dirichlet, une méthodologie proposée par Goodhardt, Ehrenberg et Chatfield (1984) ayant fait ses preuves dans une longue tradition de recherche en marketing. L'impact sur le comportement d'achat est vérifié par une comparaison au niveau désagrégé entre les porteurs et les non-porteurs, puis par un dispositif en mesure répétée avant et après souscription à la carte de fidélité (procédure analyse de variance en mesure répétée). L'effet de sélection du programme de fidélisation est mis en évidence avec l'utilisation d'un modèle d'adoption (modèle de Cox, 1972).

Le chapitre 5 présente les résultats et la confirmation ou le rejet de nos trois groupes d'hypothèses. Une phase descriptive des comportements de fréquentation des sept points de vente précédera le traitement des hypothèses à proprement parler.

Les conclusions de la première analyse au niveau agrégé (section 1) sur l'efficacité des programmes de fidélisation sont relativement mitigées. D'un côté, il y a des magasins qui semblent développer le phénomène de la « fidélité excessive » grâce au programme de fidélisation, de l'autre côté, se trouvent des points de vente où elle est inexistante. Le leader dans la catégorie la possède presque systématiquement, ce qui veut dire qu'il n'a pas seulement plus d'acheteurs (pénétration plus élevée), mais en plus de cela, ces consommateurs achètent plus souvent (fréquence d'achat supérieure), ce qui confirme l'idée de McGahan et Ghemawat (1994), que les stratégies de fidélisation sont plus efficaces pour les firmes à position dominante du marché, la fidélité étant un produit supplémentaire d'une part de marché élevée. Ce phénomène est appelé l'effet de la double pénalité (Ehrenberg, 1988). La fréquence d'achat et le taux de nourriture sont ainsi fortement corrélés à la situation de domination sur le marché. La monofidélité est également très rare ; en général, les consommateurs font leurs courses dans deux points de vente, un hypermarché et un supermarché.

Ces résultats sont confirmés par les analyses au niveau individuel (section 3). Elles montrent que les effets du programme étudié sur le comportement d'achat sont relativement faibles et peu durables dans le temps. L'impact est principalement significatif pour le taux de nourriture, ce qui semble indiquer que la carte de fidélité exerce plus un effet de préférence que d'accélération des achats.

En revanche, les sections 2 et 4 mettent clairement en évidence que le programme de fidélisation étudié possède des capacités autosélectives, en attirant en priorité dans le temps des gros acheteurs (paniers, fréquence d'achat, taux de nourriture du magasin), c'est-à-dire la cible principale des entreprises. Ils attirent par contre également des consommateurs relativement multifidèles.

Définir et décrire les effets d'un programme de fidélisation est insuffisant et il est nécessaire de mieux comprendre les éventuels mécanismes d'action. C'est la raison pour laquelle dans le chapitre 6, les résultats seront discutés, et des jugements ainsi que des explications sur leur robustesse seront apportés. Grâce à ce travail, nous serons plus à même de justifier les hypothèses.

Enfin, seront exposées les conclusions générales et les contributions managériales de notre investigation et nous le clôturerons avec les limites ainsi que les voies de recherche pour le futur.

Première partie

Le cadre conceptuel du programme de fidélisation

Chapitre 1

Les stratégies et outils de fidélisation

Dans ce chapitre, nous tentons d'illustrer en quoi et comment les stratégies de fidélisation trouvent une place prépondérante dans les politiques marketing des entreprises. L'objet de ce chapitre sera de passer en revue la littérature managériale sur divers concepts comme la fidélisation, la relation client et le CRM afin de les clarifier, ceci dans le but d'expliquer comment un programme de fidélisation peut contribuer simultanément à la solution des trois problèmes majeurs en marketing : créer de la préférence, prohiber les possibilités de choix, augmenter la valeur perçue du consommateur et par conséquent son niveau de consommation.

Dans la première sous-partie, nous tentons de donner une définition claire d'un programme de fidélisation et de le positionner parmi de nombreux concepts et dénominations qui s'affrontent entre universitaires et consultants. Ainsi, nous proposons une trame d'analyse générale qui nous permettra de mieux comprendre leur rôle et les conditions de leur efficacité dans la gestion de la relation clientèle. Ensuite, ces idées sont illustrées dans la seconde sous-partie par un état des lieux des stratégies et des pratiques dans les entreprises.

1. La fidélisation et ses enjeux

Depuis plusieurs années, la littérature grand public et scientifique parle en abondance de la fidélisation (Reichheld et Sasser, 1990). Cette nouvelle orientation [1] met le client et son contrôle au centre des préoccupations de l'entreprise. Étant donné la prolifération inouïe d'œuvres professionnelles dans le domaine, il nous semble indispensable de discuter des enjeux stratégiques et des objectifs de la fidélisation, en passant en revue la littérature sur l'orientation client pour donner une définition et un positionnement clair. Les questions suivantes seront abordées : les programmes de fidélisation correspondent-ils à de nouvelles stratégies marketing ? Ces stratégies sont-elles efficaces ? Et si oui, dans quel contexte ? Faut-il orienter les ressources vers les bons clients fidèles ou la clientèle intermédiaire, les multifidèles, avec des opportunités de croissance ?

1. Il convient cependant de mentionner que les questions autour du management de la clientèle ne sont pas nouvelles. Dans la littérature du marketing des services et industriel, ce sujet possède une position centrale depuis longtemps. En revanche, sur les marchés de masse, peu d'attention y a été consacrée pendant longtemps, le recrutement et la transaction individuelle étant considérés comme plus importants.

La fidélisation et la fidélité

Le changement des préoccupations principales dans l'organisation des activités marketing est certainement l'une des évolutions les plus remarquables des doctrines marketing. Le concept de marketing traditionnel met au centre de ses priorités la création d'une préférence pour le produit ou la marque, la satisfaction des besoins et les désirs du consommateur. Les éléments clés de la fidélité prouvée par un comportement de réachat s'expliquent dans le cadre d'un marketing classique par la supériorité du produit, de la qualité, du positionnement et du capital « marque ». L'approche marketing, telle qu'on l'observe dans la théorie et la pratique ces dernières années, focalise plus sur la notion d'échange et fait de la relation l'objet central de l'analyse. Elle met l'accent sur le client et fait de la qualité de la relation l'élément clé de la fidélité. En effet, une relation de qualité inhibe le choix et réprime l'effet des préférences. L'orientation client génère les comportements nécessaires à la création de valeur supérieure délivrée (Kohli et Jaworski, 1990) et place les intérêts du consommateur en priorité (Deshpande *et al.*, 1993) en vue d'une satisfaction continue, permanente, qui fait l'objet de perpétuelles améliorations. Cette satisfaction ne concerne plus uniquement les produits de l'entreprise, mais englobe des éléments de la relation, comme la confiance et l'engagement. Pour cela, l'entreprise recherche une relation continue et orientée dans le long terme dans le cadre d'un marketing relationnel (Dwyer *et al.*, 1987) et c'est dans ce contexte que se développent les politiques de fidélisation. Pour illustrer cette évolution, la figure suivante permet de mieux situer les travaux sur la fidélité et la fidélisation, c'est-à-dire les actions et instruments induisant la fidélité. Il peut servir de cadre d'analyse général et permettra de mieux situer ce travail, ainsi que les apports de la littérature qui révèlent essentiellement deux grands courants alimentant la réflexion.

Figure 1.
Le cadre conceptuel d'analyse

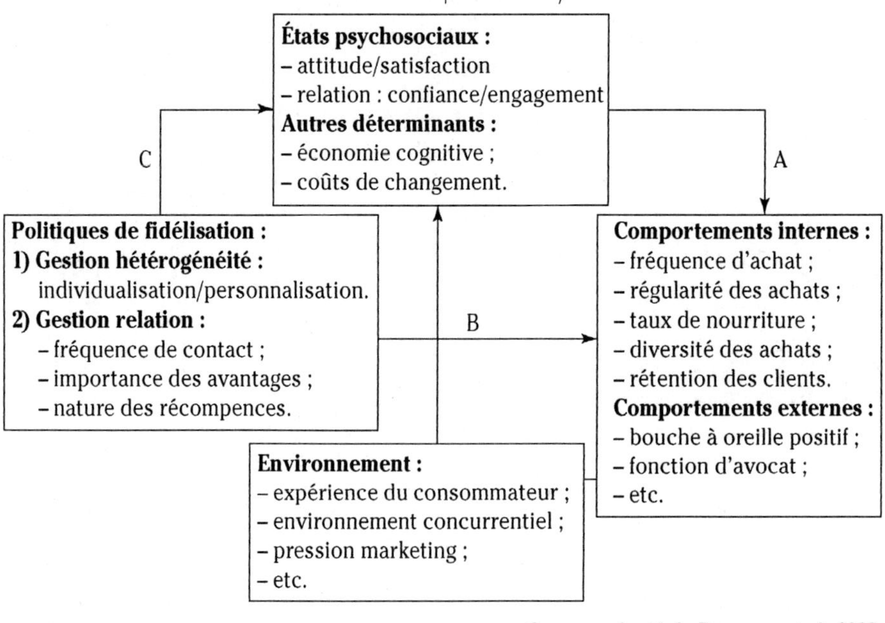

Source : adapté de BENAVENT *et al.*, 2000.

Globalement, le premier courant (relation A) se préoccupe plus de la fidélité, le plus souvent à la marque, et des antécédents qui l'expliquent. Il est dominé par des approches psychosociales en étudiant les relations entre les concepts de qualité, de satisfaction, de fidélité et d'achat répété. D'autres auteurs tentent de l'expliquer par la relation entre le client et l'entreprise, l'inertie ou des coûts de changement. Les travaux sur la fidélité, notamment à la marque sont très nombreux, et leurs implications pour les programmes de fidélisation seront traitées dans le chapitre 3. Dans le prolongement de ces études, un courant plus managérial est apparu, ayant pour but d'explorer la façon d'éviter le départ des clients considérés comme profitables pour l'entreprise. Plus concrètement, les auteurs explorent quels éléments opérationnels d'une stratégie défensive peuvent conduire à la fidélité. La préoccupation est alors plus le « comment fidéliser » au travers des politiques et instruments de fidélisation. On y trouve un grand nombre de travaux qui sont caractérisés par une multitude d'idées souvent sans réels concepts clairs et sans validation empirique.

1.1. La fidélisation dans la littérature

Ce courant plus récent dans la littérature académique, curieusement peu traité, correspond à la relation B dans la figure 1 et cherche à mettre en évidence l'impact des outils de fidélisation sur le comportement des acheteurs ou, encore plus rare, sur les états psychosociaux de la fidélité (relation C). Ces recherches ont comme préoccupation la relation entre l'entreprise et leurs clients, la gestion de leurs cycles de vie dans un but ultime, la fidélisation des meilleurs consommateurs, la fidélité étant source de profit. La fidélisation permettrait d'augmenter la rentabilité de l'entreprise, en réduisant le budget d'acquisition de nouveaux clients et les coûts opérationnels des flux transactionnels ultérieurs. Selon Reichheld et Sasser (1990), Jones et Sasser (1995), « retenir un client coûterait jusqu'à cinq fois moins cher que d'en conquérir de nouveaux. Un programme de fidélisation diminuerait le taux d'attrition de 8 % et la diminution de la défection des clients de 5 % par an permettrait de doubler les bénéfices ». Reichheld (1996) va encore plus loin dans son raisonnement en prétendant que « les bénéfices des clients fidèles seraient croissants dans le temps et que l'on peut recruter de nouveaux consommateurs à un coût réduit en utilisant la fonction d'avocat du client fidèle, car celui-ci est supposé être un bon pourparleur de l'entreprise ».

Ce courant d'étude plutôt normatif est issu du domaine managérial avec des idées originales qui sont souvent peu conceptualisées et validées empiriquement. De nombreuses publications professionnelles et de fortes convictions des managers en font une véritable doctrine : comment diriger l'entreprise vers cette nouvelle orientation, appelée gestion de la relation clientèle (CRM) ? Pour cela, les auteurs préconisent le cheminement suivant : profiler le client en fonction de sa valeur, son potentiel, ses besoins et son cycle de vie pour personnaliser le contact et la relation avec des offres produits et de services individualisés à travers une « personnalisation de masse » (Pine, 1993 ; Hart, 1995). Cette démarche permettrait ainsi de réaliser des économies d'échelle par une organisation optimale des processus.

La doctrine de l'orientation client est fondée sur la conviction d'une inversion des rôles : le consommateur jouera un rôle de plus en plus actif jusqu'à se substituer aux distributeurs, à s'autoconseiller et à assurer lui-même son propre service client. En même temps, la multiplication de nouveaux canaux de distribution et de communication fait effondrer les barrières d'accès aux informations. Ces nouveaux horizons se sont ouverts par le développement des technologies de communication et d'information. L'utilisation de l'information modifie la façon d'appréhender le client et remet en cause l'idée qu'il achète ce qu'on lui propose. Une meilleure connaissance permet de créer et de vendre ce que le consommateur veut acheter avec l'ultime but de fidéliser. Ce glissement est illustré par la figure ci-dessous, qui montre que cette transition influe sur l'ensemble de la chaîne de valeur du client, avec la production, la communication et le service après-vente. L'individualisation du contact et de la relation avec le client avec des offres de produits et de services personnalisés grâce à une relation d'apprentissage devient centrale. Ainsi, Peppers et Rogers (1993) parlent du marketing « *One-to-One* ».

Figure 2.
Le « *One-to-One* » marketing

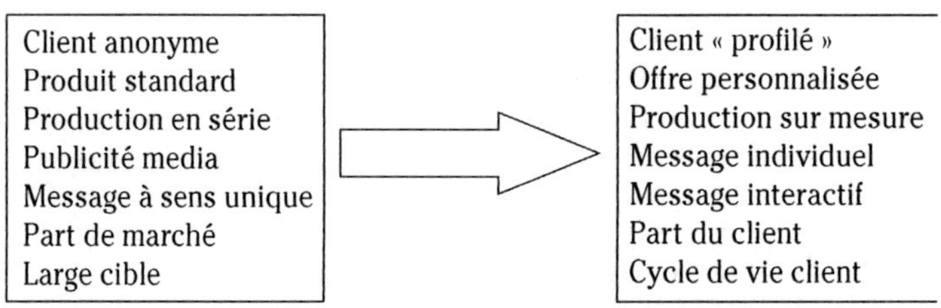

Source : PEPPERS et ROGERS, 1993.

Ces études sur la fidélisation s'orientent ainsi vers des leviers de la fidélité, orchestrés dans le temps de manière plus systématique en étudiant plus directement leur influence sur les antécédents de la fidélité, et par la suite sur la multiplication et la pérennisation des achats, en récompensant les gros et fréquents acheteurs. Curieusement, peu de chercheurs académiques ont étudié empiriquement l'influence des instruments de fidélisation et de l'individualisation du contact sur le comportement des acheteurs [2]. Dans ce contexte, on constate que la plupart des études sur les programmes de fidélisation sont normatives (De Souza, 1992 ; Uncles, 1994 ; Dowling et Uncles, 1997). Les seuls auteurs, à notre connaissance, ayant validé empiriquement leurs études sont Sharp et Sharp (1997/1999), Nako (1997), Benavent et Crié (1999), Benavent, Crié et Meyer-Waarden (2000), Bolton *et al.* (2000). Dans ce cadre, on remarque que les définitions de la fidélisation et du programme de fidélisation sont tout simplement absentes. Le même constat est valable pour la majorité des travaux sur la personnalisation de masse qui restent purement normatifs, sans validation empirique. En particulier, les travaux sur la différenciation individuelle de l'offre et la personnalisation sont rares (Salerno, 2001). Ce constat est d'autant plus incompréhensible que pour tous les auteurs académiques et professionnels, la fidélité est unanimement source de profit, et ceci, malgré l'importance des budgets consacrés aux programmes de fidélisation.

2. Une étude de CRIÉ (1999) montre que la fidélité fait sujet de 97 références par plus de 80 auteurs dans les cinq grandes revues scientifiques internationales en marketing de 1944 à nos jours. Notre inventaire montre qu'il n'y a que 7 références sérieuses sur les techniques de la fidélisation de 1980 à 2000.

Ainsi, les questions sur les techniques de la fidélisation, c'est-à-dire comment fidélise-t-on et comment le programme de fidélisation agit sur les antécédents (plus concrètement comment influence-t-il la satisfaction, la préférence, la confiance et l'engagement, l'inertie, et les coûts de changement pour créer par la suite de la fidélité) restent non résolues.

Un autre problème des études est qu'elles sont faites dans la majorité des cas au niveau agrégé et non au niveau individuel, ce qui masque l'hétérogénéité de la population. L'information contenue dans l'historique d'achats d'un individu est en effet une richesse très peu exploitée en marketing (Rossi *et al.*, 1996). Cependant, l'analyse désagrégée devient d'autant plus nécessaire que les transformations des systèmes d'information permettent des approches individuelles et orientées vers le client. Ainsi, les bases de données marketing offrent un abord différent des comportements, un nouveau mode de réflexion et constituent un riche terrain d'étude (Bucklin et Gupta, 1999).

Une autre faiblesse de la littérature représente la non-prise en compte de la notion temporelle dans l'étude. Pourtant, dans les approches du marketing relationnel, la durée de la relation est un des éléments majeurs développés et cette notion semble fondamentale à considérer car elle est souvent corrélée à la valeur totale du client (Reichheld, 1996). Les travaux n'intègrent généralement pas un début et une fin de la relation, c'est-à-dire le recrutement et le départ du client. L'opérationalisation dynamique de la gestion de clientèle en fonction de cycles de vie est ainsi peu développée.

Cette synthèse de la littérature nous amène à une conclusion générale : la compréhension d'un programme de fidélisation et son fonctionnement nécessite une meilleure conceptualisation et une définition de cette nouvelle doctrine de l'orientation client. C'est pourquoi nous allons donner dans un premier temps une explication générale de la raison pour laquelle un grand nombre de firmes s'orientent vers un marketing client. Dans ce contexte, nous faisons un bref passage sur quelques concepts clés comme les cycles de vie et la valeur actualisée nette du consommateur pour aboutir à la gestion d'un portefeuille clients.

1.2. Vers un marketing client

Si nous regardons la littérature sur l'orientation client, un point commun ressort : la concentration de l'entreprise sur son capital client est essentielle. Le but ultime est d'augmenter l'efficacité commerciale, c'est-à-dire le rapport entre le temps et les moyens investis sur un client et la marge générée par ce dernier. L'objectif est de passer d'un marketing de masse à un marketing capable de traiter chaque client de manière plus ou moins individuelle, au travers d'une relation interactive axée sur le long terme. Le principe général consiste à centraliser un maximum d'informations structurées sur le consommateur pour mieux anticiper les événements, soit le bon moment, le canal optimal et le bon prétexte pour le prochain contact ou la prochaine action. Le grand changement est un éloignement des visions du marché à court terme vers une approche à long terme.

Les raisons du développement du marketing client

Plusieurs explications peuvent être fournies quant à savoir pourquoi cette nouvelle orientation est devenue une préoccupation stratégique prioritaire pour de nombreuses entreprises. Elles ne sont pas forcément en concurrence, et très probablement se complètent.

• **Les attentes des acteurs du marché**

Si le marketing de masse permettait de réaliser des économies d'échelle au niveau production, le marketing client correspond bien aux besoins actuels des entreprises d'une optimisation de la gestion des échanges au stade de la distribution. En même temps, il répond aux attentes commerciales de la part des clients d'une personnalisation et différenciation de ces échanges (Desmet, 1995), car contrairement aux approches de segmentation classique, le marketing client permet une personnalisation de masse.

• **Le développement des systèmes d'information**

Il convient de mentionner qu'une approche centrée sur le client est en corrélation directe avec le développement des technologies dans le domaine de l'informatique, du traitement de l'information, des télécommunications et de la logistique. Surtout, l'essor des systèmes d'information et de communication a permis de mettre en œuvre des stratégies centrées sur les clients car ces derniers sont devenus identifiables et atteignables directement. L'orientation client, basée sur l'enregistrement et l'analyse systématique des informations sur le consommateur, est devenue possible pour plusieurs raisons : la démocratisation des logiciels de gestion des bases de données, le développement de processeurs de calcul de plus en plus puissants, des capacités de stockage devenues extrêmement importantes, le tout associé à une baisse dramatique des coûts de ces éléments informatiques. En effet, ces derniers diminuent chaque année d'environ 30 % (Micheaux, 1994 ; Shepard, 1995). La forte diminution du coût marginal de la transaction (c'est-à-dire les coûts de recherche d'information, les coûts opérationnels de transaction) a en même temps contribué à la multiplication de possibilités d'individualisation et de personnalisation des termes de l'échange, et leur a permis d'être compétitives par rapport aux systèmes de distribution et de médias de masse.

• **Les coûts d'acquisition du client et ses bénéfices**

Pendant des décennies, l'objectif du marketing était d'éclater les composantes de la transaction, de les standardiser pour bénéficier de réductions de coût et la stratégie, développée autour du produit et la segmentation, était une approche de masse. À l'opposé, aujourd'hui, dans un contexte de marchés saturés en situation de concurrence intense, où les coûts de recrutement et de transaction sont plus élevés que ceux liés à la rétention, Bolton et Drew (1994) avancent que la stratégie de marketing client et de fidélisation semble être une bonne alternative au marketing de masse pour développer l'activité des entreprises et pour défendre les parts de marché. Ainsi, de nombreux auteurs (parmi eux le plus connu, Reichheld, 1996) tentent de montrer que les coûts d'acquisition d'un client, par exemple ceux engendrés par la publicité, les commissions, la force de vente, le marketing direct, la surface de vente, les promotions, la phase d'apprentissage à la prise de connaissance des besoins d'un nouveau consommateur, sont très élevés et tendent à décroître avec le temps. C'est la raison pour laquelle ils doivent être amortis sur la durée de vie du client pour rester dans des conditions de rentabilité acceptable. La seule solution serait de fidéliser, ce qui permettrait de réduire et d'amortir le budget d'acquisition de nouveaux clients, de contrôler, voire de diminuer les coûts opérationnels des flux transactionnels ultérieurs, car dans des secteurs tels que la presse ou l'assurance, ces coûts sont élevés. Ce raisonnement s'appuie sur la conviction que le coût unitaire des petites transactions est supérieur à celui des gros achats d'acheteurs fidèles, pour lesquels les coûts fixes sont répartis sur un plus grand nombre d'articles. Des résultats annexes de la fidélisation seraient une augmentation de la proportion de produits à forte marge (autres que les articles de base et les offres exceptionnelles) et des quantités achetées, se traduisant par une sensibilité au prix plus faible. Enfin, les clients fidèles pourraient également recruter de nouveaux consommateurs à un coût réduit en utilisant la fonction d'avocat du client fidèle, car ceux-ci sont supposés être de bons pourparleurs de l'entreprise.

Ces aspects montrent que d'un point de vue financier, la firme cherche ainsi à assurer une base de chiffre d'affaires stable, car pour une entreprise, la fidélité des clients représente en quelque sorte une garantie de gains futurs. Dans ce sens, la fidélisation se caractérise par une optique portant davantage sur la part de client que sur la part de marché. Il s'agit de se concentrer sur seulement un client à la fois et lui vendre le maximum de produits ou services, tout en le fidélisant pour faire durer la relation commerciale. Il y a donc clairement un déplacement du centre d'intérêt du produit/de la marque vers le client. Le remplacement du concept cycle de vie produit par celui de cycle de vie client est un exemple.

Une critique principale s'impose cependant et mérite d'être discutée : l'hypothèse sur la rentabilité d'un client sur le long terme, avec la conviction d'une diminution des coûts de services des clients retenus et d'une augmentation des profits avec le temps, n'a pas ou peu été vérifiée par des études empiriques. Dowling et Uncles (1997) mettent en garde de ne pas généraliser ces arguments. D'ailleurs, la seule étude empirique sur le sujet est celle de Reinhartz (1999). L'auteur met en cause le fait que les liens entre la profitabilité, la durée de vie et les coûts décroissants seraient moins évidents que l'on croit, et l'affirmation que les clients fidèles sont toujours plus profitables serait une sur-simplification, sujette à controverse, car peu de résultats empiriques généralisables provenant des études académiques existent. En effet, Reinhartz trouve deux segments hautement profitables, l'un ayant une durée de vie élevée, l'autre une durée de vie courte, mais un comportement d'achat intensif. De l'autre côté, il y a un groupe de consommateurs rationnel et peu rentable achetant depuis longtemps dans l'entreprise, mais qui est (contrairement à ce qui revendique Reichheld) très sensible au prix et qui anticipe les promotions. Leurs coûts de maintien, liés à la gestion de la satisfaction et d'un programme de fidélisation... sont supérieurs à leur contribution au bénéfice.

Malgré cette mise en garde, nous résumons l'état de la littérature par le constat suivant: la conservation des clients et les logiques défensives peuvent conduire sous certaines conditions (c'est-à-dire lorsque les coûts de changement sont élevés, lorsque la valeur actualisée des clients est élevée, lorsque des effets d'autoséléction des meilleurs clients existent, lorsqu'un programme de fidélisation augmente la valeur perçue de l'offre) et dans certains secteurs (c'est-à-dire caractérisés par des coûts de recrutement et de transaction élevés, comme c'est par exemple le cas dans le domaine de la téléphonie mobile) à un avantage concurrentiel, grâce à de plus grandes efficacités d'échange qui sont liées à une baisse des coûts de transactions (diminution des coûts de collecte d'information, de mise en contact, d'échange, de résolution de conflit), à des possibilités de contrôle comportemental, à une augmentation des coûts de changement et des profits cumulés dans le temps (Sheth et Parvatiyar, 1995 ; Bendapudi et Berry, 1997).

Les concepts clés du marketing client

L'objectif de ce paragraphe est d'expliquer sommairement les concepts clés à la mise en œuvre du marketing client, dont les méthodes de segmentation en fonction des cycles de vie et de la valeur actualisée (VAC) des clients représentent les fondements analytiques de la gestion d'un portefeuille clients.

- **La notion de cycle de vie client : une analyse dynamique de la demande**

Une des notions clés du marketing orienté client est celle du cycle de vie dynamique du client, qui repose sur l'idée que les flux des revenus et des coûts varient au cours du temps en fonction des changements de besoins dans la relation client-entreprise, contrairement à l'analyse classique et statique de la demande. La première particularité de l'approche est qu'elle se fait au niveau individuel et non agrégé, ce qui souligne à nouveau l'importance du marketing base de données, rendu possible grâce à la performance des technologies de l'information. L'autre originalité est que l'analyse se fait de manière dynamique. L'idée principale est que la vie d'un client peut se manifester de manière plus ou moins intense, et on peut supposer qu'elle a la forme d'un cycle. Pratiquement, ces cycles représentent l'évolution du pouvoir d'achat, mais aussi les modes, l'évolution des préférences, les phénomènes d'apprentissage et d'oubli. Ces cycles dépendent de plusieurs facteurs : le premier est l'âge. Au cours du vieillissement des évolutions caractéristiques des opinions, des goûts et des attitudes peuvent se manifester. Le vieillissement se caractérise notamment par une fidélité plus forte, un plus grand conservatisme, une plus grande aversion au risque. Un autre facteur est celui de la génération s'appuyant sur l'hypothèse que les générations successives possèdent des systèmes de valeurs et de croyances propres et relativement distincts des autres. Cet effet de génération recouvre partiellement des types d'expériences distinctes. Ceci se manifeste dans les comportements innovateurs qui varient selon l'écart entre l'innovation et la génération.

Cette gestion en fonction des cycles de vie fait ressortir clairement trois problèmes à résoudre selon Dwyer *et al.* (1987) : acquérir le client, le maintenir, développer sa consommation et sa rentabilité. Dans le sens du marketing relationnel, les cycles de vie de la relation entre une entreprise et un consommateur possèdent trois phases distinctes se caractérisant par l'évolution au cours du temps de la quantité consommée : 1) l'initialisation ou l'acquisition ; 2) la maturation ou le développement et 3) la rupture (voir la figure 3).

Le début du cycle est assez compréhensible et correspond à l'acquisition du client, avec une période de découverte de l'autre comme partenaire potentiel. Les deux parties évaluent l'attraction de la relation, les coûts et les bénéfices de sa poursuite. Marquée par le processus d'adoption et d'apprentissage, la phase est caractérisée par un taux de croissance de la consommation positif, mais avec des coûts élevés. Dans une seconde phase, on peut supposer que le consommateur stabilise son niveau de consommation après avoir suffisamment exploré l'usage de la marque. Les attentes de la relation et ses bénéfices sont confirmés, ce qui conduit à une perduration des échanges et puis à la notion d'engagement, qui se traduit par un non-traitement des offres concurrentes. Les revenus de l'entreprise augmentent d'abord et se stabilisent alors que les coûts décroissent. Enfin, un troisième cycle est celui où une relance/réactivation, fidélisation ou séparation avec le client doit être envisagée car la contribution financière s'affaiblit. La diminution des ventes peut apparaître à tout moment, soit de

Figure 3.
La gestion des cycles de vie des clients

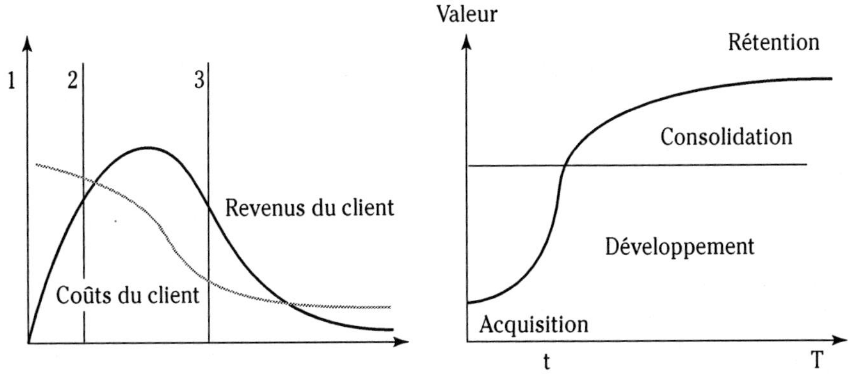

manière progressive, dénotant un processus d'usure ou de manière plus brutale, traduisant là des phénomènes de substitution. En effet, la dissolution intervient au moment de la non-satisfaction des attentes, de l'accroissement des coûts de transaction, de l'affaiblissement des coûts de changement, du changement des besoins. Les deux partenaires doivent faire un arbitrage entre les bénéfices et coûts apportés par la relation pour décider de sa continuation ou non. Une entreprise pratiquant cette approche de marketing client dynamique doit donc adapter sa stratégie en fonction de ces phases. Trois types de stratégies doivent être envisagés en fonction des cycles de vie correspondant : 1) l'acquisition du client, 2) la fidélisation et la rétention et 3) le développement de la consommation. L'abandon est envisagé lorsque les coûts de fidélisation sont supérieurs au revenus générés par le client.

Une fois que l'entreprise a déterminé la position de cycle de vie par client ou segment, il devient clairement visible que cette stratégie doit amener à une approche individualisée par consommateur/segment pour conduire à une politique équilibrée de l'allocation des ressources. Le problème est alors que chaque individu n'a pas la même valeur à chaque instant t pour la firme, ce qui nécessite une segmentation en fonction du potentiel et de la valeur des clients. C'est la raison pour laquelle dans le paragraphe suivant, nous allons aborder un autre concept majeur du marketing client, la valeur actualisée des clients (VAC).

• **La valeur actuelle nette d'un client. Une analyse économique**

L'analyse de la valeur actualisée des clients (VAC) [3] peut être utilisée pour évaluer la valeur ou l'espérance d'un gain d'un consommateur individuel ou d'un portefeuille de clientèle d'une entreprise. Celle-ci est basée sur le principe de prendre la somme des bénéfices futurs actualisés à un certain taux (un taux d'inflation par exemple, mais également un taux de croissance des ventes au cours du temps ou une probabilité de survie du client), et de calculer la somme des revenus futurs produits qu'un client ou segment génère durant sa vie active au sein du fichier de l'entreprise (Dwyer, 1989 ; Bitran et Mondschein, 1996 ; Berger et Nasr, 1998).

3. En anglais, on emploie l'expression de « *Life Time Value (LTV)* ».

La principale difficulté posée par le calcul de la VAC résulte dans l'estimation de la probabilité de survie d'un individu, ou d'un segment de consommateurs, mais aussi dans l'évaluation des revenus futurs par l'examen du concept de cycle de vie des ventes, qui s'appuie sur un principe d'apprentissage et d'usure. C'est la raison pour laquelle la VAC doit être revue d'une façon probabiliste et être définie comme la valeur actuelle de l'espérance future de profits qu'un consommateur est susceptible de générer lors de ses achats ultérieurs. C'est donc le produit de l'espérance mathématique de profits réalisés par un consommateur durant une période de temps et de la probabilité de survie de ce même consommateur à l'issue de cette période (Schmittlein *et al.*, 1987 ; Schmittlein et Peterson, 1994). Nous n'approfondissons cependant pas la modélisation de la VAC. Le lecteur intéressé se réfère à Calciu et Salerno (2002) qui donnent un aperçu complet de l'état de la recherche.

Dans une perspective d'attraction et de conservation, un client est ainsi rentable si ses revenus générés tout au long de la relation commerciale sont supérieurs à ses coûts de gestion. L'application stratégique de la notion de valeur actualisée des revenus futurs produits par un client se fait sur la durée, d'où ressort l'orientation à long terme du marketing client, et l'objectif n'est pas d'opérationnaliser le chiffre d'affaires instantané. Elle est un indicateur qui ne prend de sens qu'avec la durée, qui permet de projeter une valeur d'une clientèle à travers le temps et de stimuler le comportement d'achat sous des hypothèses de politiques de recrutement et de fidélisation différentes. Il est alors aisément compréhensible que l'analyse de la valeur actualisée des clients (VAC) est à la fois un outil de segmentation et une aide à la décision d'allocation des ressources, permettant de faire l'arbitrage entre les montants à investir dans le recrutement d'un nouveau client en fonction de l'espérance mathématique de profit actualisé dans le futur, lors de la période de fidélisation. Le principe de gestion est simple : un segment de clientèle n'est exploité que si la marge dégagée est égale au coût unitaire du programme marketing. L'analyse de la VAC devient ainsi un instrument indispensable de gestion d'un portefeuille clients avec l'objectif d'une meilleure connaissance de la valeur réelle de chaque segment, ce qui permet de pratiquer la discrimination ainsi que la personnalisation et une gestion prévisionnelle du marketing.

- **La gestion d'un portefeuille clients**

L'exploration des deux concepts, cycle de vie des clients et VAC permet d'envisager de manière nouvelle la gestion de la clientèle d'une entreprise (Woodside et Soni, 1991). Celle-ci ressemble alors à une activité d'exploitation de ressources naturelles. L'objectif est d'exploiter au mieux un gisement détenu par l'entreprise, la base de données clientèle, et de trouver de nouvelles réserves à exploiter. Le développement des portefeuilles de clients en complément, voire en substitut des portefeuilles de produits, permet ainsi de valoriser un actif fondamental qui est celui du fonds de commerce. Les clients détenus en portefeuille représentent une certaine valeur dont seule une partie est exploitée à un moment donné. Ce mode de gestion est aujourd'hui facilité par l'existence de systèmes d'information marketing sophistiqués et puissants. On pense notamment aux « *datawarehouses* » ou entrepôts de données et au « *datamining* » littéralement forage des données qui ouvrent des perspectives d'une évaluation individualisée des segments et des clients. Tous les secteurs sont concernés, l'efficacité marketing passant par la connaissance du client et de son historique, rendue possible grâce à l'enregistrement dynamique de son comportement dans des fichiers spécifiques. L'enjeu des programmes de fidélisation et des bases de données marketing avec le stockage et l'analyse de l'information individuelle, de création d'offres et de communications personnalisées, devient ainsi aisément compréhensible.

Dans la gestion du portefeuille clients, on peut remarquer que l'évolution des revenus produits (VAC) par les clients ou les segments dépendent de trois facteurs principaux : 1) le montant unitaire des achats (principalement lié aux politiques de prix et de gamme), 2) le volume de consommation (principalement lié au besoin), 3) la fréquence d'achat. Ces facteurs sont eux-mêmes expliqués par d'autres variables qui montrent le caractère dynamique de l'approche: la position dans le cycle de vie du client, la position sociale, la situation familiale, le revenu, le niveau d'éducation, mais aussi certaines variables situationnelles comme des événements tels que les naissances, le mariage, etc.

La gestion dynamique d'un portefeuille clients se fait alors sur la base d'une segmentation en fonction de ces critères et permet de développer et d'adapter des stratégies par client ou segment en fonction du revenu futur généré, de la position du cycle de vie et du degré de compétition[4] autour de la clientèle (Benavent, 1995). Dans la continuité de cette réflexion, évoquons l'évolution des cycles de vie et des courbes de survie, car la valeur d'un client ou d'un segment tend à diminuer avec le temps pour des raisons de défection. Pour cette raison, le gestionnaire du portefeuille clients doit à la fois remplacer les clients perdus par une stratégie d'acquisition, et mettre en place une stratégie de fidélisation pour prolonger dans la mesure du possible la durée de vie. Il devra également prendre en compte la notion de vulnérabilité attachée à certains segments.

C'est ainsi qu'il convient de rectifier une interprétation fausse de l'hypothèse centrale de Reichheld (1996) qui est souvent commise, dans le sens où il vaudrait mieux se concentrer sur les clients acquis que sur l'acquisition de nouveaux clients pour amortir le coût d'acquisition très élevé sur la vie du client afin de rester dans des conditions de rentabilité acceptable. Nous avons vu qu'un client ou un segment est mortel, et qu'il ne suffit pas uniquement de fidéliser mais qu'il faut en permanence recruter de nouveaux clients pour remplacer les clients fidèles qui s'usent avec le temps. Dans cette perspective, on comprendra mieux que le débat actuel sur le remplacement d'un marketing offensif vers un marketing purement défensif est vain.

En fonction de la valeur et du cycle de vie d'un individu ou d'un segment, différentes stratégies de portefeuille de clients peuvent être esquissées: des stratégies de recrutement, de fidélisation et de développement de la clientèle. Nous connaissons déjà ce mode de management de la théorie des produits, avec une initialisation, un développement, un relancement ou un abandon. Dans ce contexte, d'importantes questions, telles que la capacité d'exploitation de la valeur d'un segment, se posent. Par exemple, est-il possible par l'action marketing d'infléchir le cycle de vie du client de manière à gérer dans le temps le flux des revenus? Comment peut-on augmenter les probabilités de survie et donc accroître la valeur? Selon Benavent (2002), trois types de stratégies, correspon-

4. On reconnaît la structure des matrices d'analyse de portefeuilles d'activités de la Boston Consulting Group : le degré de compétition et l'attractivité.

dant aux trois approches historiques du marketing, doivent être envisagés en fonction des cycles de vie correspondant : 1) Le marketing transactionnel avec l'approche classique du marketing mix pour acquérir les clients par la création d'une préférence, visant à renouveler le capital de valeur des segments ; 2) Le marketing relationnel pour fidéliser en inhibant le choix au travers d'un mix de fidélisation et de rétention. L'objectif est d'augmenter les probabilités de survie des clients ; 3) Le marketing expérientiel pour développer la consommation et la valeur des consommateurs par période au travers d'une augmentation de la valeur perçue.

La gestion du portefeuille en terme de cycles de vie et de VAC conduit ainsi à un arbitrage optimal entre les stratégies de fidélisation et de recrutement et permet de les affiner, en déterminant la période pendant laquelle le rendement est le meilleur. La décomposition des politiques marketing en programmes de recrutement et de fidélisation amène l'entreprise à optimiser ses ressources en vue d'une augmentation de la valeur de son portefeuille clients, en fixant les investissements nécessaires à l'acquisition d'un consommateur en fonction de son espérance mathématique de gain lors de la période de fidélisation.

La conclusion sur le marketing client

Nous venons de développer l'idée du développement du marketing client autour de la notion de relation. Cette évolution affecte l'importance de la question du positionnement stratégique. Ainsi, les approches transactionnelles et relationnelles ne se substituent pas l'une à l'autre et ne sont pas incompatibles, mais au contraire elles s'ajoutent l'une à l'autre et se combinent. Elles s'intègrent plutôt dans une optique de gestion de cycle de vie de clients, d'acquisition, de développement de la relation et de maintien ainsi que d'abandon. L'approche de la VAC devient ainsi l'outil de mesure et de segmentation pour la gestion d'un portefeuille clients. Ce management ne se limite pas ainsi uniquement aux politiques de fidélisation, mais doit être complété par le recrutement de nouveaux clients dans une optique de remplacement de consommateurs défectueux pour former un cercle vertueux.

Dans cette éclosion d'idées et de concepts, on pourrait également penser que le produit est devenu moins important, en particulier dans le processus de construction de la relation. Cette vision n'est pas complètement correcte, car Crié (1999) montre qu'il existe certains produits, les produits fidélisants, qui influencent également la fidélité du consommateur.

Dans ce sens, nous préférons une combinaison et une superposition des approches du marketing transactionnel et relationnel, conduisant à redéfinir les politiques de recrutement, de transformation et de fidélisation, car la première est nécessaire pour remplacer les défections de consommateurs, la seconde sert à valoriser et optimiser le portefeuille de clientèle. Nous nous positionnons ainsi à l'encontre d'une dichotomie classique des deux approches, même si beaucoup d'auteurs avancent que l'on s'éloigne des stratégies de conquêtes vers des stratégies de fidélisation.

Enfin, c'est dans ce contexte que nous introduisons le programme de fidélisation comme instrument qui agit en tant qu'interface entre les approches transactionnelles et relationnelles. C'est uniquement à partir de cet instrument, avec les bases de données marketing associées, qu'une approche de gestion du portefeuille de clientèle devient techniquement possible. C'est la raison pour laquelle nous allons donner dans le sous-chapitre suivant une définition appropriée, et tentons d'expliquer son rôle ainsi que son positionnement dans le contexte des stratégies transactionnelles et relationnelles, ainsi que de la gestion d'un portefeuille clients.

1.3. Vers une définition du programme de fidélisation et son positionnement dans le marketing client

Nous avons vu que la fidélisation devient une préoccupation cruciale dans les stratégies des entreprises, mais on constate qu'il manque cruellement de concepts clairs et de définitions sur le sujet. Il paraît alors nécessaire de fournir des définitions de ce qu'est la fidélisation, et puis un programme de fidélisation.

La définition de la fidélisation

Homburg et Bruhn (1998) définissent la fidélisation de la manière suivante : « La fidélisation intègre toutes les actions d'une entreprise destinées à influencer le comportement d'achat actuel et futur d'un client de manière positive afin de stabiliser et d'élargir la relation avec ce client. » Cette définition met clairement en évidence la distinction entre la fidélité, qui renvoie à des actions volontaires et actives de la part du consommateur pour être fidèle, et la fidélisation qui concerne à la fois le client et l'entreprise qui veut le lier. Meyer et Oevermann (1995) vont encore plus loin car ils incluent dans la fidélisation le comportement d'achat actuel (achats et recommandations auprès d'amis) et futur (achat répété, achats complémentaires et parrainage) du client ainsi que les raisons de la relation (psychologiques, situationnelles, juridiques, économiques et technologiques).

Pour notre étude, la définition de la fidélisation de Barlow (1992) nous semble particulièrement pertinente : « La fidélisation est une stratégie qui identifie les meilleurs clients, les maintient grâce à une relation interactive à valeur ajoutée et axée sur le long terme, pour accroître leur rendement ». C'est alors une démarche sélective qui nécessite une information sur la valeur réelle ou potentielle du client. La notion de relation interactive tient compte des remontées d'informations pouvant être émises, de façon implicite ou explicite, par celui-ci. Enfin, au regard de la fidélisation, une relation de long terme doit être établie. Plusieurs remarques et compléments s'imposent pour clarifier et élargir le concept de la fidélisation dans une optique d'intégration dans une stratégie de marketing client.

- **Le rôle de l'identification et de la sélection**

La sélection du cœur de cible passe par son identification, ce qui nécessite des bases de données marketing et leur segmentation à partir de données sociodémographiques et comportementales. La mise en œuvre d'instruments d'évaluation des actions facilite l'optimisation de celles-ci sur la base d'un apprentissage progressif.

C'est dans ce contexte que les notions de VAC et cycle de vie client deviennent centrales pour la gestion du portefeuille clients conduisant ainsi à un arbitrage optimal entre les stratégies de fidélisation et de recrutement. L'analyse de la VAC est une aide à la décision quant à savoir vers quel type de client orienter les moyens marketing. Elle permet d'optimiser les ressources en vue d'une augmentation de la valeur du portefeuille clients en fixant les investissements nécessaires à l'acquisition ainsi que l'entretien d'un consommateur en fonction de son potentiel de développement lors de la période de fidélisation. L'analyse des cycles de vie et du comportement d'achat passé permet de donner désormais une allure individualisée à la relation en fonction des besoins et avantages recherchés du client. La gestion des différents cycles de vie des clients au niveau individuel avec l'intégration de la notion VAC permet d'ajuster les programmes d'action de manière dynamique en fonction des trois problèmes du marketing à résoudre : acquérir le client, le maintenir, développer sa consommation et sa rentabilité.

• Le rôle du maintien de la clientèle et la construction d'une relation

Après avoir segmenté et sélectionné les clients, le point central devient l'établissement d'une relation durable, interactive et individualisée entre le consommateur et le fournisseur car la fidélité ne peut pas être atteinte uniquement par la préférence pour la marque, ni même par la satisfaction ponctuelle à l'égard des produits (cette dernière étant même peu reliée à la fidélité). C'est alors une relation de confiance, d'engagement et d'attachement des valeurs essentielles dans un « couple classique », qui contribue à renforcer un lien affectif entre l'entreprise et le client (Morgan et Hunt, 1994). Des « *datawarehouses* » ou entrepôts de données, enregistrant les comportements d'achat par les cartes de fidélité, permettent de connaître de plus en plus précisément les besoins individuels et de les satisfaire dans une approche de personnalisation de masse sur mesure *(« mass customization »)*. Un client ayant investi dans une telle relation va se heurter à des barrières de changement, dues aux coûts de recherche, perte de récompenses liées au programme de fidélisation, ou tout simplement à la nécessité de reconstruire un lien semblable avec un nouveau fournisseur pour obtenir le même niveau ou la même commodité de services.

Dans ce contexte, il convient également de mentionner la nature dynamique de la relation et des modèles de cycles de vie. On doit retenir l'idée de la durée, ensuite celle du changement de nature de la relation au cours du temps. La notion de la durée est parfaitement contenue dans le concept de la VAC qui tente de reproduire les effets de la rétention ou abandon (Rosenberg et Czepiel, 1984) et du cycle de vie du client.

Enfin, un autre élément crucial de la relation est le contexte social. La relation s'inscrit dans un contexte social tissé de relations amicales, de cercles d'appartenance, de groupes de références, de communautés. Les réseaux complexes de relation nous fixent dans des rôles et des positions particulières. La gestion de la relation consiste aussi à définir ces réseaux d'influences. Des approches originales de marketing en témoignent, que ce soit le recours à des clubs (supporters), à l'identification et à l'animation de communautés structurées (clubs d'utilisateurs ou de consommateurs, programmes de fidélisation).

• Le rôle de l'intensification des achats

La fidélisation s'inscrit dans des stratégies qui visent d'abord à conserver ou « verrouiller » ses clients, et par la suite sur une base de clients établie, à intensifier le niveau d'affaires ainsi qu'à augmenter la valeur du client. C'est le passage d'un marketing extensif (recherche perpétuelle de nouveaux clients) à un marketing intensif (développement du potentiel des clients actuels). L'augmentation de la part de clients et des dépenses au profit de l'entreprise, avec notamment des ventes croisées ou additionnelles, en sont les préoccupations principales. Une multiplication des moyens de contact et des canaux de distribution (e-mail, téléphone, magasin, lettre) permet aux entreprises de se rapprocher de plus en plus de leurs consommateurs. Dorénavant, la disponibilité devient un élément important de l'offre. Le concept est simple : plus l'acte d'achat est facile pour le client, plus les probabilités de cet achat sont élevées. Dans ce contexte, les techniques de segmentation, notamment en fonction des cycles de vie des clients, offrent la possibilité de construire des offres plus adaptées pour accroître l'intensité d'achat. Une meilleure connaissance de leur valeur économique (VAC) permet d'allouer les ressources financières en priorité aux acheteurs ayant le plus fort potentiel.

Vers une définition du programme de fidélisation

Il convient d'abord de distinguer la fidélité et la fidélisation. La première notion est une qualité attribuable directement au client, la fidélisation nécessite la mise en place par l'entreprise de politiques spécifiques. Elles seront axées soit sur la communication, la satisfaction et la qualité des produits traditionnellement dans une approche transactionnelle, soit sur de véritables programmes s'égrenant au cours du temps et du cycle de vie du client dans le cadre d'une approche plutôt relationnelle. Si l'on se réfère au cadre théorique généralement admis, les programmes de fidélisation ont pour objet soit une modification dans les schémas d'achat répété, soit une modification de l'attitude du consommateur, ou enfin une action sur ces deux variables. En effet, la fidélité s'inscrit comme une variable interne de la structure cognitive des individus à la fois dépendante d'un processus de formation (on devient fidèle) et opérante, puisqu'elle intervient dans la genèse des préférences, attitudes et comportement d'achat. En ce sens, elle est susceptible d'être modifiée par une activité de marketing.

Dans le cadre de la gestion d'un portefeuille clients le rôle des programmes de fidélisation devient clairement possible. Ils peuvent apporter une solution de gestion plus structurée et organisée autour du management de la sélection, de la relation et du contrôle du comportement d'achat des clients. À travers leurs caractéristiques transactionnelles et relationnelles, ils peuvent agir comme pivot entre les trois problèmes du marketing. En particulier, ils permettent de :

- gérer la préférence à la marque, avec des techniques du marketing transactionnel ;
- établir un pont entre les méthodes de communication de masse et individualisée ;
- construire des bases de données marketing qui facilitent la segmentation en fonction de la VAC et des cycles de vie des acheteurs, l'identification des meilleurs clients et la gestion dynamique du portefeuille clients ;
- satisfaire de plus en plus précisément les besoins avec l'optique de construire des barrières de changement pour maintenir les clients ;
- serrer de plus en plus la relation entre l'entreprise, le client au travers de l'individualisation et l'interactivité du contact ;
- augmenter le niveau de consommation avec les récompenses ;
- créer des communautés ;
- renforcer l'utilité globale de la relation et lisser certains attributs affaiblissant cette utilité.

De ce fait, un programme de fidélisation peut alors servir sur un niveau intermédiaire de catalyseur pour nouer des liens plus structurés et plus satisfaisants autour de l'échange transactionnel. En reprenant et complétant les travaux de Benavent et Crié (1999), nous donnons la définition suivante : « Les programmes de fidélisation sont largement répandus dans l'ensemble des secteurs qui délivrent un bien ou un service utilisé régulièrement et de valeur unitaire relativement élevée.

Ils s'inscrivent dans la gestion d'un portefeuille clients et ils sont un ensemble d'actions marketing plus ou moins ciblé et structuré, organisé par une ou plusieurs entreprises, de façon à ce que les acheteurs les plus intéressants soient recrutés, identifiés, maintenus, stimulés, de telle manière que les volumes achetés en soient augmentés. Ils cherchent à créer une relation à valeur ajoutée et régulière sur le long terme, de préférence affective, en instaurant une communication interactive entre l'entreprise et ses adhérents. Les programmes de fidélisation s'appuient le plus souvent sur des bases de données marketing construites à partir des renseignements provenant des cartes de fidélité. Il devient ainsi possible d'identifier le client, d'enregistrer des informations concernant son comportement et de cibler les actions marketing. Leurs modalités se réfèrent souvent à l'usage de techniques promotionnelles classiques différées ou non (cadeaux, réductions de prix, points, etc.) ou de techniques du marketing relationnel (accès à des privilèges ou services, statut particulier, individualisation, etc.), encourageant le consommateur à multiplier et pérenniser ses achats en vue de l'obtention d'une récompense. »

Plusieurs remarques s'imposent à l'égard de cette définition : les programmes de fidélisation semblent être distingués de la promotion des ventes par leur orientation défensive à plus long terme (Reichheld, 1996). L'objectif de la promotion est offensif, et lorsqu'elle s'arrête, il n'y a rien qui empêche les consommateurs de reprendre leurs habitudes passées (Ehrenberg *et al.*, 1994). Un programme de fidélisation, au contraire, cherche à préserver des parts de marché et agit en quelque sorte comme une promotion permanente à long terme.

De cette définition ressort également que l'assimilation d'un programme de fidélisation à la simple possession d'une carte de fidélité est assez réductrice. Il concerne plutôt les actions mises en œuvre sur les porteurs. Ces actions peuvent être très diverses, comme nous démontrons dans la section 2 de ce chapitre, et plus ou moins ciblées (même parfois sans identification du client au préalable à l'instar des lots virtuels et des bons d'achat Écobon de Catalina Marketing).

Après avoir défini la fidélisation, les programmes de fidélisation et leur rôle dans la gestion clientèle, nous pouvons les positionner dans un cadre conceptuel plus intégré du marketing client, qui prend forme aujourd'hui sous le nom du CRM *(Customer Relationship Management).*

Le positionnement du programme de fidélisation dans le CRM

De nombreuses définitions du CRM circulent, surtout dans le monde des entreprises et des consultants. À notre avis, le CRM n'est en fait qu'un prolongement, une systématisation de ce mouvement historique de déploiements de technologies de l'information dans le champ de la gestion client, que nous venons de décrire. Deux approches de sa description peuvent être engagées.

La première est fonctionnelle, tel le modèle proposé par le groupe Gartner, et sera négligée car trop vaste pour notre champ d'investigation. Elle consiste à décrire les différentes fonctions qui peuvent être prises en charge par le système.

Une seconde approche met l'accent sur la dynamique de la gestion de la relation client. Le modèle proposé par Cap Gemini présente ainsi un ensemble de modules organisés en quatre phases : étude, offre, acquisition, fidélisation, et se rapproche ainsi plus de la vision orientée client.

Figure 4.
Le modèle CRM de Cap Gemini

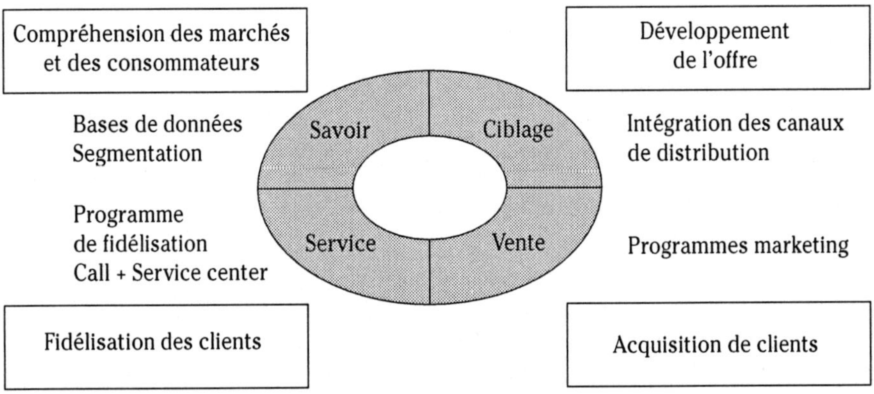

Dans cette seconde approche, nous complétons la définition du CRM donnée par Lefébure et Venturi (2000) de la manière suivante : « La gestion de la relation (CRM) client combine l'infrastructure technologique et les stratégies commerciales pour identifier, acquérir, fidéliser et contrôler les meilleurs clients, avec l'ultime but d'augmenter la rentabilité. Le point central est de bâtir une relation individualisée durable à l'aide des nouveaux systèmes d'information, des techniques de fidélisation et de l'intégration d'une multitude de canaux de distribution en capitalisant sur l'ensemble des points de contacts. »

Il devient alors clairement visible que le CRM est l'infrastructure d'un programme de fidélisation qui permet d'un point de vue plus technologique l'acquisition de données relatives aux besoins et comportements des clients, leur codification, leur normalisation, leur stockage, la construction d'un *datawarehouse*, leur communication, leur analyse et leur segmentation en temps réel en vue d'une construction d'une stratégie marketing personnalisée/individualisée. Le but ultime est d'augmenter l'efficacité commerciale. Le principe général consiste à centraliser un maximum d'informations structurées sur le client pour mieux anticiper les événements et le bon moment, le canal optimal (centres d'appels, forces commerciales, Internet, etc.) et le bon prétexte pour le prochain contact ou la prochaine action. Identifier qui sont ses clients, comprendre leurs besoins et leurs comportements dans le temps pour pouvoir les influencer, savoir mesurer et prévoir leur rentabilité, maîtriser les risques associés, gérer efficacement les campagnes sur tous les canaux sont alors les enjeux majeurs de la gestion de la relation client (CRM). C'est dans ce contexte que les stratégies et le programme de fidélisation s'intègrent alors parfaitement dans le CRM, sous forme de gestion du recrutement, du maintien, du développement et de l'abandon de la relation. Pour cela, ils s'appuient sur des bases de données marketing afin d'identifier et de segmenter les clients après leur recrutement en fonction de leur cycle de vie et leur VAC. Par la suite, la fidélisation s'inscrit dans une approche d'allocation de ressources et sélectionne les individus en fonction de leur appartenance dans une optique d'instauration d'une relation interactive et individualisée à valeur ajoutée, axée sur le long terme pour proposer des offres de plus en plus personnalisées en fonction des objectifs qui peuvent être d'abord le maintien, puis le développement et enfin l'abandon des clients.

Après avoir traité des enjeux de l'orientation client, et donné une définition de la fidélisation ainsi que du programme de fidélisation et de leurs objectifs dans la stratégie marketing, nous allons aborder dans la sous-section suivante les champs d'action et les stratégies pour acquérir les clients, les maintenir ainsi qu'augmenter leur niveau de consommation. Pour comprendre le rôle et pour mesurer l'efficacité des programmes de fidélisation, il faut aborder le cadre d'analyse sous deux aspects : les effets de sélection et le contrôle comportemental.

1.4. Les politiques de fidélisation

Nous avons vu que les programmes de fidélisation, correspondant aux efforts structurés et défensifs de l'entreprise pour maintenir le client à plus ou moins long terme, sont essentiels pour l'entreprise dans le contexte économique actuel (De Souza, 1992). Ils possèdent des caractéristiques informationnelles, transactionnelles et relationnelles afin d'apporter une solution plus structurée et organisée autour de la gestion de la relation client.

Pour cela, le point initial est dans un premier temps la sélection des clients en fonction de leur valeur, et puis l'établissement d'une relation d'apprentissage durable, interactive et individualisée entre le consommateur et le fournisseur permettant à l'entreprise d'enregistrer et de stocker les informations au niveau individuel. La base de données marketing devient un outil stratégique pour gérer la diversité des besoins et comportements d'achat des clients dans une optique de leur évaluation (VAC, cycle de vie), de discrimination par les prix ainsi que d'individualisation de l'offre.

Dans un second temps, le programme de fidélisation est censé gérer la relation dans le temps de manière individualisée et dynamique en fonction des cycles de vie pour conserver ses clients, et par la suite pour modifier durablement le comportement d'achat (maintenir et intensifier le chiffre d'affaires), dans une optique de contrôle comportemental.

Dans ce contexte, deux questions centrales sur le ciblage s'imposent : la première concerne les effets de sélection de clientèle. On pourrait ainsi se demander quel type de client adhérera en premier à un programme de fidélisation : les gros acheteurs dans la marque ou la catégorie, ou bien les plus opportunistes et multifidèles, comme on le constate souvent dans le domaine de la promotion (Blattberg et Neslin, 1990)?

La seconde question concerne la sensibilité aux actions en vue d'une modification d'achat durable. Est-ce que ce sont les clients qui ont des taux de nourriture très importants, ou ceux dont les valeurs sont faibles, ou encore les acheteurs possédant un taux de nourriture médian?

Ces deux questions centrales montrent qu'il est évident que l'hétérogénéité des clients requiert une diversité de stratégies avec une gestion individualisée de l'allocation des ressources pour sélectionner les acheteurs adéquats dont le comportement d'achat peut être modifié de manière durable. Les programmes de fidélisation poursuivent ainsi globalement deux stratégies principales qui sont complémentaires et dépendent du contexte du marché :

– la gestion de l'hétérogénéité des clients, en tant qu'instrument de discrimination des actions marketing pour mieux gérer la diversité de ces derniers et leurs besoins ;
– la gestion de la relation client avec l'objectif général de modifier durablement le comportement des consommateurs afin de les maintenir et d'accroître leur niveau d'affaires.

Le tableau suivant résume les conditions d'applicabilité de ces deux options stratégiques.

Tableau 1.
Les stratégies des programmes de fidélisation

		Hétérogénéité : potentiel de discrimination	
		Faible	Forte
Potentiel de la relation	Faible	1. Sélection	2. Discrimination : Gestion Hétérogénéité
	Forte	3. Contrôle comportemental : Gestion Relation	4. Personnalisation : Gestion Hétérogénéité + Relation (CRM)

On se rend compte que plus l'hétérogénéité de la population est forte, plus la carte de fidélité peut agir comme un instrument de sélection de la cible et de la discrimination des offres. De l'autre côté, plus le potentiel de la relation est fort, plus le programme peut servir de catalyseur relationnel en vue d'une modification durable du comportement d'achat. Comme on peut le constater, les deux options ne sont pas incompatibles mais complémentaires. Dans les prochaines sous-sections, nous allons illustrer plus en détail ces deux options stratégiques.

La gestion de l'hétérogénéité et le problème de l'individualisation et de la personnalisation

Au centre de cette stratégie se situe la diversité des clients nécessitant des actions de personnalisation et d'individualisation de l'offre en fonction de leurs besoins individuels. Dans ce cadre, il convient de faire la distinction entre la personnalisation non exclusive, appelée aussi individualisation par apprentissage, et celle qui est exclusive (Salerno, 2001).

L'individualisation non exclusive ou par apprentissage

L'individualisation par apprentissage est synonyme de marketing sur mesure où l'entreprise adapte ses offres aux besoins des clients (Gilmore et Pine, 1997 ; Kahn, 1998). La notion d'adaptation grâce à une relation d'apprentissage progressive et une connaissance accumulée du client devient centrale pour satisfaire de plus en plus ses besoins. Cette relation d'apprentissage permet à l'entreprise de mieux anticiper les besoins et d'améliorer en permanence les offres individualisées. Les cartes de fidélité et les bases de données associées deviennent alors indispensables pour nourrir cette relation d'apprentissage et laissent place à un grand nombre de possibilités d'individualisation du marketing mix.

L'individualisation exclusive

La personnalisation exclusive peut être positive en offrant des privilèges ou des services exclusifs (Berry, 1995), ou bien négative, et être synonyme de discrimination.

- **La personnalisation exclusive positive**

Dans le cas de la personnalisation exclusive positive, la théorie des commodités de Brock (1968), développée dans le domaine des services, s'applique particulièrement bien pour étudier les liens entre l'évaluation des actions de personnalisation, les attentes d'exclusivité et le contexte relationnel dyadique ou communautaire, en traitant des effets psychologiques de la rareté pour conduire à des sensations de distinction personnelle ou d'impression d'être unique. Ainsi, les attentes de prix ou de services préférentiels ressortent comme étant de fortes motivations à l'adhésion aux programmes de fidélisation qui jouent sur la proximité relationnelle. L'enjeu des cartes de fidélité est alors de proposer de vrais privilèges à ses porteurs, qui répondent aux besoins de reconnaissance individuelle vis-à-vis des autres et d'être unique (Snyder et Fromkin, 1980).

- **La personnalisation exclusive négative. La théorie de la discrimination**

Dans le cadre de la personnalisation exclusive négative, la discrimination par les prix, déjà pratiquée à grande échelle, en particulier par les compagnies aériennes, mérite une attention particulière.

Le point de base est que tous les clients ne sont pas prêts à dépenser la même somme d'argent pour obtenir un bien. En pratiquant une politique de prix optimale, les consommateurs, dont le consentement à payer est supérieur à ce prix, seront avantagés. Le bénéfice serait alors maximal, en vendant plus cher à ces consommateurs qu'aux autres et en n'offrant pas le même prix à tous, ce qui forme la base de la théorie économique de la discrimination par les prix (Varian, 1989 ; Tirole, 1989). De cette manière, il est possible à la fois d'attirer un grand nombre de consommateurs, et de faire payer à chacun le prix le plus élevé possible, sans perdre trop de marge (Raju, 1992).

Selon la théorie, il y a trois degrés de discrimination : le premier degré est l'anticipation par rapport aux caractéristiques sociodémographiques des consommateurs, dont on sait qu'elles sont liées à la sensibilité au prix, par exemple, les personnes âgées, les étudiants ou les porteurs d'une carte de fidélité. Un autre moyen de discrimination encore plus efficace est de s'appuyer sur le comportement d'achat passé [5]. Ainsi, une entreprise pourrait attribuer des avantages uniquement aux porteurs de la carte de fidélité ou à ses meilleurs clients. Cette idée correspond à la proposition de Shapiro et Varian (1999), le « *versioning* », avec comme argument principal l'individualisation de l'offre, qui rend possible la discrimination à grande échelle.

Dans le cadre de la discrimination au deuxième degré, la firme offre des prix variables et laisse les clients « s'autosélectionner » grâce à leur sensibilité aux prix (Salant, 1987). Dans ce contexte, on comprend parfaitement l'enjeu des

5. La règle de segmentation RFM *(Recency, Frequency, Monetary)*, la fréquence d'achat, la récence d'achat et le montant dépensé peuvent par exemple être de bons indicateurs.

cartes de fidélité dont l'adhésion volontaire correspond au principe d'autosélection. On pourrait alors supposer que la carte de fidélité autosélectionne soit les gros consommateurs de la marque/enseigne, qui devraient tirer le plus d'avantages du système, ou ceux qui sont hautement sensibles à tout type de promotion, et en particulier aux réductions de prix. Ceux qui sont insensibles au prix ou les clients occasionnels payeront le prix fort. Pour expliquer ce phénomène, nous nous référons à la théorie du consommateur-producteur, selon laquelle les ménages minimisent à la fois leur fonction de coût et maximisent leur fonction d'utilité (Becker, 1965). Le consommateur maximise alors sa fonction d'utilité sous trois contraintes : contrainte de revenu, de temps et de production. Si l'on applique les conséquences de cette théorie au programme de fidélisation, dont la caractéristique fondamentale est de proposer une récompense en contrepartie d'un comportement spécifique générateur de coûts (collection de points, gestion de coupons, etc.), l'acheteur au sein du ménage va donc arbitrer entre la valeur de la récompense et celle du temps nécessaire pour l'obtenir (Narsimhan, 1984). La valeur du temps est fonction du revenu du ménage, mais aussi de la pression de la contrainte temporelle. Ainsi, des consommateurs sensibles à la récompense vont maximiser leur fonction d'utilité en minimisant la contrainte prix et en investissant du temps pour la collecte de points. De l'autre côté, les consommateurs non sensibles, ayant moins de temps disponible, payeront le prix fort.

Le troisième degré de discrimination est celui de la négociation, c'est-à-dire de faire payer à chacun le prix qu'il juge acceptable, ce qui est impossible en réalité, sauf dans certaines formes de la vente directe. Cette forme de discrimination suppose une connaissance parfaite des prix de référence des consommateurs.

Le problème principal de la discrimination par le prix était traditionnellement l'identification des clients et la mesure individuelle de la sensibilité au prix. Ainsi, les programmes de fidélisation dans leur fonction de gestion de l'hétérogénéité (identification et mesure), grâce à la connaissance des clients relative au stockage d'informations sur le comportement d'achat, peuvent contribuer de manière importante à la résolution de cette problématique.

De manière plus générale, cette aptitude à pouvoir traiter individuellement les clients et à discriminer l'offre et les prix risque probablement d'affecter la compétition au niveau de l'action concurrentielle. Il sera de plus en plus tentant d'engager des offensives fortes sur des individus ou des segments étroits, car l'ampleur de ces opérations restant limitée et non connue, les risques de rétorsion de la concurrence seront d'autant moins grands. On pourrait voir ainsi un jeu concurrentiel prendre la forme d'une guérilla larvée et discrète, s'appuyant principalement sur des promotions et des communications ciblées sur certains segments. En même temps, les avantages attribués se limitant aux porteurs de la carte de fidélité, les acheteurs fidèles vont être favorisés au détriment des consommateurs non fidèles ou de passage qui se verront payer les prix forts sans réduction.

La cible principale des programmes de fidélisation

Ces conclusions sur la gestion de l'hétérogénéité de la clientèle nous amènent à la question des cibles visées par les programmes de fidélisation. Les opinions sur ce sujet sont partagées. Deux études réalisées en Allemagne montrent que la large majorité des programmes se concentre à la fois sur les clients actuels et sur les clients potentiels sans faire de distinction de moyens (Holz et Tomczak, 1996 ;

Kirstgens, 1995). Ainsi, la question de l'allocation des ressources est l'une des questions centrales dans la gestion d'un portefeuille clients et d'un programme de fidélisation. L'orientation des moyens peut être diverse en fonction des objectifs poursuivis :

– les gros consommateurs fidèles et réguliers, ayant des taux de nourriture très importants, pour augmenter l'intensité commerciale et faire durer la relation ;

– les clients occasionnels et/ou multifidèles, c'est-à-dire les gros acheteurs de la catégorie, afin de les inciter à consommer plus.

Le ciblage des gros consommateurs fidèles

Blattberg et Deighton (1996) préconisent d'orienter les ressources vers les gros consommateurs car la relation à long terme (VAC), avec ceux-ci, assurera la survie de la firme. En effet, dans leur majorité, les managers souhaitent diriger ces programmes vers les gros acheteurs, afin d'en limiter le taux de défection, ou vers des clients à fort potentiel, pour les faire passer dans un segment de valeur supérieure. Sur ce critère, on suppose généralement et à juste titre, que ce revenu se distribue de manière concentré, tendant vers la distribution de Pareto, connue plus souvent par le rapport 20 %-80 %, où 20 % des meilleurs clients génèrent 80 % des revenus. En effet, la compagnie aérienne allemande Lufthansa estime qu'environ 51 % (1,7 milliard d'euros) de son chiffre d'affaires provient de seulement 4 % (173 000 passagers) de leur passagers adhérant à leur programme de fidélisation Miles et More. Similairement, la Deutsche Bahn AG prétend que 100 000 de ses 3 millions de porteurs de carte réalisent plus de 50 % de son niveau d'affaires (*Wirtschaftswoche*, 25 juin 2003).

Les critères permettant de mesurer ce revenu potentiel sont variés dans leur sophistication et leur définition. Cela peut prendre une forme plus ou moins complexe de *Life Time Value*, se résumer à un index du type RFM, correspondre simplement à un chiffre d'affaires moyen, cumulé, lissé que le client réalise. La définition du critère importe peu. L'essentiel réside dans cette idée qu'il y a de bons clients et de moins bons, et qu'il importe de concentrer l'effort sur le premier groupe d'acheteurs.

Figure 5.
La distribution de Pareto (20 %/80 %) des meilleurs clients

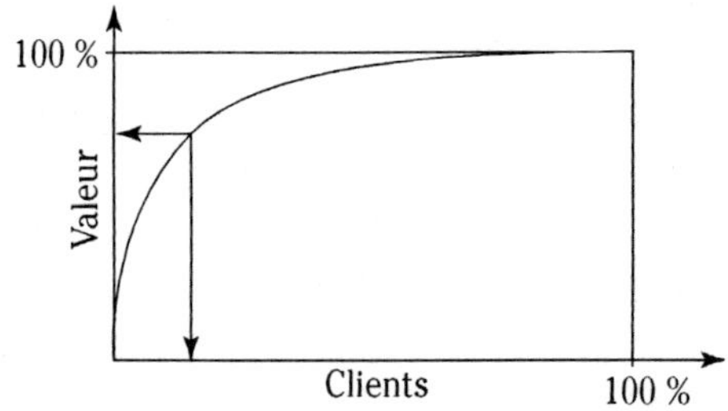

Cependant, plusieurs problèmes fréquemment rencontrés dans le domaine de la fidélité aux marques s'oppose à cette vision. Ehrenberg (1988) constate que les gros clients ne sont pas forcément les plus fidèles, en particulier dans le sens d'une fidélité exclusive, car la majorité des consommateurs sont fidèles de manière « polygame » à une multitude de marques pour une multitude de produits et ceci dans la majorité des secteurs. Seulement 10 % des acheteurs de produits de consommation sont fidèles à 100 % à une marque sur la période d'un an. Cependant, 100 % des consommateurs fidèles semblent être uniquement des petits acheteurs du produit. Par conséquent, les entreprises sont en concurrence pour les consommateurs les plus rentables.

Une autre critique vient d'Ehrenberg *et al.* (1995) : le ciblage des bons clients fidèles est vraisemblablement inefficace si l'on considère qu'un bon acheteur est quelqu'un de déjà fidèle. Il en est de même pour ceux qui ont des valeurs trop faibles, témoignage d'un manque d'intérêt pour la marque. Les incitations resteront vaines et tout ce que l'on peut espérer est une stabilité de la fidélité. À cela, s'ajoute un paradoxe bien connu dans le domaine de la promotion des ventes (Raju, 1992) : proposer une récompense à un consommateur fidèle représente une perte de marge car on observe souvent que les promotions sont utilisées par des consommateurs déjà plus ou moins fidèles à la marque, la connaissant déjà, qui l'ont dans leur « panier de marques disponibles » et qui l'auraient achetée sans avantage temporaire (Ehrenberg *et al.*, 1994) [6]. La promotion aurait alors dans ce sens un caractère fidélisant.

Le ciblage des clients occasionnels et/ou multifidèles

L'autre option stratégique de sélection de cible est d'orienter les ressources vers une clientèle intermédiaire, « fidèles partagés » ou « multifidèles », qui sont de gros acheteurs de la catégorie, suffisamment substantiels en nombre, possédant un taux de nourriture médian dans la marque ou le magasin. Ce groupe de consommateurs présente une opportunité de croissance importante, car on peut supposer une forte réactivité et sensibilité quant aux actions associées au programme de fidélisation (Sharp et Sharp, 1997). Ce fait pourrait conduire à un effet d'autosélection de cette cible, déjà plus ou moins fidèle, car sa probabilité d'acquisition d'une récompense ou de jouir d'un avantage quelconque sera naturellement la plus importante. À l'opposé, il est probable que les plus petits acheteurs de la marque/de l'enseigne ou de la catégorie soient attirés par des promotions des concurrents, le programme de fidélisation n'étant pas suffisamment attractif pour eux [7].

La société AC Nielsen (1999) préconise cette approche, car leur étude montre que seulement 10 % des clients d'une enseigne de distribution peuvent être considérés comme « très gros acheteurs monofidèles ». 20 % des clients sont des *« gros switchers »* avec un budget d'achat important qu'ils répartissent parmi plusieurs magasins. Le rôle des cartes de fidélité serait moins de générer de la fidélité, ce qui semble de toute façon être quasi inexistant, mais plutôt de mesurer la valeur du portefeuille clients et de la VAC à partir des bases de données, et de détecter et sélectionner les clients intermédiaires, comme les « fidèles partagés » et les « multifidèles », afin de leur faire transférer une partie ou une majorité de leurs achats. Dans ce contexte, Butscher (1998) préconise une stratégie hybride, recommandant de cibler principalement les gros consommateurs et de réserver des efforts minimaux pour les petits consommateurs.

6. En effet, 67 % des clients qui achètent une marque lors d'une promotion l'ont déjà acquise il y a 6 mois, 80 % il y a un an, 90 % il y a deux ans (Ehrenberg *et al.*, 1994).

7. En effet, la condition d'accès à une récompense est de nature cumulative et possède une orientation à long terme pouvant effrayer les chasseurs de promotions.

La gestion de la relation client

Une fois le client acquis, une première finalité des programmes de fidélisation s'oriente vers la continuité et l'intensification de la relation commerciale dans le sens de la transaction. Le principe consiste d'abord à diminuer le risque de départ, dans une approche relationnelle, et puis à modifier les comportements des clients, de manière à accroître la valeur actualisée de la clientèle. Les moyens pour atteindre ce but passent dans un premier temps par l'accroissement de la probabilité de survie des clients. Ensuite, le programme de fidélisation cherche à construire une relation de longue durée en travaillant sur les variables classiques du courant du marketing relationnel, comme l'attitude, l'engagement, la confiance, la satisfaction ainsi que les coûts de changement. Il y a ainsi globalement deux manières de maintenir les consommateurs (Lehu, 1999) :

– la fidélisation recherchée par le consommateur, obtenue par une différenciation de la marque en vue d'une création de préférence vers cette dernière ;

– la fidélisation induite ou passive du consommateur, par la « domestication » et le « verrouillage » du client dans la marque.

De manière assez claire, on peut penser que les programmes de fidélisation s'inscrivent dans le second type d'orientation, même si dans certains cas le programme joue un rôle dans la politique de différenciation.

La fidélisation recherchée

Traditionnellement, la fidélité est générée par des pratiques de différenciation qui permettent à l'entreprise de maintenir des prix élevés, en profitant d'une préférence marquée de certains segments de consommateurs. C'est sur ce problème que les chercheurs et praticiens se sont concentrés depuis les années 1960 avec une longue tradition qui s'incarne dans le modèle du marketing mix, avec deux variables jouant un rôle clé : d'une part, l'attitude à l'égard de la marque qui conditionne le choix et, d'autre part, la satisfaction envers cette dernière pour renforcer cette attitude. Il s'agit d'une fidélité recherchée par le consommateur. Par exemple, lorsque L'Oréal joue la carte de la différenciation en visant sur l'innovation permanente et la performance de ses crèmes, l'entreprise exerce un monopole partiel sur le segment des consommateurs sensibles à ces caractéristiques. Dans ce cadre, la fidélité est un sous-produit de l'action marketing: en s'assurant d'une préférence stable par la construction d'une attitude positive envers la marque et d'un niveau de satisfaction élevé pour le produit, on peut espérer transformer le processus de prise de décision en une sorte d'automatisme, une heuristique d'achat : le client satisfait et bien disposé accélère et raccourcit son processus de décision.

De façon implicite, un programme de fidélisation pourra avoir un effet sur la différenciation et ainsi diminuer l'attractivité des alternatives (Day, 1999) pour créer une position de niche et ainsi une position de monopole partiel. L'enjeu du programme sera de proposer un mix d'avantages et de services innovateurs en vue d'une augmentation de la qualité perçue et de la satisfaction autour des échanges transactionnels à chaque expérience et au-delà de l'expérience, ce qui est supposé créer une attitude positive (Lababera et Mazursky, 1983 ; Rust et Zahorik, 1993).

Cependant, deux problèmes s'opposent à cette approche : tout d'abord, le lien entre satisfaction et fidélité est loin d'être prouvé et fait l'objet d'un débat récurrent parmi les spécialistes en marketing. Ensuite, la fidélité ainsi obtenue est relativement fragile car une rupture de stocks peut conduire à une infidélité brutale. De l'autre côté, l'habitude créée peut se métamorphoser progressivement en monotonie, ce qui se traduit par un besoin de recherche de variété (Mc Alister 1982). En plus de cela, des conditions concurrentielles peuvent modifier ce rapport (Jones et Sasser, 1995). Par exemple, sur les marchés moins compétitifs, des clients sont plus facilement maintenus même avec de faibles niveaux de satisfaction parce qu'il y a peu d'alternatives et les coûts de changement sont élevés. À l'opposé, sur les marchés fortement compétitifs, même un niveau élevé de satisfaction n'assure pas systématiquement la fidélité. C'est la raison pour laquelle une approche relationnelle est justifiée.

La fidélisation induite. Domestiquer et verrouiller ses clients

Si l'avantage de la fidélité recherchée par la préférence ne peut être maintenu [8], il devient nécessaire d'envisager une autre manière de maintenir cette situation de quasi-monopole partiel. Un moyen est peut-être alors de limiter ou prohiber les possibilités de choix des consommateurs et de dresser des barrières au changement ou des barrières de sortie. Cette seconde option est appelée fidélité induite et cherche à isoler les clients des pressions de la concurrence et à créer des marchés internes, captifs ou « domestiqués », afin d'échapper partiellement au jeu de la concurrence et de l'imitation. Dans ce cas, le consommateur continuerait de choisir une marque même si un concurrent présentait une plus grande valeur. Ce type de stratégie peut être appelé stratégie de domestication du marché (Arndt, 1979). Le mot est d'autant plus juste qu'il se réfère à la fois à la notion de marché domestique ou interne, mais aussi à l'idée d'une sujétion du consommateur.

L'idée de marchés captifs ou domestiqués se trouve déjà dans la littérature économique (Shapiro et Varian, 1999), même si les auteurs se préoccupent plutôt des cas de monopoles, de normes ou de standards pour « verrouiller » les consommateurs. La notion trouve dans le domaine du marketing une place certaine et plusieurs auteurs parlent de barrières à la sortie ou de coûts de changement (Jackson, 1985). Ces coûts de changement empêchent le consommateur de quitter l'entreprise et il devient en quelque sorte « prisonnier » (Jones et Sasser, 1990). Ainsi, l'internalisation du marché est permise par les capacités de contrôle de l'entreprise sur ses clients qui peuvent se traduire de la manière suivante :

Dans le secteur de la téléphonie mobilie par exemple, les contrats lient des clients à une compagnie. Les coûts de changement sont liés aux pertes financières de résiliation.

Les systèmes de points avec des récompenses différées dans le temps permettent d'augmenter les barrières à la sortie, de manière artificielle, étant donné qu'ils ne sont pas transférables d'une entreprise à une autre, en cas changement de fournisseur. Dans ce cas, les coûts de changement représentent tout simplement la valeur de la récompense ou du privilège associée au programme. Ainsi, plus le nombre de points cumulés devient important, plus le client se trouvera « verrouillé ». Dans ce contexte, les cartes de fidélité couplées à des fonctions de paiement représentent un autre moyen de maintenir le client. Il est évident que ces barrières peuvent rapidement être perçues comme des

8. Cette situation est rencontrée dans la majorité des marchés de produits de grande consommation.

contraintes. C'est pourquoi lorsqu'elles disparaissent, il y a souvent une rupture brutale ayant pour résultat la défection définitive du client (Jones et Sasser, 1995).

L'établissement d'une relation d'apprentissage, nourrie par une remontée d'information régulière provenant de la carte de fidélité pour proposer une offre de plus en plus individualisée, peut entraîner une transformation substantielle des liens entre le fournisseur et son client. Cette transformation basée sur la confiance et l'engagement (Morgan et Hunt, 1994) peut être si profonde que les coûts de sortie deviennent prohibitifs et irréversibles. Cette relation renforce également la dépendance fonctionnelle et peut modérer les insatisfactions et la sensibilité aux offres concurrentielles. Contrairement aux trois autres options, cette dernière est celle qui est la plus favorable d'un point de vue du consommateur, car le fait d'être « verrouillé » n'est pas pesant pour lui, étant donné que cette situation est basée sur la confiance et une sujétion volontaire. C'est la raison pour laquelle il faut créer en même temps une attitude très favorable et durable, de façon à ce que le fait d'être verrouillé comme « prisonnier » ne soit pas perçu comme une contrainte.

Il sera ainsi de plus en plus tentant d'engager des actions sur des segments étroits mais domestiqués, car l'ampleur de ces opérations restant limitée, les risques de réaction de la concurrence seront d'autant moins importants. Au centre de cette orientation se situe la relation individualisée fournisseur-client. Ainsi, l'évolution des systèmes d'information marketing et des programmes de fidélisation associés renforcent ce mouvement dans une voie d'intégration et d'individualisation.

Accroître la valeur pour augmenter le niveau de consommation

Après avoir acquis, sélectionné et fidélisé le client, il reste un troisième problème à résoudre, accroître le niveau de consommation de celui-ci et intensifier les ventes. Deux moyens sont envisageables : le premier est l'utilisation des outils classiques de la promotion des ventes avec des avantages temporaires mais plutôt orientés sur le changement du comportement d'achat à court terme (Blattberg et Neslin, 1990).

Le second moyen consiste à augmenter la valeur et à intensifier l'expérience autour de la consommation. La notion d'expérience est relativement récente, et les travaux de Holbrook (1999) donnent un aperçu des caractéristiques principales : « L'expérience est d'abord un état subjectif, ce que l'on éprouve à vivre, à sentir, à faire. » Elle peut être plus ou moins intense, riche, satisfaisante. La particularité du phénomène expérientiel est l'interdépendance des actes de consommation qui ne sont pas isolés mais concernent d'autres activités et peuvent avoir des conséquences sur l'acte suivant. Une expérience importante peut conduire à modifier des habitudes d'achats. Une de ces conséquences essentielles est certainement celle d'affecter la valeur à des consommations ultérieures. Deux chemins peuvent être envisagés. Un chemin cognitif, qui fait de la consommation une éducation et une acculturation. L'autre voie en fait un chemin émotionnel [9].

Nous souhaitons aussi développer une autre idée relative à la construction de la valeur, celle de la coévaluation. Le terme est proposé par Eisenhardt et Galunic (2000) mais on en retrouve l'écho chez Day (2000). Dans ce cadre, les externalités

---

9. Au lieu de développer de manière intensive ce sujet, nous renvoyons à la thèse de doctorat de N'Goala (2000) qui donne un aperçu complet dans la matière.

du réseau jouent un rôle important. Il y a des externalités du réseau lorsque la valeur qu'un consommateur accorde au bien dépend du nombre d'utilisateurs ou partenaires. On peut distinguer deux types d'externalités : celle liée à la consommation d'un produit et celle liée à la relation. La première accroît le niveau de consommation, la deuxième renforce la relation.

Ramenées à la problématique des programmes de fidélisation, les externalités se traduisent à travers des possibilités de gagner et d'utiliser des miles dans des réseaux partenaires, mais également à partir de la création de communautés virtuelles ayant les mêmes intérêts. Ainsi, plus il y a multiplication de partenaires et d'adhérents, plus les externalités du programme sont importantes, et plus il devient intéressant du point de vue du consommateur. L'augmentation des externalités a par la suite comme conséquence une augmentation de la consommation.

Dans ce contexte, on peut distinguer les programmes de fidélisation, appelés programmes « monosponsor » et les « multienseignes/multisponsors ». On retrouve clairement la notion de communautés stratégiques au sens d'Astley (1985).

Dans le premier cas de figure, le programme est géré et financé par une seule entreprise. Au sein de la deuxième catégorie, il est managé par plusieurs firmes [10]. L'introduction de partenaires dans le groupage d'offres est actuellement considérée par de nombreuses entreprises comme un des axes majeurs de croissance des programmes de fidélisation. Pour des raisons de coûts élevés, des effets de synergies et d'externalités des programmes, les entreprises ont décidé de créer des alliances stratégiques. Cette idée nous conduit à la question centrale de la définition des marchés et de la compétition. Au bout du compte, c'est par la construction d'alliances de marques et le développement de réseaux que les firmes pourront constituer ces communautés stratégiques qui risquent d'être en réalité les véritables unités de base de la compétition. On pourra s'interroger sur la nature de ces communautés stratégiques: seront-elles internes, associant les enseignes et les marques d'un même groupe (à l'exemple des programmes de la Star Alliance ou de Sky Team) ou seront-elles externes, associant les marques et les enseignes de groupes concurrentiels distincts pour former un groupement d'offres cohérent, à l'instar d'Air France, Accor, American Express ou Casino/Shell/Euromaster/Kertel, ou encore, plus récemment, d'AOL et American Airlines, ayant créé le plus grand programme de fidélisation du monde avec respectivement 1,5 million et 38 millions de membres et plus de 2 000 partenaires.

Les deux communautés stratégiques génèrent des externalités de consommation. Cependant, la deuxième option crée plus de valeur pour le consommateur. Pour illustrer cela, nous considérons l'exemple fictif suivant : un programme de fidélisation qui permettrait de générer des utilités fonctionnelles dans le quotidien pour faciliter la vie, et hédonistes dans le non-quotidien pour procurer du plaisir, représente le cas idéal. Ainsi, on pourrait envisager une carte de fidélité multisponsors, qui propose dans un espace géographique large, des services facilitant la vie au quotidien : fonctions de paiement valables partout, priorités et privilèges aux guichets (points de vente, gares, aéroports, etc.), accès aux informations en tous lieux, systèmes de recommandation allégeant le processus

10. Ce type de programme permet aux consommateurs de bénéficier d'avantages divers chez différents fournisseurs. Compte tenu de la prolifération des programmes à carte, une carte unique est incontestablement un plus pour le client.

cognitif et facilitant les achats. En revanche, dans le non-quotidien, un tel système permettrait de gérer ses loisirs en donnant la possibilité d'utiliser des points cumulés pour des voyages et des parcs récréatifs, par exemple. Il est aisément compréhensible que ce système de fidélisation générerait des externalités importantes et augmenterait la valeur de la consommation. L'alliance d'Air France, Accor, American Express et Disneyland Paris va exactement dans ce sens. Le problème principal de ces alliances est cependant que les entreprises favorisent de cette manière la multifidélité à plusieurs firmes. Une autre critique est qu'un programme multipartenaires rend flou le niveau de la fidélité, ainsi que l'image des sponsors.

Une autre idée peut être observée dans le domaine de la constitution des communautés virtuelles (Oliver, 1999). L'individu et l'identité de soi sont immergés dans l'environnement social. Ainsi, la fidélité résulterait d'un environnement social favorable et incitatif. En matière de stratégie de marketing, ceci ouvre l'alternative classique entre une fidélité obtenue par la satisfaction du client, ou une fidélité obtenue par la création d'un lien spécifique qui se réalise dans un sentiment fort de confiance et d'engagement. Il s'esquisse alors des stratégies de contrôle social qui pourraient viser à enfermer les clients dans un réseau dense de liens sociaux. Ceci implique naturellement des actions indirectes, la construction de l'environnement même du consommateur.

La conclusion sur les politiques de fidélisation

Avant de passer à la section 2, où nous allons traiter des pratiques dans les entreprises, nous souhaitons faire ici un bref résumé de notre travail sur les politiques de fidélisation.

Un programme de fidélisation est un instrument qui s'intègre parfaitement dans une stratégie de marketing orientée client. Il permet de gérer le portefeuille clients de manière dynamique en fonction de la valeur des clients et de leurs cycles de vie. Pour cela, il poursuit deux stratégies qui se complètent, la gestion de l'hétérogénéité de la clientèle pour exploiter leur diversité et la gestion de la relation client pour domestiquer les consommateurs, ainsi qu'augmenter leur niveau de consommation (voir tableau 1). Les deux approches se complètent dans une optique de gestion de cycle de vie de clients, d'acquisition, de développement de la relation et de maintien, ainsi que d'abandon.

Un des rôles stratégiques du programme de fidélisation serait alors de faire face au problème de la diversité des besoins individuels et de détecter et sélectionner les clients les plus sensibles aux actions de fidélisation, de *cross-selling* ou d'*up-selling*, auxquelles on est sûr qu'ils réagissent, soit par des changements de comportement de fréquentation ou de choix, conduisant ainsi à un meilleur ajustement des ressources. Ceci exige donc une analyse plus approfondie des effets de la carte au niveau individuel, l'aboutissement d'un tel travail devant être une proposition de critères de segmentation en fonction de la sensibilité à l'action de fidélisation, de la valeur de clientèle et des cycles de vie associés. Ceci encourage aussi le développement de bases de données client ainsi que leur exploitation statistique. La carte de fidélité devient alors un instrument d'identification du consommateur à chaque occasion d'achat.

Dans le cadre de la gestion de la relation client, la capacité à maintenir un monopole local et à augmenter la consommation peut se réaliser avec la dichotomie, approche transactionnelle et approche relationnelle. Ainsi, la constitution de marchés captifs peut être fondée à la fois sur la création de préférences, sur les techniques de fidélisation et les coûts de changement.

Tableau 2.
Les politiques de fidélisation

Stratégies	Actions	Effets
Gestion de l'hétérogénéité	Discrimination (4P du marketing mix)	Gestion portefeuille clients : sélection des clients (VAC/cycle de vie) + profitabilité
Gestion de la relation client	+ Engagement et confiance + barrières à la sortie/+ dépendance/ interdiction de choix + Satisfaction Externalités/heuristiques de choix	Contrôle et modification du comportement d'achat – Multifidélité + Durée de vie + Volume de vente – Sensibilité aux offres concurrentes

2. Les pratiques dans les entreprises

Comme nous l'avons vu précédemment, la prolifération des programmes de fidélisation n'a épargné aucun secteur. La distribution a rapidement compris les enjeux de cet outil de fidélisation [11]. En France, selon notre investigation, la majorité (71 %) des enseignes généralistes (E. Leclerc, Carrefour, Casino, etc.) et spécialistes (Ikéa, FNAC, Kiabi, etc.) possède une carte de fidélité. Les autres secteurs ont également recours à un programme de fidélisation, c'est notamment le cas de celui de l'automobile (Volkswagen et General Motors), du secteur bancaire (American Express, Société Générale), du domaine des services (Tiscali-Infonie, Cegetel, Hertz, Air France, etc.), de l'industrie (Klorane, Évian). On s'aperçoit que tous les secteurs d'activité qui délivrent un bien ou un service utilisé régulièrement et de valeur unitaire relativement élevée, s'approprient des programmes de fidélisation. Ils revêtent une importance plus ou moins forte, selon les secteurs d'activité. Les deux principaux facteurs à prendre en compte sont la différenciation des produits ou services et la fréquence des achats. Les secteurs d'activité où le produit est indifférencié et où l'achat est relativement fréquent sont ainsi ceux ayant le plus recours aux programmes spécifiques de fidélisation.

Ainsi, pour compléter et nourrir notre réflexion théorique sur le sujet, nous avons fait un état des lieux des pratiques à l'aide d'une étude exploratoire sur 71 programmes de fidélisation européens (France, Grande-Bretagne, Allemagne, Suisse) et américains de divers secteurs allant de la grande distribution, du secteur des services à celui de l'industrie (Meyer-Waarden et Benavent, 2001). L'objectif de cette investigation est de considérer les facteurs déterminants des

11. C'est l'enseigne de biens de luxe, Neiman-Marcus, à Dallas aux États-Unis, qui était le pionnier en 1984.

choix des stratégies de fidélisation : dans quelle situation vaut-il mieux mettre l'accent sur la discrimination, dans quel contexte une entreprise doit-elle préférer renforcer la relation avec le client ?

L'orientation stratégique de la gestion de la relation est évaluée au travers d'une grille analyse des gratifications : la simplicité d'utilisation du programme, la valeur monétique des gratifications, la probabilité de pouvoir atteindre les gratifications : gratifications immédiates et/ou différées, la variété des gratifications : tangibles *(« hard benefits »)* ou intangibles *(« soft benefits »)*, la valeur aspirée des gratifications, l'animation du programme.

La gestion de l'hétérogénéité est traitée sous les angles suivants : la discrimination (la différenciation des cartes), l'individualisation des offres et de la communication, la pratique du *« cross-selling »*.

Enfin, la question sur les alliances stratégiques est abordée par le type de programme, mono- ou multisponsor(s).

2.1. Le système de gratification

Depuis longtemps, la littérature en psychologie (Maslow, 1978) et puis en promotion (Blattberg et Neslin, 1990) a examiné les effets de divers efforts et coûts en vue de l'obtention d'un gain ou d'une récompense sur la motivation et le comportement. Le résultat commun de ces études est que toute motivation, effort et comportement est influencé par l'espérance d'un gain (Thaler, 1985).

Dans le raisonnement de ces investigations, il est aisément compréhensible que les systèmes de gratification, immédiats ou différés, tels que les programmes de fidélisation les proposent, deviennent centraux car ils peuvent conduire à cette influence et au contrôle des motivations et des comportements des consommateurs.

À nouveau, le constat sur l'état de la littérature est étonnant, car la manière dont les programmes de fidélisation ainsi que les systèmes de gratifications qui influencent les perceptions des consommateurs, et les raisons pour lesquelles ils modifient ou non le comportement d'achat sont très peu connues.

Dans ce contexte, les questions sur l'efficacité des récompenses immédiates ou différées ne sont que partiellement résolues. L'impact sur le comportement d'achat au travers des récompenses immédiates est relativement bien exploré dans la littérature sur la promotion des ventes. En revanche, la manière dont des gratifications différées agissent dans le futur est moins claire, c'est-à-dire dans un contexte où les gains n'apparaissent pas en même temps que les coûts ou les efforts (Sorman, 1998). Quel est le degré de recul maximal pour qu'un programme ne devienne pas démotivant est la question clé.

D'autres interrogations sur les gratifications, pourtant déterminantes pour qu'un programme soit adopté et utilisé, touchent les aspects concernant la diversité et valeur monétique à proposer, la valeur aspirée des récompenses.

Telles sont les questions que nous allons traiter dans les paragraphes suivants. Pour cela, nous utilisons le cadre d'analyse défini par O'Brien et Jones (1995) que nous essayons d'enrichir à l'aide des explications théoriques et des observations pratiques provenant de notre investigation empirique.

La simplicité d'utilisation du programme

Ce critère correspond aux besoins des individus de ne pas systématiquement déployer des schémas cognitifs à chaque occasion d'achat, car les décisions habituelles ne subissent pas nécessairement une évaluation systématique. Dans ce cas là, le consommateur serait alors plus guidé par l'objectif d'un choix satisfaisant, pour minimiser l'effort cognitif, et non d'un choix optimal. Les décisions sont plutôt prises en fonction d'heuristiques relatives aux variables du marketing mix, aux croyances, aux états affectifs, aux habitudes, aux préférences, à la performance perçue. Ces heuristiques sont alors réutilisées en fonction de la satisfaction qu'elles génèrent lors de l'acte d'achat.

Dans le contexte des programmes de fidélisation, cette considération est simple à comprendre. Les bénéfices offerts ainsi que la manière de les acquérir doivent être clairement expliqués et communiqués dans une optique de réduction des efforts cognitifs. Plus l'utilisation du programme devient simple, c'est-à-dire un geste banal, plus il aura de chances de réussir. Les tentatives des entreprises dans ce sens sont simples. Certains distributeurs offrent des porte-clés, comme Champion. Les magasins E. Leclerc proposent un « porte-monnaie électronique » qui permet d'épargner sur la carte de fidélité tous les points gagnés sous forme de monnaie privée pour les utiliser par la suite comme moyen de paiement privé dans les points de vente.

La probabilité de pouvoir atteindre la récompense

La nature des programmes de fidélisation est basée sur le principe qu'un consommateur doit effecteur des efforts pendant une certaine période de temps, plus ou moins longue, pour obtenir une quelconque gratification, le plus souvent différée. À l'opposé de la promotion des ventes où les gains apparaissent en même temps que les coûts ou les efforts, ce rapport est inversé dans le cadre des récompenses différées, car un individu doit d'abord fournir un effort à plus ou moins long terme pour obtenir le bénéfice dans le futur. Des investigations sur le comportement humain ont démontré que certains individus possèdent une forte motivation à s'engager dans des efforts conduisant à l'obtention d'un futur bénéfice (Nicholls, 1989). C'est cet aspect que les programmes de fidélisation s'approprient lors de la construction des systèmes de gratifications différées avec l'objectif de la gestion de la durée de la relation (rétention) et de la discrimination.

Globalement, il y a deux modes de gestion : les récompenses différées et les récompenses immédiates. Dans le cadre des récompenses différées, c'est le système de points qui est actuellement le plus utilisé par tous les secteurs d'activité. Les avantages des points résident dans leur caractère ludique et « verrouillant » et dans leur caractère « caché » pour éviter des guerres de prix. C'est un outil bien adapté pour gérer l'hétérogénéité et pratiquer une discrimination par les prix. Pour cela, le système proportionnel et le système par paliers sont les plus adaptés. Le principe du premier consiste à récompenser proportionnellement plus les meilleurs clients. Le second système incite à consommer plus pour atteindre le prochain seuil de points offrant plus d'avantages. Ainsi, il offre un minimum de points à de petits consommateurs non rentables, un maximum de points à la clientèle intermédiaire qui est très profitable, et peu de points à de très gros consommateurs qui achètent de toutes les manières. Les récompenses immédiates, principalement utilisées par les distributeurs, sont des remises directement déduites à la caisse sur certains produits ou marques en promotion, les jeux ou les loteries. En France, la loi Galland (1er janvier 1997) a cependant considérablement réduit cette possibilité en réduisant le seuil de revente à perte.

Du point de vue de l'entreprise, il est préférable de disposer de programmes multipliant le nombre d'achats répétés nécessaires et permettant ainsi d'augmenter la rétention des clients. Cependant, des recherches en psychologie modèrent cette stratégie. Certes, au moment de l'adhésion au programme de fidélisation, les gains espérés par la future gratification semblent plus motiver la décision d'achat que les efforts nécessaires pour l'acquérir, car les consommateurs seraient incapables d'évaluer et d'anticiper ces coûts futurs (Sorman, 1998). Mais une fois que l'individu est engagé dans ce processus, la récompense devient de moins en moins motivante pour le consommateur, car l'utilité serait déflatée et puis l'effort pour l'obtenir sera jugé surproportionnel par rapport au gain. Ce phénomène semble s'accentuer plus la gratification est différée dans le temps, ce qui pourrait laisser supposer que les programmes de fidélisation ne possèdent qu'une capacité temporaire de contrôle comportemental. C'est la raison pour laquelle il est évident qu'un arbitrage entre rétention et motivation du client s'avère nécessaire pour ne pas diminuer l'attractivité du programme.

Regardant la littérature, peu de réponses sont apportées à ce problème et les études que l'on trouve donnent des indications arbitraires. Ainsi, Girard (1999) recommande de proposer à la fois des récompenses immédiates, pour stimuler les ventes à court terme, et différées, pour accroître la fidélité à long terme. Pour ne pas démotiver le client, il est cependant préférable de ne pas trop les différer dans le temps. Johnson (1999) propose une règle simple : le consommateur moyen devrait atteindre sa prime en moins de six mois. Par exemple, un client dépensant 1 800 € par an devrait atteindre sa récompense au bout de 900 €, théoriquement dépensés au bout de six mois.

Dans notre investigation, la répartition selon l'utilisation de récompenses immédiates ou différées est résumée dans le tableau suivant.

Tableau 3.
La répartition des systèmes de récompenses

Type de récompenses	Remises immédiates	Points	Bons d'achats	Portefeuille électronique
Total	58 %	87 %	41 %	5 %
Distribution	63 %	80 %	72 %	7 %
Service	56 %	97 %	17 %	3 %

La majorité des entreprises (60 %) propose les deux systèmes. Il s'agit principalement des entreprises provenant du secteur des services, notamment les loueurs de voitures, les compagnies aériennes ainsi que les enseignes de distribution allemandes. Seulement 5 % des firmes offrent uniquement des réductions immédiates et 35 % offrent seulement des réductions différées.

Tableau 4.
La validité des points

Validité en années	%
1	21
2	61
3	17

Quant à la validité des points, la majorité des programmes de fidélisation possède une durée de deux ans. Cependant, il est souvent possible de la prolonger à vie dès que l'on renouvelle un achat dans un certain laps de temps. Il n'y a pas de différence significative selon les secteurs.

La variété de la récompense

Regardant la pratique des entreprises, on constate que celles-ci font en effet la tentative de satisfaire un grand nombre de besoins exprimés par les clients dans une optique de stratégie différenciée en vue d'une pénétration importante et d'une gestion dynamique des cycles de vie [12]. Ainsi, la panoplie des produits et services proposés contre des points est très variée, allant des bénéfices tangibles *(« hard benefits »)*, comme des réductions, des coupons, des cadeaux, etc., à ceux qui sont intangibles et de nature affective *(« soft benefits »)*, comme la reconnaissance, le statut, le prestige, les services, les privilèges (Kivetz et Simonson, 2002). Le danger de cette multiplication de gratifications est que les investissements financiers deviennent lourds liés aux coûts de gestion. De plus, une relative incompatibilité avec l'image et le positionnement de la marque (Barlow, 1994 et 1996) peut être source de problème.

Il est alors préférable de proposer des bénéfices qui sont liés à l'activité principale de l'entreprise sponsor pour construire la fidélité autour de la force de la marque (Aaker, 1991 ; Roehm *et al.*, 2002) et non autour du programme de fidélisation. Le programme sera un outil de différenciation, mais surtout, un outil de création de relation interactive et structurée à long terme. Si le programme de fidélisation devient le facteur déterminant de l'achat, ce qui est souvent le cas pour des produits à faible implication ou de faible qualité, la récompense, qui n'a pas de lien avec l'entreprise sponsor, peut devenir la principale motivation de la fidélité et non le produit acheté. Une fois acquise, la principale motivation pour effectuer des achats répétés disparaît (Rothschild et Gaidis, 1981).

Le tableau de la page suivante illustre les chances de réussite d'un programme de fidélisation, en croisant la dimension du « temps pour obtenir la récompense » et de la « compatibilité du programme avec l'activité du sponsor ou la marque ».

Du côté du consommateur, les programmes du quadrant 1 et 3 avec des récompenses immédiates sont préférables. Les programmes ayant des bénéfices différés avec des natures quasi « contractuelles » peuvent s'avérer décourageants. De l'autre côté, ces programmes n'offrent pas de vraie valeur ajoutée et sont alors facilement remplaçables. D'ailleurs, il s'agit plus de promotions immédiates, dont le client va profiter ponctuellement, pour revenir par la suite à ses

12. En effet, le raisonnement est de proposer une récompense pour chaque goût et en fonction de chaque cycle de vie du client.

coutumes habituelles. Du point de vue du sponsor, les programmes du quadrant 1 et 2 (Club Harley) ayant un lien direct avec le produit à fidéliser sont préférables car ils sont construits autour de la marque et puis orientés sur le long terme. Les programmes multiproduits et multienseignes du quadrant 4 (S'Miles de Casino), sont moins préférables car ils construisent la fidélité autour du programme et non autour de la marque même. Sharp et Sharp (1997) critiquent le fait que ce type de programme attire beaucoup de petits consommateurs qui ne vont pas changer leur comportement d'achat répété. La pénétration augmenterait, et la gestion peut s'avérer coûteuse et non rentable. Sur cet aspect, il est alors préférable du point de vue de l'entreprise de ne pas augmenter la pénétration et d'accroître la fréquence d'achat de la clientèle existante et rentable.

Tableau 5.
Le délai de réception et la compatibilité du programme avec l'activité du sponsor

		Délai de réception	
		Immédiat	**Différé**
Compatibilité marque	**Forte**	1. Réductions immédiates à la caisse Carte Pass (Carrefour)	2. Programmes monoenseigne Club Harley
	Faible	3. Loteries Coca Cola	4. Programmes multienseignes S'Miles (Casino)

Le tableau suivant montre que la plupart des entreprises proposent plusieurs possibilités pour correspondre à des cibles les plus diverses.

Tableau 6.
La répartition de la transformation des points

Transformation des points	%
En cadeaux sur catalogue	68 %
En bons d'achats	41 %
En réductions chez des partenaires du programme	62 %

D'une manière générale, on trouve trois possibilités de transformation des points : l'échange contre des cadeaux, présentés dans un catalogue, l'échange contre des bons d'achat valables sur des produits du sponsor du programme, enfin, l'échange contre des réductions chez des partenaires.

Les enseignes de distribution sont celles qui proposent la plus grande variété de récompenses ayant pas ou peu de lien avec leur activité principale. En revanche, les prestataires de services proposent dans la plupart des cas leurs propres produits, c'est-à-dire des services, mais ils font la tentative d'élargir leur panoplie de primes, en cherchant des partenariats les plus divers. Par exemple, les compagnies aériennes comme Air France proposaient traditionnellement des billets d'avion, leur produit principal, mais élargissent depuis peu leur portefeuille de gratifications. Ainsi, on peut utiliser les « Miles » pour des séjours dans des hôtels du groupe Accor, ou pour des locations de voiture chez Hertz.

La valeur monétique et perçue des récompenses

Lorsqu'un acheteur s'engage dans un programme, il va alors considérer les coûts ou efforts perçus de son engagement, comme les frais d'adhésion, les données personnelles offertes à l'entreprise, les coûts de changement, le changement du comportement d'achat nécessaire, le remplacement d'une marque habituellement achetée etc., contre les gains de l'expérience de la consommation. Seulement si les gains sont supérieurs aux coûts, la décision d'adhésion et de changement du comportement se fera. Le succès d'un programme de fidélisation auprès des acheteurs dépend alors fortement de la valeur que les récompenses apportent en vue d'une diminution des coûts psychologiques de la consommation.

Dans ce contexte, il convient de distinguer entre la valeur monétique de la récompense et sa valeur aspirée.

- **La valeur monétique des récompenses**

La valeur monétique des gratifications correspond au ratio de la valeur monétique de la récompense et des efforts ou achats nécessaires pour l'acquérir. Cette variable influence directement les motivations qui, de leur côté, incitent à la participation ou non, ainsi qu'au changement de comportement (Sorman, 1998). Il est évident que plus ce ratio est important, plus le programme devient intéressant du point de vue du consommateur. Il n'existe que peu d'études empiriques sur la valeur monétique à accorder, ce qui est certainement lié à la difficulté de mesurer à partir de quelle hauteur une réaction est déclenchée (Johnson, 1999 [13]). Une autre difficulté est la capacité cognitive limitée des consommateurs leur permettant d'anticiper le nombre ou la valeur des achats nécessaires pour obtenir une gratification. Ce fait est encore renforcé par la relative opacité volontaire dans la gestion des systèmes de récompenses. Dans ce contexte, il est plus difficile d'évaluer la valeur monétique d'un guichet prioritaire ou d'un quelconque service par rapport à une prime en forme de bon d'achat.

Dans notre investigation, nous avons observé une forte hétérogénéité de la valeur monétique selon les secteurs (tableau suivant). Dans le cas du programme de Shell, il faut acquérir 600 points pour recevoir un bon d'achat de 6 €, représentant des achats d'environ 4 600 €, et cent visites, soit un rapport monétique de 0,13 %. En revanche, pour avoir un billet Prime chez Air France d'une valeur de 230 €, il faut réaliser vingt vols représentant des dépenses de 4 600 €, soit un rapport monétique de 5 %.

- **La valeur aspirée des récompenses**

Pour évaluer l'intérêt d'une gratification, une autre variable à considérer est sa valeur aspirée. Dans ce contexte, il faut tenir compte de la valeur qu'elle procure au moment de l'expérience de la consommation, c'est-à-dire l'acte d'achat, et dans le futur, si elle est différée dans le temps. Par exemple, un vol gratuit d'Air France à une destination exotique, ou un privilège, possèdent du point de vue du consommateur, une valeur perçue supérieure à celle d'une réduction immédiate à la caisse d'un supermarché. Il faut alors distinguer les gratifications en fonction de la valeur qu'elles inspirent, c'est-à-dire utilitaire

13. JOHNSON recommande une valeur de récompense atteignant au moins 2 % du montant dépensé par le client. En dessous, la valeur n'est pas vraiment perçue.

(plutôt des bénéfices tangibles, comme une réduction immédiate ou une réduction du temps d'attente à la caisse), sociale (des gratifications intangibles, comme les privilèges), hédoniste (gain d'un séjour de thalassothérapie) ou éthique (offrir ses miles pour une bonne cause).

Tableau 7.
La comparaison de la valeur monétique des récompenses

	Avis	**Air France**	**SFR**	**Champion**	**Shell**
Programme de fidélisation	Azur/Senior/ Business	Fréquence plus	Sésame	Iris	Club avantages
Variété des récompenses	Locations voiture	Vols/Hôtels/ Locations	Unités téléphone	Catalogue produits	Catalogue produits
Valeur récompense	112 €	230 €	25 €	8 €	6 €
Points/tranche d'achat	1 point/0,5 €	1 point/0,2 €	1 point/0,15 €	1 point/0,7 €	1point/7 €
Points requis	1 000	20 000	4 400	1 000	600
Achats nécessaires	500 €	4 600 €	670 €	760 €	4 600 €
% des achats effectués	24 %	5 %	3,8 %	1,0 %	0,13 %
Panier moyen	69 €	230 €	25 €	76 €	45 €
Nombre d'achats répétés	7	20	27	10	100

Nombreux sont les exemples qui renforcent cette idée. Le programme de fidélisation de Mercedes offre la possibilité de transformer les points contre un vol dans un avion de combat ou contre un tour en bolide de Formule 1, le 7 Club de Pro 7, la troisième station télévisée en Allemagne propose le VIP Service donnant l'occasion de rencontrer des vedettes de cinéma ou de participer en tant qu'acteur ou figurant à des sitcoms. La Porsche Card offre le « Avis Park and Wash Service » lors d'un déplacement en avion qui permet de laisser sa voiture en sécurité dans une station Avis. Les compagnies aériennes (Lufthansa, Air France, etc.), chaînes d'hôtels (Accor) et les loueurs de voitures (Avis, Hertz) proposent des surclassements en échange des points. Les compagnies aériennes réservent des salons prestigieux, disposant de douches avec chauffage au sol.

Roehm *et al.* (2002) aboutissent à la hiérarchie suivante (voir les tableaux suivants) quant à l'impact des gratifications en fonction de leur « tangibilité » et leur « compatibilité avec le positionnement de la marque » sur la fidélité: une récompense tangible est certes plus efficace qu'une récompense intangible pour provoquer un comportement d'achat à court terme, mais elle crée des interférences pouvant rendre la marque et ses caractéristiques intrinsèques secondaires et affaiblir son « capital fidélité ». À l'opposé, des gratifications intangibles, comme un privilège ou un service individualisé basé sur la reconnaissance, répondent à l'aspiration de toute personne à être reconnue, et notamment par la marque achetée, et renforce par conséquent le lien entre le client et l'entreprise en vue d'une fidélité à long terme. En même temps, elle renforce la différentiation de la marque et possède plus de valeur perçue aux yeux des consommateurs (Johnson [14], 1999 ; Barlow, 2000 [15]). Dans le même sens, une gratification qui est liée à l'activité de la marque renforce son positionnement et la fidélité.

14. Son étude empirique pour Good Year soutient ses affirmations. En effet, en proposant à deux groupes de consommateurs identiques respectivement des réductions de prix ainsi que des services personnalisés, les ventes du premier groupe ont augmenté de 20 %, celles du deuxième groupe de 37 %.

15. L'étude révèle que seulement 22 % des adhérents d'un programme de fidélisation considèrent que les récompenses en forme de points ont changé leur comportement d'achat.

Tableau 8.
L'impact des récompenses

Intangible + forte association à la marque	>	Tangible + forte association à la marque	>	Intangible + faible association à la marque	>	Tangible + faible association à la marque

Source : Roehm *et al.*, 2002.

La matrice suivante montre les conditions d'efficacité d'un programme de fidélisation en croisant ces deux dimensions.

Tableau 9.
La tangibilité et la compatibilité de la récompense

		Tangibilité de la récompense	
		Intangible	**Tangible**
Compatibilité marque	**Forte**	1. Guichet prioritaire Air France	2. Billets Prime Air France
	Faible	3. Magazine *Consommateur Champion*	4. Cassette vidéo Shell

Dans le premier cas de figure, la récompense est intangible et il y a une forte association entre elle et l'image de marque. Cela conduit, selon Roehm *et al.* (2002), à un renforcement de l'image de marque et puis à une fidélité accrue car la nature intangible ne crée pas d'interférences. Dans le deuxième cas, la gratification est tangible et fortement associée à l'activité principale. Cette situation peut conduire à deux effets : si la récompense devient plus importante que l'association à l'image de marque, la fidélité sera construite autour du programme de fidélisation et non autour des caractéristiques intrinsèques du produit. La gratification interfère la fidélité à la marque. Le résultat est une fois qu'elle est acquise, la probabilité de défection peut devenir importante. Dans le cas opposé, « la fidélité » est bâtie autour de la force de la marque et elle devient ainsi stable dans le temps, même si la récompense est atteinte. Dans le troisième cas de figure, il n'y a pas d'association entre la récompense qui est intangible et la marque. L'impact sur la fidélité à la marque et un comportement d'achat répété immédiat est faible. Enfin, dans le quatrième cas de figure, où la gratification est tangible et non liée à l'image de marque, il peut y avoir certes un comportement d'achat plus intense à court terme en vue de son acquisition, mais l'effet est nul, voire négatif, sur la fidélité à la marque.

Dans ce contexte, il convient de remarquer que plus la notoriété de la marque est forte, plus des gratifications avec une faible association créent des interférences défavorables en vue d'une fidélité à la marque.

Une autre conclusion intéressante vient de l'étude de Kivetz et Simonson (2002) qui constatent des différences contextuelles quant à la valorisation des gratifications. Si les points sont acquis dans le cadre du travail, ce qui est souvent le cas pour les programmes voyageurs fréquents des compagnies aériennes, les individus requièrent plus des avantages hédonistes ou de luxe. Dans leur domaine privé, ces mêmes individus préfèrent des récompenses utilitaires. Un autre constat de cette investigation est que si un acheteur fait l'effort de changer ses habitudes pour acheter un produit sous des conditions plus difficiles (*i.e.* point de vente éloigné), ses exigences deviennent plus fortes quant à la gratification.

La pratique dans les entreprises montre une vision relativement désillusionnante. La plupart des programmes proposent des récompenses peu différenciées sans procurer une réelle valeur à la leur. En effet, plus de 70 % des consommateurs déclarent que la plupart des entreprises ne proposent pas de gratifications suffisamment intéressantes pour motiver l'adhésion et rester fidèle, car les efforts associés sont supérieurs aux gains (Shrake, 1999). Dans ce contexte, les individus chercheraient plutôt des récompenses à utilité sociale, éthique ou hédoniste, et la majorité des consommateurs se plaint d'un manque de reconnaissance individuelle, de services et de relation avec le fournisseur.

Dans notre investigation, 63 % des entreprises proposent des récompenses intangibles, dont 56 % dans le secteur de la grande distribution et 67 % dans le domaine des services. Les pays nordiques, comme l'Allemagne ou la Grande-Bretagne, sont les plus avancés dans l'offre de privilèges avec respectivement 73 % et 78 % (la France, 55 %).

2.2. L'animation du programme de fidélisation

Un programme de fidélisation offre de formidables opportunités de faire de la communication individualisée. Pour atteindre ce but, il est nécessaire d'intégrer de nouvelles possibilités de communication. Le contact doit être régulier, mais pas abusif. Butscher (1998) préconise une fréquence trimestrielle ou mensuelle. Les moyens de communications peuvent être très divers et sont résumés dans le tableau suivant.

Tableau 10.
La répartition des outils de communication

Forme de communication	Kirstgens (1995)	Meyer-Waarden (2001)
Magazine	71 %	72 %
Mailings	55 %	89 %
Newsletter	24 %	87 %
« Hot-line » téléphonique	21 %	93 %
Rencontres entre membres/événements spéciaux	21 %	18 %
Internet	5 %	81 %

La majorité (71 %) des entreprises proposent un magazine avec des informations générales, pratiques, promotions en cours, conseils relatifs à la beauté, la santé, la cuisine, qu'elles offrent à leurs clients fidèles.

D'autres moyens de communication sont les mailings personnalisés ou les newsletters (72 % des entreprises en font) qui informent généralement sur les offres spéciales, les nouveaux produits, ou qui sont envoyés à l'occasion des anniversaires des membres.

La « *hot-line* » téléphonique est un moyen de communication privilégié qui encourage un contact spontané et actif de la part des membres. Cet outil a vu un essor spectaculaire, car si en 1995 seulement 21 % des entreprises en disposaient (Wiencke et Koke, 1994 ; Kirstgens, 1995), aujourd'hui, la quasi-totalité possède une « *hot-line* » (91 %).

Parmi d'autres moyens de communication, se trouvent les événements organisés pour les membres. Ainsi, le club Steiff organise régulièrement des bourses d'échange ou des ventes aux enchères de leurs fameuses peluches, destinées à leur membres. L'augmentation de la popularité d'Internet a également ouvert d'importantes opportunités de personnalisation pour les programmes de fidélisation. Un des gros avantages des programmes en ligne est l'interface personnalisée proposée aux adhérents. En effet, à tout moment, il est possible d'accéder à son compte avec des propositions de produits en fonction de l'historique d'achat. Cette interactivité joue probablement un grand rôle dans l'implication et l'activité des membres d'un programme. La plupart des sponsors des programmes disposent aujourd'hui de leur propre site (81 %). En effet, les coûts de gestion sont considérablement plus bas que dans le monde réel. En effet, les programmes de fidélité classiques coûtent très chers. D'après *LSA* [16], l'installation de la carte Stoc dans les 10 premiers magasins tests a nécessité 500 000 € alors que Système U a distribué près d'un million de cartes à plus de 1,5 € pièce. Une étude de Booz Allen & Hamilton [17] révèle qu'une opération réalisée par un employé coûterait 1,07 €, la même opération coûte 0,73 € par voie postale, 0,27 € au guichet automatique et seulement 0,01 € par le biais d'une connexion en ligne.

Un autre avantage réside dans la quasi-instantanéité de la circulation de l'information aux quatre coins de la planète. Si dans le commerce traditionnel la fidélisation totale est difficile pour des services ou produits de grande consommation à cause des contraintes géographiques ou temporelles, sur Internet, il est théoriquement possible d'atteindre une « part de client » de 100 %. De l'autre côté, les « cyber-consommateurs » peuvent zapper d'un site à l'autre en un ou deux clics de souris, ce que les Américains désignent sous le terme de « *one click away* ».

Ce sont les pays nordiques qui ont pris de l'avance en la matière (Allemagne 98 %, Grande-Bretagne 98 %, la France 78 %). Les entreprises du domaine des services proposent ce mode de gestion dans 86 % des cas contre 75 % dans la grande distribution.

2.3. Une typologie de programmes de fidélisation

Pour résumer nos résultats, nous avons fait une typologie des programmes de fidélisation dans laquelle on trouve trois grands groupes dont les caractéristiques sont reportées dans le tableau suivant. Une représentation spatiale est donnée par une analyse factorielle des correspondances multiples (AFCM).

16. *LSA*, 1999, n° 1657, p. 66-68.
17. Lu dans JUNGWIRTH G. (1998) : Kundenbindung durch Karten. Wunsch & Wirklichkeit, Akzeptanz & Nutzen der Kundenkarte, Kundenkarten-Fachkonferenz von I.I.R., 23 février 1998, Wien.

Figure 6.
Les stratégies des programmes de fidélisation

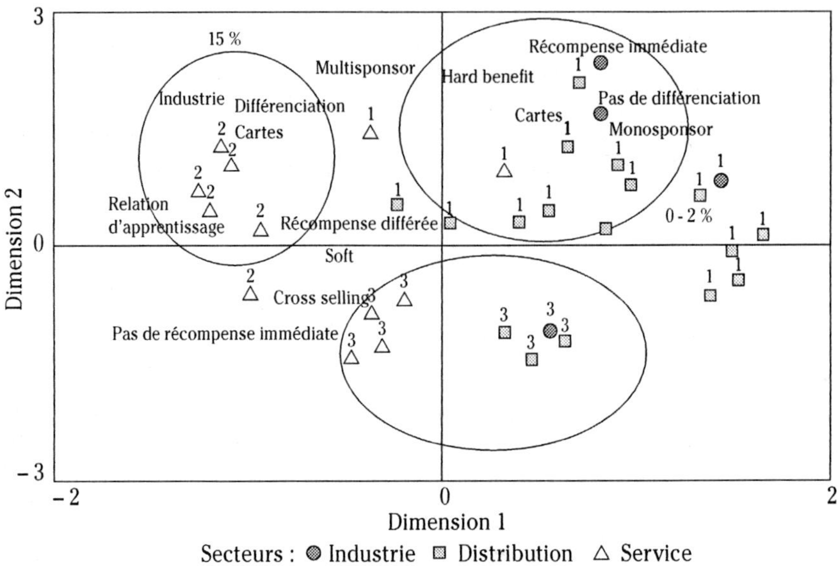

Tableau 11.
La description des segments

Segment	1	2	3
Réseau	Monosponsor	Multisponsor	Multisponsor
Récompense immédiate	Oui	Oui	Non
Récompense différée	Oui	Oui	Oui
Bénéfices intangibles	Non	Oui	Oui
Différenciation cartes	Peu (5 %)	Oui (70 %)	Oui (20 %)
Valeur récompense	2 % des achats effectués	15 % des achats effectués	6 % des achats effectués
Relation d'apprentissage	Non	Oui	Oui
Cross-selling	Non	Oui	Oui
Secteur	Distribution + industrie	Service	Commerce électroniquc + Service
Exemples	Carrefour, Champion, Leclerc, Kiabi, Real	Air France, American Airlines, Avis, Hertz, SNCF	Accor, Flooz.com, Sainsbury's, Casino

La majorité (70 %) des programmes de fidélisation sont des programmes multisponsors, ce qui est cohérent avec les résultats de Wright et Sparks (1999). Le nombre moyen de partenaires associés est de 25, avec un maximum de 2 000 pour AAdvantage d'American Airlines. Il convient cependant de remarquer que ces partenaires sont plus ou moins impliqués dans le programme en ce qui concerne l'accès et la gestion des données client.

Dans le premier segment, on trouve principalement les programmes de fidélisation monosponsor de la distribution (Carrefour, Leclerc). Leurs modalités se réfèrent souvent à l'usage de techniques promotionnelles encourageant le consommateur à multiplier et pérenniser ses achats par des récompenses sous forme de réductions immédiates, bons d'achat ou points. La valeur de la récompense est relativement faible, comparée au montant d'achat investi et il n'y pas ou peu de récompenses intangibles (privilèges, services). Ce type de programme se trouve de manière générale sur des marchés peu segmentés, se caractérisant par des produits peu différenciés et d'implication légère. Ils est souvent sans limitation d'accès, et il propose une adhésion gratuite pour attirer un maximum de consommateurs avec l'objectif de construire une base de données marketing pour identifier et segmenter les clients. Ce fait montre que ces programmes ne se situent qu'au début d'une approche marketing client. C'est la raison pour laquelle les entreprises de ce segment n'ont pas ou peu de connaissances sur leurs consommateurs, et ils ne pratiquent pas encore ou peu de discrimination (par le prix ou les cartes) ni de personnalisation de l'offre.

Dans le deuxième segment, on trouve les programmes, souvent multisponsors, du secteur des services, comme ceux des compagnies aériennes ou des loueurs de voitures. Ils font appel plus clairement à la notion de continuité de services, en érigeant de véritables barrières à la sortie, à partir de récompenses intangibles (privilèges) et par l'établissement d'une relation d'apprentissage individualisée. Leur orientation est plutôt défensive (maintenir et domestiquer les meilleurs clients). La valeur de la récompense est relativement élevée, ce qui est certainement lié au fait que les entreprises de ce segment proposent d'une manière générale leurs propres produits comme récompense (Air France propose des billets d'avion, Avis offre une location gratuite pour un week-end) ainsi que des privilèges non monétaires. Ce type de programme se trouve souvent dans des marchés clairement segmentés, se caractérisant par des produits différenciés et à forte implication et composante affective, comme c'est le cas pour des biens durables ou des services à forte valeur ajoutée (Wiencke et Tribian, 1996). Il s'agit souvent de programmes qui sont initialement sans limitation d'accès pour attirer des clients, afin de proposer dans un deuxième temps des cartes différenciées (70 %), limitées dans l'accès, en fonction de la catégorie d'acheteurs [18]. L'objectif est de limiter les coûts, d'individualiser les activités marketing ainsi que de rendre le programme plus attractif avec de vrais privilèges et statuts pour les adhérents. Des exemples illustrant cela sont les programmes des constructeurs automobiles de luxe, tels ceux de Porsche et Mercedes et celui d'American Express qui propose la Centurion Card [19] pour 1 000 dollars par an. Les compagnies aériennes ont, dans la majorité des cas, instauré des systèmes de fidélisation différenciés en fonction des « Miles » parcourus par an. Ainsi, British Airways propose trois différentes cartes « Executive Club » en tant que Membre Blue, Membre Silver ou Membre Gold, Air France offre Fréquence Jeune, Fréquence Plus Bleue et Rouge. Fréquence Plus Rouge, réservée aux clients voya-

18. Un autre moyen de limiter l'accès est de demander une cotisation annuelle afin d'attirer *a priori* uniquement les clients les plus motivés. C'est le cas des cartes de la FNAC ou de Pass de Carrefour. Les cotisations varient en fonction de la cible que l'on veut toucher et vont de 5 € pour des cartes de fidélité destinées au grand public à 230 € pour certains programmes destinés aux entreprises. En effet, lorsque Waldenbooks a lancé aux États-Unis le programme de lecteurs préférés, environ 4,5 millions de lecteurs ont adhéré pour une cotisation de cinq dollars, ce qui a généré un budget de 20 millions de dollars (Barlow, 1992).

19. Les services associés vont d'un concierge personnel aux organisateurs personnels de voyage.

geant plus de 100 000 miles par an, fait ainsi bénéficier ses adhérents de privilèges particulièrement intéressants, comme des réservations et enregistrements prioritaires, ou l'accès à des « *lounges* ». Un autre exemple est le cas du loueur de voiture Hertz qui différencie bien ses cartes de fidélité en fonction du potentiel des clients. En plus de sa carte classique, la société propose un programme connexe, le club Priority One, qui permet de jouir d'un service extrêmement utile : réservation par téléphone jusqu'à deux heures avant la prise de clé, traitement automatique de la réservation permettant au client de simplement retirer les clés sans aucune formalité. Le porteur de la carte se voit en plus proposer son type ou marque de voiture préférée selon son historique de location de véhicules. De telle manière, des coûts de changement sont érigés et l'usager de la carte prendra vite l'habitude d'appeler Hertz sans comparer les offres d'autres fournisseurs. La commande devient un automatisme mental. Le système de points renforce ce mécanisme en recomposant la fréquence des réservations.

L'avantage de la différentiation des cartes est d'abord lié à la capacité d'adapter les actions marketing en fonction des segments pour optimiser les ressources. Un autre point fort est la possibilité de gérer les divers cycles de vie des clients et d'ajuster les actions en fonction des changements de besoins ou des situations de vie (naissance d'enfants, âge, changement de profession), ce qui permet de fidéliser les clients plus longtemps.

Un troisième segment est composé d'entreprises du secteur de la distribution et des services (Accor, Flooz.com) qui ont dans la plupart des cas des programmes multisponsors. La stratégie poursuivie est similaire à celle du deuxième segment, c'est-à-dire orientée sur la relation avec des récompenses intangibles différées dans le temps oscillant entre 2 et 6 % du montant acheté. Les entreprises pratiquent la discrimination. Un exemple est l'enseigne Tesco en Angleterre, qui a mis en place des « systèmes de recommandation » rappelant aux porteurs de cartes les détails de leurs derniers paniers achetés, pour effectuer plus rapidement leurs courses. Ce système agit également comme un assistant virtuel, qui donne des conseils individualisés et des suggestions de produits complémentaires, établis sur l'historique des achats, favorisant ainsi les possibilités du « *cross-selling* ».

Dans ce contexte, il convient également de mentionner que l'on peut distinguer deux types de cartes de fidélité.

Tableau 12.
La répartition des types de cartes en fonction du secteur

Secteur	Fidélité	Paiement	Les deux
Service	15 %	20 %	65 %
Distribution	40 %	28 %	32 %
Hypermarché	20 %	47 %	33 %
Supermarché	90 %	0 %	10 %
GSS, Hard discounter, Grand magasin	10 %	37 %	53 %

Dans la première catégorie, rencontrée le plus souvent, on trouve la version d'origine de la carte de fidélité uniquement orientée sur le cumul de points ; le programme de Casino/Shell rentre dans ce cas de figure.

Le second type de cartes offre simultanément la fonction de fidélité, de paiement et de crédit. Ainsi, multiplier les possibilités d'usage et favoriser le paiement différé par l'intermédiaire d'un crédit gratuit ou non permet d'augmenter les coûts de changement et de stimuler la fidélité. Le secteur des services a atteint une plus grande maturité dans ce domaine, car la majorité des programmes est couplée à une carte de paiement en partenariat avec un organisme bancaire.

C'est le cas de la carte Fréquence Plus d'Air France combinée avec la fonction de paiement d'American Express, du programme de la Deutsche Bahn et de la Lufthansa associée à Visa. Les grandes enseignes de distribution proposent en grande majorité des cartes de fidélité associées à une fonction de paiement. Les supermarchés préfèrent uniquement la fonction de fidélité suite à un manque de capacité financière de créer un établissement bancaire. Cette stratégie est cohérente avec la multiplication de services, notamment bancaires, proposés par les grandes enseignes.

3. La conclusion sur les stratégies de fidélisation

Nous avons vu que dans beaucoup de secteurs, une partie importante des budgets promotionnels est consacrée aux programmes de fidélisation à vocation stratégique défensive. Ces programmes correspondent réellement au besoin actuel des entreprises de se réorienter davantage vers les clients. Cette orientation conduit à un élargissement des frontières organisationnelles, longtemps orientées produit, vers une intégration des clients et d'un certain nombre de partenaires stratégiques. Dans ce contexte, les programmes de fidélisation sont un moyen privilégié pour reconstruire cette proximité et individualiser l'offre et la relation fournisseur-client, à l'aide des informations enregistrées dans les bases de données marketing. Il permet de gérer le portefeuille clients de manière dynamique en fonction de la valeur des clients et de leurs cycles de vie. Pour cela, il poursuit deux stratégies, la gestion de l'hétérogénéité et celle de la relation de la clientèle. Les deux approches ne sont pas incompatibles, mais au contraire, elles s'imbriquent dans une optique de gestion de cycle de vie de clients, comme le montrent de nombreux exemples dans la pratique.

Ainsi, dans un premier temps, le programme de fidélisation vise à créer une préférence pour la marque ou l'entreprise afin de recruter de nouveaux clients et de gérer la diversité des consommateurs par la discrimination de l'offre, en faisant appel à des techniques de discrimination, notamment par les prix. Par la suite, la composante relationnelle et défensive prend le relais et cherche à sélectionner et segmenter les consommateurs pour gérer la relation avec la clientèle sur le long terme avec une approche client individualisée, visant à augmenter l'engagement et la confiance en vue de maintenir ainsi que domestiquer des groupes de clientèles et de les isoler des pressions concurrentielles. Cette approche est d'abord menée sur les segments pour lesquels la relation commerciale n'est pas suffisamment développée. Il s'agit principalement de stimuler un flux comportemental des clients en début de cycle (nouveaux clients) ou en fin de cycle (clients inactifs ou morts) à l'aide d'actions de rétention (augmenter la satisfaction, créer une relation, inhiber le choix) ou de « défidélisation ». Ensuite, le programme cherche à augmenter la valeur pour certains clients à fort potentiel pour lesquels les taux de nourriture sont trop faibles afin d'augmenter leur niveau de consommation et modifier durablement leur comportement d'achat. Cette approche client doit être adaptée finement à la cible par les informations disponibles sur leur comportement d'achat. Les programmes de fidélisation et leurs infrastructures trouvent alors leur intérêt dans la possibilité d'évaluer la valeur des clients, de gérer la relation de manière dynamique en fonction des cycles de vie, et d'individualiser le marketing mix. En particulier, la discrimination par les prix offre des opportunités d'attirer le plus grand nombre de consommateurs et de faire payer à chacun le prix le plus élevé possible sans perdre trop de marge. L'efficacité d'un système de fidélisation dépend évidemment de ses caractéristiques et avantages attribués, mais également de la valeur ajoutée procurée par la relation qu'il est susceptible d'engendrer.

Un programme de fidélisation se caractérise alors par la superposition des deux approches transactionnelles et relationnelles, génératrices d'une fidélité transversale et longitudinale. Les effets se déclinent en même temps sur les produits de l'offre globale, puis dans le temps, sur la relation. D'autre part, la réduction de l'attractivité des alternatives et des coûts de transaction ainsi que l'augmentation des coûts de changement constituent une barrière au départ.

D'un autre point de vue, et par rapport au cycle de vie du client, un programme de fidélisation est un outil de : 1) constitution relationnelle, de 2) renforcement du niveau transactionnel dans le cadre d'une maturation de la relation, et de 3) rétention pour augmenter la durée de vie (voir figure suivante). Il va donc au-delà de la communication ou des distributions de primes de fidélité. C'est un programme qui se veut global, à la mesure de l'enjeu de préservation du fond de clientèle et du maintien du capital commercial de l'entreprise.

Figure 7.
Le programme de fidélisation et la gestion des cycles de vie client

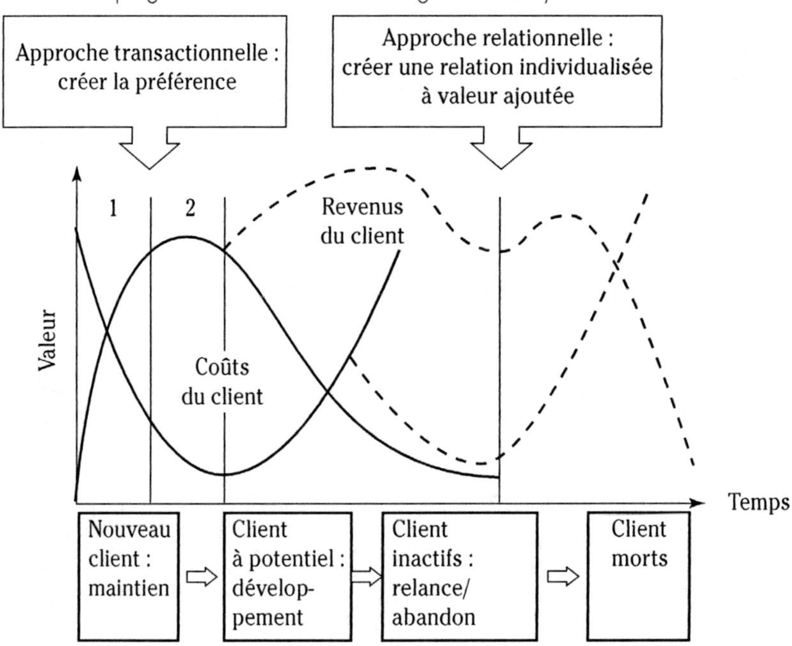

Les programmes de fidélisation efficaces sont non seulement difficiles à mettre en place, mais ils peuvent également s'avérer très coûteux [20]. Un autofinancement est rarement le cas, surtout sur le court terme (Butscher, 1998), car la construction de la base de données s'avère longue avant qu'elle ne soit suffisamment opérationnelle et avant que des économies d'échelle ne soient réalisées. Selon Holz et Tomczak (1996), environ la moitié des programmes de fidélisation analysés s'autofinancent à 80 %. En effet, le choix d'un concept financier solide est, après la sélection des récompenses adéquates, l'étape la plus importante lors de l'établissement d'un programme de fidélisation. Ainsi, les problèmes financiers, en particulier liés à une absence de segmentation précise, sont les raisons principales de l'échec d'un grand nombre de programmes (Benavent *et al.*, 2000).

Cette réflexion théorique nous amène à des considérations sur les facteurs déterminants des choix de stratégies de fidélisation. Dans quelle situation vaut-il mieux mettre l'accent sur la discrimination ? Dans quelle autre peut-on chercher à renforcer le lien et la relation avec le client ? Cet arbitrage doit certainement être fait en fonction du degré de différenciation des produits, de l'hétérogénéité des clients, de l'intensité de la compétition, du degré d'implication envers les produits, de la fréquence d'achat. Ces facteurs sont quelques-unes des variables clés à analyser pour optimiser les conditions d'application des programmes de fidélisation et ils constituent des pistes d'études prometteuses.

L'objectif de notre investigation est alors d'étudier l'impact des programmes de fidélisation sous les deux angles suivants, gestion de l'hétérogénéité et de la relation dans le contexte de la grande distribution. La littérature dans le domaine étant restreinte et l'étant encore plus sur leur fonctionnement, nous allons étudier dans le chapitre suivant les mécanismes et les antécédents de la fidélité, et la manière dont un programme de fidélisation peut les influencer.

---

20. Les coûts annuels par client sont estimés à 15-50 € pour les programmes B-to-C, et à 80-250 € pour ceux destinés aux entreprises. D'une manière générale, les coûts principaux sont les suivants : le développement du concept, les réductions de prix, les récompenses, la logistique, la gestion de la base de données, le centre de gestion, la communication interne et externe.

Chapitre 2

Les leviers de la fidélisation

Dans le chapitre précédent, nous avons abordé les politiques de fidélisation et défini la notion de programme de fidélisation ainsi que montré comment celui-ci s'intègre dans une stratégie de marketing client organisée autour des cycles de vie. L'objectif principal devient la fidélité du consommateur à long terme, qui se traduit par une continuation du comportement d'achat répété et un maintien de la relation.

Ainsi, la compréhension de la façon dont le programme de fidélisation peut influencer la fidélité et ses antécédents est essentielle pour analyser son efficacité. L'analyse de ces déterminants et leur impact sur la fidélité ont des conséquences importantes en terme de méthodes de gestion du programme et sera l'objet de ce chapitre.

1. La fidélité dans la littérature

Encore une fois, nous constatons que les travaux sur l'influence des programmes de fidélisation et sur les antécédents de la fidélité sont rares, voire inexistants, contrairement à la littérature sur la fidélité, notamment à la marque, qui est très ancienne et basée sur une longue tradition de recherche depuis les années 1920 (Copeland, 1923).

Jacoby et Kyner (1973) définissent la fidélité de la manière suivante : « La fidélité est définie comme une réponse comportementale biaisée (car non aléatoire) exprimée dans le temps par une entité de décision, considérant une ou plusieurs marques prises dans un ensemble, en fonction d'un processus de décision. »

Un comportement d'achat répété et une attitude positive doivent alors être observés pour parler de fidélité. Le comportement d'achat répété est de nature non aléatoire et stochastique, donc biaisé, et il doit pouvoir être contrôlé ou orienté pour parler de fidélité. Ce constat a des implications importantes pour la gestion du contrôle comportemental : le comportement d'achat répété et la fidélité sont le résultat de plusieurs antécédents et variables qui se complètent mutuellement dans une approche multi-dimensionnelle. Ainsi, l'élément central des travaux sur la fidélité est sans doute la relation entre certains états psychosociaux du consommateur et ses comportements, qu'ils soient relatifs au rapport du client à l'offre ou plus largement à la manière dont le consommateur se représente la relation au fournisseur.

C'est ainsi que de nombreux auteurs tentent d'associer la fidélité à certaines variables telles que :

- Le comportement d'achat répété. La fidélité est considérée par des actes d'achats répétés de nature stochastique, dépendant d'un nombre élevé de variables aléatoires qui apparaissent avec une fréquence imprévisible et qui sont difficiles à définir (Cunningham, 1956 ; Ehrenberg, 1959/1988 ; Bass, 1974).
- Les attitudes (Jacoby et Olson, 1977) et la satisfaction (La Barbera et Mazursky, 1983 ; Rust et Zahoric, 1993). L'attitude à l'égard de la marque conditionne le choix et, d'autre part, la satisfaction envers cette dernière renforce l'attitude et puis la fidélité. La fidélité s'ancre essentiellement sur la qualité délivrée au client et sur l'écart positif entre l'évaluation post-achat ainsi que les attentes.
- La relation entre le client et l'entreprise, basée sur la confiance et l'engagement. Dans le courant du marketing relationnel, la fidélité est moins motivée par l'évaluation ponctuelle d'une transaction ou d'un produit mais plutôt par une relation durable que le consommateur a construite avec un fournisseur tout au long de ses expériences de consommation. Ainsi, la satisfaction cumulée (Fornell et Wernerfelt, 1987 ; Hennig-Thurau et Klee, 1997), la confiance et l'engagement (Morgan et Hunt, 1994), la résistance à la contre-persuasion (Dick et Basu, 1994), la dépendance (Barnes, 1997) ou encore la relation à la marque (Fournier et Yao, 1997) deviennent déterminants.
- L'économie cognitive. Dans ces travaux de recherche, la fidélité est influencée par l'inertie (Jeuland, 1979 ; Bawa, 1990) et l'apprentissage (Guadagni et Little, 1983). La recherche de variété s'oppose à la fidélité (McAlister, 1982 ; Lattin et McAlister, 1985 ; Aurier 1991).
- Les coûts de changement. Cette dernière approche est ancrée dans la conviction qu'un consommateur reste fidèle car les efforts pour changer de marque, de produit ou de fournisseur sont trop importants pour pouvoir espérer un gain significatif du changement. Les auteurs de ce courant tentent d'expliquer la fidélité par des barrières à la sortie, qui empêchent en quelque sorte le libre choix du consommateur (Jackson, 1985 ; Shapiro et Varian, 1999).

Globalement, trois concepts sont utilisés, la fidélité, l'achat répété et la relation, qui se sont succédés et complétés chronologiquement. Le tableau suivant montre bien qu'ils se superposent et s'enrichissent mutuellement, et on y trouve bien l'opposition, couramment faite par la plupart des auteurs, entre marketing transactionnel et marketing relationnel.

On remarque cependant que sur un plan empirique, peu d'auteurs mettent réellement en évidence le caractère déterministe de cette association. Dans la plupart des cas, la fidélité n'est pas mesurée sur un plan comportemental, mais au mieux, sous la forme d'une intention. Il ressort également que le cadre théorique de la fidélité n'est pas encore complètement accompli, car de multiples éléments doivent encore être assemblés pour parfaire les études sur la fidélité. Jacoby et Chestnut (1978) montrent qu'il ne manque pas d'études sur la fidélité. Ils recensent cinquante-trois définitions et mesures différentes dans plus de trois cents études (avant 1978) sans que la définition du concept de la fidélité soit clairement définie. La définition de la fidélité est alors détournée par la proposition d'une multitude d'indices de mesure autorisant son estimation. Mais au lieu de discuter ces lacunes, nous renvoyons le lecteur intéressé aux ouvrages les plus complets, comme le livre de Jacoby et Chestnut (1978) ainsi que les thèses de doctorat respectives de Crié (1999), de N'Goala (2000) et de Bozzo (2000).

Dans notre étude, nous nous limitons à une brève revue des grands groupes d'antécédents de la fidélité pour clarifier des concepts et approches (section 1) et focalisons dans la section 2 plutôt sur la compréhension de la manière dont les programmes de fidélisation peuvent agir sur ces déterminants afin de provoquer un comportement d'achat répété (voir figure page suivante).

Par la suite, nous allons expliquer plus en détail chacun des groupes d'antécédents de la fidélité pour mieux situer comment un programme de fidélisation peut agir sur eux.

Tableau 1.
Les principaux concepts et antécédents de la fidélité

Temps		Déterminants	Auteurs
1920	**Fidélité**	Comportement	Copeland, 1923 ; Cunningham, 1956
1970		Attitude	Jacoby et Olsen, 1977
		Comportement + attitudes	Jacoby et Kyner, 1973
1980		Apprentissage	Guadagni et Little, 1983
1990		Satisfaction	Rust et Zahoric, 1993 ; Oliver, 1999
1960	**Achat répété**	Comportement d'achat répété/ « *brand switching* »	Ehrenberg 1959/1988 ; Schmittlein et Peterson, 1994
1990		Économie cognitive	Jeuland, 1979 ; Bawa, 1990
1980	**Qualité, satisfaction, relation**	Satisfaction	Lababera et Mazursky, 1983 ; Bolton et Drew, 1994
		Management des plaintes	Fornell et Wernerfelt, 1987 ; Hirschman, 1995
		Qualité + service	Zeithaml, 1988 ; Parasumaran, 2000
		Coûts de changement	Jackson, 1985
		Confiance, engagement, satisfaction cumulée	Berry, 1983 ; Morgan et Hunt, 1994
1990		Rétention	Rust Zahoric, 1993 ; Hennig-Thurau et Klee, 1997
		One-to-One/individualisation/ hétérogénéité	Peppers et Rogers, 1994 ; Shapiro et Varian, 1998
		Programme de fidélisation	Sharp et Sharp, 1997/1999 ; Benavent *et al.*, 2000 ; Meyer-Waarden, 2001, 2002, 2003
		Réseaux	Shapiro et Varian, 1999

Figure 1.
Les antécédents de la fidélité

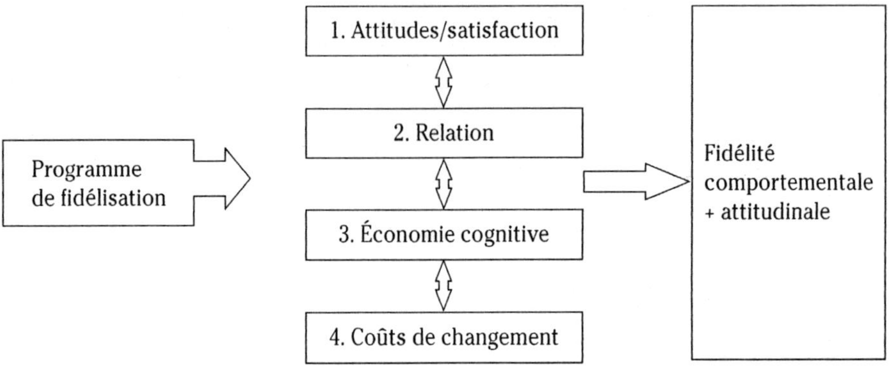

1.1. L'approche comportementale de la fidélité

En effet, pendant longtemps, les études partaient du principe que c'est uniquement le comportement d'achat répété qui caractérise la fidélité. Ainsi, la fidélité était définie par des actes d'achats répétés de nature stochastique [1], dépendant d'un nombre élevé de variables aléatoires qui apparaissent avec une fréquence imprévisible et qui sont difficiles à définir (Bass, 1974). Cette approche ignorait tout processus cognitif pouvant influencer la décision. Les travaux se contentaient de mesurer le comportement d'achat répété et de le décrire, sans prise en compte de variables explicatives, par la proposition de mesures arbitraires basées sur la proportion [2] (Cunningham, 1956 et 1967) ou la séquence ordinale des achats [3] (Copeland, 1923).

Une des méthodologies principalement utilisée est la « distribution négative binomiale » (NBD/LSD/Dirichlet [4], traitée par Ehrenberg de 1959 à nos jours). Le modèle décrit les ventes de produits sur des marchés stationnaires (c'est-à-dire où les ventes ne suivent pas de variations systématiques) et non structurés (c'est-à-dire où les marques ne sont pas groupées d'une manière particulière) et nécessite uniquement deux paramètres pour être estimé : la fréquence d'achats et la pénétration des marques. De multiples applications ont été proposées et le résultat fondamental est que la part de marché d'une marque est proportionnelle à sa pénétration [5], ce qui suppose que les fréquences d'achat sont assez similaires d'une marque à l'autre. Par ailleurs, la pénétration n'est pas stable mais croît avec l'horizon temporel (Ehrenberg, 1988). Concernant la fidélité, il est admis que la plupart des consommateurs ne sont pas complètement fidèles, mais achètent plus souvent auprès de l'ensemble des « autres marques » qu'auprès de

1. Un modèle stochastique se définit comme un modèle soumis aux lois du hasard. Il s'attache essentiellement à un aspect particulier résultant de ce comportement (choix de marque ou fréquence d'achat) et résume sous forme probabiliste l'impact des différents facteurs. Il n'explique cependant pas le phénomène.
2. Selon Cunningham, un consommateur est fidèle à une marque si son taux de nourriture est supérieur à 50 % dans cette dernière.
3. Un consommateur est considéré fidèle s'il réalise au moins trois achats consécutifs sur la même marque. Les séquences suivantes représentent : « XXXXXX » Fidélité absolue, « XYXYXY » Fidélité partagée ou divisée, « XXXYYY » Fidélité instable, « XYZWZY » Non-fidélité. Ces indices prennent en compte les séquences d'achats reposant sur trois types d'information : 1) le nombre d'achats, 2) les marques achetées, 3) la chronologie ou l'ordre de ces achats. C'est une mesure de régularité et de diversité.
4. Negative Binomial Distribution/Logarithmics Series Distribution.
5. Le nombre de clients qui a acheté une marque donnée au moins une fois.

celle qui est favorite, ce qui est appelé la loi de duplication des achats, achat conjoint de deux marques X et Y.

Les critiques majeures de ces approches sont le niveau d'agrégation, l'hypothèse de stationnarité du marché et la considération que l'achat répété est un phénomène sans mémoire des achats antérieurs, ce qui pose des problèmes pour mesurer la fidélité. Ainsi, l'homme du marketing n'aurait pas de contrôle sur l'achat répété à travers des actions marketing. C'est la raison pour laquelle de nouvelles idées ont émergé, considérant que la fidélité est constituée, en plus du comportement d'achat répété, d'éléments psychosociaux qui l'expliqueraient.

1.2. La thèse attitudinale et de satisfaction

Le choix de l'ensemble de considération, la décision finale et la fidélité résultante s'inscrivent dans le paradigme des processus psychologiques de prise de décision, c'est-à-dire qu'après le processus d'évaluation psychologique ou physique des alternatives, la décision finale est prise. En fonction du processus évaluatif, l'individu développe l'engagement envers la marque, qui différencie la fidélité à la marque du comportement d'achat répété.

Ce courant de recherche mesure la fidélité par des antécédents attitudinaux, d'ordre cognitif (supériorité de la performance de la marque, accessibilité, confiance, croyances), affectif (émotions, humeur, sensations, satisfaction) et conatif (intentions d'achat, coûts de changement). La question centrale est de savoir quelles sont les motivations sous-jacentes à un comportement de fidélité.

Les attitudes

Fishbein et Azjen (1975), Jacoby et Olson (1977), intègrent l'attitude dans la fidélité comme étant un ensemble de prédispositions émotionnelles, perceptives et cognitives durables, construites à partir d'achats antérieurs engendrant un comportement de fidélité.

La conviction de ce courant est que la satisfaction amène d'une manière générale à une attitude positive, agissant de son côté comme un renforçateur pour créer la préférence et puis le comportement de fidélité. Les attitudes sont considérées comme importantes par certains auteurs (Amine, 1999) pour leur stabilité relative dans le temps et leur indépendance vis-à-vis des changements situationnels. Cependant, cette stabilité n'est pourtant pas vérifiée face aux actions marketing des concurrents, ce qui amène à un débat récurrent que nous n'allons pas aborder ici.

Le problème principal de ce courant est la mesure de la fidélité qui est principalement basée sur des intentions d'achat posant des problèmes de mise en œuvre, de fiabilité, de validité prédictive ou de biais, car il existera alors toujours une incertitude entre attitude et comportement effectif (Dubois et Quaghebeur, 1997). En effet, Sharp *et al.* (1997) et East (2000) ne trouvent qu'une très faible corrélation entre les attitudes et le comportement d'achat répété. Selon Kumar *et al.* (1992), les mesures attitudinales ont des problèmes de fiabilité et de validité.

Un autre problème est que cette approche convient bien pour les décisions concernant des produits à forte implication qui demandent un traitement cognitif important, mais elle est moins appropriée pour des biens de grande consommation ; c'est la raison pour laquelle, la littérature admet désormais que la fidélité est un concept multidimensionnel avec une composante comportementale, difficilement maîtrisable, l'achat répété, et une partie déterministe non liée au hasard, qui est appelée la fidélité. La dernière ressort du domaine psychologique au travers des besoins, attitudes et intentions d'achat (Jacoby et Chestnut, 1978). Ce sont les notions d'attitude ou d'engagement du consommateur qui distinguent ainsi la fidélité de l'achat répété. C'est dans ce sens que Day (1969), Kahn *et al.* (1986) et puis Baldinger et Rubinson (1996) expliquent le phénomène de l'achat répété par un renforcement de l'attitude et proposent un indice de fidélité combinant la proportion d'achat [6] et l'attitude [7] envers la marque. Le vrai consommateur fidèle doit alors remplir les deux critères, comportemental et attitudinal. À l'opposé, des acheteurs manifestant uniquement un comportement d'achat répété sans avoir une attitude positive sont très vulnérables à des actions de la concurrence. En effet, ils continuent souvent d'acheter uniquement pour des raisons de coûts de changement, d'inertie ou d'habitude (Dick et Basu, 1994).

La satisfaction et l'apprentissage

Le fonctionnement général de cette vision de la fidélité est décrit par Kuehn (1961) et Rothschild et Gaidis (1981) qui prétendent que la théorie d'apprentissage linéaire permet d'expliquer en partie la probabilité de réachat d'une marque car elle dépend à un moment donné non seulement du dernier achat, mais aussi de la séquence des achats précédents. Cette influence des achats précédents diminue de manière exponentielle avec l'ancienneté des achats. Ainsi, les achats antérieurs permettraient de prédire le choix suivant d'une marque car les ménages ont des probabilités d'achat relativement constantes sur la période d'un an. Guadagni et Little (1983) démontrent également que l'apprentissage joue un rôle important dans le comportement de la fidélité. Il y a alors interdépendance des achats.

L'achat répété est donc un renforcement du premier achat lié à un phénomène d'apprentissage. Après un premier essai et l'achat répété, les attitudes positives se construisent, se renforcent en fonction des actions marketing et surtout suite à une expérience positive, même ponctuelle, caractérisée comme satisfaction ponctuelle et générée par l'usage du produit. Par la suite, la préférence pour la marque se crée, ce qui résulte enfin en une augmentation de la probabilité de réachat et la construction de la fidélité.

Selon Oliver (1999), la satisfaction est une variable clé dans l'apprentissage du comportement d'achat et dans la formation des habitudes qui conduisent à la fidélité : elle explique, pour une large partie, la répétition des conduites et modifie clairement l'attitude à l'égard de la marque. Les éléments attitudinaux sont d'abord d'ordre cognitif (basés sur la supériorité et la performance de la marque), puis affectif (basés sur les émotions et la satisfaction) et conatif (intentions d'achat). Les phases de la fidélité et leurs modérateurs sont résumés dans le tableau suivant.

Dans ces premiers travaux sur la satisfaction qui ont émergé dans les années 1980, cette dernière est caractérisée dans le paradigme de la non-confirmation des attentes comme une émotion de surprise résultant de la non-confirmation positive des attentes initiales au cours d'une seule expérience de consommation. La satisfaction est alors la différence entre la qualité réelle et celle qui est attendue. Si les attentes avant achat ne sont pas satisfaites, un écart en résultera qui est alors qualifié d'insatisfaction (Oliver, 1980).

6. Si la proportion est supérieure à 50 %, un consommateur est considéré fidèle.
7. Par exemple, le degré de tolérance face à une augmentation de prix (Pessemier, 1960), la réponse face à une rupture de stocks (Cunningham, 1967).

Tableau 2.
Les quatre phases de la fidélité

Phase	État de fidélité	Modérateurs
Cognitive	Performances marque	Recherche de variété, actions marketing de la concurrence
Affective	Satisfaction	Insatisfaction, recherche de variété
Conative	Intention d'achat	Actions marketing de la concurrence
Action	Achat répété et inertie	Rupture de stocks, actions marketing de la concurrence

Source : OLIVER, 1999.

Cette vision a été progressivement remplacée et complétée par le paradigme de la satisfaction cumulée. Ici, contrairement aux approches précédentes, la satisfaction n'est pas le résultat d'une seule transaction, mais est construite à partir d'un ensemble d'expériences, de satisfactions antérieures résultant d'une offre globale, y compris la compagnie, ses employés et ses valeurs (Anderson et Sullivan, 1993). Par conséquent, la satisfaction semble être constituée davantage par la permanente recherche de la congruence entre l'aspiration et la relation sociale. Elle peut être de nature cognitive et reposer sur une évaluation de la performance d'un produit, et/ou affective et être fondée davantage sur les émotions et le plaisir éprouvés au cours de l'expérience de consommation [8]. La satisfaction cumulée se renforce au cours des expériences positives et prend alors un caractère stable et durable dans le temps (Hennig-Thurau et Klee, 1997) et les prédispositions futures envers la marque deviennent fortement dépendantes de celle-ci dans le temps au cours des expériences de consommation. C'est là où se situe la différence entre satisfaction et attitude, car la dernière conserve une orientation future et ne se forme pas toujours sur la base des expériences personnelles passées.

Cependant, de plus en plus de critiques s'expriment autour de cette explication attitudinale de la fidélité, car elle serait caractérisée par une relative fragilité (Oliver, 1999) et plusieurs développements s'imposent. Tout d'abord, le lien entre satisfaction et fidélité, surtout comportementale, est loin d'être prouvé et est sujet à un débat récurrent dans la recherche marketing (Bolton, 1995). En effet, s'il existe de nombreuses études qui démontrent le lien entre satisfaction et fidélité intentionnelle, il y en a peu qui ont été menées au niveau empirique prouvant le lien entre satisfaction et fidélité comportementale. Pire, le lien semble être faible, voire inexistant entre les deux concepts (Lababera et Mazursky, 1983 ; Rust et Zahoric, 1993). De possibles significations peuvent être trouvées dans la nature non linéaire de la satisfaction qui dépendrait de la structure concurrentielle du marché, du degré de différenciation des produits, de l'implication et de l'expérience d'achat (Anderson, 1994). Plus la concurrence est intense, plus la qualité délivrée devra être élevée pour combler les attentes des consommateurs et obtenir la fidélité. Dans le même sens, plus l'expérience d'achat est existante, plus le consommateur sait quel produit satisfait ses attentes, plus la satisfaction sera élevée et par conséquent, plus la fidélité sera forte. Enfin, plus le produit est différencié, plus les coûts de transition et de changement sont élevés, plus il est difficile d'évaluer et comparer la qualité, ainsi plus la fidélité et la captivité seront

8. Les travaux de recherche les plus récents semblent intégrer de plus en plus la composante affective de la satisfaction.

fortes, même avec de faibles niveaux de satisfaction. Par exemple, la probabilité de réachat dans un supermarché est beaucoup moins sensible à la satisfaction, la proximité géographique étant plus importante. Ces résultats encouragent les entreprises à différencier les niveaux de satisfaction, comme le préconisent Jones et Sasser (1995), en tenant compte de leur influence sur le réachat. D'autres auteurs expliquent la fragilité du lien entre satisfaction et fidélité par l'hétérogénéité des consommateurs, due à des facteurs intrapsychologiques, comme la recherche de variété. Des facteurs externes tels la disponibilité ou des actions marketing de la concurrence (McAlister, 1982), des variables contextuelles, des seuils de satisfaction (Mittal et Kamakura, 2001), la recherche de variété, les ruptures de stocks, des insatisfactions, etc., peuvent également y contribuer. Enfin, East et Hammond (1996) considèrent tout simplement l'instabilité du construit de la satisfaction qui est souvent basée sur une évaluation ponctuelle et qui ressemblerait ainsi à une attitude, ce qui amène à nouveau à la discussion polémique quant au lien entre attitude et comportement.

Au lieu de développer l'état de recherche plus en détail ici, nous allons nous limiter au propos suivant : à défaut d'être une condition nécessaire et suffisante de la fidélité, on peut au moins estimer que la satisfaction est nécessaire car la non-satisfaction peut être source d'attrition de clientèle (Hirschman, 1995). Dans ce cadre, la fidélité est un sous-produit de la satisfaction, et l'on peut espérer transformer le processus de prise de décision en une sorte d'automatisme, une heuristique d'achat qui favorise l'inertie. La satisfaction ne permet cependant pas de discriminer le comportement d'achat répété par inertie de la vraie fidélité et il faut supposer que d'autres facteurs l'influencent parallèlement.

1.3. La thèse de l'économie cognitive : l'inertie

Pour Kumar *et al.* (1992), la fidélité peut autant résulter de la préférence que de l'inertie. La préférence est une forte attraction vers une marque, exprimée dans le cadre d'un choix non séquentiel parmi de multiples marques. À l'opposé, l'inertie est une faible attraction pour les marques se manifestant lorsque l'implication pour celles-ci est faible, par simple commodité dans l'optique de réduire l'effort cognitif de recherche d'informations. Ainsi, la théorie économique de la maximisation rationnelle des utilités associe un tel comportement à une perception élevée des coûts d'information et du risque de changement avec une espérance de gain faible. Il y a l'effet d'apprentissage d'un produit qui n'est pas facilement transposable à un autre.

Selon Jacoby et Kyner (1973), les achats habituels ne subissent pas nécessairement une évaluation systématique. Dans ce cas-là, le consommateur serait alors plus guidé par l'objectif d'un choix satisfaisant, pour minimiser l'effort cognitif, et non d'un choix optimal. Les décisions sont plutôt prises en fonction d'heuristiques relatives aux variables du marketing mix, aux croyances, aux états affectifs, aux habitudes, aux préférences ou intentions d'achat, à la performance perçue ou au dernier achat effectué. Ces heuristiques sont alors réutilisées en fonction de la satisfaction qu'elles génèrent lors de l'acte d'achat. L'achat répété ressortirait alors plus d'une procédure tendant à réduire l'effort cognitif (Kahn et Schmittlein, 1989). Pour un individu guidé par inertie, l'achat précédent de la marque X augmente sa probabilité d'achat lors de l'achat suivant. Selon Chintagunta (1998), le niveau d'inertie d'un ménage diminue avec le temps, dû à une capacité réduite de se rappeler de la dernière marque achetée. Par conséquent, si le temps entre les achats est long, on peut s'attendre à de bas niveaux d'inertie.

La recherche de variété

La fidélité résultant de l'attitude et de l'inertie est cependant, relativement fragile, car une rupture de stocks peut conduire à une infidélité brutale. En outre, des conditions concurrentielles peuvent modifier ce rapport (Jones et Sasser 1995). Par exemple, sur les marchés moins compétitifs, des clients sont plus facilement maintenus, même avec de faibles niveaux de satisfaction, parce qu'il y a peu d'alternatives et les coûts de changement sont élevés. À l'opposé, sur les marchés fortement compétitifs, même un niveau élevé de satisfaction n'assure pas systématiquement la fidélité. De l'autre côté, l'habitude créée peut se métamorphoser en monotonie, ce qui se traduit par un besoin de recherche de variété, qui est un comportement opposé à l'achat répété. Certains auteurs l'expliquent comme un phénomène de lassitude vis-à-vis de l'utilisation d'une marque, se manifestant par une décroissance de la probabilité de réachat de cette dernière (Lattin et McAllister, 1985 ; Kahn *et al.*, 1986 ; Aurier, 1991). McAllister (1982) définit la recherche de variété comme une intention réfléchie de changement de marque vers un certain nombre d'autres marques connues, à partir de réflexions qui sont le résultat de motivations antérieures. Les raisons sont liées à :

– des facteurs dérivés qui sont attachés à un changement complet de la structure de préférence du consommateur (des variables du marketing mix, variation de disponibilité de marques, changement de goût) ou à l'existence de besoins multiples ;

– des motivations directes qui pourraient être expliquées par un désir de consommer des produits non familiers (recherche d'aventure, d'expérience, de l'interdit, de la non-routine) ou d'appartenir à un groupe social particulier.

La recherche de variété se présente alors comme variable modératrice de la fidélité et de l'inertie (Kumar *et al.*, 1992). Selon Chintagunta (1998), le niveau de recherche de variété d'un ménage semble être le plus élevé juste après l'achat d'une marque dû à une satiation d'attributs. Par conséquent, si le temps entre deux achats est long, on peut s'attendre à des niveaux plus bas de recherche de variété.

La multifidélité

Dans ce contexte, nous pouvons introduire le concept de la multifidélité qui s'exprime à travers une tendance naturelle de recherche de variété, car la fidélité exclusive semble être inexistante dans des marchés compétitifs. Cette notion a rarement été étudiée pour des raisons de difficultés conceptuelles et méthodologiques. Brown (1972) a été un des premiers auteurs à hiérarchiser la fidélité en deux indices : la fidélité divisée et la fidélité instable. Crié (1999) définit le concept comme des allers et retours d'une marque à l'autre ou comme l'achat simultané de plusieurs marques ou encore comme infidélité, c'est-à-dire une attirance vers une expérience nouvelle, pouvant renforcer l'attirance vers l'objet initial au fur et à mesure des déceptions engendrées. La multifidélité pourrait également revenir à une fidélité circonstancielle. On pourrait par exemple supposer qu'un consommateur achète une marque pour tous les jours, et une autre pour des occasions particulières. Dans ce cas, la fidélité n'est pas homogène pour toutes les marques et elle se traduit par une modification d'achat à l'intérieur d'un ensemble de marques (ensemble évoqué), en quelque sorte un « panier », auxquelles les consommateurs restent fidèles et sur lesquelles ils développent des habitudes d'achat. Ce comportement ne traduit pas une infidélité mais plutôt une fidélité réelle à un ensemble réduit de marques. Une mesure de la fidélité doit donc se faire au sein de cet ensemble de marques.

1.4. La thèse relationnelle

Comme nous l'avons noté plus haut, la fidélité résultant des antécédents que nous avons traités jusqu'à présent est caractérisée par une relative fragilité. C'est la raison pour laquelle certains auteurs ont tenté de l'expliquer par une approche relationnelle. L'objectif est de maintenir la clientèle à long terme, ce qui exige des gestes et demande d'instaurer des barrières à la sortie qui enferment le client dans une « auto-isolation » des actions concurrentielles, dans un contexte dense de relations sociales, en quelque sorte un « village », et qui conduisent à une immersion totale de son identité avec la marque (Oliver, 1999).

La démarche relationnelle suppose une activité chez le vendeur et chez l'acheteur et une relation personnalisée entre les deux. Elle est donc bidirectionnelle et prend également en compte la fidélité de l'entreprise au consommateur.

Les auteurs de ce courant de recherche considèrent que la satisfaction cumulée n'agit pas directement sur la fidélité, mais via les variables médiatrices, comme la confiance et l'engagement (Morgan et Hunt, 1994). Ainsi, plus qu'une attitude favorable ou une évaluation/satisfaction positive de la marque, la fidélité sur le long terme semble supposer la formation d'un engagement durable du consommateur envers la marque (Fournier et Yao, 1997 ; Fournier, 1998). Cet engagement est dépendant de trois facteurs: le niveau de satisfaction cumulé, la qualité des alternatives et le niveau de confiance dans la relation. La fidélité n'est alors plus motivée par le seul produit, ses caractéristiques et la satisfaction ponctuelle qu'il génère, mais par la qualité de la relation avec l'entreprise qui est jugée par un ensemble de considérations sur les produits, la qualité, la confiance que la firme inspire, c'est-à-dire un groupe d'antécédents plus global. Dans l'ordre, la qualité perçue influence la valeur (utilitaire, sociale, hédoniste) et puis la satisfaction cumulée, globale [9] et longitudinale. La satisfaction cumulée renforce de son côté la confiance et puis l'engagement qui agissent comme des variables médiatrices entre la qualité perçue de la relation [10] et la fidélité (Morgan et Hunt, 1994). Les différents concepts dans l'approche relationnelle méritent quelques clarifications.

La qualité perçue est proche du concept de la satisfaction car elle repose également sur le degré de conformité d'un jugement du produit par rapport aux attentes du consommateur. Le concept est cependant de nature plus durable et le jugement porte plutôt sur la supériorité globale de l'offre (Zeithaml, 1988). À l'opposé de la satisfaction, elle ne nécessite pas une expérience avec le produit et n'est pas un état cognitif et affectif.

La valeur perçue est le rapport entre les investissements lors de l'achat et les bénéfices procurés par son usage (Aurier *et al.*, 1998). Il s'agit d'un jugement préférentiel qui résulte des expériences de consommation cumulées que le

9. Le cumul d'expériences de consommation positives et pas uniquement la satisfaction au produit résultant d'un seul acte d'achat.
10. La qualité de la relation, qui peut être vue comme la capacité d'une relation à satisfaire les besoins du client, est considérée comme un construit stable et est perçue similaire à l'attitude.

consommateur a avec un produit et varie d'un individu à l'autre et selon les situations. La valeur peut être fonctionnelle, hédoniste, sociale ou éthique, et semble reposer sur des motivations spécifiques des consommateurs (Holbrook, 1999).

La confiance réciproque est considérée en marketing relationnel comme antécédent impératif de l'engagement et est une composante majeure de la relation établie entre le consommateur et la marque. Ainsi, au cours de l'établissement et de l'entretien des relations, le fournisseur fait un ensemble de promesses (les biens, les services, les conditions financières, etc.) pour le futur. De son côté, l'acheteur offre aussi un ensemble de promesses sur ses engagements propres dans la relation. Ces promesses doivent être tenues des deux parties pour créer de la confiance afin que les relations subsistent. Les relations s'intensifient si les promesses initiales ont été tenues et si de nouvelles promesses sont faites (Grönroos, 1993). D'une manière générale, la confiance constitue l'élément clé dans la formation d'une relation sur le long terme et devrait renforcer l'engagement.

Enfin, l'engagement est vu comme la variable clé de la fidélité, plus solide, robuste et stable que l'attitude envers la marque. En marketing, il reflète l'intensité et la nature de la relation et est associé à la résistance au changement de fournisseur. La continuité de la relation est assurée par l'accumulation progressive d'investissements spécifiques, difficilement interchangeables avec un autre fournisseur, qui se traduisent à travers des coûts de changement (Jackson, 1985), des liens structurels (Berry, 1983) ou des barrières de sortie (Porter, 1985).

Figure 2.
L'approche du marketing relationnel

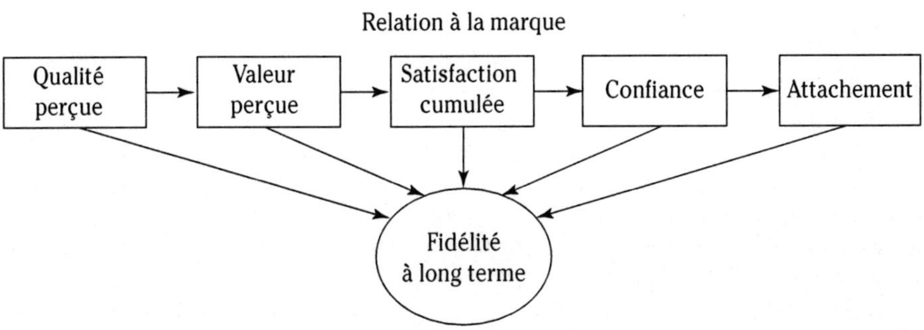

Source : AURIER *et al.*, 2001.

Cependant, des auteurs comme Williamson (1993) critiquent l'approche relationnelle en disant : « Les relations commerciales ne se qualifient pas dans la rubrique de la confiance. Ainsi, chaque partie, acheteur ou vendeur peut faire ce qu'elle veut sans entraîner de coûts élevés pour l'autre partie. » Cette approche de la théorie économique apparaît comme un élément critique de la transformation du marketing transactionnel en marketing relationnel, au moins sur les marchés de la grande consommation à faible risque et implication, où il apparaît moins clairement si le consommateur recherche réellement une relation avec son fournisseur. Sur de tels marchés, il semble difficile d'opposer l'approche biaisée de la fidélité attitudinale et comportementale, reflétée par les préférences ou les intentions d'achat ou encore l'achat répété, à l'engagement dyadique et coopératif des marchés industriels.

Ainsi, quelques différentiations de l'approche relationnelle ont été faites par Garbarino et Johnson (1999), qui constatent que tous les clients ne cherchent pas forcément une relation avec leur fournisseur. C'est la raison pour laquelle il convient de distinguer d'un côté les clients « transactionnels » pour lesquels la satisfaction est la variable médiatrice entre les attitudes et la fidélité, et de l'autre côté, les consommateurs « relationnels », ayant la confiance et l'engagement comme variable médiatrice entre les attitudes et la fidélité, plutôt que la satisfaction.

1.5. La thèse des coûts de changement

Cette approche devient nécessaire si l'avantage de la fidélité recherchée par la préférence ne peut être maintenu pour garder une situation de quasi-monopole partiel. Dans ce cas-là, il devient nécessaire d'analyser la capacité d'un client à changer de fournisseur pour limiter les possibilités de choix des consommateurs. Selon Jackson (1985), plus les coûts de changement sont importants, moins le risque de défection est élevé, et plus un client se rapproche du *profil « Lost for Good »* pour lequel une approche relationnelle est appropriée. Le moyen est alors de dresser et accroître des barrières au changement ou des barrières de sortie. Cette option est aussi appelée fidélité induite et cherche à isoler les clients des pressions de la concurrence et à créer des marchés internes, captifs ou « domestiqués », afin d'échapper partiellement au jeu de la concurrence et de l'imitation. Dans ce cas, le consommateur continuerait à choisir une marque même si un concurrent présentait une plus grande valeur. Les coûts de changement peuvent renforcer l'engagement et garantir la continuité ainsi que la stabilité de la relation s'ils sont perçus de manière positive.

En marketing, les origines peuvent être diverses. Dans la première catégorie, on peut compter les coûts de changement liés au risque de quitter un fournisseur dont les prestations sont connues pour un autre dont le niveau est inconnu et peut être moins bon. La seconde catégorie concerne les coûts de recherche (temps, argent, effort) d'un nouveau fournisseur et de mise en œuvre (compatibilité technologique) d'une nouvelle relation avec les coûts d'apprentissage spécifiques au fournisseur (Fornell *et al.*, 1996), les coûts contractuels, les coûts d'opportunité liés à la poursuite du flux transactionnel (ristournes, points de fidélité, échange d'informations, etc.), et enfin, les coûts psychologiques. Dans tous les cas, le consommateur anticipe donc les pertes et les sacrifices qu'il devra supporter en cas de changement de marque.

À cet endroit, nous ne développons pas en détail cette stratégie et renvoyons au chapitre précédent (page 41) où nous l'avons déjà abordée de manière intensive. Nous répétons cependant que cette dernière peut s'avérer dangereuse si le fait d'être « verrouillé » devient une contrainte pour le consommateur, car, il peut changer de fournisseur à la première occasion, dès que les coûts de changement disparaissent.

1.6. La conclusion sur les antécédents de la fidélité

À dominante comportementale ou attitudinale, la fidélité est principalement définie par sa mesure et sa modélisation. Résultat de l'inertie des comportements, elle évolue dans le temps en fonction de l'environnement, des situations rencontrées, des facteurs psychocognitifs ou affectifs et se renforce ou s'affaiblit au cours des expériences successives. En l'absence de toute mesure attitudinale, la fidélité est souvent décrite comme une composante aléatoire du comportement d'achat avec ses déterminants psychosociologiques ou sociodémographiques.

Il est évident que la diversité des mesures proposées amène à une certaine confusion, non seulement en ce qui concerne l'objet, mais également dans la comparaison des résultats obtenus et la validité. Ainsi, le manque de sensibilité des instruments de mesure et la définition arbitraire de ce qu'est un consommateur fidèle et non fidèle posent des problèmes de mesure [11]. En d'autres termes, le travail préliminaire de la définition d'une base de comparaison avec la fiabilité et validité associée a été quasi absent (Jacoby et Chestnut, 1978).

Il va de soi que la conceptualisation et la mesure de la fidélité, celles-ci englobant plusieurs facettes, requièrent une approche multidimensionnelle. Il en est ainsi car une mesure du comportement passé est insuffisante pour l'expliquer, une autre basée sur les dimensions psychologiques est difficile à opérationnaliser et peu fiable. Or, la fidélité est un comportement de réachat, qui dure dans le temps et qui est ancré dans une dimension psychologique. Ainsi, la fidélité et l'achat répété se distinguent principalement sur ces dernières variables. Cependant, il n'y a que peu d'évidence empirique pour soutenir l'idée qu'une attitude ou satisfaction positive rend l'acte d'achat répété plus probable que si uniquement l'inertie agit. En effet, des travaux récents sur les attitudes et leur stabilité suggèrent que leur intégration dans le concept de la fidélité ajoute des facteurs d'incertitude, plutôt que de contribuer à une explication du phénomène.

Néanmoins la littérature est claire, lorsque l'on étudie la fidélité et ses antécédents, il est important de s'intéresser de façon simultanée aux comportements, aux attitudes, aux phénomènes d'apprentissage, à la satisfaction, aux coûts de changement, ainsi qu'à l'inertie et à la relation client-fournisseur (voir figure suivante). Et, selon Fournier (1998), les études sur la fidélité doivent englober des fondements instrumentaux, affectifs, psychologiques, socioculturels et symboliques.

Figure 3.
Les antécédents de la fidélité

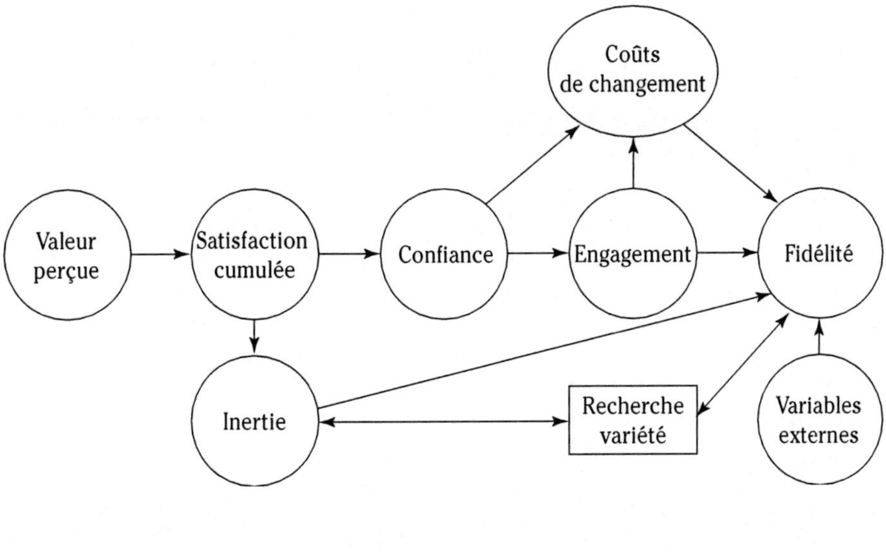

11. Les cinquante-trois indices de mesures relevés par JACOBY et CHESTNUT (1978) n'ont jamais été testés quant à leur validité convergente.

Pour revenir à notre problématique sur les politiques de fidélisation, trois vecteurs essentiels se cristallisent autour la gestion d'un portefeuille clients : 1) le nombre d'acheteurs, 2) la longueur de la relation et 3) l'intensité d'achat (la fréquence et le volume d'achat). En ce qui concerne le premier vecteur, les politiques de recrutement et de fidélisation s'imposent. La longueur de la relation peut être modulée par des approches combinées de création d'attitudes favorables, de satisfaction cumulée et d'une relation, et par d'autres, basées sur l'inertie et les coûts de changement. L'intensité peut être gérée de manière plus classique par des actions de promotion et d'autres variables du marketing mix, ou dans une approche plus récente, par la création de valeur autour des expériences de consommation.

Dans le cadre de cette étude sur les programmes de fidélisation, notre centre d'intérêt se situe cependant moins autour des antécédents de la fidélité que nous venons d'exposer, mais plutôt autour de la question de savoir si les stratégies de fidélisation, tant discutées actuellement, sont efficaces sur le plan comportemental, car c'est finalement le comportement de réachat et le profit associé qui intéressent le plus les managers marketing (Sharp, 1997).

Étant donné que le champ d'investigation dans le domaine est restreint, nous essayons tout de même de comprendre dans la section suivante comment un programme de fidélisation pourra théoriquement affecter les antécédents de la fidélité. Ce travail de conceptualisation devrait aboutir dans de futures études à la validation de ces idées avec l'objectif de comprendre les raisons pour lesquelles les outils de fidélisation fonctionnent ou non.

2. Les programmes de fidélisation et les antécédents de la fidélité

La première section était consacrée aux antécédents de la fidélité. Dans la section 2, nous examinons la manière dont un programme de fidélisation, et notamment issu du domaine de la grande distribution [12], peut exercer une influence sur ces différents déterminants de la fidélité et comment tenir compte de ces éléments dans la gestion dynamique d'un portefeuille clients.

2.1. L'influence du programme de fidélisation sur les attitudes et la satisfaction

Dans le cadre de notre étude, on peut se demander ce qui détermine l'attitude envers un magasin, et si celle-ci est décisive pour le choix du point de vente, car beaucoup d'auteurs suggèrent que la situation géographique explique 70 % de la variance de la décision de choix. Ainsi, pour Anderson (1994), la localisation joue un rôle plus important dans la fidélité que la satisfaction. C'est la raison pour laquelle nous étudions dans les paragraphes suivants l'influence possible du programme de fidélisation sur d'abord les attitudes envers le point de vente et sur la satisfaction.

Le concept d'attitude envers le magasin

Dans le contexte des études sur les points de vente, les modèles d'attraction gravitaire évaluent la capacité d'attraction d'un magasin sur les acheteurs habi-

12. Car nous rappelons que notre champ d'investigation empirique est un programme de fidélisation d'une enseigne de distribution française.

tant deux villes situées à des distances variables. Le modèle d'attraction gravitaire de Reilly montre l'effet de la distance sur la probabilité de fréquentation des points de vente. L'attraction du magasin est proportionnelle à la taille de chacune des villes et inversement proportionnelle au carré de la distance qui le sépare de chacune d'entre elles. Ainsi, les consommateurs seraient principalement influencés dans leur choix par la situation géographique du magasin et les coûts de voyage associés. Nous n'allons cependant pas aborder en détail ce sujet ici et nous renvoyons le lecteur intéressé à la revue de littérature très complète de Cliquet (1988) et à un numéro spécial de la revue *Recherche et applications en marketing* (vol. 18, n° 3, 2003) sur le marketing spatial. Nous nous limitons à la problématique de la formation d'une attitude envers un magasin. Compte tenu du rôle déterminant de la distance et de l'absence de débat sur les attitudes, on peut se demander si les attributs spatiaux doivent ou non être considérés comme un attribut de l'image et de l'attitude dont l'utilité serait négative.

Le terme d'attraction attitudinale désigne la capacité de transformation d'une attitude favorable en un comportement de choix du point de vente. Pour Hirschman *et al.* (1978), l'attitude envers le point de vente est constituée d'un ensemble de connaissances et d'expériences attachées. Cependant, très peu de travaux se sont intéressés au processus de formation de l'attitude envers le magasin.

Mazursky et Jacoby (1986) suggèrent que l'attitude envers un grand magasin se forme à partir des composantes suivantes : le rapport qualité/prix de l'assortiment, la qualité des produits et du service, les promotions, la localisation géographique et l'amabilité du personnel. Il ressort également qu'il existe deux ensembles d'attributs, le premier lié à l'offre et le second au magasin et au type de magasin, qui sont déterminants en fonction des achats à faire, de grande quantité ou de tous les jours (Reutterer et Kousek, 2000). À partir de ces constats, on peut alors déduire que l'attitude envers le point de vente est, avec la proximité, déterminante pour le comportement de choix du magasin.

Ces idées sont modélisées à partir du modèle gravitaire proposé par Huff (1964). La distance reste le déterminant principal du choix du magasin, mais le modèle est complété par l'ajout de variables supplémentaires, comme l'image (politique de prix, la réputation de l'enseigne du magasin). Des études de Cliquet (1990), Bell *et al.* (1998) montrent que la variance expliquée augmente suite à l'intégration des variables d'image.

Nous avons vu que la « vraie » fidélité est composée d'une attitude favorable (au produit, à l'entreprise, à la marque) suivie par un comportement d'achat répété. Le croisement des deux dimensions montre le champ d'application d'un programme de fidélisation sur quatre segments de consommateurs (voir page suivante).

Le premier type de consommateur (quadrant 1), le vrai infidèle, est caractérisé par une attitude négative envers la marque mais également par un flux comportemental faible. Les raisons peuvent en être diverses : d'abord, il peut y avoir une insatisfaction qui fait que l'individu possède des attitudes négatives envers la marque. Une autre explication peut être liée à l'orientation rationnelle du consommateur. Ainsi, supposons qu'il prenne la décision d'achat au moment de l'acte, il va choisir l'alternative qui lui procure le plus d'utilité. Si le choix ne se porte pas sur la marque en question, il y probablement un problème du marketing mix (par exemple une promotion d'un concurrent) influençant l'acheteur au moment de la décision. Dans ce cas précis, la stratégie principale du programme de fidélisation est de gérer l'hétérogénéité des consommateurs et de sélectionner uniquement ceux dont on est sûr qu'ils réagissent par un changement d'attitude et/ou de comportement d'achat. L'objectif est, dans une première étape transactionnelle, la création de la préférence avec un mix de récompenses tangibles pour inciter à acheter plus dans la marque et puis d'induire un haut niveau de satisfaction associé à la consommation afin de construire une attitude favorable. Le résultat sera une augmentation de la probabilité de réachat. Parallèlement, une approche relationnelle doit être instaurée, qui par la suite augmente les coûts de changement. Dans certains cas, une amélioration des attitudes semble être difficile même en induisant un haut niveau de satisfaction. Ce type de client, éternellement insatisfait, ne doit pas être recruté car il peut devenir dangereux pour la situation financière de l'entreprise (Jones et Sasser, 1995).

Tableau 3.
La fidélité comportementale et attitudinale

<table>
<tr><th colspan="2"></th><th colspan="3">Attitude</th></tr>
<tr><th colspan="2"></th><th>Faible</th><th>Élevée</th><th>Gestion diversité consommateur</th></tr>
<tr><th rowspan="3">Comportement d'achat répété</th><th>Faible</th><td>1. Vrais infidèles
Attitude
Rationalité
Sélection</td><td>2. Prospects
Rationalité
Multifidélité
Recherche Variété
Contrôle comportemental</td><td rowspan="2">– Construire une relation
– Récompenses tangibles
– Promotions
– Discrimination</td></tr>
<tr><th>Élevé</th><td>3. Vulnérables
Inertie
Coûts de changement
Personnalisation exclusive et par apprentissage</td><td>4. Vrais fidèles
Attitude
Relation
Création de valeur</td></tr>
<tr><th>Gestion relation</th><td colspan="2">– Construire une relation
– Satisfaction
– Récompenses intangibles
– Discrimination
– Heuristiques d'achat</td><td></td></tr>
</table>

Les individus se situant dans le quadrant 2 se caractérisent par des attitudes positives envers le fournisseur ayant un flux comportemental faible. Les raisons peuvent être un besoin de recherche de variété mais également un comportement d'achat rationnel (recherche de prix bas, promotions des concurrents, heuristiques existantes pour des produits de la concurrence). La stratégie recommandée est le contrôle comportemental du consommateur pour augmenter son taux de nourriture dans la marque. Dans ce contexte, le programme de fidélisation peut offrir des récompenses tangibles, par exemple des promotions, afin d'inciter l'individu à acheter plus. La remontée d'information au travers de la carte de fidélité permet de construire une relation d'apprentissage individualisée et par la suite de discriminer l'offre pour satisfaire de plus en plus précisément les besoins. Cette démarche permet d'augmenter les coûts de changement et de domestiquer le client.

Le troisième type de client possède des attitudes faibles envers le fournisseur mais a un taux de nourriture élevé dans l'enseigne (quadrant 3). Ce consommateur est un « faux fidèle » est reste uniquement pour des raisons d'inertie, d'habitude, de confort (proximité géographique ou praticité) ou de coûts de changement. Il est fortement vulnérable car le risque de départ est réel si les coûts de changement tombent ou si l'inertie s'affaiblit. L'objectif du programme de fidélisation est de maintenir ce client. Ce but peut être atteint en rendant la relation plus intéressante, et en construisant une image positive au travers d'une satisfaction cumulée accrue (création de valeur hédoniste, sociale ou éthique). Le mix de récompenses doit être plutôt de nature intangible pour construire une vraie relation à valeur ajoutée, basée sur la confiance et puis sur l'engagement. La personnalisation exclusive, avec la proposition de privilèges, est un moyen. Les coûts de changement seront alors augmentés, mais de manière positive, car le consommateur ne les percevra pas comme une contrainte. En même temps, des heuristiques d'achat doivent être instaurées pour renforcer l'inertie afin que le consommateur ne se pose plus la question du choix.

Un consommateur vraiment fidèle possède une attitude positive mais également un flux comportemental élevé (quadrant 4). Les deux niveaux de la fidélité de ce client doivent être entretenus, voire augmentés. Les stratégies envisageables sont la personnalisation du contact, mais surtout, l'augmentation de l'expérience de la consommation pour créer de la valeur hédoniste, sociale ou éthique.

Le programme de fidélisation agit ainsi comme un catalyseur accélérant les processus transactionnels et relationnels en fonction du cycle de vie dans lequel le client se positionne. Les bases de données marketing trouvent leur intérêt avec les possibilités de gérer d'une part, l'hétérogénéité, en sélectionnant les clients les plus intéressants et en individualisant la relation, et d'autre part la relation, permettant de contrôler le comportement d'achat (voir tableau suivant). Le programme de fidélisation devient ainsi fidélisant dans deux directions en :

– stimulant un flux transactionnel plus important (ventes croisées, taux de nourriture, trafic, etc.) au travers des récompenses tangibles (gestion de l'hétérogénéité) ;

– agissant sur l'attitude envers le fournisseur pour la rendre plus positive, au travers de récompenses intangibles pour construire une relation basée sur la triade satisfaction cumulée, confiance et engagement. Ceci peut être atteint avec des récompenses intangibles pour augmenter l'expérience de la consommation et pour créer de la valeur (gestion de la relation).

Tableau 4.
L'influence d'un programme de fidélisation sur le comportement d'achat

		Comportement de réachat	
		Faible	**Fort**
Carte de fidélité	**Non**	Difficulté de contrôle individuel du comportement d'achat	Contrôle du comportement d'achat au niveau agrégé à partir de médias de masse
	Oui	Sélection et développement du contrôle du comportement d'achat individuel	Contrôle individuel du comportement d'achat

La satisfaction

Nous avons constaté que la satisfaction est un élément nécessaire mais insuffisant pour assurer la fidélité. À l'opposé, l'insatisfaction est un facteur conduisant souvent à l'infidélité. Dans ce contexte, le programme de fidélisation peut permettre à la relation de perdurer s'il y a un problème spécifique lié au fournisseur ou au produit, car il permet de détecter des signes de défection, et de les traiter individuellement. De l'autre côté, l'entreprise et son programme seraient difficilement substituables grâce aux coûts de changement dont les origines peuvent être fonctionnelles ou affectives. Si le même problème apparaît sans qu'il y ait un tel programme, cela peut signifier la fin de la relation avec le fournisseur. En d'autres termes, il devrait permettre de modérer des insatisfactions ponctuelles et assurer la pérennité de la relation (Bolton *et al.*, 2000).

Figure 4.
L'insatisfaction et le programme de fidélisation

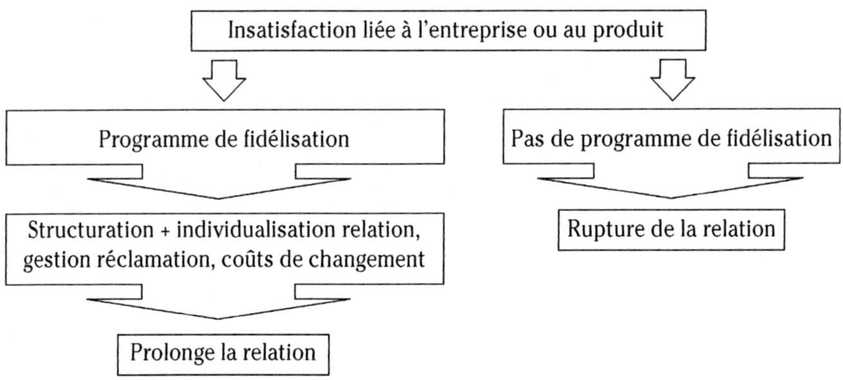

En terme de gestion de la clientèle, ces implications sont importantes pour éviter l'attrition qui peut se manifester de deux manières (Hirschman, 1995):

– le départ avec signe (le plus rare), se manifestant par une baisse de la fréquence de visite, ou à travers la réclamation [13], réponse constructive pour changer une situation insatisfaisante. Dans ce cas-là, une stratégie de fidélisation individualisée s'applique parfaitement (Bolton et Drew, 1994) ;

– le départ sans signe (le plus fréquent), où le consommateur n'émet aucun signal préalable à son départ, et dans ce cas, il est difficile de prévoir ce comportement. Seules des actions de fidélisation globales en amont de l'événement (à l'échelle du segment) sont possibles (Crié, 1999).

Dans le premier cas de figure, il est impératif de connaître le client et ses besoins individuels, afin de détecter les signes de défection suite à une insatisfaction, de connaître le niveau de service souhaité ainsi que les coûts de changement à la concurrence. Le programme de fidélisation peut devenir un centre de gestion pour percevoir ces signes, à partir de la base de données des comportements d'achat ou alors à partir d'un service de réclamation, avec l'objectif de récupérer les clients insatisfaits. Dans ce contexte, l'importance de la gestion des

13. Malheureusement, 98 % des consommateurs ne cherchent pas à se plaindre auprès de la société, ils changeront simplement de produit ou de fournisseur (HIRSCHMAN, 1995).

plaintes des consommateurs, par l'écoute et la réparation des défections de qualité, est aisément compréhensible (Fornell et Wernerfelt, 1987). Désormais, l'approche doit s'élargir au niveau des services rendus et en plus intégrer la dimension rétention pour récupérer un client mécontent, afin d'éviter sa défection et pour minorer l'influence négative dans son entourage (Jones et Sasser, 1995). Mais en même temps, on ne doit pas attirer ni fidéliser tous les consommateurs, car certains peuvent être désastreux financièrement et moralement pour la société. Ces « faux clients » (terroristes), qui ne seront jamais satisfaits, doivent au contraire être empêchés d'être recrutés et être abandonnés dans une démarche de démarketing.

Dans le second cas de figure, quand le client n'émet pas de signes, le programme de fidélisation peut gérer la satisfaction globale à partir d'un mix de récompenses intangibles et créer des barrières à la sortie en amont.

2.2. L'influence du programme de fidélisation sur la relation

Comme observé plus haut, le champ d'investigation sur la fidélité est à compléter par un axe de développement: la relation à long terme. Dans le domaine de la distribution, ce concept n'est pas ou peu développé. À notre connaissance, seulement Macintosh et Lockshin (1997) proposent une approche de la fidélité relationnelle au magasin. Selon eux, les interactions satisfaisantes entre l'enseigne et les clients sont des facteurs déterminants pour la confiance, l'engagement et puis la fidélité au point de vente.

Dans ce contexte, on peut se poser la question de l'influence d'un programme de fidélisation sur la qualité ainsi que la durée de la relation, dans le sens d'une modification des comportements d'achat (en particulier l'influence sur la durée interachats et la durée totale de la relation). Le programme permet une approche individualisée dans la gestion de la relation client en fonction des cycles de vie : 1) l'initialisation, 2) la maturation et 3) la rupture. À ces trois phases correspondent trois types de stratégies: le recrutement, la fidélisation, la rétention ou l'abandon. La superposition des stratégies transactionnelles et relationnelles devient clairement visible. Ainsi, en phase de recrutement, le programme de fidélisation développe une préférence basée sur une satisfaction produit et relationnelle. En phase de maturation, le champ d'action devient beaucoup plus large qu'une approche purement transactionnelle, car il est basé sur la construction d'une relation, de coûts de changement, et de l'augmentation de la valeur perçue. Enfin, en phase trois, une analyse et approche individualisée peuvent être envisagées, décidant de la rupture ou non de la relation.

Il devient alors clairement visible que le programme de fidélisation permet de mieux structurer et faire perdurer la relation à travers ses capacités informationnelles (voir tableau 6 page suivante).

Dans le quadrant 2, la relation entre le client et le fournisseur est existante sans qu'il y ait utilisation d'un programme de fidélisation. Les facteurs déterminants sont la sympathie ou la confiance envers le personnel ou envers le magasin. Cependant, cette relation peut être fragile, due à un manque de structuration du lien et surtout de remontées d'informations permettant de l'individualiser. Dans les cas des quadrants 3 et 4 le programme permet de structurer la relation et puis de la faire perdurer.

Nous voyons clairement que le programme de fidélisation peut intervenir à deux niveaux : le premier est de nature informationnelle, le deuxième est de

Tableau 5.
Le programme de fidélisation et les cycles de vie de clients

Phase	Achat	Attitude	Comportement	Action	Critère de performance
Initialisation	**Sans carte**	*A priori* positive	Achat/essai produit	Développement préférence + satisfaction	Part de marché, part de choix
	Avec carte	Positive	Achats plus importants	Développement préférence + satisfaction produit et relation	Part de marché et part de choix
Maturité	**Sans carte**	Positive	Achat répété	Développement coûts de changement	Achat répété
	Avec carte	Très positive	Achats fréquents/ intensification consommation	Développement coûts de changement : relation/engagement/ confiance/externalités/ valeur	Rétention, LTV, niveau de consommation
Continuation/ rupture	**Sans carte**	Négative	Arrêt des achats	Arrêt de la relation	Achat répété
	Avec carte	Positive ou négative	Continuation ou arrêt des achats	Continuation ou arrêt de la relation	Niveau de consommation, réclamation

Tableau 6.
La relation et le programme de fidélisation

		Relation avec le fournisseur	
		Non	**Oui**
Programme de fidélisation	**Non**	1. Difficulté d'instaurer une relation	2. Fragilité de la relation
	Oui	3. Structuration de la relation	4. Prolongation de la relation

nature communicative. Ainsi, il permet d'identifier, à partir de la base de données, les clients et leurs besoins et par la suite de construire et entretenir la chaîne relationnelle à travers un dialogue interactif entre l'entreprise et le client. Pour cela, la relation est individualisée, un haut niveau de satisfaction cumulée autour de la relation est généré, la confiance et puis l'engagement apparaissent. Le programme de fidélisation se comporte ainsi comme un catalyseur relationnel et permet l'initiation, puis la construction et la pérennisation d'un flux transactionnel dont l'importance, la variété et la durée reflètent l'engagement du client dans sa relation avec le fournisseur. Au travers de ses qualités relationnelles de générateur de coûts de changement, de satisfactions et de modérateur d'insatisfactions, il permet de prolonger la relation entre l'entreprise et le client en la serrant de plus en plus.

De l'autre côté, le programme de fidélisation peut intensifier le niveau de consommation à travers un mix de récompenses destinées à augmenter les expériences de consommation pour créer de la valeur, fonctionnelle (les réductions de prix), hédoniste (récompenses orientées loisir), sociale (privilèges) ou éthique (soutien d'une cause noble et offrir ses points pour cela).

Sur des marchés très concurrentiels, ils peuvent constituer le seul moyen de différencier la position d'une entreprise. La matrice suivante montre clairement ces opportunités.

Tableau 7.
Le degré de différentiation de la relation et du programme de fidélisation

<table>
<tr><td colspan="2"></td><td colspan="2">Relation/offre fournisseur</td></tr>
<tr><td colspan="2"></td><td>Pas différenciés</td><td>Différenciés</td></tr>
<tr><td rowspan="2">Programme de fidélisation</td><td>Pas différenciés</td><td>1. Recherche commodité et supériorité produit : S'Miles Casino</td><td>2. Recherche relation</td></tr>
<tr><td>Différenciés</td><td>3. Recherche programme de fidélisation : Hertz Priority One</td><td>4. Recherche relation + programme de fidélisation : Club Harley</td></tr>
</table>

Les entreprises se situant dans le quadrant 1 sont les plus vulnérables parce qu'elles ne se différencient ni sur la relation, ni sur le programme de fidélisation. Elles sont dans le contexte classique des approches de la fidélité (cognitif, affectif, conatif) basées uniquement sur la supériorité de l'offre et donc facilement interchangeables en cas d'insatisfaction ou d'opportunité. Le programme de fidélisation est donc le seul moyen de différencier la firme sur des marchés où la démarcation de l'offre produit par rapport à la concurrence devient de plus en plus difficile.

Dans le cas du quadrant 2, le client recherche au-delà de l'offre produit une relation avec l'entreprise. Il cherche volontairement une « auto-isolation » des marques concurrentes et est en quelque sorte « immunisé » aux actions concurrentielles (Salerno et Calciu, 1997). Il ne souhaite pas être sollicité par des concurrents. Un programme de fidélisation pourrait aider à structurer ce lien afin d'éviter le départ du consommateur pour une raison d'insatisfactions relationnelles.

Dans le cas du quadrant 3, la situation concurrentielle est intense et les produits ne sont pas différenciés. Il est peu probable que le consommateur souhaite établir une réelle relation affective avec la marque. La stratégie recommandée est de l'enfermer dans un « village de liens sociaux », dans lequel il est « nourri » et « protégé » des influences extérieures dans le but d'inhiber son choix. L'idée se trouve pour la première fois dans la littérature chez Boorstin en 1973 et a été reprise par Friedman *et al.* (1993). Cet enfermement peut être basé sur l'offre de statuts ou privilèges (à l'instar de Priority One de Hertz) qui sont tellement importants et vers lesquels l'individu développe de vraies habitudes que la question du choix d'un autre fournisseur ne se pose plus. La motivation principale est ainsi un besoin d'appartenance (Maslow, 1978) à un « club sélectif » auquel tout le monde n'a pas accès, dans lequel on est traité comme un individu unique où l'on peut rencontrer d'autres membres qui sont dans la même situation.

Le programme de fidélisation pourra agir dans ce contexte comme un catalyseur pour nouer des liens plus structurés et plus satisfaisants autour de l'échange transactionnel, et par la suite augmenter les coûts de changement par un mix de privilèges discriminés en fonction des clients.

Enfin, la situation du quadrant 4 (programme de fidélisation et relation différenciées) est le cas idéal. L'entreprise se trouve dans une situation de niche par rapport à la concurrence. Les coûts de changement sont importants pour des raisons fonctionnelles mais surtout affectives. Le programme de fidélisation permet de renforcer la différentiation autour d'un dialogue émotionnel et structuré. L'individu s'intègre ainsi volontairement et entièrement dans une communauté sociale qui est en parfaite compatibilité avec son système de valeurs. Le consommateur désire le produit et/ou l'adhésion à un programme de fidélisation car il(s) lui procure(nt) le statut social souhaité. Il trouve une adéquation ainsi qu'une immersion totale entre le produit, l'environnement et lui-même. Le consommateur est complètement « verrouillé » dans le système par sa propre volonté et la question du choix ne se pose plus. Cette situation, qui ressemble quelque peu à une situation religieuse, peut se rencontrer pour des produits à forte implication. Le cas du Club Harley Davidson aux États-Unis en est un exemple, dont l'approche relationnelle et le programme de fidélisation sont différenciés par rapport à la concurrence [14].

Cette analyse fait ressortir clairement que tous les domaines d'activité ne peuvent pas atteindre le même niveau d'efficacité. Elle est fonction du degré de compétition, de différentiation et d'implication du produit ou de la marque car le programme de fidélisation ne peut pas combler les lacunes de l'offre produit ou relationnelle. Ainsi, la construction d'une relation différenciée est plus difficile dans des contextes très concurrentiels et notamment pour des produits de grande consommation. Deuxièmement, elle dépend de la possibilité de socialisation du client.

Dans ce contexte, une question cruciale se pose : le consommateur recherche-t-il réellement ce type de relation avec son fournisseur ?

Selon Barnes (1997), il existe de nombreux cas où le client ne souhaite pas l'établir car les circonstances transactionnelles ne s'y prêtent pas. La relation est certainement recherchée pour des achats à risques ou pour des produits à forte implication, car elle est perçue comme importante et profitable des deux côtés. En effet, il semble être plus efficace de construire un programme de fidélisation autour de produits ou catégories de produits à forte implication affective et/ou à forte fréquence d'achat (Anderson, 1994). Les différences intersectorielles sont importantes (Shrake, 1999): dans le secteur bancaire ou celui du transport aérien, 20 % des consommateurs choisissent leur établissement en fonction du programme de fidélisation proposé. Ce taux descend à 10 % dans le domaine de la distribution. Cela montre que pour des produits à faible implication, le phénomène relationnel est moins clair. Ainsi, par exemple, pour l'achat de céréales Cornflakes du fabricant Kellogs, le consommateur ne fait certainement pas la distinction entre marque, produit et fabricant. Il semble improbable qu'il recherche une relation avec Kellogs. Il y aura uniquement fidélité à la marque ou à la catégorie dans le sens d'une fidélité transactionnelle. C'est la raison pour

14. Il permet d'établir un compte d'épargne de points de fidélité en vue d'acquérir une nouvelle moto Harley Davidson, mais surtout les membres sont invités à des rencontres avec d'autres membres de la communauté.

laquelle la majorité des échanges se réalise selon un mode intermédiaire, par défaut d'engagement réel du fournisseur et du client (Crié, 1999).

Cependant, avec l'essor du développement des bases de données marketing, les programmes de fidélisation constituent un élément stratégique donnant la possibilité de connaître leurs clients de façon plus précise afin de construire une relation privilégiée.

2.3. L'influence du programme de fidélisation sur l'inertie

Selon la théorie économique (Becker, 1965), le consommateur maximise sa fonction d'utilité sous trois contraintes : contrainte de revenu, de temps et de production. Dans ce cadre, la caractéristique fondamentale du programme de fidélisation est de proposer une récompense en contrepartie d'un comportement spécifique générateur de coûts (collection de points, gestion de coupons [15], etc.). L'acheteur va donc arbitrer entre l'utilité des alternatives (marques, magasins, récompenses promotionnelles) et la valeur du temps nécessaire pour l'obtenir.

Dans le contexte de l'inertie, c'est-à-dire dans le cas d'une faible attraction et implication pour les marques, dans l'optique de réduire l'effort cognitif de recherche d'informations, le programme de fidélisation offre des possibilités importantes de renforcer ce phénomène. Regardant le tableau suivant, deux situations intéressantes se présentent (le quadrant 3 et 4): l'objectif est de réduire le phénomène de recherche de variété, puis d'augmenter l'inertie. Les opportunités pour les programmes de fidélisation sont dans ce contexte importantes. La mise en place d'heuristiques d'achat destinées à alléger le processus cognitif au moment de la décision d'achat permet de réduire les coûts de recherche d'informations et l'effort cognitif associé. Le moyen privilégié peut être une impression systématique des derniers achats réalisés pour rappel lorsqu'une occasion d'achat se présente. Ces différentes heuristiques sont alors réemployées par l'individu en fonction de la satisfaction qu'elles génèrent par rapport à l'achat. Cette démarche a pour objectif de renforcer l'inertie en rappelant les dernières marques achetées. D'autres moyens pour renforcer l'inertie sont la proposition de services, comme la livraison à domicile ou la mise en place de privilèges, tels des guichets prioritaires réservés aux porteurs des cartes de fidélité. Tous les moyens pour diminuer les coûts liés à l'acte d'achat peuvent s'avérer utiles. De telles manières ont augmenté la perception élevée des coûts d'information et le risque de changement avec une espérance de gain faible. Dans ce cadre, l'apprentissage d'un savoir sur les produits et le fournisseur, qui n'est pas facilement transposable à un concurrent, devient important.

Un programme de fidélisation peut également aider à structurer et contrôler les achats, en ayant recours à toute la panoplie d'outils d'individualisation et de personnalisation par apprentissage (voir tableaux 8 et 9). Par exemple, si un consommateur prend sa décision sur les articles à acheter avant d'aller au point de vente (quadrant 3), le distributeur peut proposer au moment de la visite, grâce à sa connaissance client, des produits complémentaires *(cross selling)* et/ou de valeur ou de prix supérieur *(up selling)* à ceux qui ont été initialement choisis par

15. Bawa et Shoemaker décomposent les coûts en coûts fixes et variables. Les coûts fixes correspondent à ceux mis en œuvre pour être exposés à la promotion (découverte et tri d'un envoi, lecture des journaux, etc.). Les coûts variables sont ceux directement associés à la manipulation engendrée par la promotion et des coûts d'opportunités liés au fait que la marque achetée n'est pas la marque préférée.

le consommateur sur sa liste de courses. De telle manière, le magasin peut satisfaire le besoin de recherche de variété. Le programme de fidélisation contribuera au contrôle du comportement d'achat au travers d'un mix de récompenses tangibles (promotions individualisées, discrimination par les prix, proposition de produits complémentaires).

Tableau 8.
L'inertie et programme de fidélisation

		Inertie	
		Faible	**Élevée**
Fidélité	**Faible**	1. Chercheur variété : aucun contrôle → Sélection et développement	2. Non-client : aucun contrôle → Sélection et développement
Fidélité	**Élevée**	3. Vrais Fidèles : contrôle → Diminution recherche variété et renforcement inertie	4. Fidèles inertes : contrôle → Renforcement inertie par heuristiques d'achat

Un autre cas intéressant, qui offre encore plus d'opportunités, est celui où le client est influencé sur le lieu d'achat (quadrant 4), car la firme peut à partir de l'historique d'achat fournir l'ancienne liste de courses et proposer en plus des produits complémentaires (*cross* et *up selling*). Ainsi, la remontée régulière de l'information permettra de satisfaire de plus en plus précisément les besoins et ouvre toutes les possibilités de discrimination de l'offre, et de contrôle comportemental ; des applications automatisées comme des systèmes de recommandation qui favorisent en fonction de l'historique des achats la proposition de produits complémentaires (Gaul *et al.*, 2001).

Tableau 9.
La rationalité et le programme de fidélisation

		Décision dans le point de vente	
		Non	**Oui**
Programme de fidélisation	**Oui**	1. Non-contrôle	2. Achats impulsif : influence mix classique
Programme de fidélisation	**Non**	3. Contrôle les achats : *up selling*	4. Contrôle et structure les achats : *cross + up selling*

2.4. L'influence du programme de fidélisation sur les coûts de changement

Regardant le tableau suivant, le rôle du programme de fidélisation devient compréhensible dans le contexte des coûts de changement. Dans les quadrants 1 et 2, la sélection du client s'impose, pour ensuite développer et exploiter son potentiel. Dans les quadrants 3 et 4, respectivement un renforcement et maintien des coûts de changement est nécessaire pour empêcher le départ du client. Ceci peut être atteint de plusieurs manières : en premier lieu, une approche relationnelle individualisée, comme nous l'avons décrite plus haut, augmente le risque de quitter un fournisseur, dont les prestations sont connues, pour un autre dont le niveau est inconnu et le cas échéant, moins bon. Dans ce cas-là, le « verrouillage » est basé sur la confiance et une sujétion volontaire. On peut y inclure également les coûts de recherche et d'apprentissage d'un nouveau fournisseur, les coûts de mise en œuvre d'une nouvelle relation, les coûts contractuels dans le cas des cartes de fidélité payantes. L'augmentation des coûts d'opportunité liés à la poursuite du flux transactionnel (ristournes, points de fidélité, échange d'informations, etc.) peut également y contribuer. Dans ce cas-là, la perte des points de fidélité représente un frein majeur, car en cas de changement, ils seront perdus.

La mise en place d'« alertes d'achat » de certains produits ou catégories de produits dont le foyer est en risque de rupture de stocks chaque fois que le consommateur présente la carte, pourrait également augmenter de manière considérable les coûts de changement.

Tableau 10.

Les coûts de changement et le programme de fidélisation

		Coûts de changement	
		Faibles	**Élevés**
Fidélité comportementale	**Faible**	1. ***Switcher*** : aucun contrôle → Sélection et développement	2. **Petit client** : aucun contrôle → Sélection et développement
	Élevée	3. **Vrai fidèle** : renforcement des coûts de changement	4. **Captif** : maintien des coûts de changement

Nous répétons cependant que cette stratégie peut s'avérer dangereuse si le fait d'être « verrouillé » devient une contrainte pour le consommateur, et si elle n'est pas basée sur la confiance et une sujétion volontaire, c'est la raison pour laquelle il faut créer en même temps une attitude très favorable durable, pour que cette situation de « prisonnier » ne soit pas perçue comme un poids.

2.5. La question de la hiérarchisation de la fidélité

Une autre question qui se pose est celle de la hiérarchisation ou du niveau de fidélité : le consommateur est-il fidèle au magasin parce qu'il y trouve ses marques préférées ou est-il fidèle aux marques parce qu'il les trouve dans son magasin préféré ?

Dans le premier cas, il détermine le choix de la marque en premier et en adapte le choix du magasin en second lieu. Dans le second cas, il choisit d'abord le magasin, par exemple pour des raisons de confort, et ajuste le choix des marques en fonction de leur disponibilité dans le point de vente. Monroe et Guiltinan (1975) supposent que l'individu choisit d'abord le magasin pour ensuite déterminer les produits ou marques à acheter à l'intérieur de ce dernier. Cunningham (1956) montre qu'il existe un lien entre la fidélité à la marque et celle au détaillant. Selon l'auteur, la fidélité au magasin est la variable explicative la plus importante de la fidélité à la marque parce que le consommateur effectue ses choix dans un seul point de vente et réduit ainsi le nombre d'alternatives envisageables. Lambrey (1995) a pu identifier différentes situations selon le degré de prédominance de l'un ou l'autre facteur dans la décision d'achat.

Tableau 11.
L'importance du magasin ou de la marque

		Importance du magasin	
		Faible	**Fort**
Importance de la marque	**Faible**	1. Magasinage Flânerie	2. Fidélité magasin
	Forte	3. Fidélité marque	4. Relation privilégiée marque et magasin

Source : LAMBREY, 1995.

La situation 1 décrit l'acheteur qui n'a pas d'idée prédéterminée, ni sur le produit à acheter, ni sur le lieu d'achat potentiel. C'est le cas du comportement de lèche-vitrines et de la recherche de variété. Le programme de fidélisation peut alors devenir un facteur déterminant pour capter ce type de consommateur.

La situation 2 décrit le cas où le consommateur est fidèle à l'enseigne pour des raisons fonctionnelles (confort, proximité, prix) ou affectives (confiance). L'individu choisit préalablement le magasin avant d'y rechercher les produits désirés. La décision d'achat des produits est prise dans le magasin et subit une forte influence de la part des facteurs marketing (assortiment, merchandising, promotions). Un programme de fidélisation doit mettre en avant les avantages fonctionnels pour renforcer l'impression de confort (caisses prioritaires, places de parking, promotions individualisées, discrimination par les prix) et affectifs (augmenter la satisfaction cumulée à partir d'expériences positives).

Lors de la situation 3, le consommateur choisit d'abord la marque, puis le magasin. Il est fidèle à la marque. La satisfaction de son besoin dépend plus de la marque que du magasin. Le choix de la marque est fait avant d'entrer dans l'enseigne. L'impact des variables marketing du magasin est faible. Un programme de fidélisation d'une enseigne doit alors être basé sur la disponibilité et la variété d'un grand nombre de marques ainsi que sur leur intégration dans les actions promotionnelles associées.

La situation 4 concerne les comportements d'achat où la marque et l'enseigne sont précisément connues *a priori*. Le consommateur sait que pour acheter la marque A, il doit aller dans le magasin X. Il a à la fois une préférence pour cette marque, et une relation personnalisée et privilégiée avec ce point de vente (c'est le cas des marques et enseignes haut de gamme comme Louis Vuitton). Le programme de fidélisation est un vecteur idéal pour personnaliser les relations.

2.6. La conclusion générale de l'influence du programme de fidélisation sur les mécanismes de la fidélité

Un programme de fidélisation efficace se caractérise par la superposition des deux approches transactionnelles et relationnelles, génératrices d'une fidélité transversale et longitudinale. Ses effets se déclinent en même temps sur les produits de l'offre globale, puis dans la durée, sur la relation. D'autre part, il vise à réduire l'attractivité des alternatives et les coûts de transaction ainsi qu'à augmenter les coûts de changement et les barrières au départ. D'un point de vue de gestion de cycle de vie du client, un programme de fidélisation est ainsi un outil de 1) constitution relationnelle, 2) renforcement du niveau transactionnel dans le cadre d'une maturation de la relation, et 3) rétention pour augmenter la durée de vie. En définitive, l'adhésion devrait modifier durablement les comportements et les attitudes, se traduisant de façon directe et indirecte tant en terme d'intensité que de durée relationnelle sur un plan tant comportemental qu'attitudinal.

Les conséquences stratégiques des programmes de fidélisation dans les activités marketing sont d'un côté la gestion de l'hétérogénéité des clientèles en fonction du cycle de vie dans lequel elles se situent. Cette approche est plutôt de nature transactionnelle et son objectif est d'évaluer le potentiel des nouveaux clients en vue d'une sélection selon leur valeur (VAC), leurs avantages recherchés et leur sensibilité au prix, et puis, de gérer cette diversité des consommateurs par la discrimination de l'offre ou du prix.

L'autre conséquence stratégique est la gestion de la relation pour contrôler durablement le comportement d'achat. C'est donc la composante relationnelle et défensive qui prend le relais et qui cherche à gérer la relation avec les clients sélectionnés sur le long terme par une approche individualisée, en travaillant sur les variables classiques du courant du marketing relationnel (augmenter la confiance et l'engagement).

Sur le plan transactionnel, le programme de fidélisation devrait permettre le renforcement de l'intensité et du développement de la relation grâce à :

- la baisse des coûts de transaction ;
- l'accroissement des contacts ;
- la discrimination par les prix ;
- aux systèmes de gratification tangibles (points de fidélité) ;
- au développement d'habitudes et à l'augmentation de l'inertie ;
- au développement d'heuristiques d'achat.

Sur le plan relationnel, le programme de fidélisation devrait permettre d'augmenter la durée de la relation grâce à :

- des barrières à la sortie et des coûts de changement ;

– des systèmes de gratifications tangibles (points de fidélité) et des intangibles (privilèges, individualisation) ;

– une satisfaction relationnelle cumulée, générant la confiance et l'engagement ;

– un renforcement de l'implication ;

– la structuration de la relation ;

– la modération des insatisfactions ;

– la différenciation et la diminution des alternatives de la concurrence ;

– l'individualisation/la personnalisation par apprentissage et exclusive ;

– la diminution des coûts de rationalité liée à des heuristiques de choix diminuant les coûts de recherche d'informations.

L'intensité doit être développée envers certains clients à fort potentiel, pour lesquels les taux de nourriture sont trop faibles. C'est à ce moment que le programme va chercher à induire des émotions éprouvées lors des expériences de consommation pour créer de la valeur (hédoniste, sociale, éthique ou utilitaire) et essayer de modifier durablement le comportement d'achat. Cette approche client doit être adaptée finement à la cible par les informations disponibles sur son comportement d'achat. Les programmes de fidélisation et leur infrastructure trouvent alors leur intérêt dans la possibilité d'évaluer la valeur des clients, de gérer la relation de manière dynamique en fonction des cycles de vie et d'individualiser le marketing mix. En particulier, la discrimination par les prix offre des opportunités d'attirer le plus grand nombre de consommateurs et de faire payer à chacun le prix le plus élevé possible sans perdre trop de marge. L'efficacité dépend évidemment de ses caractéristiques et avantages attribués, mais également de la valeur ajoutée attendue de la relation potentielle qu'il est susceptible d'engendrer. Le programme de fidélisation se comporte alors comme un catalyseur relationnel pour nouer des liens plus structurés et plus satisfaisants autour de l'échange transactionnel et possède des attributs qui renforcent l'utilité globale de la relation et pouvant lisser certains attributs affaiblissant cette utilité. Il permet l'initiation, puis la construction et la pérennisation d'un flux transactionnel et un allongement de la durée de la relation.

Cependant, peu de choses sont connues au sujet du réel impact des programmes de fidélisation sur le comportement d'achat, et encore moins sur les antécédents de la fidélité, en particulier sur les facteurs psychosociaux. C'est la raison pour laquelle nous développons dans la section suivante une synthèse des quelques investigations empiriques conduites sur le sujet afin d'examiner comment ils peuvent affecter le comportement d'achat.

3. Les effets des programmes de fidélisation

La majorité des programmes de fidélisation est vraisemblablement lancée avec l'objectif principal de réaliser du profit dans l'immédiat, mais également dans le futur, et de garantir des flux transactionnels. Le jugement pourrait être fait par une augmentation des indicateurs de la fidélité, en particulier du taux d'achat répété *(« purchase loyalty »)*, et/ou de la diminution de la sensibilité aux offres de la concurrence *(« differentiation loyalty »)*. Cependant, sur la plupart des marchés (surtout sur ceux caractérisés par des fréquences d'achat élevées), il est peu probable qu'une augmentation de la « *differentiation loyalty* » puisse se produire sans être accompagnée d'une augmentation « *purchase loyalty* » [16].

En revanche, la majorité des managers va probablement juger l'efficacité d'un programme de fidélisation à l'aide des mêmes critères classiques qu'ils utilisent pour l'évaluation des autres instruments du marketing mix, c'est-à-dire une augmentation des ventes et de la part de marché. Ainsi, un programme va être considéré comme efficace s'il produit un accroissement des ventes. Ce raisonnement est en effet justifié si l'on considère les coûts de gestion qui sont extrêmement élevés, en particulier sur des marchés de masse. C'est ainsi que la plupart des programmes sont lancés avec l'espoir d'augmenter les indicateurs de fidélité des clients existants, mais également avec l'idée d'attirer de nouveaux acheteurs, ce qui provoquerait globalement cette augmentation des ventes et des parts de marché tant espérée. Dans ce contexte, un problème principal se présente. Sur les marchés saturés et stationnaires, la plupart des instruments marketing, le programme de fidélisation inclus, ne font pas évoluer les parts de marché, mais maintiennent seulement les positions dans une optique défensive. Cette stationnarité est probablement due au fait que les concurrents interviennent également avec des outils et objectifs similaires. Ehrenberg (1997) affirme : « *Marketers must run hard just to stand still.* » C'est la raison pour laquelle le jugement de la performance d'un programme de fidélisation demande des indicateurs de mesure plus fins que les ventes et la part de marché, tous les deux étant opérationnalisés au niveau agrégé.

Les investigations empiriques sur les programmes de fidélisation sont le plus souvent réalisées à l'aide de mesures agrégées (Drèze *et al.*, 1994 ; Sharp et Sharp, 1997/1999 ; Nako, 1997 ; Diller, 1997 ; Passingham, 1998 ; Benavent et Crié, 1999), ou désagrégées (Benavent *et al.*, 2000 ; Bolton *et al.*, 2000).

Dans le tableau de la page suivante sont résumés les principales études, leur domaine d'activité, les indicateurs de mesure ainsi que leurs résultats. Les domaines d'activité examinés vont du transport aérien à la distribution.

Il n'y a que très peu ou pas d'effet sur la part de marché et sur la pénétration. Il semble peu probable qu'un programme de fidélisation ait des effets significatifs sur le taux de recrutement. Au contraire, il peut même y avoir un effet négatif car les petits acheteurs et les chasseurs de promotions rapides sont attirés par la concurrence (Sharp et Sharp, 1997). Ceci est le cas parce que les programmes de fidélisation sont principalement intéressants pour les clients déjà existants, étant donné que les gros acheteurs détiennent en général un répertoire d'achat plus large. Ces derniers ont une probabilité importante d'avoir déjà acheté la marque auparavant (Ehrenberg *et al.*, 1994).

16. Si un programme de fidélisation immunisait des clients contre les efforts des concurrents (promotions, nouveaux produits, etc.), il est fort probable que leur taux de nourriture consacrés à la marque augmenterait aux dépens des autres sur des marchés de répertoire (la majorité des marchés). Ceci est le cas parce qu'une diminution de la sensibilité vers d'autres marques devrait également avoir comme conséquence une baisse de l'ensemble évoqué (par exemple, des marques qui ont été en majorité achetées seulement quand elles sont en promotion). En revanche, sur un marché de souscription (*i.e.* abonnement de journal), cette immunité pourrait potentiellement augmenter alors que le taux de nourriture reste stable, puisqu'il s'élève typiquement à 100 % (*i.e.* un effet de plafond).

Tableau 12.
Les études sur l'efficacité des programmes de fidélisation

Auteurs	**Part de marché**	**CA**	**Profit**	**Achat répété**	**Rétention**	**Fréquence d'achat**	**Volume panier**	**Valeur panier**	**Taux de nourriture**	**Monofidélité**	**Durée interachat**	**Sensibilité aux offres de la concurrence**	**Insatisfaction qualité**	**Insatisfaction prix**
Drèze *et al.* (1994), USA, distribution – catégorie bébé – toutes catégories		+ 25 %	+ 17 %			+ 5 % + 4 %		+ 7 % 0 %						
Sharp et Sharp (1997/1999), Australie distribution	0 %			0 %		+ 0,6 %			+ 5 %	+ 5 %				
Diller (1997)												++	++	++
Nako (1997), USA, transport aérien	++							++						++
Passingham (1998)				+			=	=						
Benavent *et al.* (1998/2000), France distribution		+ 4,8 %	+ 0,7 %				0 %	+ 1,2 %			– 30 %			
Bolton *et al.* (2000), Europe banque – porteurs – non porteurs					+ 25 %	4 1		5,7 \$ 1,8 \$				–0,6 + 0,4	+ 1,5* –1,3	0* –2

* fois la rétention

Les programmes de fidélisation ont un effet faible sur le chiffre d'affaires global et sur le taux de marge [17] (Drèze *et al.*, 1994 ; Benavent *et al.*, 1998/2000). Le risque de contribution financière négative devient réel si les cartes de fidélité sont diffusées de manière trop importante. Une segmentation par catégories de produits sensibles en terme d'implication et de fréquence d'achat (par exemple, la catégorie bébé) ou par acheteurs sensibles aux promotions, peut augmenter de manière importante les effets. L'augmentation est probablement liée à un effet individuel d'accroissement de la fréquentation, du nombre de transactions, de la valeur du panier ainsi qu'à une concentration des achats sur un fournisseur.

Le taux d'attrition semble d'être réduit de manière significative [18] (Bolton *et al.*, 2000). Il faut cependant relativiser ce chiffre car il vient du domaine des cartes bancaires où les barrières à la sortie sont relativement importantes.

Il y a un effet faible mais significatif sur le taux d'achat répété [19], le taux de nourriture [20] (Sharp et Sharp, 1997), sur le trafic global (Drèze *et al.*, 1994 ; Sharp et Sharp, 1997 ; Benavent *et al.*, 2000) et sur la fréquence d'achat [21]. Il en est de même pour la valeur et le volume des paniers (Nako, 1997 ; Benavent *et al.*, 2000). En revanche, le programme de fidélisation n'a qu'un pouvoir très faible de transformer les acheteurs multifidèles en acheteurs monofidèles [22] (Sharp et Sharp, 1997/1999). Ceci est cohérent avec les conclusions d'Ehrenberg (1988).

Selon Benavent *et al.* (2000), la durée interachat se réduit de manière significative au niveau individuel avec des promotions associées à la carte de fidélité [23].

La sensibilité aux offres concurrentes est réduite de manière significative (Nako, 1997 ; Bolton *et al.*, 2000). Dans le même sens, l'insatisfaction sur le prix ou la qualité est modérée si les faiblesses ne sont pas de nature durable [24].

Il n'y a pas d'étude sur la durée de la relation, sur l'interaction souhaitée entre les clients et le fournisseur, la régularité de la visite, la variété des achats, la réduction des coûts de recrutement.

Les conclusions générales que l'on peut tirer des différentes études sont *a priori* très claires. La carte de fidélité n'apporte qu'un élément transitoire et relativement faible en ce qui concerne l'augmentation du chiffre d'affaires, du panier, de la fréquence d'achat, de la marge, etc. Si un impact significatif est enregistré, l'importance mesurée par une élasticité est très faible. On peut en déduire qu'il existe très probablement un effet individuel d'accroissement de la fréquentation et de diminution de la sensibilité au prix. Ceci s'avère cependant de nature non durable. Ces résultats semblent indiquer que la carte n'agit pas tant comme un

17. Un doublement du nombre des cartes n'entraîne qu'une augmentation du chiffre d'affaires de 1,6 % et de la valeur du panier moyen de 0,42 %.
18. Le taux d'attrition est inférieur pour les participants au programme (15 %) que pour les non membres (25 %).
19. Les résultats en Australie (1997) montrent un effet faible mais significatif (+ 0,6 %)
20. Le taux de nourriture augmente de + 5 %.
21, Un doublement du nombre des cartes n'entraîne qu'une augmentation du trafic de 1,1 % (Benavent *et al.*, 2000).
22. Le nombre d'acheteurs monofidèles augmente de + 5 %.
23. Un mailing promotionnel raccourcit d'environ 30 % la durée interachat. Cependant, dès que l'activité promotionnelle cesse, la durée interachat se reprolonge.
24. Même si la concurrence offre des produits périodiquement moins chers et meilleurs en terme de qualité, les membres du programme restent (le taux de rétention est multiplié par 0,6 pour chaque unité de prix inférieure à la concurrence *versus* une multiplication par – 0,4 pour les non membres ; de même, il est multiplié par 1,5 pour chaque unité de qualité versus une multiplication par – 1,3 pour les non membres).

instrument de fidélisation mais comme un instrument de promotion, car les programmes d'animation semblent provoquer un net effet d'accélération des achats. Les programmes n'atteignent leur pleine rentabilité qu'appliqués à un nombre restreint de consommateurs.

Ces conclusions conduisent à une recommandation générale : la carte de fidélité est utile, son impact est certain, mais sa diffusion doit être d'autant plus contrôlée que son coût direct pour l'entreprise est important afin d'assurer des conditions de profitabilité pérennes. En effet, contrairement à ce que pourrait laisser croire leur développement, la rentabilité des programmes de fidélisation complexes est loin d'être toujours assurée (Benavent *et al.*, 2000). Les auteurs ont évalué la rentabilité d'une carte de fidélité pour une grande surface spécialisée française en prenant en compte l'élasticité du chiffre d'affaires, celle du taux de marge, le coût unitaire de la carte. Le bénéfice maximum serait obtenu en ne diffusant qu'un bon millier de cartes. Une diffusion maximale de l'ordre de 10 000 cartes (ce qui représente environ un taux de pénétration de 25 % sur une totalité de 40 000 cartes distribuées par l'enseigne) conduit à des bénéfices nuls. Au-delà, le système de fidélisation devient coûteux.

Figure 5.
La marge en fonction du nombre de cartes

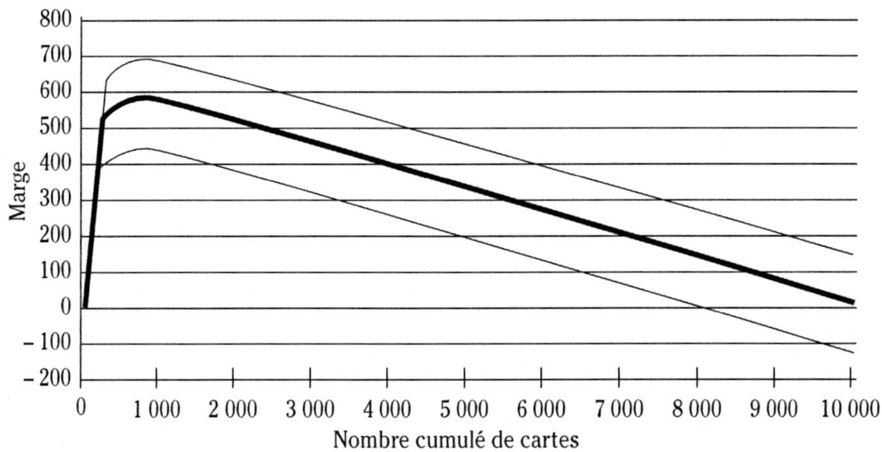

Source : Benavent *et al.*, 2000.

On peut se demander ainsi si l'une des raisons de l'échec relatif des programmes de fidélisation n'est pas à rechercher dans l'absence de la gestion de l'hétérogénéité pour aboutir à une segmentation précise de la clientèle en fonction des avantages recherchés, de leur sensibilités aux actions marketing et de leur rentabilité. Ceci est le cas car la plupart des programmes de fidélisation n'atteignent leur pleine rentabilité qu'appliqués à un nombre restreint de consommateurs, sensibles à des promotions ou à certaines catégories de produits (Drèze *et al.*, 1994). Le contrôle de sa diffusion doit passer par l'identification de cibles sensibles, dont on est sûr qu'elles réagiront, soit par des changements de comportement, de fréquentation ou de choix des produits. Il doit se fonder sur une analyse de la rentabilité en fonction des stratégies de ciblage. Le rôle principal des cartes serait de sélectionner et d'identifier les clients, conduisant ainsi à un meilleur ajustement des ressources, l'allocation finale de ces ressources se réalisant à mesure que l'entreprise gère la relation avec ses consommateurs pour évaluer leur sensibilité aux actions de fidélisation, leur potentiel de contrôle comportemental ainsi que leur valeur.

Nous défendons ainsi l'idée que l'efficacité dépend de deux facteurs : la capacité à cibler, sélectionner et discriminer les gros consommateurs (la gestion de l'hétérogénéité) et la qualité dans la gestion de la relation avec les clients sur le long terme (la gestion de la relation), pour modifier durablement le comportement d'achat, car le programme en lui-même, y compris les mécanismes de récompenses actuels, ne sont pas suffisants pour modifier les comportements des consommateurs. Le flux des événements et des animations est la clé d'un programme de fidélisation réussi, lorsqu'il est appliqué sur des clients réactifs. Ceci encourage aussi le développement de bases de données client ainsi que leur exploitation statistique. La stratégie de différenciation sera ainsi rendue possible grâce aux informations des cartes de fidélité, et permettra de pratiquer une politique de discrimination par les prix (c'est-à-dire réduire la marge sur les meilleurs clients en leur offrant des avantages et augmenter la marge sur des clients non fidèles et non adopteurs du programme de fidélisation qui payent le prix normal et fort).

Cette réflexion théorique nous amène à des considérations sur les facteurs déterminants des choix de stratégies de fidélisation. Dans quelles conditions les programmes de fidélisation sont-ils les plus efficaces ? Dans quelle situation vaut-il mieux mettre l'accent sur la discrimination, dans quelle autre peut-on chercher à renforcer le lien et la relation avec le client ? Cet arbitrage dépend de beaucoup de facteurs.

Palmer et Beggs (2002) proposent le cadre d'analyse suivant, avec quelques variables clés pour optimiser les conditions d'application et l'efficacité des programmes de fidélisation. La première considération concerne le secteur d'activité ainsi que le degré de différenciation et d'implication des produits, la structure du marché et l'intensité de la compétition. La deuxième réflexion renvoie à la capacité et la volonté de segmentation de la firme ainsi que son aptitude à différencier les produits et la relation.

Porter (1999) prétend que lorsqu'une entreprise pénètre un nouveau marché, son objectif principal est la croissance. Avec le temps, des concurrents vont émerger et le but devient la défense des parts de marché acquises, ce qui passe par la rétention. Dans ce cadre, il y aura peu de variation des parts de marché dans la durée malgré des activités marketing considérables (stationnarité du marché). Dans ce cas-là, la firme doit faire un arbitrage entre deux stratégies : 1) avancer avec, 2) s'éloigner de la concurrence. Par cette théorie appliquée à la problématique des programmes de fidélisation, on peut supposer que l'initiateur sera certainement imité, et de ce fait, le résultat sera une saturation et un retour à la situation antérieure, avec comme conséquence une augmentation des coûts marketing (Dowling et Uncles, 1997). Quant à la structure des coûts, la différentiation lors du lancement du programme permettra de maintenir les prix élevés pour financer les récompenses. En revanche, en phase de maturité, les gratifications sont de plus en plus imitées et le maintien d'une politique d'écrémage n'est plus possible. Le résultat est une diminution de la profitabilité. La seule solution pour échapper à la compétition serait de s'éloigner de la concurrence. En effet, on peut supposer que sur des marchés où les besoins sont hétérogènes, les consommateurs cherchent des avantages complètement différents (prix, qualité, relation, etc.) et ne vont pas tous prendre la carte de fidélité. Le programme de fidélisation devient ainsi un élément de différentiation. Une politique de gestion de l'hétérogénéité, faite à partir de l'information provenant du programme de fidélisation, pourrait conduire à cet éloignement de la concurrence ou à un avantage concurrentiel [25], et l'argument de Dowling et Uncles, sur les effets d'imitation, tomberait en partie. Ainsi, en exploitant la diversité des consommateurs avec une segmentation précise de la clientèle et des offres de plus en plus individualisées, les coûts de changement seraient augmentés avec le résultat d'une « domestication » accrue des clients. De telle manière, en fidélisant ceux que l'on peut fidéliser, il sera possible de placer la marque ou l'enseigne sur une position de niche et de l'éloigner des compétiteurs (Kahn *et al.*, 1988 ; Fader et Schmittlein, 1993) et, on échapperait partiellement au jeu de la concurrence et de l'imitation. Cet argument est encore renforcé par notre investigation empirique dans laquelle nous avons constaté que la majorité des firmes ne cherchent pas réellement à utiliser l'information sur le client afin d'exploiter le potentiel stratégique de l'hétérogénéité de ces derniers. Au contraire, les programmes de fidélisation sont plus utilisés dans une optique tactique, en jouant un rôle d'outil plus ou moins promotionnel.

Dans ce contexte, O'Brien et Jones (1995) avancent que certains secteurs ou structures de marché s'apprêtent plus à l'emploi d'un programme de fidélisation. Dans la situation caractérisée par un grand nombre de consommateurs effectuant des transactions fréquentes mais de faible valeur, l'entreprise a peu d'opportunités de collecter de l'information sur les clients. C'est le cas typique de la grande distribution ou des biens non durables (produits de grande consommation). À l'opposé, dans les secteurs des biens durables, à valeur élevée et à fréquence d'achat faible, les possibilités d'obtenir des informations sur le client sont plus importantes. Les programmes de fidélisation sont alors plus appropriés dans le premier cas de figure et offrent ainsi d'importantes perspectives dans la gestion de l'hétérogénéité. Uncles (1994) ajoute dans ce contexte que les programmes seraient probablement plus efficaces pour des produits non différenciés et interchangeables.

Nous voyons que les recherches dans le domaine sont encore rares et incomplètes, car la plupart du temps normatives et non validées empiriquement. Ainsi, les champs d'investigation ne manquent pas et beaucoup de questions restent ouvertes. Vu la relative rareté des validations empiriques, nous nous concentrons dans notre investigation sur l'étude de l'efficacité des programmes de fidélisation dans le contexte de la grande distribution.

Deux angles seront en particulier explorés car les objectifs des programmes de fidélisation sont doubles : la gestion de l'hétérogénéité des clients pour sélectionner les meilleurs parmi eux afin de développer leur potentiel dans une perspective de modification durable du comportement d'achat.

25. Car selon Porter, la collection, l'analyse et l'utilisation de l'information sur le client peuvent conduire à un avantage marketing substantiel.

Chapitre 3

Les effets supposés des programmes de fidélisation

L'intérêt principal des responsables de fidélisation est d'obtenir un changement de comportement après souscription de la carte de fidélité. Il est alors légitime de penser qu'un programme de fidélisation est susceptible d'engendrer un flux de transactions supérieur. Par la suite, si un certain nombre de clients changent leur comportement d'une façon semblable, on peut supposer que des changements de structures de marché, c'est-à-dire au niveau des enseignes, apparaissent.

C'est ainsi que nos groupes d'hypothèses commencent à explorer les possibles conséquences d'un programme de fidélisation sur la structure du marché au niveau agrégé (section 1). Nous employons les indicateurs classiques, utilisés depuis longtemps par les responsables marketing dans l'analyse des panels, comme les parts de marché, les taux de pénétration, les taux d'achat répété, la duplication d'achat.

Cependant, le jugement de la performance d'un outil marketing demande des indicateurs de mesure plus fins que les taux de pénétration et la part de marché, tous les deux étant opérationnalisés au niveau agrégé. C'est la raison pour laquelle dans la section 2, nous testerons au niveau individuel les effets des programmes de fidélisation sur le comportement d'achat. Dans le cadre de ce groupe d'hypothèses, nous allons en particulier analyser :

– s'il existe une différence significative entre porteurs et non-porteurs ;

– si le programme de fidélisation arrive à modifier les comportements d'achat (panier, fréquence de visites, nombre de points de vente visités, etc.) des porteurs après souscription à la carte de fidélité.

Enfin, il sera examiné également au niveau désagrégé si certaines catégories de clients, par exemple les plus gros acheteurs, adoptent plus vite la carte de fidélité (section 3). La figure suivante montre nos trois groupes d'hypothèses et les approches allant progressivement du niveau agrégé au niveau individuel.

La justification de ces hypothèses se trouve dans la théorie économique du consommateur-producteur de Becker (1965) et dans celle de la double comptabilité mentale de Thaler (1985), selon lesquelles les ménages minimisent à la fois leur fonction de coût et maximisent leur fonction d'utilité. La caractéristique fondamentale du programme de fidélisation est de proposer une utilité (gratification, réduction, service, etc.) en contrepartie d'un comportement spécifique générateur de coûts (collection de points, frais d'adhésion, comportement d'achat répété, coûts de changement, etc.). Les individus, par nature tous hétérogènes par rapport à leurs besoins, vont donc arbitrer entre l'utilité procurée

Figure 1.
Les trois groupes d'hypothèses

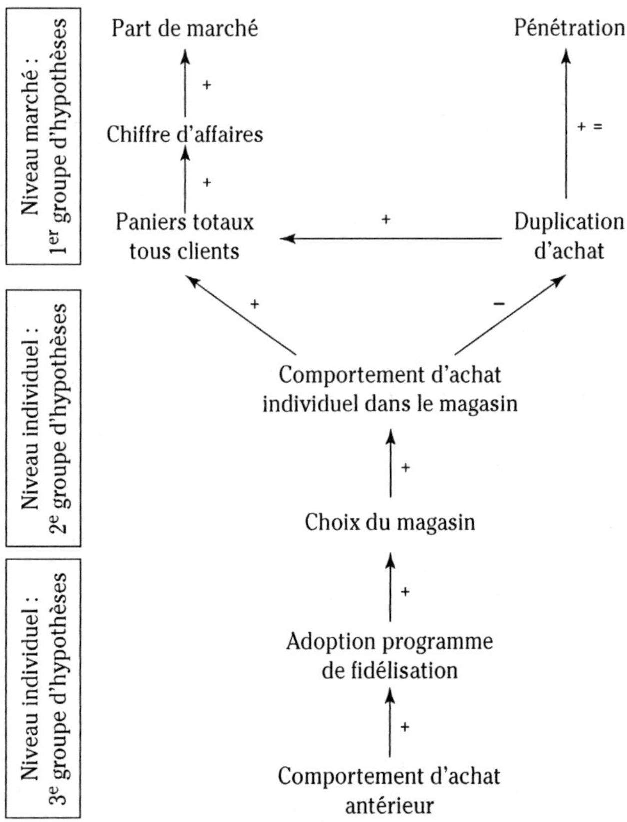

par la récompense ou par la carte de fidélité et les charges associées. Si seulement les utilités procurées par le programme de fidélisation sont supérieures au coûts engendrés, la modification souhaitée du comportement d'achat aura lieu.

1. Les effets sur la structure concurentielle du marché

Dans un souci managérial, nous tentons de tester dans le cadre de notre premier groupe d'hypothèses si les programmes de fidélisation arrivent à modifier les structures compétitives du marché. Concrètement, on pourrait supposer que certaines enseignes, à faible part de marché ayant un programme de fidélisation, arrivent à créer une position de niche en possédant des sous-groupes de consommateurs, probablement les porteurs des cartes de fidélité, qui sont plus propices à la fidélité, ce qui se manifesterait par une fréquence d'achat répétée plus élevée (Kahn *et al.*, 1988).

En effet, si un certain nombre de clients changent leur comportement d'une façon semblable, on peut supposer que des changements de structures de marché, c'est-à-dire au niveau des enseignes, apparaissent. En particulier, il est vraisemblable que ces modifications se manifestent sur les indicateurs suivants :

– la *part de marché* : le rapport entre les ventes d'un magasin par rapport à la totalité des ventes de la catégorie ;

– la *pénétration* : le pourcentage de consommateurs achetant au moins une fois dans un point de vente donné lors d'une période de temps indiquée ;

– la *fréquence d'achat moyenne* : le nombre d'achats par acheteur par magasin dans une période de temps indiquée ;

– le *taux de nourriture* : la somme des paniers (en valeur monétaire) dépensée dans un magasin divisée par la somme des paniers (en valeur monétaire) dépensée dans tous les magasins de la catégorie ;

– le *taux d'achat répété* : la proportion d'acheteurs qui continuent à acheter dans le même magasin pendant deux périodes de longueur égale ;

– le *taux d'acheteurs monofidèles* : la proportion d'acheteurs qui achètent seulement dans un magasin au sein d'une période de temps indiquée ;

– le *taux de duplication* : le pourcentage des individus qui achètent, à côté de leur magasin principal, dans un autre point de vente de la concurrence.

Comment un programme de fidélisation est supposé affecter ces indicateurs ?

Dans les paragraphes suivants, nous allons essayer de démontrer comment un programme de fidélisation peut affecter un ou plusieurs de ces indicateurs. Pour tester ces idées, nous utilisons le modèle NBD [1]/Dirichlet Multinomial [2] et dérivés qui est un modèle stochastique, rendu populaire en marketing par Ehrenberg au travers de la théorie sur l'achat répété dès 1959/1988 (Goodhardt *et al.*, 1984), grâce à sa simplicité.

Dans un premier temps, nous expliquons les fondements théoriques de ce modèle et ses suppositions, ce qui nous permet ensuite de dériver les suppositions des effets des programmes de fidélisation sur la structure compétitive du marché.

1.1. Le modèle Dirichlet et dérivés

Le modèle Dirichlet et dérivés est un modèle stochastique qui a été rendu populaire en marketing par Goodhardt, Ehrenberg et Chatfield (1984). Ces auteurs ont montré que le modèle Dirichlet multinomial convient bien pour analyser des données de panel afin de calculer les probabilités de choix des magasins en fonction du comportement de choix des consommateurs observés. Il a contribué à élaborer certaines régularités empiriques ou « normes de marché » (Ehrenberg et Bound, 2000) et a montré à plusieurs reprises depuis plus de 40 ans que la pénétration (le nombre d'acheteurs qui ont choisi au moins une fois une alternative) et la fréquence de visite/achat moyenne (le nombre de fois qu'une

1. Le modèle NBD/LSD *(Negative Binomial Distribution/Logarithmics Series Distribution)* a été le précurseur du modèle Dirichlet dès 1959. Mais il s'applique plus dans un contexte monomarque. En revanche, notre problématique est située dans un contexte multimarques. C'est la raison pour laquelle nous ne le développons pas plus dans notre recherche.

2. En effet, il est fallacieux de parler de modèle Dirichlet car il est composé de plusieurs distributions, entre autres, par exemple, les distributions Negative Binomiale et Dirichlet Multinomiale (une fonction de densité multivariée). Nous revenons à plus de précisions et adoptons cependant le nom modèle Dirichlet, ultérieurement pour des raisons de facilitation de lecture. Ce nom est communément admis par Ehrenberg (1988), Goodhardt, Ehrenberg et Chatfield (1984).

alternative a été choisie parmi la totalité des alternatives) sont capables de prédire des « normes de marché » pour de nombreux aspects de la fidélité comportementale [3] (pénétration, fréquence de visite moyenne, duplication d'achat, pourcentage d'acheteurs monofidèles, taux de nourriture, etc.) sur des marchés stationnaires en absence de toute intervention du marketing mix. Ainsi, pour Ehrenberg (1988), l'intérêt de la modélisation de l'achat répété réside dans le fait qu'il ne semble pas dépendre de la marque ou du produit, ni d'achats faits hors marque, ni de facteurs externes tels que la publicité, le prix ou le mode de distribution. Le comportement d'achat peut ainsi tout simplement être prédit par ces deux variables clés : combien d'acheteurs achètent une marque combien de fois. En effet, le chercheur a constaté une régularité étonnante dans le comportement d'achat répété quels que soient les produits [4], l'époque, le lieu d'étude et la durée d'observation allant d'une semaine à un an.

Avant d'expliquer les suppositions du modèle Dirichlet et les généralisations empiriques, il nous semble important de justifier le choix de cette méthode.

Selon Lilien *et al.* (1992), la vaste majorité des décisions étudiées par les chercheurs en comportement du consommateur porte sur des choix discrets. En effet, notre problématique se situe pleinement dans la modélisation des choix discrets des points de vente. Plusieurs approches permettent de les modéliser : 1) les modèles stochastiques et 2) les modèles économétriques, dont le modèle Multinomial Logit (MNL) est certainement l'un des plus classiques en marketing.

Les fondements communs de ces deux approches sont que le comportement de réachat d'un consommateur résulte d'une composante déterministe et d'une composante aléatoire, c'est-à-dire stochastique. La différence fondamentale entre modèles stochastiques et économétriques est que les modèles économétriques cherchent à expliquer la probabilité de choix d'une marque, sa part de marché ou ses ventes à partir de variables explicatives et exogènes. À l'opposé, les modèles stochastiques cherchent à refléter, à partir de distributions de probabilité, des conditions de marché de manière adéquate sans expliquer le phénomène, car les variables explicatives ne servent qu'à prendre en compte des variations dans le comportement d'achat.

Les modèles économétriques mettent ainsi l'accent sur la partie déterministe explicative du comportement d'achat, la composante stochastique capte d'éventuelles erreurs de spécification. En revanche, un modèle stochastique est un modèle soumis aux lois du hasard et s'attache essentiellement à un aspect particulier résultant de ce comportement (choix de marque ou fréquence d'achat). Il résume sous forme probabiliste l'impact des différents facteurs. Bass (1974) justifie l'utilisation de ce type de modèle en citant la composante aléatoire des préférences par rapport à un déterminisme du comportement de réachat. En effet, les modèles stochastiques reposent sur l'hypothèse (voire même la philosophie) selon laquelle le processus de choix individuel est stationnaire : les variables explicatives ne sont pas censées avoir un effet rémanent sur les probabilités de choix. Pour cette raison, les adeptes de modèles stochastiques cherchent plutôt à

3. Nous nous restreignons uniquement au concept de la fidélité comportementale car en pratique, les programmes de fidélisation récompensent uniquement le comportement d'achat à l'aide de points, de réduction et non l'attitude.

4. En effet, le modèle Dirichlet permet de déterminer la distribution des fréquences d'achat dans chaque période et a été appliqué avec succès sur un grand nombre de catégories de produits tels que le café, les détergents, les boissons, les shampooings, le pétrole, le trafic aérien, etc.

décrire et moins à expliquer le phénomène du comportement d'achat à partir de nombreuses variables explicatives qui peuvent être plus au moins corrélées. Une explication est cherchée *a posteriori* une fois que le phénomène est bien décrit. Depuis les années 1960, de nombreux auteurs ont tenté de modéliser le comportement d'achat (choix de marque et/ou fréquence d'achat) à l'aide d'approches stochastiques (Ehrenberg, 1959 dès nos jours ; Bass, 1974). Et, encore ou plutôt à nouveau aujourd'hui, leur intérêt scientifique pour l'exploitation des données de panel est incontestable, ce qui a été souligné en 1991 par une édition spéciale du *International Journal of Research in Marketing* [5].

Des controverses épistémologiques entre les « écoles » américaines, favorisant les modèles économétriques (en particulier le modèle MNL), et celle d'Ehrenberg, dites « Dirichlet », sont sujettes à un débat récurrent dans la littérature marketing [6]. La critique principale d'Ehrenberg *et al.* (2000) envers les modèles économétriques est la suivante : « Parmi les 1 001 variables qui peuvent affecter le comportement du consommateur, 999 n'ont pas d'intérêt. La plupart des aspects du comportement peuvent être prédits simplement à partir de la pénétration et de la fréquence d'achat moyenne du produit et encore, même ces deux variables sont corrélées. La supposition *a priori* de certains liens de causalité est souvent non fondée et manque de bases empiriques. » Ehrenberg remet ainsi sérieusement en question la modélisation économétrique telle qu'elle est proposée par Little (1994), Leeflang et Wittink (2000), car elle suppose certains liens de causalité parfois non fondés et qui manquent de certaines bases empiriques. Les auteurs favorisent des approches plus descriptives, moins complexes, et plus facilement compréhensibles par des praticiens car elles reflètent la réalité de la vie managériale.

Nous ne souhaitons pas rentrer davantage dans ce débat. Au lieu de cela, il est préférable d'expliquer pourquoi notre choix s'est porté sur un modèle stochastique et en particulier, le modèle Dirichlet, pour tester notre premier groupe d'hypothèses. Pour une introduction et une revue de la littérature des modèles quantitatifs en marketing, le lecteur intéressé est renvoyé à la thèse de doctorat de Decker (1994) et à un article de Decker et Gaul (1989).

La première raison pour avoir choisi le modèle Dirichlet et dérivés est liée au fait que la méthodologie est solide et basée sur une longue expérience dans le domaine des études sur des données de panel (depuis plus de 40 ans) et qu'elle a généré un grand nombre de généralisations empiriques en marketing. Ensuite, il est important de mettre en avant la relative facilité d'application et d'interprétation du modèle, facilitant ainsi la compréhension de notre travail aux managers. En effet, le modèle Dirichlet offre une variété de statistiques de diagnostic (duplication des achats, pénétration, fréquence d'achat, le taux d'acheteurs uniques, etc.) avec des implications managériales importantes (Fader, 1993).

---

5. L'introduction des approches économétriques dans les modèles stochastiques pour former des approches hybrides semble être une voie fructueuse pour les dynamiser (FADER, 1993 ; DECKER, 1994).

6. L'approche d'EHRENBERG repose essentiellement sur l'observation empirique et permet de déterminer des lois statistiques à partir de données. Ceci est en contraste avec le point de vue de l'école américaine qui élabore des modèles à partir de connaissances sur le comportement des consommateurs, et les teste ensuite sur des données.

1.2. La description et les suppositions du modèle Dirichlet

Le modèle NBD/Dirichlet et dérivés prédit les « normes » théoriques de la pénétration, de la fréquence d'achat, de la duplication d'achat, du pourcentage d'acheteurs monofidèles, du taux de nourriture pour toutes les alternatives sur le marché à partir des deux paramètres observés, la pénétration et la fréquence d'achat moyenne par magasin.

Il est un modèle stochastique statique (c'est-à-dire sans modification majeure de la structure des variables exogènes dans le temps), d'ordre zéro (sans mémoire), composé de quatre distributions de probabilité pour spécifier les structures d'achat individuelles qui modélisent l'incidence d'achat dans la catégorie et le choix des magasins/marques. Ces dernières sont des variables aléatoires distribuées dans un espace de probabilité commun (processus stochastique) et peuvent avoir lieu à des moments ou périodes *t* fixes ou variables, c'est-à-dire à chaque moment. Comme un grand nombre de modèles marketing [7], le modèle Dirichlet est sujet à un certain nombre de suppositions pour son application que nous décrivons par la suite (Ehrenberg et Uncles, 1996).

Les suppositions de base du modèle Dirichlet

La décision de l'achat ou non dans l'un des magasins est le point de départ pour la modélisation du comportement d'achat, car seulement à partir de l'instant où le consommateur se décide à réaliser un achat, le choix du point de vente peut avoir lieu. Le modèle Dirichlet tient compte de ces deux aspects du comportement de choix (c'est-à-dire quand l'acte d'achat est réalisé et puis quel magasin sera ensuite choisi). C'est la raison pour laquelle il utilise quatre distributions de probabilité pour spécifier les structures d'achat individuelles, c'est-à-dire l'incidence d'achat dans la catégorie et le choix des alternatives ou magasins : deux distributions spécifient la fréquence d'achat dans la catégorie, c'est-à-dire dans la totalité des magasins, et deux modélisent le choix des alternatives ou points de vente (Ehrenberg, 1988).

- **Les distributions de paramètres pour l'incidence d'achat dans la catégorie**

La fréquence d'achat par foyer *h* dans la catégorie pendant plusieurs périodes est modélisée sur plusieurs périodes par une loi de Poisson [8] avec une moyenne μch. Les intervalles de temps entre deux actes d'achat suivent une distribution exponentielle. En effet, on suppose que la probabilité de l'acte d'achat est stable, ce qui veut dire qu'il peut se réaliser de façon aléatoire à n'importe quel moment (Chatfield, Ehrenberg et Goodhardt, 1966). La loi de Poisson s'est avérée adaptée pour la modélisation de la probabilité d'achat de produits de grande consommation pour lesquels une certaine indépendance des événements d'achat a été constatée.

La moyenne de toutes les fréquences d'achat moyennes *mch* (la fréquence d'achat moyenne ou aussi appelé le taux d'achat [9]) de tous les foyers sur plusieurs périodes suit une distribution Gamma. La distribution Gamma tient

7. Par exemple, la supposition IIA *(Independence of Irrelevant Alternatives)* pour le modèle MNL.
8. On considère que la loi de Poisson correspond à la loi des événements rares : ceux-ci se définissent alors comme des événements qui se produisent avec une faible probabilité, même lorsque la population est grande. Le problème des modèles de Poisson est qu'ils surestiment la variance des fréquences d'achat si le comportement d'achat des individus est régulier (Ehrenberg, 1988, p. 139).
9. Le taux d'achat est la division du nombre des actes par la longueur de l'intervalle de temps.

compte de l'hétérogénéité des fréquences d'achat individuelles dans la catégorie (toutes enseignes confondues), et modélise les différences entre les fréquences d'achat moyennes par période pour les différents acheteurs. Autrement dit, il s'agit de la fréquence d'achat moyenne dans la catégorie qui est supposée être indépendante des achats réalisés dans d'autres catégories.

Enfin, toutes les fréquences d'achat par période dans la catégorie, réalisées par tous les foyers *h*, sont supposées suivre une distribution binomiale négative (NBD) avec une moyenne *mc*.

Tableau 1.
Les distributions des paramètres de l'achat répété dans la catégorie

Consommateur	Achats catégorie période t1	Achats catégorie période t2	Achats catégorie période t3	Moyenne nombre achats t1 - t3	Distributions horizontales
1	*nc11*	*nc12*	*nc13*	*µc1*	Poisson
2	*nc21*	*nc22*	*nc23*	*µc2*	Poisson
h	*nch1*	*nch2*	*nch3*	*µch*	Poisson
Fréquence d'achat moyenne	*mc1*	*mc2*	*mc3*	*mc*	
Distribution verticales	NBD	NBD	NBD	Gamma	

Tableau 2.
Les distributions des paramètres de l'achat répété dans les alternatives (choix de magasin)

Consommateur	Nombre d'achats magasin i - *g* Période t1	Nombre d'achats magasin i - *g* Période t2	Nombre d'achats magasin i - *g* Période t3	Moyenne nombre achats magasin *i* à long terme	Distributions horizontales
1	n_{1i1}	n_{1i2}	n_{1i3}	p_{1it}	Multinomiale
2	n_{2i1}	n_{2i2}	n_{2i3}	p_{2it}	Multinomiale
h	n_{hi1}	n_{hi2}	n_{hi3}	p_{hit}	Multinomiale
Fréquence d'achat moyenne	m_{i1}	m_{i2}	m_{i3}	P_{hit}	
Distributions verticales				Beta-multivariée ou Dirichlet	

• **Les distributions de paramètres pour le choix des alternatives**

Les probabilités individuelles *phi* de choix de l'alternative *i* parmi *g* alternatives (i = 1,2, ... , *g* points de vente ou marques) sont considérées comme stationnaires sur le moyen terme et suivent une distribution multinomiale [10] (Rungie, 2003). Les probabilités de choix sont alors indépendantes d'une période à une autre (t-2, t-1 et t) et la relation entre les différentes variables aléatoires (choix

10. Si *g* = 2 alternatives, une distribution binomiale s'applique ; lorsque plus de deux alternatives se présentent, la distribution multinomiale s'applique.

des alternatives) est considérée comme zéro. C'est la raison pour laquelle on parle d'un processus d'ordre zéro ou sans mémoire.

Les probabilités individuelles *phi* au travers de la totalité des moyennes des nombres d'achats réalisés dans le magasin *i* par les foyers *h* sont stationnaires et suivent une distribution beta-multivariée [11], appelée distribution Dirichlet [12], qui tient compte de l'hétérogénéité transversale entre les foyers *(Phi)*.

Le modèle Dirichlet est alors un modèle stochastique composé des distributions Poisson, Gamma, multinomiale et beta-multivariée (Dirichlet).

Chaque « violation » de l'une de ces suppositions, en particulier celle sur la segmentation, crée des déviations de prédiction du modèle. Autrement dit, les différences entre les valeurs théoriques, provenant du modèle Dirichlet et décrivant un marché « normal » sans intervention du marketing mix, et celles qui sont observées, vont montrer comment un outil marketing peut « perturber » la structure générale du marché (Fader et Schmittlein, 1993). Si les déviations de la norme Dirichlet sont importantes, cela indique qu'une ou plusieurs variables marketing ont un impact considérable sur le choix.

Nous limitons les explications sur le modèle Dirichlet à cet endroit uniquement à ses acquis conceptuels (effet de la double pénalité, duplication des achats) pour établir nos hypothèses et renvoyons le lecteur intéressé pour plus de détails et par l'instrumentalisation au livre d'Ehrenberg (1988) et à la thèse de doctorat de Meyer-Waarden (2002).

1.3. L'effet de la double pénalité *(« double jeopardy »)*

Dans le cadre de leurs études, faites dans une multitude de secteurs et pour de nombreuses catégories de produits, Ehrenberg *et al.* (1990) ont formalisé un certain nombre de généralisations empiriques.

Ils ont notamment constaté que la fréquence d'achat moyenne d'une marque multipliée par le complément de sa pénétration [13] est égale à une constante, identique pour tous les concurrents de la catégorie. Le rapport entre cette constante et le complément de la pénétration d'une alternative met en évidence un résultat conceptuel fondamental, trouvé sur beaucoup de marchés (McPhee, 1963) : l'effet de la double pénalité *(« double jeopardy »)*. Selon ce phénomène, la part de marché d'une enseigne est proportionnelle à sa pénétration, ce qui suppose que les fréquences de visites seraient assez similaires d'un magasin à l'autre. Par ailleurs, plus la pénétration est importante, plus la fréquence d'achat est élevée et inversement. Plus spécifiquement, les enseignes moins populaires ont non seulement moins de clients, mais elles sont également visitées moins souvent par ces derniers (Ehrenberg *et al.*, 1990). Ainsi, si la fidélité est un produit supplémentaire d'une part de marché et d'une pénétration élevée, les stratégies de fidélisation seraient par conséquent plus efficaces pour les firmes « leader » du marché (McGahan et Ghemawat, 1994) et les petites entreprises seraient doublement défavorisées.

Dans la figure suivante, on peut observer que sur le long de la ligne *« double jeopardy »*, les points de vente d'une même catégorie se distinguent principalement en termes de pénétration et de fréquence d'achat moyenne.

---

11. Si g = 2 alternatives, le modèle devient le modèle beta-binomial.
12. La supposition de base de la distribution beta-multivariée ou Dirichlet est que la population n'est pas segmentée et il n'y a pas de sous-marché entre les alternatives de choix.
13. Le pourcentage de non-acheteurs.

Figure 2.
Le marché normal Dirichlet et la ligne de la double pénalité

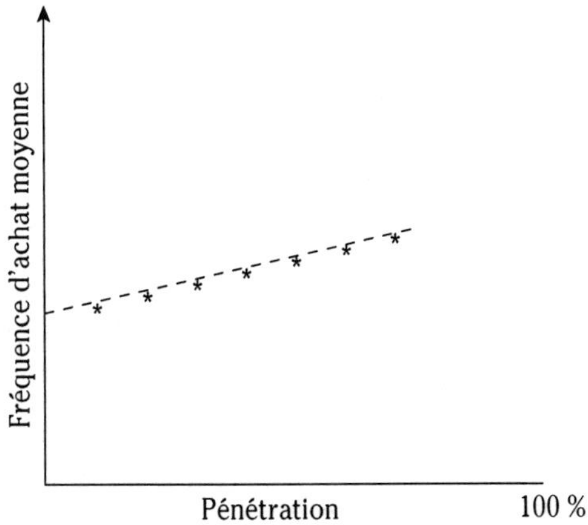

Le modèle Dirichlet s'applique-t-il dans le contexte de la distribution ?

Keng et Ehrenberg (1984) observent une relative stabilité dans la fréquence d'achat entre les magasins, ce qui favorise l'effet de la « double pénalité ». Toutefois, dans le cadre de la distribution, la relation entre part de marché et fréquence d'achat peut ne pas sembler aussi évidente que ne le laissent penser Ehrenberg et ses collègues, car plusieurs biais sont suspectés dans leurs études : les auteurs raisonnent dans leur schéma concurrentiel en catégories de produits (par exemple, la catégorie de café ou de dentifrice). Ce raisonnement va cependant à l'encontre de la réalité du paysage de la distribution, car un supermarché de proximité au centre-ville ne semble pas faire partie de la même catégorie qu'un hypermarché de périphérie (Volle, 1999). La fréquence d'achat n'est certainement pas homogène, mais varie d'un point de vente à l'autre, en fonction de la localisation et de la taille du magasin. Théoriquement, il faudrait alors distinguer les divers types de points de vente en catégories distinctes, en fonction de leur localisation, les achats dans la distribution étant caractérisés par une forte influence de la proximité (Arnold *et al.*, 1983 ; Cliquet, 1988), mais également en fonction de leur format (prix, positionnement Hi-Lo ou EDLP, achats de compléments ou de remplissage, etc.). Cette distinction en catégories va cependant à l'encontre de la réalité des zones de chalandise.

Un autre biais dans l'étude de Keng et Ehrenberg (1984) est lié au fait qu'ils essaient d'expliquer le choix du point de vente à partir des choix de marques ou catégories de produits disponibles dans les magasins, et non à partir du choix du distributeur lui-même [14]. Enfin, leurs résultats sont basés sur une représentation du marché global de l'Angleterre, ce qui élimine tous les biais géographiques et de choix en fonction de la proximité des points de vente. Cependant, les travaux de Wrigley et Dunn (1984) montrent que dans un contexte de distribution fortement influencé par le facteur proximité géographique, les phénomènes de la double pénalité sont toujours existants. Dans le même sens, Jephcott (1972)

14. Les travaux de KENG et EHRENBERG sont basés sur le choix des marques au sein des catégories de « café soluble » et de « céréales ».

souligne que les généralisations empiriques d'Ehrenberg sur les structures d'achat des marques peuvent être directement transférées dans le domaine du choix des points de vente.

1.4. Le programme de fidélisation et l'effet de la double pénalité

Les études ayant permis de dériver ces généralisations empiriques ont été conduites sur des marchés agissant avec des instruments marketing « classiques » plus offensifs, comme la promotion des ventes. La ligne de la double pénalité suggère ainsi que ces efforts « classiques » affectent principalement un changement de part de marché d'une enseigne et sa pénétration.

À l'opposé, la nature des effets provoqués par un programme de fidélisation devrait être complètement différente, ceci étant lié à son caractère défensif. En effet, ses caractéristiques cumulatives de gratifications orientées sur le long terme devraient apporter plus d'utilités aux gros acheteurs de l'enseigne et/ou de la catégorie, qui ont en général un répertoire d'achat plus large. C'est la raison pour laquelle il est probable qu'il affecte plus la fréquence de visite des clients existants que la pénétration [15] (Ehrenberg *et al.*, 1994). On pourrait alors s'attendre à ce que le programme attire de gros acheteurs, déjà clients de l'enseigne, car il pourrait signaler que l'acquisition de points n'est pas facile sans changement du comportement d'achat (concentration des achats sur un point de vente, diminution de la recherche de variété, etc.). Il est alors tout à fait imaginable que les clients font un arbitrage entre les coûts d'être « verrouillés » dans leurs choix et l'utilité procurée par une récompense, ce qui pourrait conduire à un effet d'autosélection des gros clients déjà fidèles, mais aussi dans une moindre mesure, des gros clients de la catégorie, car leur probabilité d'acquisition d'une récompense ou de jouir d'un avantage quelconque sera naturellement la plus importante. Pour ces raisons, il est vraisemblable que le programme de fidélisation attire peu de nouveaux petits acheteurs de l'enseigne ou de la catégorie, car il n'est pas suffisamment attractif pour eux [16]. Ces derniers sont probablement séduits par des promotions des concurrents et, par conséquent, ils substituent l'enseigne avec le programme contre celles qui continuent à pratiquer une politique de promotion avec des gratifications non différées, pouvant même conduire à un déclin de la pénétration du magasin [17].

Ainsi, à l'opposé des actions marketing classiques (une promotion), un programme de fidélisation devrait avoir un plus grand impact sur la fréquence de visites moyennes de l'enseigne que sur son niveau de pénétration. C'est la raison pour laquelle, on ne s'attend pas à ce que cette enseigne se « déplace » linéairement le long de la ligne de la double pénalité, mais plutôt verticalement, ce qui est caractérisé par Sharp et Sharp (1997) comme « fidélité excessive » (voir figure suivante). Dans ce cas, le magasin n'a pas simplement « plus de fidélité » que les autres points de vente, mais au contraire « trop de fidélité » par rapport à sa pénétration. En effet, l'enseigne est fréquentée plus souvent par les mêmes consom-

---

15. L'étude d'Ehrenberg *et al.* montre que 67 % des acheteurs d'une marque l'ont achetée six mois avant une promotion, 80 % il y a un an, 90 % il y a deux ans. Cela veut dire que ce sont des acheteurs qui connaissent déjà la marque. Dans le panel BehaviorScan, les consommateurs visitent en moyenne deux magasins. Les gros acheteurs ont des répertoires même plus larges.
16. En effet, la condition d'accès à une récompense est de nature cumulative et possède une orientation à long terme pouvant effrayer les chasseurs de promotions.
17. La déviation de haut en bas prévue dans la pénétration ne veut bien évidemment pas dire que la marque perd des clients, même si cela peut être le cas.

mateurs que le modèle Dirichlet le prévoit théoriquement. En utilisant la terminologie de Kahn *et al.* (1988), l'enseigne occupe une position de niche. La « fidélité excessive » est alors une déviation de l'une des suppositions fondamentales des lois empiriques d'Ehrenberg, celle des populations non segmentées, ce qui laisse croire qu'il existerait ainsi des sous-segments plus propices à la fidélité (Fader et Schmittlein, 1993).

À l'opposé, une enseigne possédant une pénétration élevée mais une fréquence d'achat faible serait selon Kahn *et al.* (1988) une marque « *change-of-pace* » ou de recherche de variété. Il s'agit de magasins qui peuvent satisfaire le besoin naturel de recherche de variété et qui sont visités par un grand nombre de consommateurs, mais de manière très irrégulière. La fréquence d'achat observée devrait être inférieure aux valeurs des autres magasins de la catégorie et à celles prédites par le modèle Dirichlet.

Ces deux déviations du phénomène de la double pénalité semblent cependant être plutôt l'exception [18] (Ehrenberg *et al.*, 1990 ; Fader et Schmittlein, 1993).

Figure 3.
Le marché normal Dirichlet et la fidélité excessive

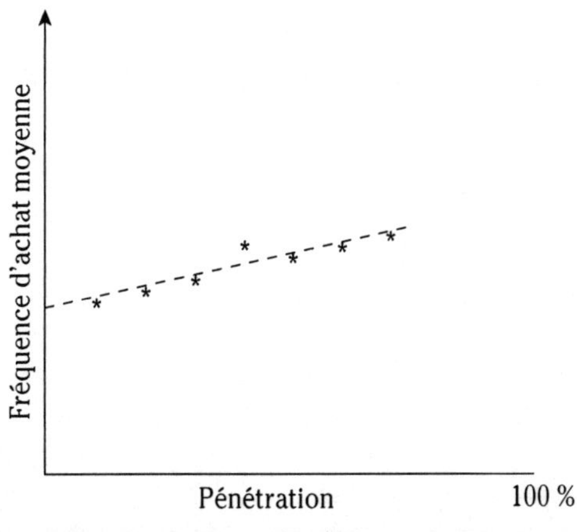

En résumé, si une carte de fidélité modifiait le comportement d'achat, cela se traduirait pour ses porteurs par une déviation ascendante quant à la fréquence d'achat moyenne et par une déviation descendante concernant la pénétration par rapport à la norme Dirichlet.

Ces généralisations sont soutenues par la nature monosponsor du programme que nous analysons dans notre partie empirique. Celui-ci ne permettait, à sa phase de démarrage en 1994, l'accumulation de points que dans la seule enseigne en question [19]. Ce type de gestion a plusieurs conséquences qui pourraient favoriser le développement de la « fidélité excessive » (dans le sens d'une augmentation de l'achat répété sans effet correspondant sur la pénétration).

La structure monosponsor pourrait signaler aux clients que l'acquisition de points n'est pas facile sans le changement du comportement d'achat (moins de

18. Car selon EHRENBERG, la pénétration d'une marque X serait indépendante du nombre de consommateurs qui achètent également une marque Y (*i.e.* $b_{yx} = b_y$).
19. Ce programme a été transformé à la fin de 2001 en programme multisponsors. Dans notre investigation, nous pourrions cependant négliger ce changement car il a été fait après la fin de notre période d'observation.

changements de magasins, concentration des achats sur un point de vente, diminution de la recherche de variété, etc.). Il est alors tout à fait imaginable que les clients fassent un arbitrage entre la volonté d'être « libres » dans leur choix et le désir d'obtenir une récompense, ce qui pourrait conduire à un effet d'autosélection des gros clients déjà fidèles, mais aussi dans une moindre mesure, des gros clients de la catégorie, car leur probabilité d'acquisition d'une récompense ou de jouir d'un avantage quelconque sera naturellement la plus importante. Pour ces raisons, il est vraisemblable que le programme monosponsor attire peu de nouveaux petits acheteurs.

Ainsi, la « fidélité excessive » devrait être très prononcée (une baisse ou stabilité de la pénétration associée à une augmentation de la fréquence d'achat), car comme nous l'avons dit plus haut, les « chasseurs de promotions » et les petits clients du magasin vont aller vers les points de vente ayant des promotions en cours (avec des récompenses immédiates), de l'autre côté, les acheteurs qui restent ou viennent devraient manifester un changement important du comportement, en vue de l'acquisition de la récompense. Le magasin se situera alors au-dessus de la ligne de la double pénalité.

En revanche, un programme multiparticipants peut signaler au consommateur qu'il est facile d'obtenir des points sans modification majeure du comportement d'achat et de ce fait-là, peut attirer de nouveaux et petits acheteurs. Ceci annulerait partiellement les effets agrégés observés du phénomène de la fidélité excessive, en contrebalançant l'augmentation de la fréquence d'achat moyenne des clients existants par le recrutement d'un nombre significatif de nouveaux petits acheteurs, ayant un comportement d'achat moins important. Le résultat sera alors un niveau de pénétration plus élevé, avec une fréquence d'achat sous-proportionnelle. Le magasin se situera en dessous de la ligne de la double pénalité.

À partir de ces conclusions, nous pouvons alors faire dériver notre première hypothèse. Elle se réfère à la manière dont le programme de fidélisation est supposé « perturber » la loi de la double pénalité du marché Dirichlet normal : « Les magasins avec une part de marché plus faible ont une pénétration plus faible et également une fréquence d'achat plus faible. » L'hypothèse sur les effets du programme de fidélisation est alors la suivante :

H. 1.1. : Les magasins avec un programme de fidélisation ayant une part de marché et une pénétration plus faible, ont en revanche une fréquence d'achat plus élevée. Ils se situent au-dessus de la ligne « double pénalité ».

1.5. Le programme de fidélisation et la loi de duplication des achats

Une autre généralisation empirique d'Ehrenberg (1988) est celle de la duplication des achats qui admet que la plupart des consommateurs ne sont pas complètement fidèles mais achètent plus souvent auprès de l'ensemble des « autres enseignes » qu'auprès de leur enseigne favorite.

La loi de duplication des achats, un indicateur de la fidélité, s'applique ainsi généralement. La duplication correspond à la proportion de consommateurs achetant dans une même période conjointement dans deux enseignes. La loi de duplication des achats est proportionnelle à une constante *D* [20] et à la pénétration

20. *D* est calculée en divisant la duplication moyenne par la pénétration moyenne des magasins elle-même et est dépendante de la classe de produits et de la période de temps considérée.

relative des concurrents. Ainsi, la duplication est dépendante de la pénétration ou de la part de marché, et un magasin possédant des parts de marché importantes a un petit nombre de clients qui achètent également dans les points de vente de la concurrence. De l'autre côté un magasin avec des parts de marché faibles a un grand nombre de consommateurs achetant dans les enseignes concurrentes. La duplication dépendrait alors plus de la puissance concurrentielle que du positionnement (Sharp et Sharp, 1997).

Des déviations de la loi de la duplication des achats sont par conséquent plus liées à des phénomènes de différentiation conduisant de telle manière à des segmentations ou à des sous-marchés. On peut alors supposer, pour les mêmes raisons que nous avons déjà évoquées concernant l'effet de la double pénalité (*i.e.* concentration des achats en vue d'augmenter la probabilité d'acquisition d'une gratification, etc.), qu'un magasin ayant un programme de fidélisation arrive à créer des sous-marchés ou sous-segments plus propices à la fidélité. Le résultat devrait être une déviation de la norme Dirichlet sur la duplication d'achat : « Les magasins partagent leurs clients avec les autres en fonction de leurs parts de marchés. » C'est ainsi que nous émettons l'hypothèse suivante :

H. 1.2. : Pour les porteurs d'une carte de fidélité, la duplication d'achat est supérieure dans les points de vente participants mais inférieure dans les points de vente non participants au programme. La duplication des magasins concurrents augmente vers le point de vente qui a le programme de fidélisation.

La monofidélité semble, selon la norme Dirichlet, être rare. Ainsi, Ehrenberg (1988) constate que moins de 10 % des acheteurs sont fidèles à 100 % à une marque pendant un an, car la majorité des consommateurs sont fidèles de manière « polygame » à une multitude de marques. Nous attendons cependant une déviation de la norme Dirichlet comme suit :

H. 1.3. : Le nombre d'acheteurs monofidèles est généralement bas et est dépendant de la pénétration, mais il est plus élevé pour les magasins avec un programme de fidélisation.

Ce premier groupe d'hypothèses résumé dans la figure suivante vise à analyser l'effet d'un programme de fidélisation sur la structure générale du marché. Nous proposons ainsi un moyen de mesure plus sensible et plus complet pour les managers que la simple part de marché ou le chiffre d'affaires. Ce cadre d'analyse tient ainsi implicitement compte des besoins des praticiens d'avoir des outils de mesure au niveau agrégé. Évidemment, il est encore plus efficace d'analyser les effets au niveau individuel, ce qui a été rendu possible grâce aux bases de données marketing et aux panels scannérisés. Nous en tenons compte par la suite au travers de nos deux prochains groupes d'hypothèses.

2. Les effets sur le comportement d'achat

Comme nous l'avons vu auparavant, la fidélité se rapporte au consommateur, mais elle peut être influencée en de nombreuses façons. Nous essayons alors par la suite de mettre en évidence les effets du programme de fidélisation sur un certain nombre d'indicateurs reflétant au niveau individuel le versant comportemental de la fidélité. Les programmes de fidélisation offrent aux clients des bénéfices, typiquement sous forme de points qui peuvent être échangés contre des récompenses, pour encourager les achats répétés ou d'autres comportements intéressants pour l'entreprise. Hormis les récompenses, l'accumulation de points peut également devenir motivante en elle-même pour inciter à un changement de comportement d'achat [21].

Dans ce contexte, celui-ci est supposé se manifester sous diverses formes : un changement de probabilité de choix du magasin, une intensification du comportement d'achat dans l'enseigne et/ou une prolongation de la durée de la relation avec le point de vente. Ainsi, l'efficacité d'un programme de fidélisation devrait logiquement être évaluée en termes de type et ampleur de modifications attitudinales [22] et comportementales que celui-ci provoque chez les porteurs de la carte fidélité.

Dans les lignes qui suivent, nous allons examiner les raisons pour d'éventuels changements et formulerons nos hypothèses d'études qui seront testées par une comparaison 1) des différences comportementales entre les porteurs d'une carte de fidélité et les non-porteurs, 2) du comportement d'achat avant et après l'adhésion au programme de fidélisation.

Chronologiquement, nous discutons d'abord des éventuels effets des cartes de fidélité sur la probabilité de choix d'un point de vente, puis sur l'intensité d'achat au sein du magasin et enfin sur la durée de la relation. Dans ce contexte, nous verrons si l'impact est de nature durable.

Figure 4.
L'impact des programmes de fidélisation au niveau agrégé

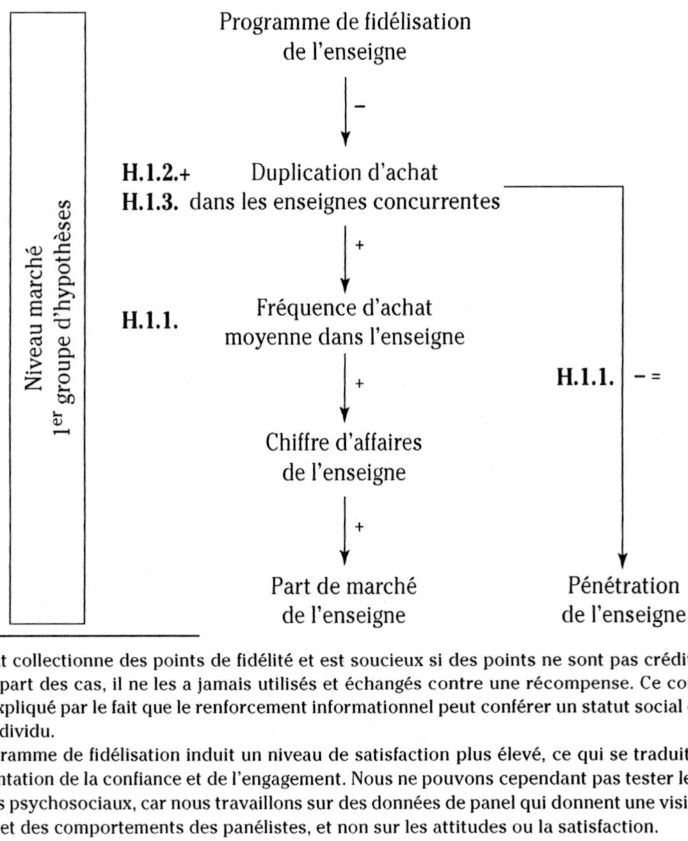

21. Le client collectionne des points de fidélité et est soucieux si des points ne sont pas crédités, même si dans la plupart des cas, il ne les a jamais utilisés et échangés contre une récompense. Ce comportement peut être expliqué par le fait que le renforcement informationnel peut conférer un statut social ou une satisfaction d'individu.

22. Le programme de fidélisation induit un niveau de satisfaction plus élevé, ce qui se traduit ensuite par une augmentation de la confiance et de l'engagement. Nous ne pouvons cependant pas tester les influences sur les états psychosociaux, car nous travaillons sur des données de panel qui donnent une vision complète du marché et des comportements des panélistes, et non sur les attitudes ou la satisfaction.

2.1. Les effets sur la probabilité de choix

La distribution de biens de grande consommation à usage courant est caractérisée par une fréquence de visite élevée et régulière. Une des clés du succès pour un distributeur est la répétition des visites dans le magasin, sachant que chaque acte d'achat est précédé par le choix du point de vente, sans lequel la transaction ne peut avoir lieu.

Des études sur le choix du magasin (Coca-Cola Retailing Research Council, 1994) montrent que la fidélité aux points de vente est généralement basse, comme pour beaucoup de marques de grande consommation. Bien que les clients typiques fassent leurs courses en moyenne deux fois par semaine, ils visitent leurs points de vente principaux seulement 0,6 fois dans ce laps de temps. Ceci signifie qu'un consommateur moyen achète de façon régulière dans trois à quatre enseignes différentes. Cette conclusion est cohérente avec les travaux de Keng et Ehrenberg (1984) ainsi que ceux d'Uncles et Ehrenberg (1990).

Frisbie (1980) et Kahn et Schmittlein (1989) montrent que les ménages font en moyenne deux courses de « réapprovisionnement » par semaine (définie en tant que tout achat où la dépense est inférieure à 20 % de la moyenne hebdomadaire) qui ne sont pas forcément réalisées dans leurs points de vente principaux. Ce constat suggère que les consommateurs fréquentent un grand nombre de magasins différents. Dans ce contexte, plusieurs variables explicatives peuvent être à l'origine du choix d'un point de vente : la proximité géographique, le format et la taille du point de vente en fonction des stratégies d'achat (HiLo, EDLP [23]), la satisfaction générale (services, choix de produits, accueil, attente aux caisses, etc.), le programme de fidélisation (s'il y en a un).

La problématique principale est la hiérarchisation de ces déterminants ou le niveau de la fidélité : un client est-il fidèle à un point de vente pour des raisons de confort, de format du magasin, ou alors parce qu'il est satisfait, ou encore parce que le programme de fidélisation suscite son intérêt, ou enfin pour tous ces facteurs réunis ?

La question qui nous intéresse est de savoir si le programme de fidélisation et les avantages associés arrivent à rendre les autres facteurs de choix secondaires et à modifier ainsi la probabilité de choix du magasin.

L'industrie (Progressive Grocer, avril 1995) suggère que la situation géographique explique 70 % de la variance de la décision de choix lors des achats routiniers. Les investigations académiques aboutissent à la même conclusion. Ainsi, pour Arnold *et al.* (1983), Cliquet (1988), ou Anderson (1994), la localisation joue un rôle plus important dans la fidélité que la satisfaction, car l'inertie semble fortement influencer le choix.

Notre champ d'étude se situe dans le contexte de la grande distribution, c'est la raison pour laquelle on peut supposer que ces conclusions s'appliquent et que la proximité est la plus déterminante dans le choix du point de vente, le programme de fidélisation étant secondaire. Cependant, dans le cas où un foyer est situé entre deux magasins à égale distance, la question de l'influence du programme de fidélisation sur le choix du point de vente devient plus intéressante (quadrant 1 et 4 dans le tableau suivant).

---

23. HiLo est la stratégie des distributeurs qui pratiquent une politique de promotions régulières, EDLP *(Every Day Low Price)* est la stratégie qui consiste à pratiquer un niveau de prix bas tous les jours sans avoir recours aux promotions de ventes.

Tableau 3.
Le choix du point de vente en fonction de la distance et du programme de fidélisation

	Distance élevée M2	Distance faible M2
Distance élevée M1	1. Programme de fidélisation M1 : Achat M1 et non client M2	2. Achat M2
Distance faible M1	3. Achat M1	4. Programme de fidélisation M1 : Achat M1 et non client M2

Bell *et* al. (1998) montrent que la carte de fidélité peut, dans ce contexte, augmenter l'utilité d'un magasin et accroître sa probabilité de choix. Ainsi, si l'on regarde les quadrants 1 et 4, dans lesquels le foyer est situé à égale distance entre les deux points de vente M1 et M2, on peut supposer que la carte de fidélité du magasin 1 diminue ses coûts associés (distance, niveau de prix des produits...), par l'espérance de gain d'une gratification et par la proposition de services spéciaux, et augmente la probabilité de choix pour M1.

Deux effets d'attraction différents peuvent être distingués : 1) un effet de préférence et 2) un effet d'accroissement du nombre de visites.

Dans le premier cas de figure, le client ne change pas son rythme de visite des points de vente, mais va préférer l'enseigne avec le programme de fidélisation. L'attractivité des alternatives diminue pourvu que les avantages obtenus soient consistants et par conséquent, la probabilité de choix augmente [24]. L'explication de cet effet de préférence est liée à la nature même des gratifications différées qui requièrent un grand nombre d'achats répétés et qui créent des coûts de changement (baisse des coûts transactionnels, accumulation de points, aspects relationnels, etc.). Ainsi, un consommateur concentrant une grande partie de ses achats dans un magasin aura une probabilité plus importante d'atteindre la récompense du programme de fidélisation que celui qui disperse ses dépenses dans plusieurs points de vente. La carte de fidélité devient alors un stimulant pour augmenter le nombre de passages dans le même point de vente. En même temps, des heuristiques d'achat peuvent être développées afin de faciliter l'achat et réduire l'effort cognitif associé à la recherche d'information, ce qui favorise de son côté la création de l'inertie.

Dans le deuxième cas, la motivation d'obtenir la récompense peut conduire à un changement d'enseigne et à une probabilité de choix plus importante. C'est un phénomène que l'on observe souvent dans le domaine de la promotion des ventes (Neslin *et al.*, 1985).

À partir de ces conclusions, nous formulons les hypothèses suivantes sur les différences de probabilité de choix entre les porteurs et non-porteurs de la carte de fidélité et par la suite, sur l'ampleur de l'effet après l'adhésion au programme de fidélisation :

H. 2.1. : À distance géographique égale entre deux points de vente, la probabilité de choix du magasin avec programme de fidélisation augmente après la souscription à sa carte de fidélité.

24. Dans la mesure où la taille de la clientèle est stable, une grande part de la variation du trafic (nombre de visites en magasin) pourra être attribuée à cet effet.

2.2. Les effets sur l'intensité d'achat

Une fois que le consommateur a choisi le point de vente, un certain nombre de caractéristiques d'un programme de fidélisation est susceptible d'influencer l'intensité du comportement d'achat de ce dernier. On fera la distinction de manière très classique entre un effet de sensibilité au prix et un effet d'attraction, comme nous venons de l'exposer pour la probabilité de choix, qui peuvent avoir une influence sur l'intensité d'achat.

La diminution de la sensibilité au prix

Reichheld (1996) prétend que les clients fidèles sont prêts à payer des sommes plus élevées que ceux qui sont nouveaux, parce qu'ils connaissent les procédures et les produits d'une entreprise, et valorisent plus la relation et la satisfaction dérivée que le prix, par conséquent, ils sont moins sensibles à ce dernier. De même, Nako (1997) pense qu'un programme de fidélisation, avec un excellent système de récompenses, permettrait de détourner l'attention du prix. Ainsi, dans son étude empirique, un membre d'un programme de voyageur fréquent est prêt à payer des sommes plus élevées en vue d'un gain plus rapide de la récompense. Bolton *et al.* (2000) confirment cette conclusion en ajoutant que les porteurs de cartes seraient également moins sensibles aux offres des concurrents et aux insatisfactions liées à un fournisseur.

De l'autre côté, Reinhartz (1999) constate que certains nouveaux clients pourraient également être disposés à payer des prix plus élevés que les consommateurs fidèles, car ceux-ci possèdent une expérience avec le fournisseur et peuvent ainsi anticiper les promotions.

Une explication de la diminution de la sensibilité au prix s'appuie sur l'idée selon laquelle trois sources d'utilité doivent être distinguées : 1) l'utilité d'acquisition liée au bien, 2) l'utilité de transaction liée aux conditions de la négociation et 3) l'utilité relationnelle relative au gain futur espéré (Lichtenstein *et al.*, 1990). Le consommateur détenteur d'une carte peut être amené à valoriser ces deux dernières formes d'utilité et, pour en bénéficier, il prêtera une attention moindre au prix du bien. Une autre explication au sujet de la diminution de la sensibilité au prix peut être tout simplement liée au fait qu'en fréquentant plus souvent et plus régulièrement un point de vente, le client s'expose moins aux offres des concurrents et, ne pouvant pas comparer, il devient naturellement moins sensible au prix (Benavent *et al.*, 2000). Les conséquences de cet effet sont simples à comprendre : d'abord, par la réduction du répertoire d'achat des offres concurrentes, il peut être amené à payer plus cher les biens qu'il achète habituellement, ce qui se traduira par un choix de produits de meilleure qualité, de marques plus réputées et plus chères ; ensuite, étant moins sensible au prix, il achète plus souvent et en plus grande quantité des biens de qualité et valeur supérieure.

L'effet d'attraction

À côté de la diminution de la sensibilité au prix, une autre explication sur l'augmentation du niveau des transactions pourrait être trouvée dans la nature relative des programmes de fidélisation qui cherchent à augmenter les possibilités de ventes croisées ainsi que l'attachement, et à diminuer le risque perçu et les coûts de transaction. Les deux effets d'attraction, dont nous avons déjà discuté plus haut, vont influencer le comportement d'achat.

Si les avantages du programme d'une enseigne procurent une utilité importante au consommateur, il va préférer ce magasin et concentrer ses achats, réalisés auparavant à la concurrence, vers ce point de vente. Par conséquent, le nombre de transactions, la fréquence de visite, les ventes croisées, la valeur du panier moyen, le montant d'achat par période et le taux de nourriture dans cette enseigne augmenteront. En même temps, le client visitera un nombre réduit de points de vente car l'attractivité des alternatives est diminuée et manifestera ainsi un comportement de changement de magasin inférieur.

La motivation d'obtenir la récompense peut également conduire à une accélération des achats et à un accroissement de la consommation ainsi que du nombre des visites (se manifestant par une durée interachat plus courte), ceci étant dû au changement d'une enseigne concurrente vers le magasin avec le programme de fidélisation (Bell *et al.*, 1999).

Ces effets de prix, directs et indirects, ainsi que ceux sur la fréquentation ont pour conséquence naturelle d'augmenter l'intensité d'achat et d'accroître le montant du panier moyen, puis le panier total par période, et par conséquent, le taux de nourriture.

En examinant les deux explications, on peut s'attendre à observer des différences entre porteurs et non-porteurs de la carte de fidélité. Les derniers devraient avoir un comportement d'achat moins intense dans le magasin avec le programme de fidélisation. À partir de ces conclusions, nous dérivons nos hypothèses vers les différences entre les porteurs et non porteurs de la carte de fidélité.

H. 2.2. : Les porteurs de la carte de fidélité ont une intensité d'achat supérieure dans le magasin avec le programme de fidélisation aux non-porteurs.

La carte de fidélité, avec ses caractéristiques intrinsèques, est un instrument qui devrait permettre à l'entreprise de retenir ses clients ainsi que renforcer l'intensité de la relation avec ces derniers. Ceci peut être lié aux explications que nous avons données plus haut, à savoir une augmentation de la satisfaction générale, de la confiance et puis de l'engagement, mais également à une diminution de la sensibilité au prix et/ou un effet de préférence/concentration des achats. Par conséquent, on pourrait s'attendre à ce que les porteurs de la carte de fidélité aient un niveau transactionnel supérieur, lié à des achats croisés ou supplémentaires de produits qu'ils ont auparavant achetés chez les concurrents. Le flux des transactions tant au niveau du panier moyen qu'au niveau de la totalité des achats devrait alors croître. Nous supposons par conséquent que comparés aux non-porteurs :

H. 2.2.1. : Les porteurs de la carte de fidélité ont des paniers moyens supérieurs.
H. 2.2.2. : Les porteurs de la carte de fidélité ont des paniers totaux supérieurs [25].

De la même manière, le programme de fidélisation devrait amener à des fréquences d'achat supérieures, liées d'un côté à un effet de concentration, mais également à une accélération des achats pour acquérir la gratification au plus vite. Ainsi, les deux hypothèses suivantes permettront de vérifier cela :

25. La notion de montant total du panier tient implicitement compte de la durée de la relation, ce qui n'est pas le cas du montant moyen. De l'autre côté, un gros client peut acheter un faible nombre d'articles chers, un petit client, à l'opposé, peut acquérir un grand nombre d'articles peu chers. C'est la raison pour laquelle nous complétons notre analyse par la prise en compte du panier total par période.

H. 2.2.3. : Les porteurs de la carte de fidélité ont des durées interachat plus courtes.

H. 2.2.4. : Les porteurs de la carte de fidélité ont une fréquence d'achat plus élevée.

Enfin, par ses capacités rétentionnelles (points, gratifications, procuration de satisfaction, individualisation...), un programme de fidélisation devrait créer des coûts de changement, et permettre ainsi de rendre les adhérents moins sensibles aux offres de la concurrence (Bolton *et al.*, 2000), de même que réduire leur univers concurrentiel. Les trois hypothèses suivantes se proposent d'examiner cette facette de la carte de fidélité :

H. 2.2.5. : Les porteurs de la carte de fidélité ont un taux de nourriture plus élevé.

H. 2.2.6. : Les porteurs de la carte de fidélité changent moins souvent de magasin.

H. 2.2.7. : Les porteurs de la carte de fidélité ont un répertoire d'achat moins large et fréquentent moins de magasins.

Si nous pouvons d'un point de vue théorique formuler ces hypothèses, il est aussi vraisemblable que l'observation des différences résulte d'un autre phénomène, notamment lié au fait que les adopteurs du programme de fidélisation possèdent des conditions psychologiques, sociales et comportementales différentes des non-porteurs. Par conséquent, vérifier ces hypothèses ne sera pas une preuve suffisante des arguments présentés auparavant. Dans ce contexte, Dowling et Uncles (1997) procèdent à une mise en garde : derrière cette différence se cacherait tout simplement un effet d'autosélection, les porteurs étant probablement tout simplement de plus gros consommateurs du bien. C'est la raison pour laquelle, afin d'être sûr de l'impact de la carte de fidélité sur le comportement d'achat et en avoir une garantie, on devrait également observer des différences chez les porteurs entre les périodes avant et puis après adhésion au programme de fidélisation, liées à la nature des avantages procurés par la carte. C'est ainsi que le prochain groupe d'hypothèses reprend dans l'ordre les suppositions et arguments précédents (sur les porteurs/non-porteurs) et explore une facette différente et plus fiable concernant l'ampleur et la nature des effets de la carte de fidélité sur le comportement d'achat après sa souscription.

H. 2.3. : Pour un individu, l'intensité d'achat augmente dans le magasin avec le programme de fidélisation après la souscription à la carte de fidélité, et en particulier :

H. 2.3.1. : Les paniers moyens augmentent.

H. 2.3.2. : Les paniers totaux augmentent.

H. 2.3.3. : La durée interachat diminue.

H. 2.3.4. : La fréquence d'achat (le nombre d'achats) augmente.

H. 2.3.5. : Le taux de nourriture augmente.

H. 2.3.6. : Le nombre de changements de magasin diminue.

H. 2.3.7. : Le nombre de magasins visités (répertoire d'achat) diminue.

2.3. Le programme de fidélisation et la composante temporelle de la fidélité

Nous avons vu, dans notre revue de la littérature, que la fidélité n'est pas uniquement fonction de l'intensité d'achat, mais également de la durée dans le temps (Crié, 1999). Les implications managériales d'une durée de vie prolongée sont importantes car la « *Life Time Value* » est modélisée en fonction des revenus générés du client et des coûts liés à l'échange transactionnel dans le temps. Il s'avère alors nécessaire d'améliorer la compréhension et le contrôle de la rétention client, c'est la raison pour laquelle nos prochaines hypothèses se réfèrent à la composante temporelle.

Dans un premier temps, on peut s'interroger sur la stabilité dans le temps des effets de modification du comportement d'achat que nous venons de décrire, car en effet, certains auteurs prétendent que le programme de fidélisation agirait du fait de la nature différée des récompenses, en quelque sorte comme une promotion de longue durée (Reicheld, 1996). Si tel est le cas, il est évident que l'on peut supposer que la répétition des achats provoquée par un programme de fidélisation est susceptible d'allonger la durée de la relation. Voilà pourquoi nous nous interrogeons par la suite sur le fait de savoir s'ils peuvent prolonger la durée de la relation.

La stabilité des effets dans le temps

L'envergure et la durée de la modification du comportement d'achat décrites plus haut peuvent varier en fonction de la cible visée [26] et de la technique promotionnelle utilisée (Desmet, 1992). Il peut y avoir sur le court terme une augmentation du nombre de porteurs ainsi que des indicateurs transactionnels de la fidélité (paniers plus élevés, fréquence d'achat plus élevée, etc.) s'il y a une forte activité promotionnelle associée au programme.

Une explication est liée au changement à court terme de consommateurs d'une marque non promue vers celle qui possède un programme de fidélisation *(«Brand Switching»)*. Dans ce cas, les ventes supplémentaires ne sont qu'empruntées aux concurrents. Ainsi, la proportion de nouveaux acheteurs, devenant fidèles ultérieurement, est faible ou inexistante, et après une période plus ou moins longue, la plupart des acheteurs reviennent probablement à leurs habitudes précédentes, satisfont leur besoin naturel de recherche de variété (McAllister, 1982) ou partent pour une promotion d'un concurrent. Le résultat est que les indicateurs transactionnels retomberont à leur niveau initial (Bawa et Shoemaker, 1989 ; Ailawadi et Neslin, 1998). Ce retour à la situation antérieure semble d'autant plus plausible si les coûts de changement du programme de fidélisation sont uniquement construits (comme c'est souvent le cas dans la pratique) autour de l'accumulation de points et de récompenses tangibles, et non sur la mise en place d'un mix de bénéfices intangibles durables associés à la carte de fidélité. Dans ce cas, les porteurs de la carte peuvent tout simplement revenir à leurs anciennes habitudes une fois l'obtention de la récompense désirée et la disparition des coûts de changement. En effet, les gros clients, la cible préférée de toutes les entreprises, sont « polygames » et multifidèles, car ils ont un répertoire d'achat plus large et sont souvent caractérisés par un besoin de recherche de

26. Il semble que le comportement d'accélération soit plus important chez les gros acheteurs que chez les petits.

variété important (McAlister, 1982). En même temps, les promotions des concurrents s'opposent à une éventuelle monofidélité (Gupta, 1988). Dans ce contexte concurrentiel, il semble alors peu probable qu'un programme de fidélisation arrive à contrôler de manière durable le comportement des acheteurs et à transformer un consommateur jusque là multifidèle en un acheteur monofidèle.

Un autre facteur modérateur de la durabilité des effets est lié au fait que la quantité moyenne achetée s'est avérée typiquement stable dans le temps à travers les marques (Ehrenberg, 1988, p.10 et 53). Un moyen pour faire face à ce phénomène est de créer des seuils de points afin d'inciter à consommer plus. Ces seuils sont souvent indexés à la quantité moyenne d'achat, ou légèrement plus haut, pour encourager des dépenses additionnelles à chaque occasion d'achat. Dans ce contexte, il semble cependant improbable que le consommateur possède la capacité cognitive pour traiter cette information.

Un changement de comportement d'achat devrait être par conséquent observable uniquement sur le court terme. L'hypothèse suivante permettra ainsi de vérifier la durabilité des effets.

H. 2.4. : **Les effets de changement du comportement d'achat sont transitoires dans le temps.**

La durée de la relation

L'autre hypothèse fait référence à la capacité des programmes de fidélisation à retenir les consommateurs, et ainsi, à prolonger leur durée de vie (Jackson, 1985).

Dans le cadre d'un programme de fidélisation, les coûts de changement peuvent avoir plusieurs origines. L'une est de nature artificielle et tout simplement liée au fait que les points cumulés ainsi que les récompenses associées ou les privilèges ne sont pas transférables à une autre entreprise et par conséquent, perdus lors du changement de fournisseur.

L'autre est orientée sur l'évolution de la relation client-fournisseur vers une relation d'apprentissage qui suppose une transformation substantielle et essentielle du fournisseur et de son client. Cette transformation se réalise à partir d'une multiplication du nombre d'interactions (grâce à la carte de fidélité, qui multiplie le nombre de contacts et augmente le taux d'achat répété) entre les deux parties, ce qui constitue une dimension importante de la relation, car le niveau de connaissance mutuelle augmente (Kelley et Thibaut, 1978). Autrement dit, on pourrait supposer que si le niveau de transaction est élevé, l'adéquation entre les besoins du client et l'offre est bonne et le niveau de confiance et d'engagement est élevé. La connaissance permet par la suite d'individualiser la relation afin de satisfaire de plus en plus précisément les besoins individuels. La satisfaction cumulée pourra créer des attitudes durables et favorables, et agir positivement sur la confiance et l'engagement, ce qui se traduirait ensuite par une prolongation de la relation. Cette transformation de la relation peut devenir si profonde que les coûts de changements deviennent prohibitifs et irréversibles (Dick et Basu, 1994).

Ce lien a été confirmé par Reinhartz (1999), qui a trouvé que plus le niveau de transactions et d'interactions entre le client et l'entreprise est élevé, plus la durée de vie est longue. Nous postulons alors l'hypothèse suivante :

H. 2.5. : **Les porteurs de la carte de fidélité ont une durée de vie plus élevée dans le magasin avec le programme de fidélisation que les non-porteurs.**

Ce deuxième groupe d'hypothèses est donc consacré à la mise en évidence des principaux effets du programme de fidélisation sur la relation commerciale. La fidélité et le comportement d'achat répété ainsi que le lien avec le programme sont au centre de cette problématique avec des indicateurs comme la probabilité de choix, l'intensité de la relation, mais aussi la durée de la relation. En particulier, nous nous intéressons à la stabilité des effets. Les influences supposées et les hypothèses résultantes sont résumées dans la figure suivante.

Figure 5.
La synthèse du deuxième groupe d'hypothèses

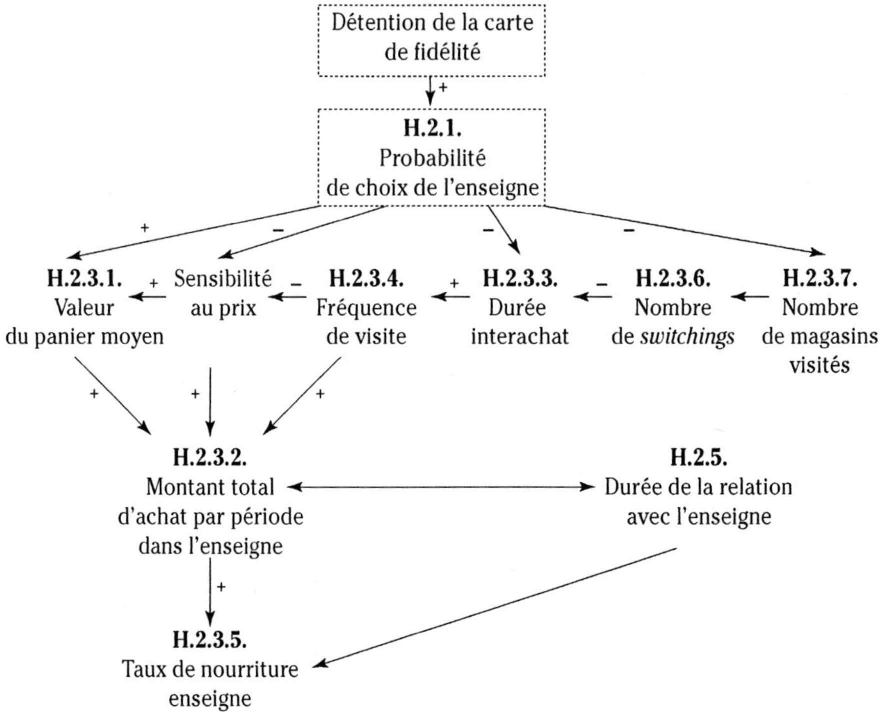

3. Les effets de sélection

Au sein du groupe de suppositions sur les différences entre les porteurs et les non-porteurs, il est probable que d'un point de vue théorique, les disparités résultent d'un phénomène d'hétérogénéité. C'est la raison pour laquelle notre troisième groupe d'hypothèses s'intéresse aux effets de sélection d'un programme de fidélisation. En particulier, nous examinerons s'il existe des acheteurs ou catégories d'acheteurs qui adoptent plus rapidement la carte de fidélité que d'autres. En l'occurrence, on pourrait s'attendre à ce que certains individus possèdent des caractéristiques sociodémographiques/socioéconomiques, situationnelles (proximité géographique par rapport au point de vente) et comportementales spécifiques qui favorisent l'adoption du programme de fidélisation, car l'utilité procurée par la carte n'est certainement pas la même pour la totalité des consommateurs.

Comme nous l'avons dit plus haut, Dowling et Uncles (1997) supposent tout simplement qu'un effet d'autosélection de la carte de fidélité est derrière la différence du comportement d'achat entre les porteurs et non-porteurs, car les premiers sont probablement de plus gros consommateurs du bien. Par exemple, un voyageur d'affaires dépense plus dans une compagnie aérienne non pas parce qu'il est plus fidèle, mais parce qu'il est plus grand consommateur de prestations aériennes qu'un voyageur de vacances. Par conséquent, la carte de fidélité procure plus d'utilité au premier type de consommateur qu'au second, et l'homme d'affaires devrait logiquement l'adopter et « s'autosélectionner » plus vite. Il y a donc un phénomène d'hétérogénéité des besoins et des conditions sociales car tous les clients ne sont pas prêts à consacrer la même somme d'argent ou les mêmes efforts pour obtenir un bien, ce qui forme la base de la théorie économique de la discrimination par les prix (Varian, 1989) que nous avons déjà décrite auparavant.

D'un point de vue théorique, dans le cas de la carte de fidélité, la discrimination au premier et second degré paraissent probables. Dans le cas de la discrimination au premier degré, les acheteurs vont adhérer au programme de fidélisation par rapport à leurs caractéristiques sociodémographiques et les besoins recherchés. Ainsi, par exemple, dans le cas de la carte Priority One de Hertz, il est probable qu'elle attire en premier soit des hommes d'affaires soit de très gros consommateurs de locations de voiture [27], qui valorisent le plus l'utilité procurée par les gratifications associées au système de fidélisation. À l'opposé, les cartes Azur d'Avis sont plus susceptibles d'attirer les clients de loisir. En outre, les firmes disposent également de la possibilité de pratiquer une discrimination au second degré. Dans ce cas, l'entreprise propose des offres ou prix variables et laisse les clients « s'autosélectionner » grâce à leur sensibilité aux prix (Salant, 1987). Dans le cadre de la grande distribution, on pourrait alors supposer que la carte de fidélité autosélectionne soit les gros consommateurs de l'enseigne (les clients fidèles), qui devraient tirer le plus d'avantages du système, soit ceux qui sont hautement sensibles à tout type de promotion, et en particulier aux réductions de prix (les *« switchers »*). Ceux qui sont insensibles au prix, ou les clients occasionnels, n'adhèrent pas et payent le prix fort.

Comme indiqué plus haut, une explication pour ce phénomène est proposée par la théorie du consommateur-producteur, selon laquelle les ménages minimisent à la fois leur fonction de coût et maximisent leur fonction d'utilité (Becker, 1965). Cette théorie s'applique pour un programme de fidélisation de la manière suivante : sa caractéristique fondamentale est de proposer une utilité (gratification, réduction, service, etc.) en contrepartie d'un comportement spécifique générateur de coûts (collection de points, gestion de coupons, frais d'adhésion, comportement d'achat répété, fidélité, etc.). Les individus, par nature tous différents par rapport à leurs besoins, vont donc arbitrer entre la valeur procurée par la récompense ou de la carte de fidélité et les charges associées (Narsimhan, 1984). La perception de la valeur va être fonction de leur hétérogénéité : par exemple, le niveau d'activité dans le point de vente, le revenu disponible, la pression de la contrainte temporelle ou l'éducation. Il est alors probable qu'un gros client dans une enseigne perçoit plus l'utilité pour le programme de fidélisation que le petit parce que les coûts marginaux (changement du comportement

27. Dans ce cas, la règle RFM *(Recency, Frequency, Monetary)* peut être un bon moyen de segmentation.

d'achat) du premier sont proportionnellement inférieurs à ceux du dernier. C'est la raison pour laquelle les gros consommateurs fidèles et réguliers, ayant des paniers et des taux de nourriture importants ont plus de chance de « s'autosélectionner » dans le système de fidélisation que les petits clients occasionnels et/ou multifidèles dont les entreprises cherchent à augmenter la consommation. Les raisons sont simples à comprendre. De part la nature du programme, les consommateurs tireraient le plus d'avantages en terme de bonifications et de probabilité d'obtention de la récompense, car une modification majeure du comportement d'achat n'est pas nécessaire pour pouvoir profiter du système et pour obtenir une gratification. À cela s'ajoute que la carte de fidélité sera en parfaite compatibilité avec leur système de valeur et leur expérience. De même, la complexité de la compréhension de l'information et le risque associé sont moins importants. À partir de ces constats, il est alors possible de formuler les hypothèses suivantes :

H.3. : Plus l'intensité d'achat est importante dans le magasin avec le programme de fidélisation, plus la carte de fidélité sera adoptée rapidement, et en particulier si les clients ont dans l'enseigne en question :

H.3.1. : Des paniers moyens importants.

H.3.2. : Des paniers totaux importants.

H.3.3. : Des taux de nourriture importants.

H.3.4. : Des fréquences d'achat importantes.

H.3.5. : Des durées interachat courtes.

La nature monosponsor du programme [28] que nous analysons peut également amplifier le phénomène d'autosélection des gros clients, car elle pourrait signaler que l'acquisition de points n'est pas facile sans changement du comportement d'achat (moins de changements de marque, concentration des achats sur un fournisseur, diminution de la recherche de variété, etc.) et modification des systèmes de valeurs. Autrement dit, si un acheteur évalue l'utilité d'un magasin par l'absence de coûts de changement, sa tendance d'inertie, le maintien de son système de valeur, son expérience, sa prise de risque de changement de fournisseur, sa recherche de confort, un tel programme n'est pas attrayant parce que les coûts associés sont supérieurs aux gains espérés. Basées sur ce raisonnement, nous pouvons alors postuler les hypothèses suivantes qui tiennent compte du niveau d'activité des clients :

H.3.6. : Plus le nombre de changements de magasins (« *brand switching* ») est faible, plus la carte de fidélité sera adoptée rapidement.

H.3.7. : Moins le répertoire d'achat de magasins concurrents est large, plus la carte de fidélité sera adoptée rapidement.

Dans une moindre mesure, certains gros clients de la catégorie mais petits dans l'enseigne, n'étant pas trop éloignés géographiquement du point de vente, devraient également adhérer rapidement, au prix d'un abandon partiel de leur « liberté » se traduisant par un transfert de la totalité ou d'une partie de leurs achats. En revanche, il est vraisemblable que le programme monosponsor attire peu de nouveaux petits acheteurs de la marque ou de la catégorie, particulièrement ceux situés loin géographiquement ou caractérisés par un degré d'inertie

28. Permettant uniquement l'accumulation de points dans cette enseigne et nulle part ailleurs.

élevé. Ceci étant parce que l'adhésion et le gain de points nécessitent une modification trop conséquente de leur comportement d'achat et de leur système de valeurs ainsi qu'une prise de risque trop importante. De ces différentes remarques découlent ainsi tout naturellement les hypothèses suivantes :

H.3.8. : Moins la distance géographique du magasin avec le programme de fidélisation est importante, plus la carte de fidélité sera adoptée rapidement.

H.3.9. : Plus l'intensité d'achat (paniers) dans la catégorie est importante, plus la carte de fidélité sera adoptée rapidement.

Ainsi, on devrait observer une vitesse d'adoption plus rapide, dans l'ordre pour tout d'abord les gros clients fidèles dans le point de vente, dans un deuxième temps pour les gros acheteurs de la catégorie proches géographiquement et peu inertes et enfin, pour les petits acheteurs du magasin et de la catégorie.

Le programme de fidélisation se situe alors intégralement dans un paradoxe bien connu du domaine de la promotion des ventes (Raju, 1992 ; Ehrenberg *et al.*, 1994), c'est-à-dire récompenser un consommateur qui est déjà plus ou moins fidèle, qui aurait acheté même sans gratification. Ce phénomène est probablement encore accentué dans le secteur de la distribution où la proximité géographique semble être prépondérante dans le choix du magasin.

Nous venons de discuter les effets supposés des caractéristiques comportementales sur le processus d'adoption de la carte de fidélité. De l'autre côté, selon la théorie de Becker, l'utilité d'une enseigne et du programme de fidélisation est supposée être liée aux revenus ainsi qu'aux contraintes temporelles. Des consommateurs issus de catégories modestes sont probablement plus sensibles à une réduction de prix. Ils vont alors maximiser leur fonction d'utilité en minimisant la contrainte prix et en maximisant celle du temps liée à la collecte de points de fidélité. De l'autre côté, les consommateurs non sensibles, ayant moins de temps disponible, font la démarche inverse et maximiseront la contrainte prix tout en minimisant celle du temps. Ils payeront ainsi le prix fort. Dans ce contexte, l'existence d'un seuil est cependant probable. Par exemple, pour les foyers à très bas salaire, le revenu est trop faible pour que l'acheteur puisse saisir l'opportunité d'un programme de fidélisation. L'utilité du magasin le plus proche est alors forte même sans carte de fidélité. En revanche, pour de hauts niveaux de revenus, l'utilité marginale du programme de fidélisation et des gratifications banales décroît rapidement. C'est la raison pour laquelle on peut s'attendre à ce que l'utilité de la carte de fidélité soit la plus forte pour les ménages à revenus moyens, pour lesquels la probabilité de fidélité sans programme de fidélisation est faible. C'est ainsi que la supposition prochaine est dérivée :

H.3.10. : Les foyers ayant des revenus intermédiaires adoptent la carte de fidélité plus rapidement que ceux avec des revenus modestes ou élevés.

Enfin, l'utilité d'une enseigne ainsi que d'un programme de fidélisation est liée à l'éducation des individus. L'éducation permet d'avoir un processus d'achat plus rationnel, et donc d'accorder moins d'importance à tout type de récompense ou promotion. De l'autre côté, on pourrait s'attendre à ce que des foyers plus rationnels sachent mieux gérer les points et d'autres récompenses, ce qui se traduirait par une utilité plus importante de la carte de fidélité pour eux. Cependant, la relation retenue par Narasimhan (1984) est une relation négative, c'est-à-dire que plus l'éducation d'un individu est élevée, moins il est sensible aux promotions et aux autres actions marketing, comme le programme de fidélisation.

H.3.11. : Les foyers ayant une éducation modeste adoptent la carte de fidélité plus rapidement que ceux avec une éducation élevée.

Dans ce troisième groupe d'hypothèses, nous testons alors le lien entre différents types de comportement d'achat ainsi que variables situationnelles et la vitesse d'adoption. Il est alors probable que certains clients s'autosélectionnent en fonction de leurs caractéristiques socioéconomiques, mais surtout de leur niveau d'activité (paniers, fréquence d'achat, taux de nourriture, etc.). Ainsi, on peut supposer que ce sont les plus gros acheteurs de l'enseigne, et dans un deuxième temps de la catégorie, qui adoptent en premier lieu la carte de fidélité, et les plus petits consommateurs en dernier lieu.

Nos hypothèses tiennent ainsi compte des désirs des managers qui souhaitent orienter dans le cadre d'un programme de fidélisation la majorité des ressources vers les 20 % des meilleurs clients. Dans une optique d'optimisation de la gestion du recrutement, il est alors aisément compréhensible que notre travail s'intéresse à la question de savoir si la carte de fidélité attire vraiment ces 20 % des meilleurs clients. Les hypothèses sont résumées dans la figure suivante.

Figure 6.
Les hypothèses sur la vitesse d'adoption

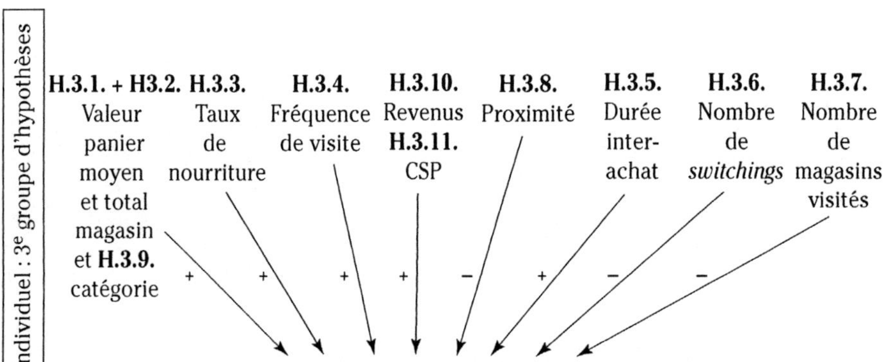

Pour expliquer les effets de sélection que nous venons d'exposer, il ne semble pas éloigné de se référer également à la théorie de la diffusion de nouveaux produits (Bass, 1969 ; Rogers, 1983 ; De Palma *et al.*, 1991). Nous nous sommes cependant écartés de cette théorie, car elle s'intéresse plus à un phénomène de contamination ou d'interaction qui favorise le processus par lequel une innovation tend à se propager. Or, dans le cas du programme de fidélisation analysé, ce raisonnement ne nous semble en revanche pas parfaitement adapté, mais devrait faire l'objet de travaux ultérieurs.

4. La synthèse des hypothèses

Ce chapitre a donc été consacré aux suppositions des effets d'un programme de fidélisation sur la composante comportementale de la fidélité.

En particulier, nous testons d'abord son impact sur des indicateurs agrégés du marché (premier groupe d'hypothèses). Ensuite, nous nous interrogeons sur les différences entre porteurs et non-porteurs de la carte de fidélité quant à la probabilité de choix du magasin et l'intensité, ainsi que la durée de la relation (deuxième groupe d'hypothèses). Dans ce contexte est également abordée l'idée de la gestion de la relation, dans une optique de modification du comportement suite à la souscription à la carte de fidélité. Enfin, dans notre troisième groupe d'hypothèses, les aspects de l'hétérogénéité sont explorés en vérifiant si certains groupes de consommateurs adoptent plus rapidement la carte de fidélité que d'autres. L'ensemble de nos hypothèses est résumé dans les deux figures suivantes : la première montre les suppositions sur les différences entre porteurs et non-porteurs de la carte de fidélité ; la seconde présente d'abord les hypothèses concernant les éventuelles modifications du comportement d'achat suite à la souscription à la carte, et puis celles se situant au niveau agrégé.

Figure 7.
Les hypothèses sur la différence entre les porteurs et non-porteurs de la carte de fidélité

Porteurs de la carte de fidélité	H.2.2.1. +Valeur moyenne panier H.2.2.2. + Montant total du panier par période H.2.2.3. – Durée interachat H.2.2.4. + Fréquence d'achats H.2.2.5. + Taux de nourriture H.2.2.6. – Nombre de changements de magasins H.2.2.7. - Nombre de magasins visités H.2.5. + Durée de la relation	**Non porteurs de la carte de fidélité**

Figure 8.
Les hypothèses sur l'adoption, les modifications avant/après souscription à la carte de fidélité et sur la structure concurrentielle du marché

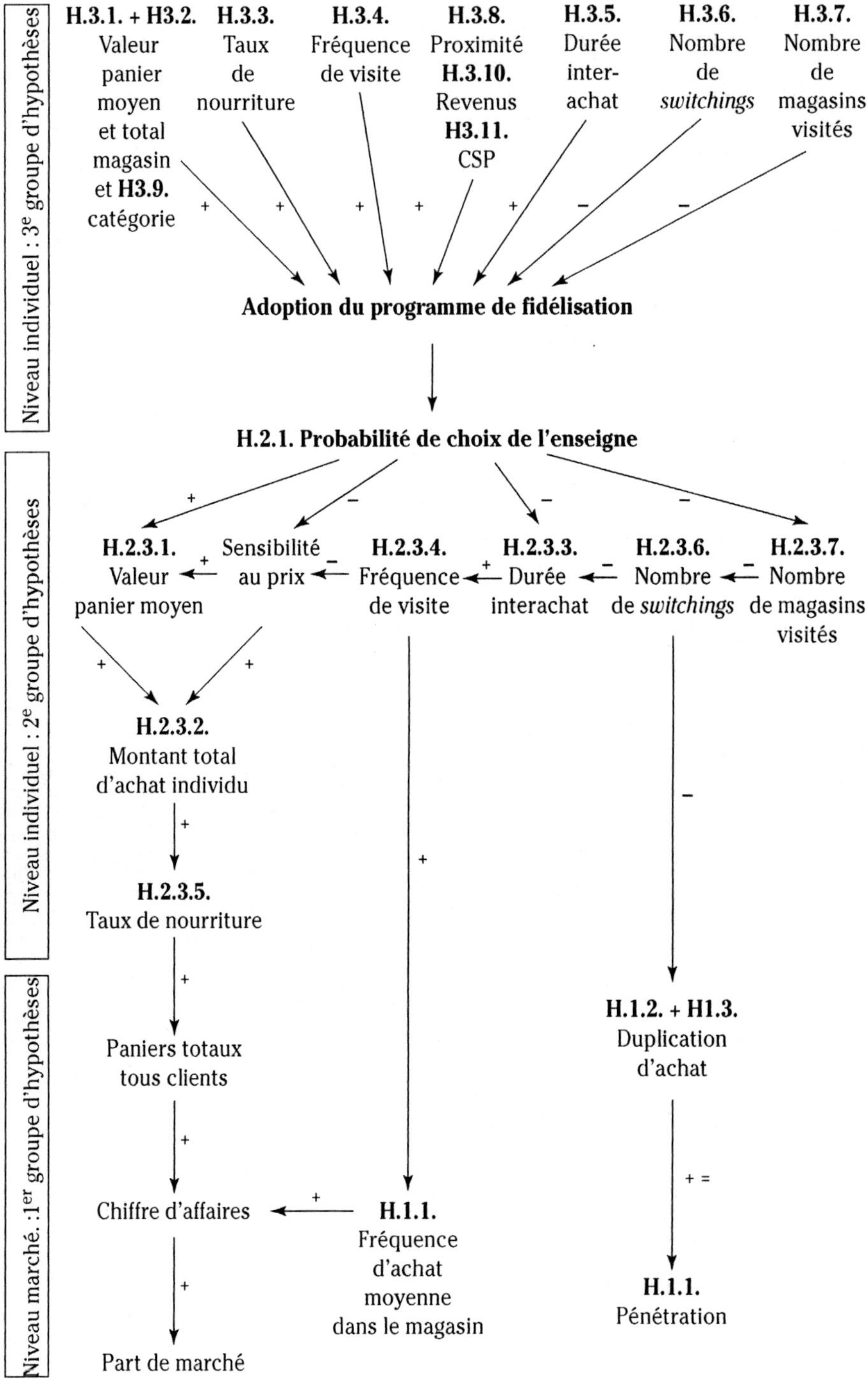

Seconde partie

Une application empirique sur le marché test *BehaviorScan*

Dans la première partie de cette étude, nous avons défini la notion de programme de fidélisation, décrit sa place dans la stratégie marketing et fourni un cadre conceptuel d'analyse concernant son rôle et son influence sur les antécédents de la fidélité. Cette approche a été conduite en se référant à deux grands objectifs stratégiques des managers établis dans les esprits de la plupart des praticiens mais aussi des universitaires : 1) la gestion de la diversité (l'identification et la sélection des meilleurs clients) et 2) la gestion de la relation (le contrôle et la modification du comportement d'achat). Ainsi, nos hypothèses pour évaluer l'efficacité des programmes de fidélisation sont construites autour de ces deux dimensions, en explorant principalement le volet comportemental de la fidélité.

Nous avons fait ce choix, vu le manque d'investigations empiriques quant au sujet. Par ailleurs, il nous semble indispensable de commencer cette étude par l'exploration des effets sur le comportement d'achat pour déjà savoir s'ils existent, car c'est finalement cet aspect qui intéresse le plus les managers. Cette investigation pourra alors être vue comme point de départ, en quelque sorte fondement, pour des travaux ultérieurs qui s'avèrent indispensables pour explorer les influences sur la partie attitudinale et psychosociale de la fidélité.

Pour tester nos hypothèses et pour mesurer l'efficacité d'un programme de fidélisation, nous défendons d'abord notre choix méthodologique pour le marché test expérimental **BehaviorScan.** ***Par la suite, nous élaborons des instruments de mesure, décrivons nos différents échantillons extraits à partir du panel pour tester nos trois groupes d'hypothèses et présentons les méthodes de tests choisies, en particulier, le modèle Dirichlet. Dans le chapitre 5, nous testons nos hypothèses et exposons les résultats de notre investigation empirique.***

Chapitre 4

Les données utilisées et la méthodologie de l'étude

Pour tester nos hypothèses, il était indispensable de trouver une source de données régulières, précises et fiables qui permettent de comparer les enseignes et saisir les effets concurrentiels. Considérant ces critères, le choix ne peut que se porter sur les systèmes de panel scannérisé qui réunissent à la fois l'information individuelle et agrégée, la fiabilité et l'exhaustivité de la situation concurrentielle. En effet, selon Bucklin et Gupta (1999), ce type d'outil est utilisé avec succès par les chercheurs américains en marketing depuis le milieu des années 1980, notamment dans le domaine du prix, de la promotion des ventes, de la publicité et du « *category management* » [1]. Quant au secteur d'activité, nous avons choisi celui de la grande distribution généraliste, tout d'abord pour la relative prolifération des programmes de fidélisation sur le marché. Ensuite, nous avons cherché un produit avec des fréquences d'achat relativement importantes. Enfin, la disponibilité de données de panel dans le secteur de la distribution a également contribué à notre choix.

Enfin, ayant limité notre terrain empirique à ces critères, notre choix s'est porté sur des données de panel regroupant à la fois des informations individuelles, en même temps de durée la plus longue et de nature la plus désagrégée possible (au niveau de l'acte d'achat individuel dans un point de vente) des consommateurs quant à leurs comportement d'achat et leurs caractéristiques socioéconomiques. Étudiant le marché en France, deux types de panel répondent à ces critères, les panels consommateurs et ceux qui sont « *single source* » ou mixtes (à la fois panel de consommateurs et de distributeurs). Pour le premier type, il existe deux sociétés, Nielsen et Sécodip, proposant respectivement, Homscan et Consoscan. En ce qui concerne les panels mixtes, Sécodip et MarketingScan se partagent le marché avec respectivement, Scannel (à Château-Thierry et Sens) et *BehaviorScan* (à Angers et au Mans). Les deux sont en fait des marchés tests, quasi expérimentaux qui permettent aux annonceurs et aux distributeurs d'avoir une série d'outils performants afin de valider leurs stratégies marketing. Notre choix s'est porté sur *BehaviorScan* pour des raisons de facilité d'accès [2].

1. En Europe, les recherches académiques avec des données de panel scannérisées sont encore rares. En France et en Allemagne, seulement peu de chercheurs travaillent dans le domaine, parmi les plus connus sont Pierre Desmet, Wolfgang Gaul, Pierre Volle, Philippe Aurier, Christophe Benavent et Sönke Albers.
2. Ce panel a notamment déjà contribué aux connaissances sur l'efficacité des promotions de vente et surtout de la publicité dans les fameuses méta-analyses de Lodish (1995).

Ce panel contient toutes les informations concernant les caractéristiques signalétiques des consommateurs mais également leurs détails d'achat. Pour notre étude, les informations indispensables sur la possession et la date de souscription [3] des cartes de fidélité manquent cependant. Pour palier à ces deux problèmes, l'information sur la possession des cartes de fidélité a été relevée par la société MarketingScan par enquête. Le renseignement, quant à la date de souscription à l'un des programmes de fidélisation disponibles sur le marché, a été obtenu par un des leaders de la distribution généraliste française. Nous avons ainsi croisé leurs bases de données internes, provenant des deux magasins se situant dans la zone test, avec le panel *BehaviorScan*.

Pour mieux comprendre le fonctionnement de *BehaviorScan* et notre démarche, nous décrivons dans la section 1 l'opérationnalisation des variables de mesure. Puis, dans la section 2, seront expliquées les méthodes de tests choisies ainsi que les différents sous-échantillons que nous avons extraits. En effet, nous ne travaillons pas à partir de la totalité du panel pour plusieurs raisons : tout d'abord, pour des problèmes d'ordre méthodologique, car nous faisons une analyse en cohorte longitudinale à une mesure répétée dans le temps. Ce type d'analyse est fréquemment appliqué dans l'analyse des panels, mais implique cependant quelques problèmes particuliers, comme des effets de panel et de mortalité des panélistes. Ensuite, pour répondre le plus précisément à nos trois groupes d'hypothèses, trois sous-échantillons s'avèrent nécessaires à la réalisation des analyses :

- au niveau agrégé du marché (1er groupe d'hypothèses) ;
- de comparaison du comportement d'achat des porteurs/non-porteurs au niveau individuel (2e groupe d'hypothèses) ;
- du comportement d'achat avant et après la souscription à la carte de fidélité au niveau individuel (2e groupe d'hypothèses) ;
- de la vitesse d'adoption de la carte de fidélité au niveau individuel (3e groupe d'hypothèses).

La description des détails méthodologiques pour contourner ces problèmes, ainsi que la présentation des méthodes pour tester les hypothèses relatives aux variables indépendantes, sont les objectifs de la section 2. Chaque paragraphe détaille un aspect de la méthodologie. Certains sont plutôt empiriques, dans le but d'indiquer les procédures mises en œuvre pour tester les hypothèses.

1. L'instrument de mesure

Comme indiqué précédemment, nous travaillons à partir du panel « *single source* » *BehaviorScan* à Angers. Avant de décrire les variables de mesure, il nous semble indispensable de faire un bref passage sur le fonctionnement et la présentation de cet outil, extrêmement riche en information. Nous expliquons également la fusion du panel avec la base de données du distributeur.

1.1. La constitution du marché test « *single source* »

BehaviorScan® a été crée en France par la société MarketingScan en 1994. MarketingScan dispose aujourd'hui de deux des plus grands marchés tests fermés d'Europe, situés à Angers ainsi qu'au Mans. Le marché test *BehaviorScan* est une méthodologie internationale existant aujourd'hui dans trois pays: aux États-Unis (depuis 1979), en Allemagne (depuis 1986 sur la ville de Hassloch) et en France (depuis 1995 sur la ville d'Angers et depuis 1999 sur la ville test du Mans).

3. L'information sur la date de la prise de carte permet de tester notre groupe d'hypothèses sur la modification du comportement d'achat après la souscription.

Le principe du marché test « single source »

Dans chacune des villes, le marché test est composé d'un panel consommateurs et d'un panel distributeurs. Le principe du marché test fermé consiste à recueillir les données sur un ensemble exhaustif de points de vente en concurrence, l'évasion commerciale en dehors de cette zone étant considérée comme nulle.

- **Le panel consommateurs**

Le panel consommateurs est composé de 5175 foyers[4] (soit environ 15000 individus) habitant la ville test d'Angers, alors que la zone principale comporte 141 000 habitants. Le taux de sondage s'élève donc à 10,6 %. Les foyers participants sont tous équipés d'une ou de plusieurs cartes d'identification à code barres qu'ils présentent à la caisse des magasins partenaires au moment de régler leurs achats. La lecture optique permet la collecte quasi exhaustive des comportements d'achat. Les panélistes effectuent 95 % de leurs achats de grande consommation dans les sept magasins partenaires dans la zone[5]. Ceci permet de suivre la quasi-totalité des achats réalisés dans la période concernée par consommateur et de suivre la répartition des achats ainsi que les fluctuations individuelles par point de vente au cours du temps.

- **Le panel distributeurs**

Le panel distributeurs à Angers est composé de sept magasins (cinq hypermarchés et deux supermarchés représentant 41 200 m^2) et couvre plus de 95 % des ventes de produits de grande consommation de la zone. Les enseignes partenaires sont Carrefour, Géant Casino, Intermarché, Leclerc et Système U.

Les deux panels sont alors fusionnés dans un panel dit source unique *(« single source »)* qui permet d'obtenir à la fois une vision globale et exhaustive du paysage de la distribution et du comportement d'achat des consommateurs.

La fusion entre BehaviorScan et la base de données distributeur

Comme nous l'avons précisé, notre étude a été conduite sur la zone d'Angers qui est divisée en treize quartiers, dont le treizième est l'agglomération. Sur la carte sont présentés les quartiers et localisations des magasins.

Figure 1.
Le marché test d'Angers et les quartiers

4. Au sens statistique, un foyer est un ensemble de personnes vivant dans un même ménage.
5. Bien évidemment, les achats effectués lors d'un oubli éventuel de la carte de panéliste sont omis.

La société MarketingScan nous a fourni une base de données contenant 5 175 panélistes, avec un ensemble de 800 000 actes d'achat, enregistrés quotidiennement dans les sept magasins entre la semaine 28 en 1998 et la semaine 28 en 2001 (représentant 156 semaines ou trois ans). Nous disposons également des informations nominatives sur les panélistes (CSP, âge, taille et revenus du foyer ainsi que la possession de l'une des quatre cartes de fidélité disponibles sur la zone).

Les sept magasins de la zone test d'Angers ont été désignés M1 à M7 [6]. M1 et M2 font partie de la même enseigne (nommée enseigne E1). M3 et M4 appartiennent aussi à une même chaîne (nommée enseigne E2). Les magasins M1 à M5 sont tous des hypermarchés entre 5 000 et 9 000 m²). Les points de vente M6 et M7 sont des supermarchés de respectivement 2 000 et 1 400 m².

Tableau 1.
La taille et la localisation des magasins

	Enseigne E1		Enseigne E2		Enseigne E3	Enseigne E4	Enseigne E5
	M1	M2	M3	M4	M5	M6	M7
Localisation	Q9	Q11	Q12	Q8	Q7	Q4	Q10
Surface (m²)	8 900	5 300	9 000	9 400	5 200	2 000	1 400

Pour obtenir l'information quant à la date de souscription des cartes de fidélité de l'enseigne E1, ce panel a été croisé avec la base de données des deux magasins (M1 et M2) appartenant à la même chaîne de distribution (enseigne E1).

Sur les 5 175 panélistes, 397 possèdent la carte de fidélité de l'enseigne E1. L'année de souscription va de 1994 à 2001. Sur ces 5 175 ménages, nous retenons finalement 2 476 foyers pour notre échantillon de travail pour des raisons méthodologiques (biais liés à la mortalité et au remplacement des panélistes).

Nous rappelons qu'en plus du programme de fidélisation de l'enseigne E1, trois autres concurrents en proposent un, pour lequel nous disposons uniquement de l'information sur la détention ou non des cartes de fidélité (mais pas la date de souscription). Le fonctionnement général de notre instrument de mesure est résumé dans la figure page suivante.

1.2. La sélection des observations

Même si les panels mixtes constituent un outil d'étude très puissant, quelques problèmes d'ordre méthodologique se présentent (Engel et Reinecke, 1995 ; Günther, 1998). Tout d'abord, il convient de mentionner que la composition de la structure sociodémographique et de l'âge n'est pas représentative de la population française, puisque les panels ne couvrent qu'un certain nombre d'agglomérations, et au sein de ces agglomérations, ils ne couvrent pas la totalité des détaillants.

D'autres problèmes sont d'ordre plus général et concernent les panels consommateurs et mixtes : il se pose d'abord le problème de la sélection, car même si le panel est représentatif quant aux caractéristiques sociodémographiques, on peut se poser la question de savoir si le comportement d'achat des individus qui acceptent de participer est identique à celui de ceux qui refusent. Dans ce contexte, il convient également de mentionner l'effet de panel qui fausse

6. Nous avons rendu anonyme les noms des enseignes pour une raison de confidentialité.

les résultats liés à un changement de comportement d'achat induit par le fait d'être participant.

Un autre biais est celui de la mortalité de panélistes. En effet, pour des raisons de décès, déménagement, lassitude etc., la durée de vie moyenne d'un panéliste est de quatre ans, ce qui porte des limites à la collection de données longitudinales sur les comportements et nécessite en permanence un remplacement de la part des sociétés de panel.

Enfin, d'autres erreurs sont liées au simple oubli de la saisie des achats ou de la présentation de la carte d'identification lors du passage à la caisse.

En dépit de ces biais, les panels scannérisés et en particulier les marchés tests, comme *BehaviorScan*, représentent des outils puissants quant à la validation des stratégies marketing des entreprises, et surtout un terrain d'étude extrêmement riche.

Figure 2.
La fusion du panel *BehaviorScan* et de la base de données du distributeur

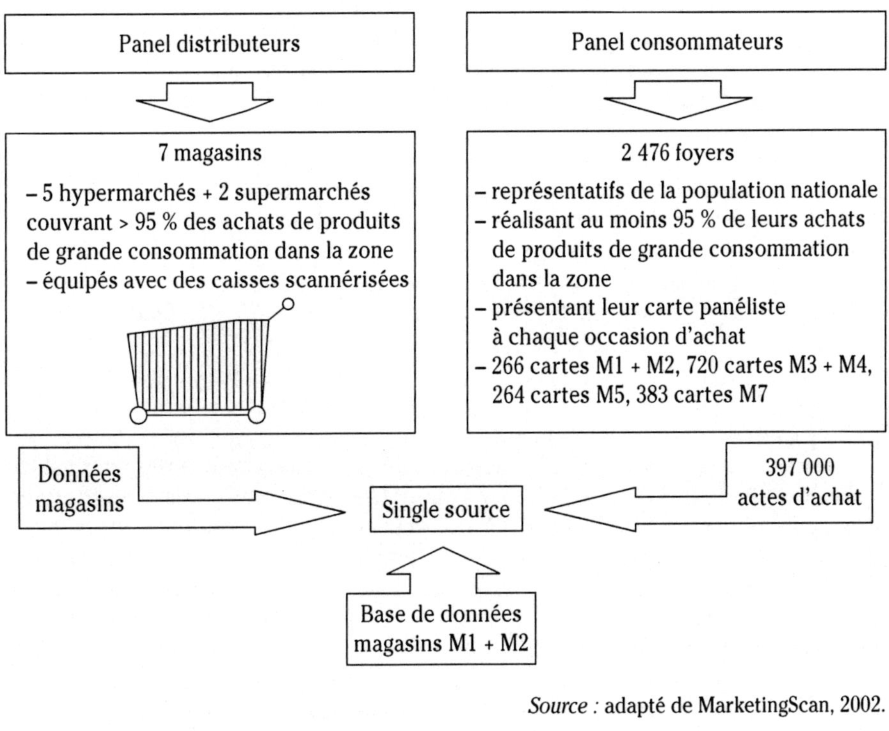

Source : adapté de MarketingScan, 2002.

La méthodologie générale et la période de l'étude

Étant donné que nous travaillons sur des données de panel, la méthodologie d'étude choisie est rétrospective et basée sur l'observation du comportement des consommateurs par l'intermédiaire de plusieurs cohortes définies en fonction de nos hypothèses et des objectifs de l'étude. Le terme cohorte est employé pour des groupes d'individus possédant au moins une caractéristique (les porteurs ou non-porteurs d'une carte de fidélité) ou un événement (la date de souscription à la carte) commun dans le temps (Peiser, 1991). L'analyse en cohorte est en effet une mesure répétitive longitudinale dans le temps d'une caractéristique sur une variable connue au sein d'une cohorte homogène (intra-cohorte). Elle est appliquée fréquemment dans l'analyse des panels où l'on rencontre cependant quelques problèmes particuliers (Glenn, 1977) :

– la définition de l'unité d'analyse ou de la cohorte en fonction d'un critère donné ;

– les effets relatifs à la durée des périodes d'observation ;

– la mortalité des panélistes, c'est-à-dire la disparition ou le remplacement des individus dans le temps (ce qui ne veut pas dire qu'ils ont arrêté d'acheter), qui peut conduire à des biais de sélection et par la suite à des variations dans les mesures intracohortes (Günther, 1998 ; Dormont, 2002) ;

– les effets de vieillissement ou d'âge ;

– les effets de la variable ayant servi à la définition de la cohorte ou l'effet de la cohorte : dans notre étude, ce sont les panélistes présents à la même date dans le panel.

Ces effets, pouvant se combiner, sont en mesure d'entraîner d'importants biais et requièrent l'application d'un certain nombre d'hypothèses et de méthodes (Droesbeke *et al.*, 1989 ; Hagenaars, 1990). D'une manière générale, pour analyser les cohortes, il convient d'examiner la tendance intracohorte en reliant de manière rétrospective les variations observées aux évolutions des comportements d'achat dans le temps [7].

Le premier problème méthodologique concerne l'unité d'analyse. Nous choisissons l'occasion d'achat d'un foyer, c'est-à-dire la fréquence de visite, pour éliminer les problèmes liés au conditionnement et à la taille de l'unité de consommation.

Quant à la durée des périodes d'observation, Blattberg et Neslin (1990) recommandent d'utiliser sur les données de panel des périodes de durée calendaire, comme la semaine, le mois et le trimestre, qui respectent les conditions de stationnarité du marché [8]. Cette condition ne suppose pas une absence d'action marketing, mais au contraire, que les différentes actions s'équilibrent et ne provoquent pas de modification substantielle dans le niveau global des ventes. Selon Ehrenberg (1988), on peut considérer un marché comme stationnaire si les ventes ne fluctuent pas au-delà de plus ou moins 10 %. Nous choisissons comme période de référence la semaine pour qu'un événement se produise, car la majorité des achats dans l'un des sept points de vente se fait avec cette périodicité. C'est également cette valeur que recommandent Keng et Ehrenberg (1984). Pour les études de « comparaison porteurs/non-porteurs » et « avant/après souscription à la carte de fidélité », respectivement l'année (sur 3 ans) et le trimestre sont choisis pour satisfaire aux conditions de stationnarité. En effet, après une première analyse, nous avons constaté que les ventes et les parts de marché sont relativement stationnaires par trimestre ainsi que sur la durée des trois ans et ne fluctuent pas au-delà des 10 %. Les conditions du marché normal Dirichlet sont alors approximativement remplies.

7. Plutôt qu'à l'influence de la période d'étude.

8. C'est-à-dire sans qu'un changement au niveau agrégé des ventes puisse être observé sur le court terme.

Comme critères de contrôle nous choisissons :

– la possession ou non de l'une des quatre cartes de fidélité à un moment *t*, pour faire la comparaison des comportements d'achat entre porteurs ou non porteurs par an ;

– la date de souscription à la carte de fidélité de l'enseigne E1, afin de comparer le comportement trois trimestres avant, et quatre trimestres après son adoption.

La construction de l'échantillon de base (échantillon 1)

Comme nous l'avons indiqué dans les panels, *BehaviorScan* inclus, on observe le phénomène de la mortalité des panélistes, c'est-à-dire la disparition ou le remplacement des individus dans le temps, ce qui peut conduire à des biais de mesure suite à des variations de taille dans l'échantillon (Günther, 1998).

Pour éliminer le problème de la mortalité des panélistes, nous ne travaillons pas sur la totalité des 5 175 panélistes, mais optons pour la solution de ne considérer que les individus étant restés actifs dans le panel pendant toute notre période d'observation (comme le conseillent Engel et Reinecke, 1995 et Hujer, 1997), c'est-à-dire entre la semaine 28/1998 et la semaine 28/2001 [9]. Cela signifie que sont exclus tous les foyers entrés tardivement dans le panel ou sortis précocement pendant ce laps de temps. Il est évident que cette exclusion réduit de manière considérable la taille de l'échantillon [10], mais nous préférons tout de même cette approche pour ne pas perturber la méthodologie de l'étude en cohorte. En outre, cette démarche garantit une meilleure stabilité et fiabilité des résultats, en gommant les effets de mortalité de panel et de variations éventuelles dans les stratégies de recrutement ou promotionnelles générées par les magasins.

Notre critère d'activité est construit à partir de deux variables, la durée interachat et la durée censurée. La durée censurée correspond à la différence entre la date du dernier achat d'un individu dans l'un des sept points de vente et la date de fin de l'étude [11].

Peterson *et al.* (1989) préconisent une période de censure inférieure ou égale à 12 mois pour considérer un client encore potentiellement actif. Cette période est fixée de manière arbitraire car il n'existe pas d'étude empirique sur le processus de décision du consommateur qui la justifie.

Dans le panel *BehaviorScan*, 50 % des foyers ont une durée censurée inférieure à un mois et une durée interachat moyenne de 9 jours, tous magasins confondus. Ainsi, dans notre analyse, un panéliste est considéré comme inactif ou sorti du panel si sa durée de censure correspondante (tous magasins confondus) est supérieure à quatre fois sa durée interachat moyenne (environ 40 jours) [12]. Nous pouvons ainsi en déduire qu'un panéliste n'ayant pas acheté dans l'un des sept points de vente pendant 40 jours, a de fortes chances d'être sorti du panel. Ceci est d'autant plus valable qu'il s'agit de distributeurs alimentaires avec une forte proportion de catégories de produits (produits de grande consommation d'usage quotidien) à fréquence d'achat élevée.

9. *BehaviorScan* utilisant la méthodologie du marché test fermé avec l'exhaustivité de tous les achats (nous rappelons que 95 % des achats de grande consommation de la zone sont en effet captés par le panel), il est possible d'étudier exactement les éventuelles sorties de panel ou de ruptures de relation avec les différents distributeurs.

10. Environ 50 % du panel, ce qui nous laisse toujours 2 476 individus réalisant environ 397 000 actes d'achat.

11. Nous calculons plus tard la durée de censure par magasin pour notre indicateur de récence d'achat.

12. Cette période tient également compte d'éventuels déplacements (inactivités) pendant les périodes de vacances.

Après cette procédure, nous disposons de 2 476 panélistes dont 266 porteurs de la carte des magasins 1 et 2, représentant 297 538 actes d'achat. La taille de cet échantillon est largement au-dessus du seuil méthodologique spécifié dans les travaux de Schmittlein et Peterson (1994) qui préconisent pour l'étude des schémas d'achat des consommateurs 1600 clients pour une période de 12 mois, soit environ 400 clients pour 36 mois (la relation étant, selon eux, linéaire). La structure et la répartition de cet échantillon que nous nommons échantillon 1 sont résumées dans les tableaux suivants.

Tableau 2.
Les actes d'achat par magasin - Échantillon 1

	Total	%	Dont porteurs M1-7	%	Dont porteurs de carte M1 + 2	%
M1	70 896	24	45 498	18	17 168	36
M2	67 354	23	32 601	13	8 977	19
M3	58 739	20	41 430	17	3 872	8
M4	79 775	27	53 614	21	6 274	13
M5	42 697	14	31 698	13	1 497	3
M6	43 532	14	21 130	8	4 840	10
M7	27 213	9	24 178	10	4 872	10
Total	**297 538**	**100**	**250 149**	**100**	**47 500**	**100**

Tableau 3.
La répartition des porteurs et non-porteurs des cartes de fidélité par enseigne - Échantillon 1

Enseigne	**E1**		**E2**		**E3**	**E4**	**E5**
Point de vente	**M1**	**M2**	**M3**	**M4**	**M5**	**M6**	**M7**
Porteurs carte*	266	203	720	744	264	–	383
Non-porteurs carte*	2 001	1 604	1 209	1 306	1 104	1 199	293
Total par magasin *	**2 267**	**1 807**	**1 929**	**2 050**	**1 368**	**1 212**	**676**
Total échantillon	**2 476**						

* : Ayant acheté au moins une fois pendant les trois ans dans le point de vente.

1.3. Les caractéristiques du marché

La modélisation des comportements au niveau le plus désagrégé est le but principal de notre étude. Cependant, les parts de marché en valeur et la pénétration (aussi appelée « emprise » du magasin sur sa zone de chalandise) des points de vente sont deux indicateurs intéressants pour évaluer la performance des magasins, en particulier par le modèle Dirichlet.

La pénétration

Le taux de pénétration est un indicateur agrégé et représente le pourcentage des personnes ayant acheté au moins une fois dans un magasin donné pendant la période d'observation. Cet indicateur donne l'information sur l'attraction des points de vente et se situe plutôt dans une optique d'actions marketing offensives et nous l'avons labellisé « Pen1 à Pen7 ». Nous l'avons mesuré dans notre analyse sur la période de trois ans et hebdomadairement pour évaluer les variations, car selon Keng et Ehrenberg (1984), plus l'horizon temporel augmente, plus la pénétration s'accroît également. Dans le tableau suivant sont résumés les taux de pénétration des points de vente sur les trois ans.

Tableau 4.
La pénétration stabilisée par magasin (sur 3 ans)

	M1	M2	M3	M4	M5	M6	M7
Nombre panélistes	2 267	1 807	1 929	2 050	1 368	1 199	676
Moyenne	92 %	73 %	78 %	83 %	67 %	63 %	40 %

Au sein de la période d'observation (3 ans), 2 267 individus, sur les 2 476 panélistes, ont acheté au moins une fois dans le magasin M1, ce qui représente une pénétration de 92 %, et 1 807 consommateurs ont réalisé au moins un acte d'achat dans le magasin M2 (pénétration de 73 %). Les hypermarchés possèdent des valeurs plus fortes que les supermarchés M6 et M7, avec respectivement, 63 % et 40 %, ce qui montre que cette valeur est fonction de la taille (corrélation 0,92, $p < 0{,}001$).

- **Les variations entre les panélistes**

La variation entre les points de vente et les CSP, ainsi que la taille de foyer, est la suivante.

Tableau 5.
La pénétration par CSP et taille du foyer

	Foyer aisé	Foyer modeste	< 3 personnes	> 3 personnes
M1	+	–	–	+
M2	ns	ns	ns	ns
M3	+	–	–	+
M4	+	–	+	–
M5	–	+	ns	ns
M6	ns	ns	ns	ns
M7	ns	ns	ns	ns

+ = bien représenté, – = pas bien représenté, ns = non significatif.

Les foyers aisés ont une pénétration supérieure dans M1 et M3. M1 est relativement proche du centre d'Angers avec des quartiers ayant des revenus plus élevés. M4 est la plus grande surface de la ville (9 400 m^2), expliquant également une pénétration supérieure des foyers aisés. En revanche, ceux qui ont des revenus modestes sont plutôt bien représentés dans le magasin M5, situé en périphérie, plutôt modeste. Le magasin 5 est plutôt positionné EDLP *(Every Day Low Price)*, ce qui explique que les CSP moins aisées préfèrent ce type de magasin. En ce qui concerne la taille des foyers, ce sont les familles nombreuses qui ont un taux de pénétration supérieur dans les magasins M1 et M3.

La part de marché

La part de marché est le rapport des dépenses agrégées par magasin tous foyers confondus par rapport à la totalité des dépenses tous magasins confondus. Nous l'avons labellisée « PdM1 à PdM7 ». Le magasin M4 est le leader du marché, le magasin M1 est deuxième suivi par M3, M2, M5 (tous sont des hypermarchés entre 5 000 m^2 et 9 000 m^2). Les supermarchés M6 et puis M7 (2 000 m^2 et 1 400 m^2) se retrouvent respectivement en sixième et septième position. La part de marché est corrélée à la pénétration (0,88 ; $p < 0,001$), comme le dit Ehrenberg (1988). Ainsi, dans le tableau suivant sont résumées les parts de marché respectives des sept points de vente.

Tableau 6.
La part de marché et la pénétration sur 3 ans

	Parts de marché	Pénétration
M1	18 %	92 %
M2	14 %	73 %
M3	17 %	78 %
M4	25 %	83 %
M5	11 %	67 %
M6	9 %	63 %
M7	6 %	40 %

• **Les variations géographiques**

La part de marché est fonction de la surface de vente, et est inversement proportionnelle à la distance des quartiers. Ainsi, dans la tableau suivant, sont présentés les coefficients de corrélation entre la part de marché et la distance géographique ($p < 0,001$).

Tableau 7.
La corrélation entre la part de marché et la localisation

	M1	M2	M3	M4	M5	M6	M7
Distance M1	– 0,19						
Distance M2		– 0,38					
Distance M3			– 0,44				
Distance M4				– 0,33			
Distance M5					– 0,41		
Distance M6						– 0,25	
Distance M7							– 0,28

$p < 0,0001$.

La localisation joue un rôle déterminant dans le choix du magasin. Par exemple, pour le point de vente 1, situé dans le quartier 9, la part de marché est la plus élevée dans les quartiers 1, 3, 9, chacun étant situés à moins de 2 km, et la plus faible pour les quartiers 6 et 12, situés à plus de 5 km. Pour le magasin 2, la pénétration est maximale pour les quartiers 4 et 11, dans lequel il est situé.

Chaque point de vente se partage les dépenses des foyers avec les concurrents étant situés le plus près géographiquement.

Tableau 8.
Les parts de marché par quartier

Quartier	M1	M2	M3	M4	M5	M6	M7
1	29 %	5 %	14 %	33 %	10 %	8 %	1 %
2	13 %	1 %	8 %	71 %	5 %	1 %	1 %
3	39 %	4 %	4 %	13 %	1 %	32 %	8 %
4	9 %	44 %	13 %	14 %	3 %	14 %	2 %
5	6 %	2 %	64 %	9 %	18 %	1 %	1 %
6	5 %	1 %	12 %	18 %	62 %	1 %	0 %
7	7 %	1 %	8 %	35 %	49 %	0 %	0 %
8	18 %	1 %	5 %	71 %	4 %	0 %	1 %
9	51 %	1 %	3 %	40 %	2 %	2 %	1 %
10	22 %	2 %	4 %	11 %	1 %	17 %	42 %
11	8 %	40 %	19 %	16 %	3 %	9 %	5 %
12	5 %	1 %	81 %	8 %	4 %	1 %	0 %
13	18 %	11 %	23 %	32 %	1 %	1 %	13 %

• **Les variations temporelles**

Les variations temporelles par semaine sont présentes, mais restent en dessous de 10 %. Dans ce contexte, Ehrenberg (1988) préconise une tolérance de plus ou moins 10 % de fluctuations des ventes pour pouvoir considérer un marché comme stationnaire, c'est-à-dire sans tendance systématique à la hausse ou à la baisse. Le coefficient de variation, oscillant entre 6 % à 9 %, indique que les évolutions temporelles par semaine sont relativement faibles. Ainsi, on peut conclure que globalement la part de marché est stable au niveau hebdomadaire, mensuel et annuel, et les variations sont certainement liées à des pressions marketing instantanées des divers distributeurs et moins aux divers programmes de fidélisation. Il n'y pas de différences entre les trois années ($p > 0,1$).

Tableau 9.
La part de marché par année

Année	M1	M2	M3	M4	M5	M6	M7
1998	20 %	13 %	18 %	24 %	11 %	8 %	5 %
1999	18 %	14 %	18 %	25 %	10 %	9 %	6 %
2000	17 %	14 %	17 %	26 %	11 %	9 %	6 %
2001	16 %	14 %	17 %	25 %	12 %	10 %	7 %
Signif.	p > 0,1	p > 0,1	p > 0,1	p > 0,1	p > 0,1	p > 0,1	p > 0,1

Le chiffre d'affaires

Comme les parts de marché, le chiffre d'affaires, labellisé « Ca1 à Ca7 », ne subit pas de variations temporelles importantes sur les trois ans. On peut ainsi considérer le marché comme stationnaire car tous les changements sont en dessous de l'intervalle de 10 % recommandé par Ehrenberg (1988). Le magasin M2 est l'exception car il a là une forte progression entre 1998 et 1999 (+ 24 %). Cette évolution s'explique par un changement d'enseigne en 1999.

Le prix moyen, approximativement calculé en divisant le panier moyen par le nombre moyen d'articles, est le plus élevé pour M1 et le moins élevé pour M7.

Le tableau suivant donne un aperçu des indicateurs de performance par magasin dans le panel [13].

Tableau 10.
La taille et le chiffre d'affaires (en MF) des points de vente dans le panel

	E 1		E 2		E 3	E 4	E 5
	M1	M2	M3	M4	M5	M6	M7
Localisation	Q9	Q11	Q12	Q8	Q7	Q4	Q10
Prix moyen (en F)	18	15	17	17	16	14	14
CA (en MF) 1998*	9,2	5,7	8,6	11,9	5,1	4,3	2,9
CA (en MF) 1999	9,4	7,1**	9,0	12,8	5,2	4,7	3,1
CA (en MF) 2000	9,0	7,2	8,6	13,4	5,5	4,9	3,4
CA (en MF) 2001*	8,9	7,0	8,5	12,5	5,9	5,0	3,3
Variation							
1999/1998	2 %	24 %	4 %	7 %	1 %	9 %	6 %
2000/1999	-4 %	1 %	-5 %	4 %	5 %	5 %	8 %
2001/2000	-2 %	-3 %	-2 %	-6 %	3 %	2 %	-3 %

* : En 1998 et 2001, uniquement 6 mois d'historique sont disponibles : chiffre d'affaires extrapolé.
** : M2 a changé d'enseigne et de taille, ce qui explique la forte progression.

1.4. L'opérationnalisation des variables dépendantes

La description des variables situationnelles, sociodémographiques et comportementales, reflétant de la fidélité afin de décrire et modéliser les choix entre les sept points de vente, est l'objectif de ce paragraphe.

Pour l'opérationnalisation de la fidélité, nous préférons la conception comportementale (achat répété) à la conception attitudinale (attachement). Les raisons sont les suivantes : le concept d'attachement semble encore fragile et aucune opérationnalisation n'est réellement convaincante (Volle, 1999) ; en outre, l'attachement envers un magasin est plus ou moins pertinent selon les contextes d'achat. Le comportement d'achat de routine qui caractérise les courses en grandes surfaces alimentaires ne nous semble pas le meilleur contexte de choix pour observer le phénomène d'attachement. Des contextes routiniers mais plus affectifs, ou à plus forte implication sociale (par exemple, boulangeries, librairies, petits commerces) seraient sans doute plus appropriés.

Les mesures basées sur le comportement sont plus disponibles ainsi que moins chères à collecter pour une entreprise, et sont la vraie source de profit pour cette dernière (Jones et Sasser, 1995). De plus, elles reflètent exactement ce que le consommateur fait, et n'ont pas, comme les mesures attitudinales, un caractère uniquement déclaratif (Colombo et Morrison, 1989).

Nous rappelons dans ce contexte que le comportement de fidélité est considéré dans notre étude successivement à un niveau agrégé – le marché total et le point de vente – à l'aide du modèle Dirichlet (la fréquence d'achat moyenne et la

13. Nous rappelons qu'il ne s'agit pas des valeurs réelles (totalité) du marché d'Angers mais uniquement du chiffre d'affaires réalisé par les panélistes.

pénétration). Ensuite, nous descendons à un niveau de plus en plus individuel, d'abord le foyer et ensuite l'acte d'achat, dans une optique de gestion de clientèle et pour considérer des phénomènes d'hétérogénéité intra- et interindividuelle. Ce choix a été fait pour plusieurs raisons.

Dans la majorité des investigations empiriques sur les programmes de fidélisation, les effets généraux sont très faibles voire inexistants. Il serait cependant dangereux de conclure qu'ils sont inefficaces, car un biais important se trouve dans ces études : elles ont été menées, à l'exception de celle de Benavent *et al.* (2000), au niveau agrégé du marché (part de marché, pénétration). De nombreuses études, notamment dans le domaine de la promotion des ventes (Chintagunta *et al.*, 1991 ; Vilcassim et Jain, 1991), montrent cependant que la réactivité à des actions marketing est fortement influencée par des phénomènes d'hétérogénéité individuelle. En effet, on peut supposer que tous les consommateurs ne réagissent pas de la même manière aux programmes de fidélisation et aux gratifications associées. Un niveau agrégé de l'analyse masque alors cette hétérogénéité et peut conduire à des résultats biaisés. En particulier, la prise en compte de la part de marché et d'autres indicateurs agrégés peut s'avérer dangereuse et trompeuse pour les raisons suivantes.

La majorité des managers va juger un programme de fidélisation efficace si les parts de marché, la pénétration et d'autres indicateurs agrégés (généralement disponibles dans les abonnements de panels) augmentent de manière substantielle (Ehrenberg *et al.*, 1990). Cependant, vu l'orientation défensive des programmes, il est plus probable que l'effet s'exerce sur un certain nombre de mesures individuelles liées à l'intensité d'achat, comme le taux d'achat répété, sans que la pénétration, les ventes globales et la part de marché n'augmentent sur des marchés saturés et stationnaires [14]. Dans ce cas, si le programme de fidélisation ne conduit pas à des augmentations de parts de marché, il va certainement être considéré comme un échec par la majorité des entreprises, même si certains indicateurs individuels ont été modifiés positivement. En revanche, une amélioration des indicateurs, comme le taux d'achat répété, la fréquence d'achat, peuvent conduire à des avantages concurrentiels importants, en assurant le flux de revenus futurs, en diminuant le risque de perdre des clients et en établissant des relations plus étroites avec ces derniers. Ce constat nous conduit à conclure qu'il existe des problèmes pratiques quant à l'évaluation de l'impact des cartes de fidélité à l'aide de mesures agrégées, et notamment la part de marché, car :

– l'objectif d'une augmentation de la part de marché est peu approprié pour le champ d'action d'un programme de fidélisation. En effet, il existe d'autres outils marketing (promotion des ventes) moins chers et moins risqués pour atteindre ce but. Même si dans le cas le plus favorable, une augmentation de la part de marché pourrait être directement attribuée à la carte de fidélité, cela pourrait également signaler que le programme donne trop d'avantages à des clients qui risquent de mettre en péril la pérennité financière de l'entreprise à long terme ;

– des changements se produisent plus au niveau individuel (la fréquence d'achat) et des modifications de la structure fondamentale du marché ne seront

14. En effet, comme nous le précisons dans notre premier groupe d'hypothèses, le gain de la part de marché passe principalement par l'acquisition de nouveaux consommateurs (Sharp, 1997). Étant donné que les programmes de fidélisation sont plus intéressants pour les consommateurs du point de vente que pour ceux de la catégorie, il semble peu probable que la part de marché soit augmentée.

certainement pas perçues. L'instrument de mesure au niveau agrégé s'avère trop peu sensible pour capter ces phénomènes de l'hétérogénéité. Ainsi, pour la relative stationnarité de la plupart des marchés, le marché test *BehaviorScan* inclus, une variation substantielle de la part de marché liée aux instruments marketing, et en particulier due au programme de fidélisation, semble peu probable. L'utilisation de modèles au niveau individuel, pour détecter de légers changements très tôt après le lancement du programme, est par conséquent plus raisonnable ;

– pour observer des modifications, des périodes d'observation très longues s'imposent. Des changements de parts de marché en faveur de la concurrence peuvent par conséquent être détectés uniquement très tardivement lorsqu'il peut déjà être trop tard pour réagir.

Ces conclusions nous conduisent à élargir notre approche vers des indicateurs de performance aux niveaux les plus désagrégés. Les variables comportementales que nous utilisons et que nous présentons ensuite, à savoir la récence, la fréquence, la valeur monétaire et la durée de vie sont préconisées par Jones et Sasser (1995), et ont été complétées dans notre investigation par le nombre de magasins visités et le nombre de changements entre les magasins.

Le taux de nourriture ou la proportion des achats

Le taux de nourriture est la « part de marché relative » d'une marque ou d'une enseigne dans le panier d'un consommateur. Étant donné que les sept magasins du panel *BehaviorScan* représentent 95 % des achats dans la zone test d'Angers, cet indicateur est simple à calculer pour les panélistes à chaque acte d'achat.

La notion du taux de nourriture dans la mesure de la fidélité trouve sa justification dans les travaux de Cunningham (1956) qui considère que si un individu consacre plus de 50 % de ses achats à une marque ou une enseigne, il peut être considéré comme fidèle.

La mesure du taux de nourriture représente cependant quelques biais : un petit acheteur qui achète dans un magasin seulement une fois au sein de la période d'observation et qui devient inactif est considéré comme fidèle selon la définition de Cunningham (1956). Un autre acheteur qui fait ses courses dans quatre points de vente différents avec exactement la même fréquence et proportion est également considéré comme fidèle. Dans le deuxième exemple, on se rapproche cependant plus du cas de la multifidélité.

Nous rappelons également que la différence entre le taux de nourriture et la part de marché est liée au niveau agrégation. Le premier est calculé au niveau individuel et représente le pourcentage des dépenses réalisées par un foyer dans les différentes enseignes. Le deuxième est le rapport des dépenses agrégées par magasin tous foyers confondus par rapport à la totalité des dépenses tous magasins confondus.

Dans notre analyse, le taux de nourriture de chacun des sept magasins est opérationnalisé au niveau individuel à chaque occasion d'achat, et puis au niveau agrégé, par plusieurs périodes de temps.

- **Le taux de nourriture individuel par semaine**

Le taux de nourriture hebdomadaire au niveau foyer permet de tenir compte de l'hétérogénéité intra-individuelle (Ortmeyer *et al.*, 1991). Il correspond à la proportion du budget d'un foyer consacrée à chaque point de vente, à chaque occasion d'achat. Cette variable a été créée par ménage par semaine pour chacun des sept magasins et labellisée respectivement « Txfid1 à Txfid7 ». Elle rend compte des variations de préférence dans le temps, telles qu'elles peuvent être déduites de la séquence des choix observés dans le panel. Le calcul s'effectue de la manière suivante :

« Txfid1 à Txfid7 » = Valeur du panier magasin m en semaine *t*/Somme des valeurs des paniers tous magasins M en semaine *t*.

- **Le taux de nourriture total des achats par point de vente**

Par la suite, nous avons créé la variable « Txfid1_T-Txfid7_T », qui est le taux de nourriture par foyer pour chacun des magasins. Elle est basée sur l'agrégation des achats par ménage, par trimestre ou pour les trois ans de la période d'observation et représente la proportion totale du budget d'achat par foyer par point de vente par rapport à la totalité des achats du foyer. Elle capte les variations inter-individuelles.

« Txfid1_T à Txfid7_T » = Somme des valeurs des paniers par magasin m sur la période *t*/somme des valeurs des paniers tous magasins M sur la période *t*.

Le tableau suivant montre les taux de nourriture moyens par magasin sur la période de trois ans.

Tableau 11.
Le taux de nourriture moyen par magasin

Année	M1	M2	M3	M4	M5	M6	M7
1998	20 %	21 %	22 %	29 %	19 %	20 %	21 %
1999	21 %	23 %	22 %	30 %	20 %	19 %	20 %
2000	22 %	20 %	21 %	32 %	21 %	21 %	20 %
2001	21 %	20 %	22 %	33 %	20 %	20 %	19 %
Total	20 %	20 %	21 %	29 %	19 %	19 %	21 %
Écart type	26	30	30	33	29	28	30

Les variations temporelles sont faibles. Nos résultats sont ainsi contradictoires à ceux de Wrigley et Dunn (1984) qui trouvent que le taux de nourriture décroît dans le temps. La différence peut être expliquée par l'approche méthodologique. Les conclusions de Wrigley et Dunn sont basées sur des enquêtes déclaratives tandis que notre approche utilise des données comportementales [15]. La stabilité du taux de nourriture semble indiquer que les comportements d'achat sont fortement influencés par l'inertie, ce qui est confirmé par le fait que les taux de nourriture sont généralement les plus élevés dans les quartiers proches des points de vente respectifs.

Le contexte de notre étude favorise la fidélité qualifiée inertielle. Elle apparaît lorsque l'implication pour la marque ou le produit est faible et lorsque les coûts d'information et de changement sont perçus comme élevés, associés à des perspectives de gain faibles (la théorie économique de la maximisation rationnelle des utilités). En effet, les produits et les marques, ainsi que les programmes de fidélisation proposés par les points de vente, sont tous relativement similaires. Cette inertie s'explique alors par une faible attraction pour les enseignes et le choix du magasin semble se faire par simple commodité dans l'optique de réduire l'effort cognitif en fonction d'heuristiques établies, des variables du

15. Nous nous trouvons dans la controverse de la fiabilité des données déclaratives (Dubois et Quagheber, 1997) et la question s'impose quant à savoir si les consommateurs font ce qu'ils disent.

marketing mix et de la satisfaction par rapport au dernier achat effectué (Chintagunta, 1998). Le taux de nourriture varie en fonction des quartiers et de la localisation géographique, mais également en fonction de la proximité des concurrents. Ainsi, plus le nombre de magasins concurrents dans la zone de chalandise augmente, moins il y a fidélité au magasin, ce qui est cohérent avec les travaux de Carman (1970).

Il est important de noter que les foyers aisés, âgés et les petits foyers sont plus fidèles que ceux issus de catégories modestes, plus jeunes. De la même façon, les ménages de taille importante sont moins fidèles. Ainsi, nos conclusions sont similaires à celles trouvées par Carman (1970).

Tableau 12.
Le taux de nourriture par quartier

Quartier	M1	M2	M3	M4	M5	M6	M7
1	28 %	10 %	20 %	35 %	22 %	19 %	4 %
2	16 %	4 %	10 %	69 %	8 %	7 %	10 %
3	37 %	7 %	7 %	16 %	3 %	43 %	14 %
4	11 %	46 %	16 %	18 %	7 %	19 %	9 %
5	7 %	3 %	64 %	11 %	20 %	4 %	9 %
6	5 %	3 %	16 %	17 %	65 %	5 %	2 %
7	7 %	3 %	11 %	36 %	50 %	3 %	3 %
8	19 %	2 %	6 %	69 %	10 %	1 %	14 %
9	52 %	2 %	6 %	40 %	6 %	10 %	8 %
10	23 %	4 %	6 %	14 %	4 %	22 %	45 %
11	10 %	42 %	20 %	21 %	7 %	15 %	15 %
12	7 %	2 %	78 %	10 %	9 %	6 %	1 %
13	25 %	13 %	29 %	25 %	2 %	6 %	27 %

Tableau 13.
Le taux de nourriture dans le magasin principal par variable sociodémographique

CSP	Modeste	Moyenne inférieure	Moyenne supérieure	Aisée
P < 0,01	69 %	72 %	75 %	75 %
Âge	< 30	30-49	50-59	60 +
P < 0,01	61 %	66 %	68 %	73 %
Taille foyer (personnes)	1	2-3	4	5
p < 0,01	70 %	66 %	66 %	65 %

Les paniers d'achat en valeur

Cette variable est un bon indicateur de l'intensité de la relation commerciale et fait d'ailleurs partie de la règle de segmentation RFM [16] pour mesurer l'importance financière du client. Ainsi, plus la valeur du panier d'un client dans l'un des magasins est importante, plus il peut être considéré comme fidèle. De

16. *Recency, Frequency, Monetary.*

l'autre côté, un acheteur peut avoir des fréquences de visites élevées dans un magasin tout en ayant des paniers faibles, ce qui peut indiquer un comportement de multi-fidélité.

Dans notre analyse, le panier moyen est opérationnalisé au niveau individuel à chaque occasion d'achat, et puis au niveau agrégé par plusieurs périodes de temps (sur la totalité des trois ans et par trimestre).

- **Le panier individuel en valeur par acte d'achat**

Les paniers moyens (en valeur) par foyer captent l'hétérogénéité intra-individuelle, c'est-à-dire les variations de préférence dans le temps. Ces variables ont été créés par ménage à chaque acte d'achat pour chacun des sept magasins et sont labellisées respectivement « Pan1 à Pan 7 ».

- **Le panier moyen individuel en valeur par période**

Le calcul du panier moyen par magasin et par période est réalisé par agrégation sur le code panéliste des paniers individuels des sept points de vente respectifs. Nous avons opérationnalisé sur la période de trois ans et par trimestre :

– le panier moyen en valeur; la variable est labellisée « Pan1_M-Pan7_M » ;

– le panier moyen en valeur de la catégorie (tous magasins confondus);

– la variable est labellisée « Pancat_M ».

- **Le montant total des achats individuels par période**

Proche de la notion de taux de nourriture, cette variable est également informative de l'intensité de la fidélité et permet d'attribuer un poids financier au client. Cette variable tient implicitement compte de la durée de la relation, ce qui n'est pas le cas du montant moyen. Le calcul du montant total des achats par magasin est réalisé par agrégation sur le code panéliste des différents paniers moyens effectués dans les sept points de vente respectifs. Nous avons opérationnalisé sur la période de trois ans et par trimestre :

– le montant total; la variable est labellisée « Pan1_T-Pan7_T » ;

– le montant total de la catégorie (tous magasins confondus); la variable est labellisée « Pancat_T »,

Les paniers moyens et totaux captent les variations interindividuelles. Les deux indices sont mesurés sur la totalité de la période (trois ans) et par trimestre. Le tableau suivant montre les paniers moyens et totaux (agrégés sur la période de trois ans) par magasin.

Tableau 14.
Les paniers moyens et totaux (en valeur) par magasin (sur trois ans)

	M1	M2	M3	M4	M5	M6	M7
Nombre d'actes d'achat	70 896	67 354	58 739	79 775	42 697	43 532	27 213
Panier moyen en francs	395	316	456	490	395	331	356
Écart type	369	275	391	402	345	289	310
Coefficient de variation	93 %	87 %	86 %	82 %	87 %	87 %	87 %
Panier total en francs	12 320	11 782	13 900	19 076	12 317	11 904	14 330
Écart type	21 800	20 695	25 012	27 715	23 550	20 696	25 482
Coefficient de variation	177 %	176 %	180 %	145 %	191 %	174 %	178 %

Le magasin M4 possède les paniers moyens et totaux annuels les plus élevés (490 F et environ 6 358 F par an). Les différences entre les paniers des magasins s'expliquent principalement par la taille et la structure des surfaces. Les magasins M2 et M6 possèdent les valeurs les moins importantes. M6 est en effet un supermarché de proximité qui est en particulier visité pour sa relative proximité par rapport au centre-ville d'Angers, afin de faire des achats de tous les jours.

Le coefficient de variation [17] indique qu'il y a une forte hétérogénéité entre les acheteurs quant à leurs dépenses dans les points de vente, ce qui peut être expliqué par les préférences des panélistes pour des magasins proches. Ainsi, la valeur des paniers est fortement liée à la proximité géographique (corrélation 0,92, p < 0,001). La distribution des paniers dans le graphique suivant montre une forte tendance de paniers faibles et une absence de distribution normale.

Figure 3.
La distribution des paniers moyens magasin M1 (en francs)

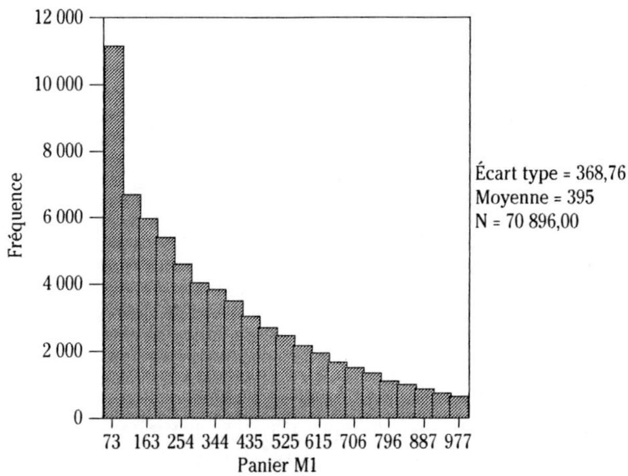

Figure 4.
La distribution des paniers totaux magasin M1 (en francs)

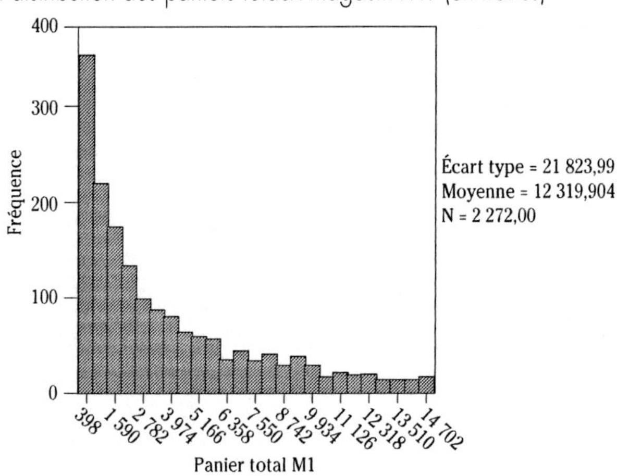

17. Le coefficient de variation = écart type/moyenne.

Les variations temporelles des paniers moyens et totaux sont relativement faibles d'une année à l'autre ($p > 0,1$), ce qui confirme une relative inertie des comportements d'achat.

Tableau 15.
Le panier moyen par magasin par an (en francs)

Panier moyen	M1	M2	M3	M4	M5	M6	M7	Total
1998 (28 semaines)	398	299	448	473	380	310	328	377
1999	390	313	454	482	373	315	350	382
2000	399	325	460	502	405	348	368	401
2001 (28 semaines)	393	322	463	499	428	352	368	404
	p > 0,1	p > 0,1	p > 0,1	p > 0,1	p > 0,1	p > 0,1	p > 0,1	p > 0,1

Tableau 16.
Le panier total par magasin par an (en francs)

Panier total	M1	M2	M3	M4	M5	M6	M7
1998 (28 semaines)	2 760	2 619	3 250	3 796	2 947	2 464	3 176
1999	4 785	5 096	5 656	7 340	5 117	4 878	6 569
2000	4 735	5 516	5 675	7 795	5 747	5 365	6 819
2001 (28 semaines)	2 779	3 310	3 612	4 499	4 001	3 549	4 163
Total	12 320	11 782	13 900	19 076	12 317	11 904	14 330
	P > 0,1	P > 0,1	P > 0,1	P > 0,1	P > 0,1	P > 0,1	P > 0,1

En ce qui concerne les variations entre foyers, ce sont les cadres (CSP moyenne et aisée avec des revenus de 12 KF et plus) qui possèdent les valeurs de paniers moyens les plus élevées. Quant à l'âge, c'est la tranche des 40 à 59 ans qui dépense le plus.

Tableau 17.
Le panier moyen par variable sociodémographique

CSP	Modeste	Moyenne inférieure	Moyenne supérieure	Aisée
P < 0,01	477	491	554	495
Âge	< 30	30-49	50 - 59	60 +
P < 0,01	433	518	567	438
Taille foyer (personnes)	1	2-3	4	5
p < 0,01 *	340	244	163	149

* : La valeur a été ramenée au nombre de personnes dans les foyers.

La fréquence d'achat et la durée interachat par magasin

Pour Bawa et Gosh (1991), la fréquence d'achat (le nombre total d'achats effectués) est l'une des mesures de la fidélité des clients. Il semble logique que plus un client effectue des achats dans un magasin, plus il est fidèle. Cet indicateur donne l'information sur la structure des ventes : par exemple, le niveau d'activité peut dépendre soit de peu de gros acheteurs *(« heavy buyers »)* avec des fréquences d'achat faibles mais des paniers élevés, soit de beaucoup de petits acheteurs *(« light buyers »)* avec des paniers faibles dans chacun des magasins mais des fréquences d'achat élevées. C'est la raison pour laquelle cet indicateur est complémentaire aux variables concernant la valeur et le volume du panier. D'ailleurs, elle fait, comme le montant d'achat, partie intégrante de la règle de segmentation RFM.

Dans notre analyse, pour tenir compte de l'hétérogénéité inter-individuelle, nous avons opérationnalisé par agrégation des dates d'achat sur le code panéliste :

– la fréquence d'achat par magasin (c'est-à-dire le nombre total d'achats effectués) ; la variable est labellisée « Npurch_M1 à Npurch_M7 »,

– la fréquence d'achat de la catégorie (tous magasins confondus) ; la variable est labellisée « NPurch _T »,

Les deux indices sont mesurés sur la totalité de la période (trois ans) et par trimestre. Un résumé de la distribution du nombre d'achats par individu peut être trouvé dans la figure suivante.

Figure 5.
La répartition du nombre d'achats/individu (sur trois ans)

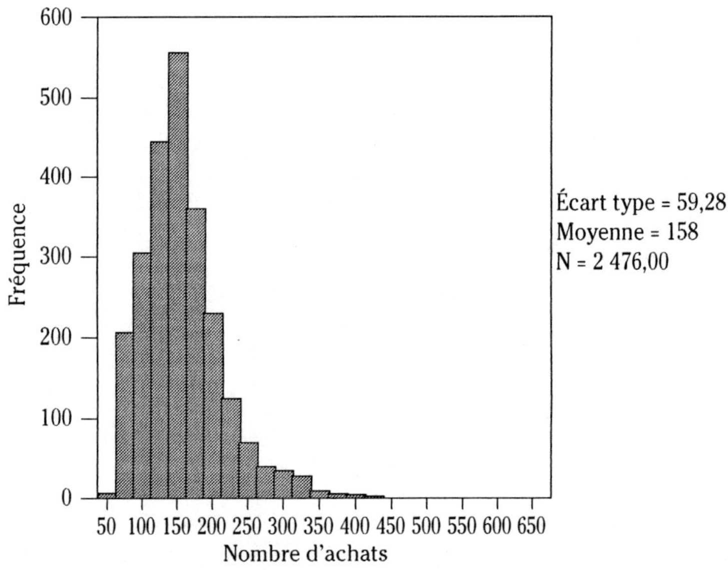

Moins de 1 % des clients achète tous les jours. La moyenne sur les trois ans est de 158 achats, ce qui représente un peu moins d'un achat par semaine. La fréquence d'achat moyenne par magasin est résumée dans le tableau suivant.

Tableau 18.
Les fréquences d'achat moyennes/magasin (sur trois ans)

	M1	M2	M3	M4	M5	M6	M7
Nombre de panélistes	2 267	1 807	1 929	2 050	1 368	1 199	676
Moyenne	26	25	21,6	35	15	15	9
Écart type	36,5	43,8	38,0	41,1	36,2	35,9	37,8
Coefficient de variation	1,5	1,8	1,8	1,2	2,4	2,4	3,5

On constate à nouveau une forte hétérogénéité entre les points de vente quant à la fréquence d'achat moyenne par magasin entre les panélistes. Ainsi, certains panélistes réalisent seulement un achat tous les 18 jours (minimum 60 visites), d'autres, tous les deux jours (maximum 662 visites). La majorité des foyers achète au moins une fois par semaine (60 %).

Tableau 19.
La fréquence d'achat dans la catégorie

Nombre de visites	N	%	Moyenne	Écart type	Min	Max
Tous les 2 semaines	493	20	89	14,1	60	110
Tous les 1,5 semaine	493	20	125	7,8	111	138
Tous les semaines	991	40	163	8,3	139	196
2 fois/semaine	499	20	248	53,0	197	662
Total	2 476	100	158	59,3	60	662

Structurellement, la durée interachat fortement liée à la fréquence d'achat correspond au temps écoulé entre deux actes d'achat successifs et est également un indicateur de la régularité et de la récence. Ainsi, plus sa valeur est faible, plus on peut considérer un client comme actif (Reutterer et Kousek, 2000). Logiquement, la durée interachat est corrélée à la fréquence d'achat mais également au panier et donne en combinaison avec ces deux derniers l'information sur la structure des achats (acheteurs avec des durées interachat longues et des paniers élevés, ou acheteurs avec des durées interachat courtes et des paniers faibles). Cette variable, labellisée, « Delay » pour la catégorie (tous magasins confondus) et « Delay 1 à Delay 7 » pour les sept points de vente respectifs, correspond à la différence entre un acte d'achat en t et un autre en $t-1$. Les deux indices sont mesurés sur la totalité de la période (3 ans) et par trimestre. Dans le tableau suivant, sont résumées les durées interachat moyennes dans les points de vente.

La durée interachat moyenne est de 9 jours, ce qui correspond à une fréquence de visite d'une fois toutes les deux semaines. Pour les consommateurs habitant dans une zone primaire d'un point de vente, la durée interachat moyenne est de 22 jours. Ces chiffres indiquent déjà que des foyers complètement « monofidèles » sont plutôt rares.

Tableau 20.
La durée interachat moyenne (en jours)

Durée interachat en jours	**M1**	**M2**	**M3**	**M4**	**M5**	**M6**	**M7**
Nombre de panélistes	2 267	1 807	1 929	2 050	1 368	1 199	676
Moyenne en jours	37	39	43	27	63	63	102
Écart type	56,2	52,4	56,4	44,6	49,5	45,6	50,0
Coefficient de variation	151 %	134 %	130 %	167 %	79 %	73 %	49 %
Moyenne acheteurs zone primaire	27	21	24	21	23	20	17

La durée inter-achat permet par la suite de calculer un indicateur d'activité. Pour cela, il faut créer d'abord la variable de la durée de censure par point de vente, labellisée « Cens1 à Cens7 ». Cette dernière correspond à la différence entre la date du dernier achat et celle de la fin de l'étude, c'est-à-dire la semaine 28/2001.

La question cruciale qui se pose maintenant est de savoir à partir de quel moment on peut considérer un client comme inactif ou « mort ». Peterson *et al.* (1989) préconisent une période de censure inférieure ou égale à 12 mois pour considérer un client encore potentiellement actif. Cette période est fixée de manière arbitraire car il n'existe pas d'étude empirique sur le processus de décision du consommateur qui la justifie. Nous nous référons plutôt aux travaux de Crié (1999) qui calcule l'indicateur d'activité, appelé « Inactif1 à Inactif7 » de la manière suivante :

– si la durée de censure dans un magasin donné (« Cens1 à Cens7 ») est supérieure à 4 fois la durée interachat moyenne dans ce même point de vente (« Delay1 à Delay7 »), alors l'individu sera considéré comme inactif ou mort (1) ;

– si la durée de censure dans un magasin donné (« Cens1 à Cens7 ») est inférieure à 4 fois la durée interachat moyenne dans ce même point de vente (« Delay1 à Delay7 »), alors l'individu sera considéré comme actif (0).

Ainsi, par exemple, un client ayant une durée interachat moyenne de 7 jours et une durée de censure de 40 jours, sera considéré comme inactif car sa durée interachat multipliée par quatre s'élève à 28 jours et est ainsi inférieure à la durée de censure.

Tableau 21.
Le taux d'activité par magasin (en %)

Taux d'activité	**M1**	**M2**	**M3**	**M4**	**M5**	**M6**	**M7**
%	78	80	78	78	76	72	75

Le taux d'activité est généralement élevé, autour de 76 %, ce qui laisse supposer que la théorie de Jackson (1986) s'applique. Il s'agit en effet de consommateurs de type « *Always a share* » (à l'opposé du client « *Lost for Good* ») qui, ayant des coûts de changement faibles, font probablement des allers-retours entre plusieurs points de vente sans être « perdus » pour toujours. Il est facile de recruter un tel client en lui offrant une proposition immédiatement attractive comme une promotion ou tout autre avantage. Un client perdu est également facilement récupérable. Ce comportement d'achat se trouve dans des secteurs avec de faibles coûts de changement, comme par exemple celui des produits de grande consommation.

La durée de la relation

Comme indiqué plus haut, la durée de vie n'est que très rarement prise en compte pour l'étude de la fidélité, la dernière étant cependant associée à un flux d'échanges orientés sur le long terme. Le non-départ du client fait selon eux partie intégrante du concept de la fidélité. Ainsi, on peut supposer que le comportement d'achat répété est lié à la durée de la relation et ne renforce pas seulement l'intensité de la relation. Les implications managériales d'une durée de vie prolongée sont importantes car la valeur d'un client (LTV) est modélisée en fonction de sa durée de vie et des revenus générés. Les conséquences d'une prolongation de la durée de vie d'un client, à savoir le profit, sont considérées par beaucoup d'auteurs comme très importantes (Reicheld, 1996 ; Reinhartz, 1999).

La durée de vie par point de vente, labellisée « Durée 1 à Durée 7 », correspond à l'intérieur de la période d'observation, à la différence entre la date du dernier achat et celle du premier. Cette valeur sera biaisée car elle ne représente pas réellement la durée totale de la relation dans le sens où le panel ne contient pas la date du premier achat, qui a pu avoir eu lieu bien avant la participation à *BehaviorScan* (censure gauche, semaine 28/1998). Cependant, dans la mesure où tous les panélistes possèdent cette censure gauche, ce problème méthodologique ne devrait pas représenter un souci majeur. Dans le cas où un individu continue à acheter dans un point de vente jusqu'à la fin de la période d'observation, c'est-à-dire la semaine 28/2001, la durée de vie est la différence entre la date du premier achat et celle de la censure.

Dans le tableau suivant sont résumées les durées de vie respectives moyennes des sept points de vente. La durée de vie est plus élevée pour les hypermarchés que pour les supermarchés et la plus courte pour M6. L'hétérogénéité entre les panélistes est à nouveau présente.

Tableau 22.
La durée de vie moyenne par magasin

Durée de vie	M1	M2	M3	M4	M5	M6	M7
Moyenne	749	741	702	774	603	321	601
Écart type	425	457	458	455	435	433	346
Coefficient de variation	57 %	62 %	65 %	59 %	72 %	135 %	58 %

Le nombre de magasins visités et de changements de magasins

Le nombre de magasins visités et le nombre de changements de magasins sont des indicateurs séquentiels de monofidélité ou multifidélité et sont notamment recommandés pour la mesure de la fidélité par Nolte (1976) et puis Schiller (1991). Moins ils sont élevés, plus un consommateur peut être considéré comme fidèle.

Le nombre de magasins visités ou le répertoire de points de vente par un individu dans la période, un indice proposé par Kroeber-Riehl et Trommsdorf (1973) a été nommé « N_Store ». La moyenne de points de vente visités s'élève à 2,02 (écart type : 1,03), la monofidélité semble être rare, voire absente.

Le nombre de changements par magasin dans la période correspond au concept de la chronologie des achats, proposé par Brown (1952). Nous avons labellisé cette variable « SwitchN1 à SwitchN7 ». Elle est opérationnalisée à chaque occasion d'achat et calculée en divisant le nombre de changements total par magasin par le nombre total d'achats réalisés dans la période. Le même indicateur pour la catégorie est appelé « N_Switch ». Les deux indices sont mesurés sur la totalité de la période et par trimestre.

Les trois exemples suivants aident à comprendre le concept de la chronologie ou de l'ordre des achats : 1) La séquence « XXXXXXX » représente pour le magasin X la fidélité absolue et notre indicateur prendrait la valeur 0 %. 2) « XYXYXYX » représente la fidélité partagée et l'indice de changement prendrait 100 %. 3) « XXXYYY » est la fidélité instable, l'indicateur prend le chiffre 16 %. Enfin, 4) « XYZWZYXW » est la non-fidélité avec une valeur de changement associée de 100 %. Cet exemple numérique montre les faiblesses méthodologiques de cet indicateur, car le client « fidèle partagé » (cas 2) ayant un taux de changement de 100 % est considéré aussi peu fidèle que le vrai « non fidèle » (cas 4). De plus, selon ce schéma, l'acheteur qui manifeste une fidélité instable (cas 3) peut être considéré comme inactif dans le magasin X, vu sa séquence interrompue dans ce dernier.

Le tableau et le graphique suivant montrent les tendances dans le panel *BehaviorScan*.

Tableau 23.
Le nombre de changements par magasin

Nombre de changements	M1	M2	M3	M4	M5	M6	M7
Moyenne (%)	84	78	82	76	82	82	79
Écart type	26	31	29	31	29	28	30

Globalement, le taux de changement est élevé, ce qui indique une forte tendance de multifidélité. En moyenne, les foyers changent de magasin après chaque acte d'achat (46 %). D'une manière générale, ils partagent leurs dépenses entre les deux magasins qui se situent les plus près du domicile (la moyenne de magasins visités est de deux).

Figure 6.
La répartition des changements M1

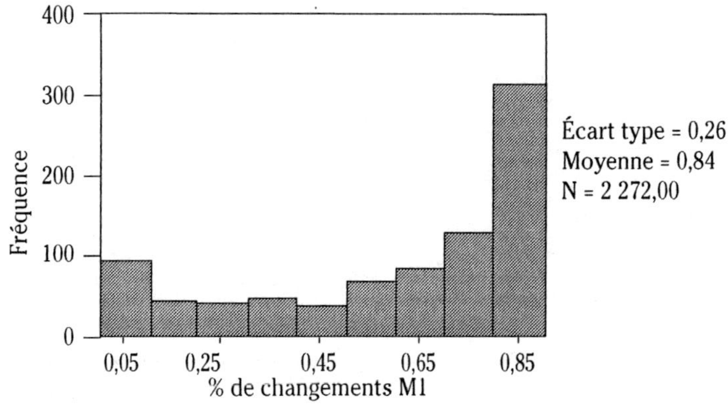

Quant aux caractéristiques sociodémographiques, ce sont les foyers de CSP modeste, de taille importante et plutôt jeunes qui sont le plus infidèles, les ménages aisés et plus âgés, les plus fidèles.

Tableau 24.
Le comportement de changement par variable sociodémographique

CSP	**Modeste**	**Moyenne inférieure**	**Moyenne supérieure**	**Aisée**
P < 0,01	53 %	48 %	45 %	43 %
Âge	< 30	30-49	50 - 59	60 +
P < 0,01	53 %	50 %	47 %	41 %
Taille foyer (personnes)	1	2-3	4	5
P < 0,01	43 %	48 %	50 %	51 %

Les variables situationnelles et sociodémographiques

La prise en compte de variables socioéconomiques et situationnelles est préconisée par Blattberg *et al.* (1 978) pour capturer les différences individuelles de réactivité aux actions marketing s'expliquant en partie par la différence de perception des coûts et bénéfices attachés. Le revenu et la taille du foyer semblent être des variables pertinentes pour capturer l'hétérogénéité de la perception des bénéfices économiques offerts par les promotions des ventes (Volle, 1999 ; Desmet, 2002).

• **La question géographique**

Nous avons vu dans la partie théorique que les attributs spatiaux exercent un rôle majeur sur les comportements de choix des points de vente (Cliquet, 1992). Leur traitement dans notre étude se justifie par le fait que la distance n'est pas seulement une variable déterminante du choix des points de vente (variable indépendante) mais une variable qui influence ou renforce l'impact du programme de fidélisation sur le choix des points de vente (variable modératrice). C'est la raison pour laquelle il est indispensable d'intégrer des variables spatiales dans notre analyse compte tenu de leur importance empirique (Hirschman *et al.*, 1978 ; Desmet et Volle, 1996).

Les attributs spatiaux peuvent être distingués en caractéristiques (Fotheringham, 1991) de séparation spatiale (qui concerne la distance entre un foyer et un point de vente) et de situation géographique (qui couvre la dimension concurrentielle propre à la zone de concurrence : ville, zone de chalandise, quartier).

– La prise en compte de **la séparation spatiale**

La séparation spatiale influence le choix d'un point de vente par des variables économiques (les coûts apparaissent en fonction de la distance physique ou du temps de transport) et psychologiques (proximité et congruence de l'image du point de vente). Selon Craig, Ghosh et McLafferty (1984), pour des points de vente ayant des positionnements similaires, une légère différence d'emplacement peut modifier leur fréquence de visite moyenne. Ainsi, la distance ou la localisation éloignée sont des freins quant au choix du magasin. D'ailleurs, dans les modèles d'attraction gravitaire, un découpage géographique au préalable à partir d'une analyse topographique est réalisé ; les variables géographiques ainsi obtenues sont introduites dans le modèle comme composantes de l'utilité, avec un paramètre associé négatif (Wrigley et Dunn, 1984).

– La prise en compte de **la situation géographique**

Un autre facteur important influençant le choix du point de vente est la situation géographique qui couvre la dimension concurrentielle propre à la zone de concurrence. Par exemple, deux quartiers peuvent être peu éloignés en distance mais séparés par une autoroute ou un autre obstacle. De l'autre côté, la présence d'autres magasins... a également un impact sur les ventes. La distance géographique ne tient pas compte de ces faits. La prise en compte explicite de la situation géographique des points de vente semble cependant être justifiée car le gain de validité externe semble pertinent (Hansen et Weinberg, 1979). Cependant, des études effectuées par Desmet et Volle (1996) montrent un impact peu significatif de la situation géographique sur la probabilité de choix d'un point de vente. C'est la raison pour laquelle il ne semble pas être indispensable de retenir la situation géographique comme variable spécifique.

– La prise en compte **des facteurs spatiaux**

Pour notre étude, il nous ne semble pas prioritaire de retenir les facteurs spatiaux comme variable spécifique. Néanmoins, nous utilisons la situation géographique comme facteur de contrôle à travers une variable, labellisée « Dist1 à Dist7 », qui correspond à la distance en kilomètres entre un foyer et les sept points de vente. Ensuite, nous réalisons un découpage géographique à partir d'une analyse topographique spécifique des aires de marché de la zone d'Angers, afin d'affecter chacun des treize quartiers à une zone primaire, secondaire ou tertiaire pour chacun des sept magasins (nous avons ainsi créé sept variables, labellisées « Zonem1 à Zonem7 »). Ainsi, par exemple le quartier 9 va être zone primaire pour le point de vente M1 et également M4, mais zone tertiaire pour les magasins M3 et M5. Dans chacune des zones, les comparaisons seront faites à la fois pour les porteurs des cartes de fidélité et les non-porteurs. Nous éliminons de telle manière tous les biais géographiques, car un non-porteur d'une zone possédera les mêmes caractéristiques spatiales (éloignement de l'un des sept points de vente, barrières naturelles ou artificielles, par exemple une route ou le Maine) que le porteur. La seule variable les distinguant sera la possession ou non de la carte de fidélité. Cette approche prend en compte l'impact de la distance, sans lui donner un rôle prépondérant, et ne conduit ainsi pas à mélanger des facteurs explicatifs fondamentaux comme la distance, avec des facteurs plus tactiques, comme les programmes de fidélisation.

Par ailleurs, même si la séparation spatiale est importante, le partage des mêmes zones de chalandise entre plusieurs points de vente renforce le rôle d'autres éléments constitutifs de l'attraction commerciale (image, prix, assortiment, etc.) au détriment de la distance. C'est la raison pour laquelle notre approche tient également implicitement compte de la situation concurrentielle car dans une des trois zones peuvent se situer des concurrents.

- **Les variables sociodémographiques**

Dans le panel *BehaviorScan*, il y a une dizaine de variables sociodémographiques collectées à partir d'enquêtes annuelles. Cependant, pour notre étude, nous ne retenons que les variables suivantes : l'âge du chef, la taille, le revenu net mensuel et la catégorie socioprofessionnelle des foyers. Dans les tableaux suivants, la répartition est indiquée.

Tableau 25.
La répartition des variables sociodémographiques

Âge du chef	**< 30 ans**	**30 - 39 ans**	**40 - 49 ans**	**50 - 59 ans**	**60 ans et +**
Nombre de panélistes	104	451	612	569	740
%	4 %	18 %	25 %	23 %	30 %
Taille du foyer	**1 personne**	**2 personnes**	**3 personnes**	**4 personnes**	**5 personnes**
Nombre de panélistes	580	836	403	388	269
%	23 %	34 %	16 %	16 %	11 %
Revenu net/mois	**< 6,5 KF**	**6,5-8,5 KF**	**8,5-12 KF**	**12-15 KF**	**> 15 KF**
Nombre de panélistes	335	376	608	420	737
%	14 %	15 %	25 %	17 %	30 %

À partir de la catégorie revenu net par foyer (labélisée « Revfoy »), nous avons créé la variable classe socioéconomique, labellisée « CSE », qui est corrigée par la taille du foyer. Elle est rapportée au nombre d'unités de consommation du foyer (UC), soit CSE = Revfoy/UC. Le nombre d'unités de consommation d'un foyer est donné par la formule UC = 0,3 + (0,7 * individus > 15 ans) [18] + (0,5 * individus < 15 ans). Par la suite, la variable a été rendue discrète en fonction de la proposition de l'INSEE. La répartition est donnée ci-dessous.

Tableau 26.
La répartition de la classe socioéconomique

Classe socioéconomique	**Modeste**	**Moyenne inférieure**	**Moyenne supérieure**	**Aisée**
Nombre de panélistes	219	762	936	559
%	9 %	31 %	38 %	23 %

La catégorie socioprofessionnelle se distribue de la manière suivante.

Tableau 27.
La répartition de la catégorie socioprofessionnelle

CSP chef	**Agriculteur**	**Cadre**	**Technicien**	**Employé**	**Ouvrier**	**Inactif**
Nombre de panélistes	61	390	428	495	332	770
%	2 %	16 %	17 %	20 %	13 %	31 %

18. La procédure est recommandée par l'INSEE et appliquée par VOLLE (1996).

- **Les variables concernant les programmes de fidélisation**

Nous avons labellisé « Create » la variable de la date de souscription à la carte de fidélité de l'enseigne E1. Sa distribution fréquentielle est montrée dans la figure suivante qui indique aussi qu'environ la moitié des porteurs a adopté la carte de fidélité avant notre période d'observation (avant le deuxième semestre 1998).

Figure 7.
La diffusion des cartes de fidélité enseigne E1 (M1 + M2)

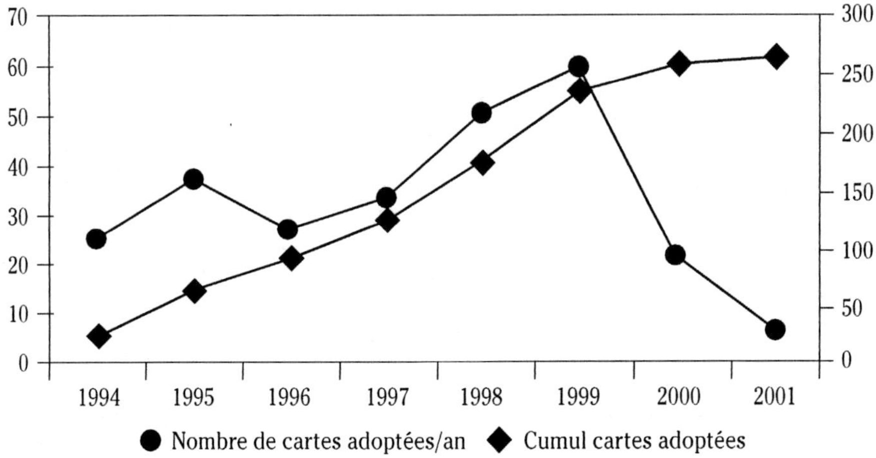

Enfin, notre dernière variable est celle de la possession ou non de l'une des quatre cartes de fidélité. Quatre variables binaires (prenant les valeurs « 0 » pour la non-détention et « 1 » pour la détention) ont été créées et labellisées de la manière suivante :

« Carte 1-2 » pour la possession ou non de la carte de fidélité de l'enseigne E1, c'est-à-dire les magasins M1 et M2,

« Carte 3-4 » pour la possession ou non de la carte de fidélité de l'enseigne E2, c'est-à-dire les magasins M3 et M4,

« Carte 5 » pour la possession ou non de la carte de fidélité du point de vente M5,

« Carte 7 » pour la possession ou non de la carte de fidélité du point de vente M7.

D'une manière générale, le taux de pénétration de tous les programmes de fidélisation est fonction de la proximité géographique. Ainsi pour le programme de fidélisation des magasins M1 et M2, la pénétration est la plus forte dans les quartiers 3, 4, 9, 10 et 11 (Test de khi-2 significatif à $p < 0{,}01$).

Tableau 28.
La répartition des cartes de fidélité par quartier

<table>
<tr><th>Quartier</th><th>Total</th><th>M1</th><th>M2</th><th>M3</th><th>M4</th><th>M5</th><th>M7</th></tr>
<tr><td>1</td><td>34 %</td><td colspan="2">7 %</td><td colspan="2">10 %</td><td>11 %</td><td>6 %</td></tr>
<tr><td>2</td><td>17 %</td><td colspan="2">3 %</td><td colspan="2">6 %</td><td>3 %</td><td>5 %</td></tr>
<tr><td>3</td><td>31 %</td><td colspan="2">16 %</td><td colspan="2">5 %</td><td>2 %</td><td>8 %</td></tr>
<tr><td>4</td><td>34 %</td><td colspan="2">13 %</td><td colspan="2">9 %</td><td>4 %</td><td>8 %</td></tr>
<tr><td>5</td><td>30 %</td><td colspan="2">3 %</td><td colspan="2">8 %</td><td>10 %</td><td>9 %</td></tr>
<tr><td>6</td><td>43 %</td><td colspan="2">3 %</td><td colspan="2">6 %</td><td>31 %</td><td>3 %</td></tr>
<tr><td>7</td><td>33 %</td><td colspan="2">3 %</td><td colspan="2">5 %</td><td>23 %</td><td>2 %</td></tr>
<tr><td>8</td><td>30 %</td><td colspan="2">5 %</td><td colspan="2">9 %</td><td>6 %</td><td>10 %</td></tr>
<tr><td>9</td><td>30 %</td><td colspan="2">13 %</td><td colspan="2">7 %</td><td>1 %</td><td>9 %</td></tr>
<tr><td>10</td><td>37 %</td><td colspan="2">12 %</td><td colspan="2">6 %</td><td>1 %</td><td>18 %</td></tr>
<tr><td>11</td><td>50 %</td><td colspan="2">17 %</td><td colspan="2">16 %</td><td>2 %</td><td>15 %</td></tr>
<tr><td>12</td><td>19 %</td><td colspan="2">1 %</td><td colspan="2">10 %</td><td>4 %</td><td>4 %</td></tr>
<tr><td>13</td><td>14 %</td><td colspan="2">4 %</td><td colspan="2">3 %</td><td>2 %</td><td>5 %</td></tr>
</table>

Le taux de détention des cartes est, comme déjà indiqué, très élevé, car 66 % des foyers en possèdent au moins une (34 % ne possède aucune carte, 41 % une, 20 % deux) et le nombre moyen détenu par foyer est de 1,5 carte (le maximum est de 5 cartes), ce qui est cohérent avec les résultats de Wright et Sparks (1999) et une étude de Taylor Nelson (1995-1997) qui trouvent respectivement 72 % et 1,8 carte.

Tableau 29.
La répartition du nombre de cartes de fidélité par enseigne

<table>
<tr><th>Nombre de cartes</th><th>N</th><th>%</th><th>% cumulé</th></tr>
<tr><td>0</td><td>830</td><td>34</td><td>34</td></tr>
<tr><td>1</td><td>1 016</td><td>41</td><td rowspan="5">66</td></tr>
<tr><td>2</td><td>497</td><td>20</td></tr>
<tr><td>3</td><td>107</td><td>4</td></tr>
<tr><td>4</td><td>25</td><td>1</td></tr>
<tr><td>5</td><td>1</td><td>0</td></tr>
<tr><td>Total</td><td>2 476</td><td>100</td><td>100</td></tr>
</table>

La proportion des porteurs de carte de fidélité est la plus élevée pour les « inactifs » et les personnes entre 40 ans et 60 ans. Les petits foyers, composés de deux personnes, sont plus porteurs de carte que les ménages de taille importante. Ce sont les foyers appartenant à des catégories socioprofessionnelles « moyenne inférieure » et « moyenne supérieure » (ayant entre 15 000 francs et 20 000 francs comme revenu disponible par mois) qui adhèrent le plus à au moins un programme de fidélisation. Cependant, les grands foyers (5 personnes et plus) possèdent le taux de détention de plusieurs cartes le plus élevé, les petits foyers (1 personne), le plus faible (2 cartes *versus* 1,3 carte).

Tableau 30.
Le résumé des variables

Variable	Label	Niveau d'agrégation	Période d'agrégation
Distance géographique	Dist1 - Dist7	Foyer	
Zone principale, secondaire, tertiaire	Zonem1 - Zonem7	Magasin	
Âge	Âge	Foyer	
Taille	Taille	Foyer	
Revenu net	Revfoy	Foyer	
Classe socioéconomique	CSE	Foyer	
Catégorie socioprofessionnelle	CSP	Foyer	
Carte enseigne E1 (oui/non)	Carte 12	Individu	
Carte enseigne E2 (oui/non)	Carte 34	Individu	
Carte enseigne E3 (oui/non)	Carte 5	Individu	
Carte enseigne E5 (oui/non)	Carte 7	Individu	
Date souscription carte enseigne E1	Create	Individu	3 ans, Semaine
Pénétration	Pen1 - Pen7	Marché	3 ans, Semaine
Chiffre d'affaires	Ca1 - Ca7	Marché	3 ans
Parts de marché	PdM1 - PdM7	Marché	3 ans
Taux de nourriture par semaine	Txfid1 - Txfid7	Foyer	Semaine
Taux de nourriture moyen	Txfid1_T - Txfid7_T	Foyer	3 ans, Trimestre
Valeur panier individuel par semaine	Pan1 - Pan7	Foyer	Semaine
Valeur panier individuel moyenne	Pan1_M - Pan7_M	Foyer	3 ans, Trimestre
Valeur panier individuel catégorie	Pancat_M	Foyer	3 ans, Trimestre
Montant total d'achat individuel	Pan1_T - Pan7_T	Foyer	3 ans, Trimestre
Montant total d'achat individuel catégorie	Pancat_T	Foyer	3 ans, Trimestre
Fréquence d'achat individuelle	Npurch_M1 - Npurch_M7	Foyer	3 ans, Trimestre
Fréquence d'achat individuelle catégorie	NPurch_T	Foyer	3 ans, Trimestre
Durée relation individuelle	Durée 1 - Durée 7	Foyer	3 ans
Durée interachat individuelle	Delay 1 - Delay 7	Foyer	3 ans, Trimestre
Durée interachat individuelle catégorie	Delay	Foyer	3 ans, Trimestre
Durée de censure individuelle	Cens1 - Cens7	Foyer	3 ans
Niveau d'activité individuel	Inactif1 - Inactif7	Foyer	3 ans
Nombre de magasins visités	N_Store	Foyer	3 ans, Trimestre
Nombre de changements individuels	SwitchN1 - SwitchN7	Foyer	3 ans, Trimestre
Nombre de changements individuels catégorie	N_Switch	Foyer	3 ans, Trimestre

Ces chiffres montrent que la possession et l'utilisation des cartes dépendent certainement de différents cycles de vie en fonction de l'âge et de la profession[19], et confirment notre idée développée dans le chapitre 1 sur la gestion de la clientèle en fonction des cycles de vie. Les tranches d'âge et de CSP moyennes à supérieures ont probablement un degré d'activité plus important dans les points de vente car ils possèdent un pouvoir d'achat plus élevé que les catégories plus jeunes. Ce fait est confirmé par un taux de détention plus élevé dans les tranches d'âges de 40 ans à 60 ans et de CSP « moyenne inférieure » et « moyenne supérieure ». Le porteur de carte typique est alors âgé entre 40-60 ans, vit dans des foyers de deux à trois personnes, est issu de CSP « moyenne inférieure » et « moyenne supérieure » avec un revenu mensuel brut de 12 KF à 20 KF. Le « portrait robot » du non-porteur correspond à des monofoyers jeunes (en dessous de 30 ans) avec des revenus modestes en dessous de 6 KF par mois. Ces résultats sont très similaires à ceux trouvés par Davies (1998).

Afin de faciliter la lecture et l'interprétation de nos résultats, nous avons résumé nos groupes de variables utilisées ainsi que les labels dans le tableau de la page précédente.

2. Les méthodes de test des hypothèses

Après avoir décrit nos indicateurs de mesure, nous expliquons dans cette section les différents sous-échantillons que nous avons extraits pour contourner certains biais méthodologiques et afin de répondre le plus précisément à nos trois groupes d'hypothèses, car chacun requiert un échantillon différent en fonction des problématiques posées. Pour chaque groupe, nous abordons la description des méthodes les plus appropriées afin de tester les hypothèses. Le choix des méthodes a principalement été guidé en fonction de leur efficacité et pertinence d'analyse, mais également en fonction de leur simplicité d'application sur des données de panel. Ceci est fait dans un souci de faciliter la compréhension des résultats ainsi que la mise en place de méthodes d'analyse pour des éventuelles réplications.

2.1. Les tests d'hypothèses de l'impact du programme de fidélisation sur la structure générale du marché

Dans cette sous-section, seront décrits les tests des hypothèses sur la structure générale du marché. Nous tentons de mettre en évidence l'effet de la « double pénalité » afin de voir si les magasins à forte part de marché détiennent à la fois une plus grande fraction de consommateurs fidèles achetant plus fréquemment. Goodhardt, Ehrenberg et Chatfield (1984) préconisent le modèle Dirichlet pour tester ce phénomène.

La constitution de l'échantillon 2a-e

Pour tester notre premier groupe d'hypothèses concernant la modification des conditions générales du marché, nous avons extrait des individus porteurs et non-porteurs des quatre programmes de fidélisation sur une période de 24 semaines correspondant à la semaine 28/2000 à la semaine 52/2000. L'intervalle

19. La majorité des cartes proposent des facilités de paiement, une fonction qui est certainement plus demandée par des tranches d'âge plus élevées.

de temps est suffisamment long pour tenir compte des périodes minimums de renouvellement. Le tableau suivant résume la taille des échantillons respectifs [20].

Tableau 31.
Les échantillons 2a-e par magasin sur la période de 24 semaines

	M1	M2	M3	M4	M5	M6	M7
Échantillon	2a		2b		2c	2d	2e
Non-porteurs	1 397		910		555	719	93
Porteurs	266		618		242	0	262
Total	1 633		1 528		797	719	355
Pénétration	66 %		62 %		32 %	29 %	14 %

La technique de test : Le modèle Dirichlet et dérivés

Nous rappelons que le modèle Dirichlet multinomial est un modèle stochastique « mixed » et composé des quatre distributions Poisson, Gamma, Multinomiale et Beta-multivariée (Dirichlet) pour spécifier l'incidence d'achat individuelle dans la catégorie et le choix des alternatives.

La fréquence d'achat dans la catégorie est spécifiée par une loi de Poisson et une distribution Gamma. La première modélise la fréquence d'achat moyenne individuelle dans la catégorie, la deuxième tient compte de l'hétérogénéité des fréquences d'achat entre les individus. Toutes les deux sont supposées être indépendantes dans le temps.

Les probabilités de choix individuelles des alternatives sont considérées comme stationnaires et suivent une distribution multinomiale. Les probabilités de choix entre les interindividuelles suivent une distribution beta-multivariée, appelée distribution Dirichlet, qui tient compte de l'hétérogénéité transversale entre les foyers.

• **La modélisation du comportement d'achat à partir du modèle Dirichlet**

Le modèle NBD/Dirichlet et dérivés étonnent par leur relative simplicité d'estimation (Ehrenberg et Bound, 2000). En effet, les deux paramètres suivants, chaque fois calculés pour la catégorie et par magasin, suffisent pour modéliser le comportement d'achat répété [21] :

– le taux de pénétration b_i [22] du magasin i : la proportion d'individus qui achètent au moins une fois dans le magasin au sein d'un intervalle de temps donné ;

– la fréquence d'achat w_i [23] dans le magasin i : le nombre moyen de fois où les clients acheteurs dans un magasin i y achètent dans la période.

Les calculs des deux paramètres ainsi que la structure générale du modèle requièrent des procédures arithmétiques lourdes que nous n'allons pas détailler ici pour des raisons d'espace. Le lecteur intéressé les trouve de manière très explicite dans l'annexe C du livre d'Ehrenberg *Repeat Buying. Theory and Applications* (1988) ou dans l'article de Rungie, Goodhardt et Driesener (2003).

---

20. La durée de 24 semaines a été choisie car elle correspond aux intervalles de temps qu'utilise EHRENBERG (1988) pour l'application du modèle DIRICHLET.

21. Les valeurs de la fréquence moyenne d'achat w_i et du taux de pénétration b_i prennent implicitement en compte les actions marketing. Les deux aspects de l'achat répété dépendent de l'ordre d'arrivée des marques sur le marché, mais également des éléments extérieurs, comme par exemple, les promotions.

22. b_i = nombre d'acheteurs du magasin i/nombre total d'acheteurs de la catégorie.

23. w_i = nombre total d'achats par magasin i/nombre total d'acheteurs dans le magasin i.

Pour notre étude, nous avons eu recours au logiciel « Dirichlet [24] » développé par Kearns, Bound et Goodhardt (1998) [25].

- **L'établissement des normes de marché**

Pour tester si un programme de fidélisation possède un effet sur la structure générale du marché, Ehrenberg et Uncles (1997) recommandent le protocole de test suivant.

Comme nous l'avons précisé, le modèle Dirichlet estime un certain nombre de normes théoriques, comme la pénétration, la fréquence d'achat, le taux de nourriture, le pourcentage de consommateurs monofidèles et le pourcentage d'achats répétés. La comparaison entre ces valeurs théoriques (les normes) et celles que l'on observe en réalité dans les données de panel permet d'examiner l'ajustement général du modèle ainsi que de détecter des déviations qui équivalent à des violations de suppositions du modèle. Si l'ajustement est bon, cela veut dire que le marché est approximativement stationnaire, caractérisé par des achats répétés [26]. Chaque violation de l'une de ces suppositions, crée des déviations de prédictions du modèle. Autrement dit, les différences entre les valeurs théoriques, provenant du modèle Dirichlet, décrivant un marché « normal » sans intervention du marketing mix, et celles qui sont observées, vont montrer comment un outil marketing, en l'occurrence un programme de fidélisation, peut « perturber » la structure « normale » du marché (Fader et Schmittlein, 1993). En particulier, la violation de la supposition des marchés non segmentés laisse à penser que certains magasins ont des sous-segments plus propices à la fidélité [27]. Généralement, selon la pratique de la modélisation Dirichlet (Ehrenberg, 1988), une déviation est considérée comme significative si elle est supérieure à :

- +/– 3 % pour la pénétration ;
- +/–0,3 unité pour la fréquence d'achat ;
- +/–3 % pour le taux de nourriture.

À partir de ces comparaisons entre les valeurs théoriques et observées, il est possible de déterminer si les magasins possèdent ce que Sharp et Sharp (1997) appellent la « fidélité excessive » (la fréquence d'achat observée est supérieure aux valeurs théoriques, c'est-à-dire celle que l'on devrait observer pour une certaine pénétration donnée), une « fidélité normale » (la fréquence d'achat observée est égale aux valeurs théoriques), ou une « infidélité excessive », renforcée par l'effet de la « double pénalité » (la fréquence d'achat observée est

24. Une alternative à ce logiciel est proposée par Cam RUNGIE (2003) qui estime le modèle DIRICHLET au niveau individuel par marque.
25. Les auteurs remercient les professeurs Byron SHARP et Zane KEARNS pour la mise à disposition du logiciel DIRICHLET, et pour de précieux conseils sur l'utilisation et l'interprétation des résultats.
26. Si les déviations sont inférieures à +/– 1 % pour la pénétration et le taux de nourriture ainsi qu'à +/– 0,1 % pour la fréquence d'achat, le marché peut être considéré comme un marché approximativement DIRICHLET. Cependant, si la stationnarité est l'une des suppositions du modèle DIRICHLET, il est généralement accepté que celui-ci est capable de faire face à un degré substantiel de non-stationnarité. En particulier, il semblerait que l'ajustement du modèle ne soit pas perturbé par la non-stationnarité d'une ou deux marques (EHRENBERG et UNCLES, 1997). C'est justement cette caractéristique qui le rend si utile car s'il ne marchait pas sous condition de non-stationnarité, cela limiterait considérablement son application pour l'évaluation de l'efficacité des actions marketing. En comparant des données non stationnaires avec des normes théoriques pour des marchés stationnaires, il est ainsi possible d'évaluer si des augmentations des ventes proviennent de nouveaux acheteurs ou d'acheteurs existants qui consomment plus, comme cela devrait être le cas pour un programme de fidélisation.
27. En effet, un marché non segmenté doit obligatoirement suivre une distribution DIRICHLET de type beta.

inférieure aux valeurs théoriques). Dans le cas de la « fidélité excessive », le magasin développe ce que Kahn *et al.* (1988) appellent une position de niche.

Dans notre étude, le modèle Dirichlet permettra ainsi de calculer une norme du marché afin de comparer chaque magasin à ce « benchmark ». Ainsi, les comparaisons successives seront établies (échantillons 2a-2e) :

– le marché total, incluant acheteurs porteurs et non-porteurs de toutes les enseignes ;

– pour chaque point de vente ayant une carte de fidélité (M1, M3, M4, M5, M7), la situation incluant uniquement les acheteurs porteurs de la carte de fidélité ;

– pour chaque point de vente (M1, M3, M4, M5, M7), la situation incluant uniquement les acheteurs non-porteurs de la carte de fidélité.

Nous testons alors pour chacun des trois cas l'hypothèse H0 contre H1a et b.

H0 : Le phénomène de la « double pénalité » (la fréquence d'achat dépend uniquement de la pénétration) est présent si :

- la pénétration observée = la pénétration théorique (+/– 1 %) ;
- la fréquence d'achat observée = la fréquence d'achat théorique (+/– 0,1 unité) ;
- le taux de nourriture observé = le taux de nourriture théorique (+/– 1 %).

H1a : Le magasin développe une position de niche et possède ainsi une fréquence d'achat proportionnellement supérieure à sa pénétration si :

- la pénétration observée ≤ 3 % la pénétration théorique ;
- la fréquence d'achat observée ≥ 0,3 unité la fréquence d'achat théorique ;
- le taux de nourriture observé ≥ 3 % le taux de nourriture théorique.

H1b : Le magasin développe une position « *change-of-pace* » (Kahn *et al.*, 1988) et possède ainsi une fréquence d'achat proportionnellement inférieure à sa pénétration si :

- la pénétration observée ≥ 3 % la pénétration théorique ;
- la fréquence d'achat observée ≤ 0,3 unité la fréquence d'achat théorique ;
- le taux de nourriture observé ≤ 3 % le taux de nourriture théorique.

Il n'existe malheureusement aucun test statistique qui démontre si les différences entre les prédictions du modèle Dirichlet et les observations sont significatives [28].

- **La duplication des achats**

Une autre statistique fournie par le modèle Dirichlet est la table de la duplication d'achat. La constante *D* de la duplication est calculée par magasin en divisant sa duplication moyenne par la pénétration totale moyenne (Ehrenberg, 1988). La multiplication de ce facteur *D* avec les taux de pénétration moyens respectifs des points de vente permet de prédire leur duplication théorique.

Pour explorer notre hypothèse sur la duplication, nous testons alors pour chaque magasin les deux cas suivants :

1) La duplication d'un acheteur du magasin *i*, qui est **porteur de la carte** *i* dans un autre point de vente *x* devrait être **inférieure** à celle d'un acheteur **non porteur de la carte** *i* du même magasin *i*.

28. Selon Sharp et Sharp (1999), peu de recherches ont été effectuées sur les erreurs d'échantillonnage associées aux statistiques Dirichlet.

Nous testons alors :

(1) $H0_1 : D_{i.xP} = D_{i.xNP}$ contre

(2) $H1_1 : D_{i.xP} < D_{i.xNP}$,

2) La duplication d'un acheteur porteur de la carte *i* du magasin *x* dans le point de vente *i* devrait être supérieure à celle d'un acheteur non porteur de la carte *i* du même magasin *i*. Nous testons alors :

(3) $H0_2 : D_{x.iP} = D_{x.iNP}$ contre

(4) $H1_2 : H_{02} : D_{x.iP} > D_{x.iNP}$

Un test de proportion semble être justifié pour tester si les différences sont significatives (Evrard *et al.*, 1993, p. 336) avec *P* étant la proportion théorique, *p* celle qui est observée et *n* le nombre d'observations.

Le protocole de test de Fader et Schmittlein pour tester le phénomène de premium de part de marché

Fader et Schmittlein (1993) proposent les procédures suivantes pour détecter des marques possédant ce qu'ils appellent « *Market Share Premium* ». Ce phénomène n'est en réalité rien d'autre que la « fidélité excessive » ou autrement dit, la possession de « trop de fidélité » par rapport à la pénétration d'un point de vente (c'est-à-dire un taux d'achat répété moyen supérieur à ce que le niveau de pénétration permettrait théoriquement).

Tout d'abord, il faut estimer, à l'aide du modèle Dirichlet, les taux de nourriture respectifs « $Txfid_i^D$ » des alternatives de la catégorie. Puis, il convient de calculer la différence d_i, entre les taux de nourriture observés « $Txfid_i^0$ » et ceux qui sont théoriques « $Txfid_i^D$ ». Ensuite, il faut examiner s'il existe une relation entre les différences d_i et les parts de marché « PdM_i » respectives. Cette approche permettra dans un premier temps de voir si les taux de nourriture sont liés aux parts de marché.

Ensuite, il convient d'estimer le modèle de régression linéaire suivant, ayant comme variable dépendante les fréquences d'achat moyennes observées des points de vente et comme variable indépendante leurs parts de marché PdM_i :

(5) $$P(i|i) = a_c + \beta_c PdM_i$$

a_c et β_c sont des coefficients de régression estimés pour la catégorie, c'est-à-dire pour tous les sept points de vente. Cette procédure est appliquée pour chaque magasin, possédant un programme de fidélisation, en comparant successivement trois cas pour M1, M3, M4, M5, M7 (échantillons 1a–1g) :

1. La situation totale, incluant **porteurs et non-porteurs** de l'enseigne testée.
2. La situation incluant **uniquement les porteurs** de l'enseigne testée.
3. La situation incluant **uniquement les non-porteurs** de l'enseigne testée.

Si aucun « premium de part de marché » n'est présent, notre hypothèse H0 sera : $H0 : \beta_c = 1 - a_c$.

De l'autre côté, l'hypothèse alternative, la présence de certains magasins dans la catégorie ayant un « premium de part de marché », sera: $H1 : \beta_c > 1 - a_c$.

2.2. Les tests d'hypothèses sur les différences entre porteurs et non-porteurs

Si les tests précédents sont faits au niveau agrégé, les procédures qui suivront vont à des niveaux de plus en plus désagrégés (foyer puis actes d'achat) pour tenir compte des phénomènes de l'hétérogénéité.

La constitution de l'échantillon 3a-3g

Pour tester notre deuxième groupe d'hypothèses sur les différences de comportement entre les porteurs et non-porteurs des cartes de fidélité, nous tenons compte de la réalité des zones de chalandise. Ainsi, un découpage par magasin en zone primaire, secondaire et tertiaire est fait à l'aide des variables « Zonem1 à Zonem7 », permettant d'éliminer les biais géographiques pour les comparaisons entre porteurs et non-porteurs. Les panélistes se situant dans chacune des zones se trouvent alors dans des situations concurrentielles similaires (éloignement de l'un des sept points de vente, nombre de concurrents, etc.), ce qui permet une comparaison des porteurs et non-porteurs sans biais. Par exemple, nous allons comparer les acheteurs du magasin M1, ayant la carte de fidélité du magasin M1, avec leurs « homologues », répondant aux mêmes caractéristiques, mais qui ne sont pas adhérents au programme de fidélisation de M1. Les échantillons sont résumés dans le tableau suivant et sont appelés échantillons 3a) à 3g).

Tableau 32.
Les échantillons 3a-3g par magasin et par zone sur 3 ans
(panélistes ayant acheté au moins une fois dans un point de vente concerné)

Échantillon		Zone 1	Zone 2	Zone 3	Total	Pénétration
3a)	Non-porteur	803	398	800	2001	
M1	Porteur	127	65	74	266	
	Total	930	463	874	2 267	92 %
3b)	Non-porteur	794	510	300	1 604	
M2	Porteur	108	63	32	203	
	Total	902	573	332	1 807	73 %
3c)	Non-porteur	346	399	464	1 209	
M3	Porteur	266	188	266	720	
	Total	612	587	730	1 929	78 %
3d)	Non-porteur	384	370	552	1 306	
M4	Porteur	249	155	340	744	
	Total	633	525	892	2 050	83 %
3e)	Non-porteur	124	353	627	1 104	
M5	Porteur	145	76	43	264	
	Total	269	429	670	1 368	55 %
3f)	Non-porteur	779	295	125	1 199	
M6	Porteur	0	0	0	0	
	Total	779	295	125	1 199	48 %
3g)	Non-porteur	118	116	59	293	
M7	Porteur	208	112	63	383	
	Total	326	228	122	676	27 %

Les techniques de test

Plusieurs techniques seront utilisées pour tester les différences entre les porteurs et les non-porteurs des quatre programmes de fidélisation respectifs. D'abord, une analyse de variance à mesure répétée pour tenir compte du facteur temps (échantillon 3a-3g). Ensuite, une régression logistique (sur l'échantillon 1) permet de tester les différences quant au comportement d'achat. Enfin, les analyses de survie (modèle de Cox) qui permettent de modéliser la probabilité de survie en fonction de la détention ou non des cartes de fidélité (échantillons 3a-3g).

- **Une analyse de variance dans un dispositif de mesures répétées**

Pour tester s'il existe des différences comportementales entre les porteurs et les non porteurs des cartes de fidélité respectives, nous avons utilisé une analyse de variance univariée et unifactorielle (ANOVA) à mesure répétée [29] (Finn, 1981 ; Hartung, 1997 ; Boehnke, 1998). La procédure suivie est celle qui a été recommandée par le SAS Institute à titre d'exemple de deux traitements parasitaires pour veaux dans un dispositif de mesures répétées (Lopez, 1993).

L'analyse de variance de dispositifs en mesures répétées est une méthode qui permet de tester les différents facteurs étudiés (les deux groupes porteurs/non-porteurs) sur un ensemble de variables résumant de façon pertinente (par rapport au problème posé) la série de résultats mesurés sur chaque unité expérimentale.

La méthode consiste à décrire et comparer des profils de comportement d'achat des deux types de consommateurs par l'étude des effets de deux « régimes » (adhérent au programme de fidélisation ou non) en dispositif de mesures répétées (dans notre cas sur 3 ans) (Kenward, 1987). Elle permet de poser un modèle d'évolution du comportement d'achat des deux groupes de consommateurs en fonction des trois années analysées. L'estimation des paramètres du modèle et leur test à zéro sont réalisés par l'intermédiaire de variables comportementales des consommateurs (paniers moyens et totaux, fréquence d'achat, comportement de changement, etc.). Le principe de la méthode consiste à comparer les deux groupes d'individus non pas uniquement sur un indicateur moyen sur la totalité de la période de trois ans, mais sur un ensemble de trois années individuelles résumant l'évolution du comportement d'achat des deux lots pendant ces périodes [30]. L'intervalle de mesure répétée des indicateurs est ainsi l'année [31]. Nous comparons alors les indicateurs de fidélité [32] à la fois pour deux échantillons indépendants (porteurs/non-porteurs pour les quatre programmes de fidélisation), mais ces mêmes échantillons seront également comparés par année. Ce test est tout simplement la comparaison globale des droites de régression estimées dans chaque groupe (par exemple, l'interaction « panier*temps »), permettant ainsi d'affiner l'analyse en précisant sur quels paramètres porte l'effet de la carte de fidélité.

---

29. La procédure GLM sous SPSS.
30. Nous aurions pu nous limiter à appliquer un simple test T de STUDENT de comparaison de moyennes pour échantillons indépendants, mais l'ANOVA à mesure répétée permet en plus de contrôler le facteur temps afin de s'assurer qu'il ne perturbe pas les résultats.
31. Respectivement les moisde juillet 1998 à juin 1999 représentent l'année 1, juillet 1999 à juin 2000 l'année 2, juillet 2000 à juillet 2001 l'année 3.
32. Pan1-Pan7, Pancat_M, Pan1_T-Pan7_T, Txfid1_T-Txfid7_T, Npurch_M1-Npurch_M7, Durée 1-Durée 7, Delay 1-Delay 7, N_Store, SwitchN1-SwitchN7.

Pour tester nos hypothèses, les moyennes des indicateurs comportementaux des deux groupes, porteurs et non-porteurs, sont ainsi comparées simultanément à plusieurs niveaux : entre les groupes par la moyenne des indicateurs comportementaux « μ », au sein de chacune des zones de chalandise par la moyenne « μz », et au sein de chaque unité de temps (année) par la moyenne « μlin », afin de cerner une éventuelle évolution des indicateurs comportementaux.

Pour interpréter les résultats, il convient de comparer les paramètres estimés pour chaque groupe, par zone de chalandise et intervalle de temps. Si les porteurs de la carte de fidélité possèdent un comportement d'achat plus intense, les paramètres doivent être significativement différents de ceux des non-porteurs aus moments *t1*, *t2* et *t3*. On peut imaginer que cette différence n'est pas due à une différence de niveau, mais de forme. Dans ce cas-là, par exemple, les paniers moyens ne sont pas significativement différents mais les porteurs dépassent les non-porteurs à un moment *t*. Ainsi, dans le cas d'un modèle linéaire, on peut avoir les cas types suivants.

Figure 8.
Les quatre cas types possibles quant à l'effet de la carte de fidélité

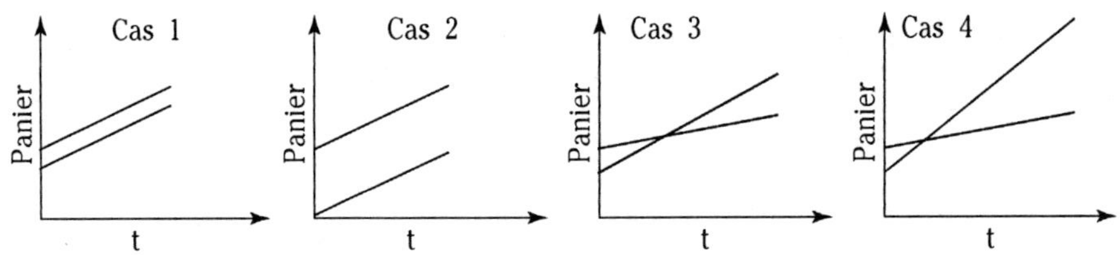

Cas 1 - Pas de différence (significative) entre groupes sur la moyenne et pas de différence sur les pentes. Les porteurs ont le même comportement d'achat que les non-porteurs sur la totalité des trois ans et dans la totalité des zones de chalandise. H0 s'écrit alors de la manière suivante :

- μ (porteur) = μ (non-porteur) [33] ;
- μz (porteur) = μz (non-porteur) ;
- μ *lin* (porteur) = μlin (non-porteur).

Cas 2 - Différence entre groupes sur la moyenne et pas de différence sur les pentes. Les porteurs possèdent un panier supérieur aux non-porteurs sur la totalité des 3 ans et dans la totalité des zones de chalandise.

Cas 3 - Pas de différence entre groupes sur la moyenne et différence sur les pentes. Les porteurs possèdent à partir du moment *t* et/ou dans une zone de chalandise un panier supérieur. Néanmoins, la différence n'est pas significative (le facteur temps influence plus le comportement d'achat que la carte).

Cas 4 - Différence entre groupes sur la moyenne et différence sur les pentes. Les porteurs ont un panier inférieur jusqu'à *t* (ou dans une zone de chalandise) et supérieur après. La carte de fidélité semble avoir un effet fort et significatif.

33. μ désigne la moyenne de la variable comportementale (par exemple, le panier).

Ce sont les cas 2 et 4 qui représentent notre hypothèse alternative H1 :
- μ (porteur) > μ (non-porteur),
- μz (porteur) > μz (non-porteur),
- μlin (porteur) > μlin (non-porteur).

- **Une régression logistique binaire pour calculer les probabilités de changement**

Une régression logistique à partir du fichier individuel des actes d'achat (échantillon 1 désagrégé) permettra de calculer les probabilités de changement pour les deux groupes, porteurs et non-porteurs. Les variables dépendantes sont respectivement les événements de changements « SwitchN1 – SwitchN7 », qui prennent la valeur 1, si un changement de magasin a eu lieu, et 0 le cas échéant. Les variables explicatives sont la possession ou non de l'une des quatre cartes de fidélité avec également les modalités 1 (possession) et 0 (pas de possession).

L'équation p = 1/(1+e-z) calcule les probabilités de changement par magasin pour les porteurs et les non-porteurs de la carte de fidélité. z est le vecteur des covariables explicatives avec z = b1* x 1 +b2* x 2 + ... + bn*xn + c.

- **Les analyses de survie pour comparer les probabilités de survie**

La durée de vie « Durée 1-Durée 7 » est mesurée à l'aide des analyses de survie (modèle de Cox, 1972), qui permettront de modéliser la probabilité de survie en fonction de la détention ou non des cartes de fidélité.

Les analyses de survie conviennent bien pour décrire l'apparition d'événements dans une population donnée. Elles tiennent compte des données incomplètes que l'on appelle données censurées, représentant certains individus dans une population au moment de la fin de l'étude qui n'ont toujours pas encore subi d'événement quelconque, sans que l'on sache si et quand ils vont le subir après la censure (Jain et Vilcassim, 1991 ; Helsen et Schmittlein, 1993) [34]. Pour notre problématique, le calcul des probabilités de survie sur des données censurées peut être parfaitement conduit par le modèle de Cox qui possède un pouvoir explicatif, du fait de la possibilité de l'introduction de covariables dans sa formulation (Bühl et Zöfel, 2000). Ainsi, l'analyse va être conduite sur la base des durées de vie (le temps s'écoulant entre le début de l'étude et l'arrivée d'un événement, c'est-à-dire la défection du client) et d'une variable de censure à droite, ce qui indique que la présence de l'individu dans le panel est artificiellement interrompue par la date de la fin de l'étude. Ce sont donc des individus qui continuent à acheter dans un point de vente donné et dont la durée de survie nous est par conséquent inconnue, sachant que l'événement de défection peut ne jamais se produire. L'intérêt de la méthode pour notre étude réside dans le fait qu'elle permet de calculer la fonction de survie des individus, c'est-à-dire la probabilité de ne pas subir l'événement de défection.

L'analyse de survie des individus peut être individualisée et affinée par l'utilisation du modèle de Cox [35] (1972), qui permet d'introduire les covariables explicatives suivantes qui sont de nature quantitative et qualitative (Klein et Moeschberger, 1997) [36] : la variable aléatoire positive T [37], représentant la durée

34. Une simple régression linaire poserait le problème de ne pas tenir compte des données censurées.

35. Le modèle est semiparamétrique, car les variables explicatives sont spécifiées de façon paramétrique, la fonction de risque est non-paramétrique et ne spécifie aucune forme de la distribution des erreurs. À côté de ce modèle, existe également la méthode de Kaplan et Meier.

36. Sous SPSS, nous employons la procédure COXREG, en utilisant comme covariables explicatives la possession ou non de l'un des quatre programmes de fidélisation.

37. T est la durée de l'apparition de l'événement (la défection) par rapport au début de l'étude et est une variable aléatoire positive.

de vie par point de vente et par panéliste (« Durée 1 à Durée 7 »), la variable binaire de censure, c'est-à-dire l'indicateur d'activité « Inactif » [38]. Cette dernière prend les valeurs 1, si l'individu a arrêté d'acheter dans le magasin avant la fin de l'étude *t* (dans ce cas, la durée est la différence entre le dernier et le premier achat dans le point de vente), et 0 dans le cas inverse (la durée est la différence entre la date de censure et celle du premier achat, les observations sont dites censurées). L'idée est qu'à chaque instant de la vie du client *T*, au sein d'une période de temps censurée *t*, il y a une certaine probabilité pour que l'événement de défection se produise ($T \leq t$) [39]. Par ailleurs, la covariable « Détention ou non de l'une des quatre cartes de fidélité » sera introduite.

Il est ainsi possible d'estimer au niveau global une fonction de survie de base qui prend la formulation générale suivante, où B est le vecteur colonne du paramètre à estimer et X le vecteur de ligne de la covariable influençant la fonction de survie de base $S_0(t)$:

(6) $$S(t) = [S_0(t)]^p \text{ où } p = e(B\,X) \text{ ou } e^{bx}$$

Pour faire cette analyse, nous avons recours aux échantillons 3a-3g. La probabilité de survie est estimée en fonction du temps écoulé entre le dernier achat et la date de fin d'étude, c'est-à-dire la durée de censure et elle est le reflet de la distribution habituelle des durées interachats de chacun des individus permettant ainsi de tenir compte des habitudes d'achat individuelles et d'éliminer les problèmes d'hétérogénéité entre les acheteurs. Plus la probabilité de survie est proche de zéro, moins la probabilité d'achat est importante, car compte tenu des durées des périodes interachats habituelles, on aurait dû observer un achat au cours de la dernière période qui est celle de la censure. Si cet achat ne s'est pas produit dans le laps de temps égal à quatre fois la durée interachat moyenne, la probabilité de survie tend vers zéro (cette probabilité étant calculée à la date de fin d'étude). Dans ce cas, on peut penser qu'il n'y a très peu de chance pour que l'événement (l'achat) se produise au-delà de la durée que nous avons définie comme durée de censure. Des coefficients négatifs de la covariable « détention de la carte de fidélité » augmentent la probabilité de survie, des coefficients positifs la diminuent. Nous testons alors les hypothèses :

H0 : B = 0 (pas d'impact significatif de la carte sur la probabilité de survie), contre,

H1 : B < 0 (impact significatif positif de la carte sur la probabilité de survie).

Pour une introduction plus approfondie aux analyses de survie nous nous référons, dans ce contexte, à la thèse de doctorat de Dominique Crié (1999).

---

38. Nous rappelons qu'un individu est considéré comme inactif si la durée de censure est quatre fois supérieure à sa durée interachat.

39. La fonction de densité $f(t) = \lim[\Pr(t \leq T \leq t + dt)]$ (quand dt tend vers 0) représente la probabilité de subir l'événement, de quitter un point de vente à un instant *T* donné. La fonction de répartition *F(t)* est la probabilité que *T* soit inférieur à *t*, c'est-à-dire que l'événement se produise avant le temps censuré *t*, et représente la probabilité cumulée de décès ou de départ avant la fin de l'étude ($F(t) = Pr(T < t)$). La probabilité cumulée instantanée de survie, appelée la fonction de survie, se calcule comme le complément à 1 de la probabilité de défection *F(t)*. Un deuxième concept clé est celui de la fonction de risque h(t), qui est le rapport entre *f(t)*, c'est-à-dire la probabilité qu'un individu quitte un point de vente à un moment précis, et *S(t)*, la probabilité survie : $h(t) = f(t) \,/\, 1-F(t) = f(t)/S(t)$. C'est donc une probabilité de disparition conditionnelle, sachant qu'un individu donné est toujours actif et n'a pas encore subi l'événement. Si *h(t)* est élevé, cela signifie qu'il y a un taux de défection important, au contraire, si *h(t)* est faible, on enregistre un taux de rétention important. *h(t)* peut être constant, croissant ou décroissant. Une autre notion doit être expliquée à ce moment, celle des individus soumis au risque. Elle signifie qu'au fur et à mesure que certains individus disparaissent, l'ensemble des individus soumis au risque diminue.

2.3. Les tests d'hypothèses sur la modification du comportement d'achat des porteurs

Comme nous l'avons indiqué lors de la formulation des hypothèses dans le chapitre précédent, si nous observons une différence comportementale entre les porteurs et les non-porteurs des cartes de fidélité, cela n'apporte en aucun cas une preuve que cet écart est provoqué par le programme de fidélisation. C'est la raison pour laquelle la mise en place de tests, portant sur une comparaison avant et après la souscription, contribuera à une vision plus complète et certaine sur les effets des programmes de fidélisation. La présentation du dispositif de mesure est ainsi l'objectif de cette sous-section.

La constitution des échantillons 4 et 5

Le principe général de notre méthodologie est de comparer le comportement des porteurs (N = 99) 12 mois avant l'adhésion au programme de fidélisation de l'enseigne E1, c'est-à-dire des deux magasins M1 et M2, et 15 mois après, couvrant tout compte fait une période de 27 mois. Ainsi, l'intervalle de mesure des indicateurs va alors de trois trimestres avant (t-3, t-2, t-1) à 4 trimestres après (t 0, t + 1, t + 2, t + 3) la souscription à la carte de fidélité. Ils s'agit alors de panélistes ayant adopté le programme de fidélisation de l'enseigne E1 après la semaine 28/1999, et avant la semaine 28/2000 (la souscription a été faite entre juillet 1999 et juillet 2000) [40]. Ces sept trimestres correspondent aux cohortes de souscription suivantes.

Tableau 33.
Les cohortes de souscription à la carte de fidélité de l'enseigne E1

Temps	**t-3, t-2, t-1**	**t 0, t + 1, t + 2, t + 3**
Cohorte	**Achats avant**	**Achats après**
1	07/98–6/99	07/99–10/00
2	08/98–7/99	08/99–11/00
3	09/98–8/99	09/99–12/00
4	10/98–9/99	10/99–01/01
5	11/98–10/99	11/99–02/01
6	12/98–11/99	12/99–03/01
7	01/99–12/99	01/00–04/01
8	02/99–01/00	02/00–05/01
9	03/99–02/00	03/00–06/01
10	04/99–03/00	04/00–07/01

Nous testons et comparons ainsi les indicateurs de fidélité à chaque instant *t* pour le même échantillon (porteurs de la carte de l'enseigne E1) à plusieurs moments pour contrôler le facteur temps et afin de nous assurer que les variations, si elles existent, ne sont pas liées à des fluctuations temporelles.

Pour renforcer la validité du test, un groupe de contrôle, contenant des non-porteurs ayant les mêmes caractéristiques comportementales que les porteurs,

40. En effet, la majorité des 266 porteurs a adhéré au programme de fidélisation avant la semaine 28/1999.

s'avère indispensable pour comparer le comportement d'achat dans les mêmes intervalles. Le principe du test est représenté dans le tableau suivant.

Tableau 34.
La méthodologie pour la comparaison « Avant/Après » souscription à la carte de fidélité

t-3	t-2	t-1	t0	t+1	t+2	t+3
Comportement d'achat des porteurs de la carte E1						
Comportement d'achat des non-porteurs de la carte E1						

Afin d'exclure tout biais lié à des structures comportementales différentes entre les deux groupes, l'échantillon des non-porteurs doit correspondre exactement aux caractéristiques des porteurs. C'est la raison pour laquelle nous réalisons un redressement de l'échantillon en fonction de deux caractéristiques comportementales des porteurs : le panier moyen et le comportement de changement. Concrètement, l'échantillon des porteurs est divisé en quartiles, en fonction de leur panier moyen et de leur comportement de changement dans l'enseigne E1. À partir de cette structure, un échantillon apparié a été tiré au sort parmi les non-porteurs (N = 367), dont la composition correspond aux mêmes caractéristiques quant au comportement d'achat dans l'enseigne E1. Avec cet échantillon, nous comparons ainsi les évolutions des variables comportementales, agrégées au niveau foyer, pour 99 porteurs de carte et 367 individus non-porteurs pendant 7 trimestres, en sachant que les premiers adoptent la carte de fidélité en t 0. Ainsi, peut alors être analysé si :

– les variations du comportement d'achat sont systématiques : dans ce cas là, elles sont observées pour les deux groupes et sont alors non liées à la carte de fidélité, mais à des évolutions systématiques dans le temps ;

– les variations du comportement d'achat ne sont pas systématiques : dans ce cas-là, elles sont observées uniquement pour les porteurs, ce qui peut indiquer qu'elles sont causées par la souscription à la carte de fidélité et non par des évolutions systématiques dans le temps.

Si la méthode de test que nous venons de décrire est faite à un niveau relativement désagrégé (foyer), descendre à un échelon plus individuel, c'est-à-dire l'acte d'achat permet d'obtenir une vision encore plus fiable quant au comportement d'achat. En effet, ainsi, les biais d'agrégation sont complètement éliminés. C'est pourquoi nous extrayons un autre échantillon (échantillon 5), qui contient 8 344 actes d'achats individuels réalisés par les 99 porteurs de la carte de l'enseigne E1. Ils se répartissent en fonction de l'année de l'achat et en fonction de la date de souscription de la manière suivante.

Tableau 35.
L'échantillon 5

Année de l'achat	**1998**	**1999**	**2000**	**2001**
Nombre d'actes d'achat	1 636	3 348	3 360	1 766
Année d'obtention de la carte	**1 998**	**1 999**	**2 000**	**2 001**
Nombre d'actes d'achat	2 912	5 386	1 029	793

La technique de test

Comme pour la comparaison des porteurs avec les non-porteurs, un dispositif en mesures répétées est parfaitement approprié pour tester si une modification du comportement d'achat se réalise dans le temps et surtout après l'adhésion au programme de fidélisation de l'enseigne E1 (échantillons 4 et 5). Pour explorer l'ampleur des effets sur la probabilité de choix des points de vente respectifs, une régression multinomiale logistique est appliquée (échantillon 5).

- **Comparaison du comportement d'achat des porteurs de la carte de fidélité avant et après souscription dans un dispositif en mesures répétées – Une analyse au niveau foyer**

Une analyse de variance à partir de l'échantillon 4 (agrégation au niveau foyer, pour 99 porteurs de carte et 367 individus non-porteurs) permet de tester les différents facteurs étudiés dans une quasi-expérimentation (les deux groupes porteurs/non-porteurs) ainsi que la modification du comportement d'achat et sa stabilité après souscription à la carte de fidélité. La démarche est la même que celle explicitée précédemment (la comparaison des porteurs avec les non-porteurs), et la méthode décrit et compare en effet des profils de comportement d'achat des deux groupes, à la fois sur les mêmes échantillons (porteurs de la carte de l'enseigne E1) et à plusieurs moments, pour contrôler le facteur temps.

La différence par rapport au test précédent (« porteurs/non-porteurs ») est liée au fait que le « régime » (pas de possession de carte de fidélité pour les deux groupes) est pendant les trois premiers trimestres le même pour les deux groupes. Nous comparons ainsi, à l'aide d'un dispositif en mesures répétées, si l'évolution du comportement d'achat est le même pour les deux groupes les trois trimestres (t – 3, t – 2, t – 1) **avant la souscription** à la carte de fidélité. Cependant, à partir du quatrième trimestre (t 0), la situation change pour un groupe, par le fait qu'il souscrit à la carte de fidélité. C'est ainsi que nous comparons, à partir de ce moment, l'impact des deux traitements différents (carte de fidélité ou non) de manière répétée sur 4 trimestres (t 0, t + 1, t + 2, t + 3), sur le comportement d'achat.

Un modèle linéaire d'évolution du comportement d'achat des deux groupes de consommateurs est ainsi formulé à partir des comportements manifestés dans l'enseigne E1 lors de chacun des sept trimestres (paniers moyens et totaux M1, fréquence d'achat, comportement de changement, etc.). Au sein de ce test, la comparaison se fait alors à deux niveaux : d'abord par une comparaison inter-groupes des moyennes des indicateurs comportementaux « μ », puis par une comparaison intra-groupe de l'évolution des moyennes des variables comportementales « μlin » par unité de temps (trimestre), afin de capter une évolution éventuelle des indicateurs comportementaux. Comme précédemment, quatre cas de figure peuvent se présenter.

Figure 9.
Les hypothèses sur l'effet de la carte de fidélité après T 0

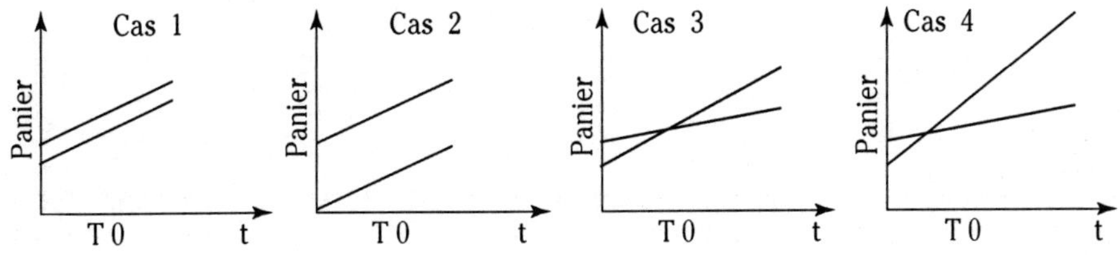

Cas 1 - Il n'y a pas de différence (significative) entre groupes sur la moyenne et pas de différence sur les pentes. C'est le cas de l'hypothèse H0 : la carte de fidélité n'a aucun effet significatif sur les porteurs et le panier est le même avant et après la souscription pour les porteurs et les non-porteurs.

Cas 2 - Il y une différence entre les groupes sur la moyenne et pas de différence sur les pentes : la carte de fidélité n'a aucun effet significatif sur les porteurs après t 0 car le panier est de toutes les manières supérieur/inférieur pour les porteurs sur la totalité des 7 trimestres ; en revanche, elle exerce probablement un effet de sélection.

Cas 3 - Il n'y a pas de différence entre les groupes sur la moyenne mais il y a une différence sur les pentes : la carte de fidélité a un effet faible significatif sur les porteurs après t 0 car le panier est supérieur pour les porteurs après la souscription ; néanmoins, la différence du panier n'est pas significative (le facteur temps influence plus le comportement d'achat que l'outil marketing).

Cas 4 - Il y une différence entre les groupes sur la moyenne et une différence sur les pentes. C'est le cas de l'hypothèse alternative H1 : la carte de fidélité a un effet fort et significatif sur les porteurs après t 0 car leur panier est inférieur avant la souscription et supérieur après.

Une telle comparaison des deux traitements ou groupes de panélistes sur les évolutions des indicateurs comportementaux modélisés à partir du modèle permet de tirer des conclusions quant à savoir si les différences sont significatives ou non [41]. Si la carte de fidélité entraîne une intensification du comportement d'achat pour les porteurs, les paramètres ajustés suivant le modèle doivent être significativement différents de ceux des non-porteurs au moment et après la souscription (Bühl et Zöfel, 2000).

• Comparaison du comportement d'achat des porteurs de la carte de fidélité avant et après souscription dans un dispositif en mesures répétées. Une analyse au niveau de l'acte d'achat

Enfin, pour une analyse au niveau le plus désagrégé, c'est-à-dire l'acte d'achat, nous utilisons l'échantillon 5 qui contient pour rappel 8 344 actes d'achat de 99 porteurs. Comme méthode de test, une analyse de variance (GLM) uni variée pour échantillons non appariés a été appliquée. Il s'agit de la méthode UNIANOVA sous SPSS qui s'appelait jusque-là version 6 MANOVA.

• Comparaison de la probabilité de choix des porteurs de la carte de fidélité avant et après souscription

Pour tester si la probabilité de choix de l'enseigne E1 augmente après la souscription à la carte de fidélité, nous utilisons le fichier des achats individuels (échantillon 5). La méthodologie utilisée est le module régression multinomiale logistique sous SPSS. La variable dépendante est le choix du magasin prenant cinq modalités pour les cinq enseignes, la variable indépendante est le temps avant et après souscription à la carte.

41. La variation des mesures enregistrées par trimestre peut être estimée à partir du calcul du coefficient de variation (CV= 100x [écart type/moyenne]).

2.5. Les tests d'hypothèses sur les effets de sélection du programme de fidélisation

Si nous avons établi une procédure de test pour les hypothèses quant aux effets sur le comportement d'achat, il reste à élaborer une méthodologie pour explorer notre dernier groupe de suppositions sur l'impact autosélectif des programmes de fidélisation. Ce groupe d'hypothèses sera validé en deux temps : d'abord à l'aide d'une technique simple, un tableau de contingence couplé à un test de khi-2, ensuite, un modèle de Cox permettra de valider les suppositions.

La constitution de l'échantillon

Pour réaliser ces tests, deux échantillons sont utilisés. Pour le test de khi-2, nous avons en premier lieu recours à l'échantillon 4 qui nous a déjà servi pour tester les hypothèses sur la modification du comportement d'achat. La différence est que nous ne considérons pas le groupe de contrôle des 367 non-porteurs mais uniquement les individus ayant effectivement adopté la carte de fidélité. La période avant l'adhésion (semaine 28/1998 à semaine 28/1999) sert de phase de calibrage pour vérifier s'il y a une différence de vitesse d'adoption de la carte de fidélité en fonction d'un certain comportement d'achat manifesté et pour déterminer le temps moyen d'adoption en fonction des différents comportements antérieurs.

Pour le modèle de Cox, l'échantillon 1 sera utilisé ; il contient pour information 266 porteurs de carte de l'enseigne E1 et 2 001 non-porteurs. Sur les 266 détenteurs de carte, 140 l'ont adoptée avant 1998. Ils seront par conséquent exclus de l'analyse, ce qui fait que nous disposons de 126 porteurs de carte pour lesquels l'événement de la souscription s'est réellement produit avant la fin de la période d'observation.

La technique de test

Comme nous l'avons précisé, deux techniques de test sont appliquées : d'abord un test de khi-2, puis un modèle de Cox.

- **Un test de khi-2 pour tester la proportion des adopteurs en fonction des semestres**

Des quartiles en fonction de l'importance du comportement manifesté sont créés par variable comportementale (panier, durée interachat, nombre de magasins fréquentés, etc.) correspondant à des achats réalisés entre la semaine 28/1998 et la semaine 28/1999 (phase de calibrage). Le premier quartile est celui qui a le comportement le moins marqué (par exemple, panier le plus bas), le quatrième quartile est celui qui a le comportement le plus accentué (par exemple, panier le plus élevé). Autrement dit, le quartile 1 manifeste le comportement d'achat le moins fidèle, le quartile 4, l'inverse. Par la suite, la variable de la date de souscription « Créa » a été transformée en sept variables binaires correspondant à l'adoption ou non par année et par semestre (voir tableau suivant).

Des tableaux de contingence et des tests de khi-2 sur les deux variables ainsi obtenues permettent de comparer les taux d'adoption par quartile.

- **Un modèle de Cox pour tester la vitesse d'adoption**

Une analyse de survie, plus précisément le modèle de Cox (1972) permet de modéliser la durée ou la probabilité d'adoption du programme de fidélisation en

Tableau 36.
La transformation de la variable « date de souscription » en variable binaire

Variable	Label
Adoption en 1994*	« Adp_94 » (0 = Non, 1 = Oui)
Adoption en 1998**	« Adp_98 » (0 = Non, 1 = Oui)
Adoption 1. Semestre 1999	« Adp1_99 » (0 = Non, 1 = Oui)
Adoption 2. Semestre 1999	« Adp2_99 » (0 = Non, 1 = Oui)
Adoption 1. Semestre 2000	« Adp1_00 » (0 = Non, 1 = Oui)
Adoption 2. Semestre 2000	« Adp2_00 » (0 = Non, 1 = Oui)
Adoption 1. Semestre 2001*	« Adp1_01 » (0 = Non, 1 = Oui)

* : Adoption avant notre période d'observation.
** : Pour 1998 et 2001, respectivement uniquement le deuxième et le premier semestre sont disponibles.

fonction des covariables explicatives du comportement d'achat manifesté sur des données incomplètes censurées, représentant certains individus à la fin de l'étude qui n'ont toujours pas adopté la carte, sans que l'on sache si et quand ils vont y souscrire.

La méthode étant expliquée plus haut, nous nous limitons à ce moment à la spécification de l'exemple pour modéliser les probabilités d'adhésion.

À chaque instant *T* de la vie d'un client, il y a une certaine probabilité pour que l'événement de la souscription se produise ($T \leq t$). Deux variables de base sont introduites dans le modèle, la variable aléatoire positive *T*, représentant la durée d'adoption, labellisée « duration » et une variable binaire indiquant l'apparition de l'événement étudié, ou l'adoption de la carte de fidélité, nommée « Adopt ». Si elle a été adoptée au sein de cet intervalle de temps, l'événement est codé 1 et la durée d'adoption correspond à la différence entre la date de souscription et le début de l'étude (semaine 28/1998). Dans le cas contraire [42], les observations sont dites censurées à droite et prennent la valeur 0. La durée d'adoption correspond ainsi à 1 095 jours (3 ans × 365 jours).

Contrairement à la problématique de modélisation de la défection, décrite plus haut, l'optique du modèle ici est d'estimer la probabilité de ne pas subir l'événement de l'adoption de la carte de fidélité. La fonction de survie S(t) est alors considérée de manière inverse comme la résistance ou la probabilité de ne pas avoir adhéré au programme de fidélisation à un moment donné [43]. Ainsi, plus la probabilité de survie est proche de zéro, plus la probabilité d'adoption est importante. Dans ce cas, on peut penser qu'il y a beaucoup de chances pour que l'événement (l'adoption) se produise avant la fin de la durée d'observation que nous avons définie comme durée de censure.

42. Si carte de fidélité n'a pas été adoptée à la date de fin de l'étude (c'est-à-dire la semaine 28/2001).

43. Ainsi, la fonction de densité $f(t)$ représente la probabilité de subir l'événement, c'est-à-dire de prendre la carte de fidélité à un instant *T* donné. La fonction de répartition $F(t)$ est la vraisemblance que l'événement se produise avant un temps *t* donné, et représente la probabilité cumulée de souscription avant un terme donné. La fonction de risque $h(t)$ (le rapport entre $f(t)$ et $S(t)$), autrement dit, le rapport de la probabilité que l'on adhère au programme de fidélisation à un moment précis, sur la probabilité de ne pas adhérer jusqu'à ce moment est élevé si le taux d'adhésion est important et faible dans le cas inverse.

Comme indiqué plus haut, le modèle de Cox permettra d'expliquer la vitesse d'adhésion en fonction des covariables qui sont dans notre cas d'un côté, les comportements d'achat antérieurs (variables métriques), de l'autre côté, les catégories socioéconomiques, l'âge et la taille du foyer, qui sont en fait des variables catégorielles. Des coefficients positifs des covariables B diminuent la probabilité de survie et augmentent par conséquent la probabilité d'adoption; des coefficients négatifs diminuent cette dernière. Nous testons alors les hypothèses :

H0 : B = 0 (pas d'impact significatif de la variable sur la probabilité d'adoption),

contre,

H1 : B > 0 (impact significatif et positif de la variable sur la probabilité d'adoption)

• Un test *T* de Student pour tester les différences comportementales entre les premiers adopteurs et les adopteurs tardifs

Enfin, pour vérifier si le comportement d'achat des « premiers adopteurs » (souscription entre 1994 et 1997) varie significativement de celui des « adopteurs tardifs » (souscription entre 1998 et 2001), nous avons divisé l'échantillon des 266 porteurs actifs de l'échantillon 1 en deux groupes, selon les deux tranches de date de souscription ci-dessus. Nous obtenons alors 140 individus ayant souscrit à la carte de fidélité entre 1994 et 1997 et 126 clients l'ayant adoptée entre 1998 et 2001 (échantillon 6).

Pour tester les différences entre les deux groupes, des tests *T* de Student de comparaison de moyennes pour échantillons indépendants sont appliqués. Nous testons alors :

H0 : comportement premiers adopteurs = comportement adopteurs tardifs, contre,

H1 : comportement premiers adopteurs > comportement adopteurs tardifs.

Les échantillons, leurs critères de sélection ainsi que leurs tailles respectives sont résumés dans le tableau suivant.

Tableau 37.
Le résumé des échantillons

Échantillon	**1**	**2a-2e**	**3a-3g**		
Base de l'échantillon	**Totalité du panel**	**Échantillon 1**	**Échantillon 1**		
Critères de sélection	Panélistes actifs entre S 28/1998 et S 52/1998 et puis jusqu'à S 28/2001	Deux périodes de 24 semaines (28/2000-52/2000) et (1/2001-24/2001)	Panélistes dans les zones respectives primaires, secondaires et tertiaires de chacun des magasins		
Taille échantillon (dont porteurs)	2 476 (1 646)	2 476 (1 646)	Z1	Z2	Z3
M1	2 001 (266)	M1 + M2 1 633 (236)	930 (127)	463 (65)	874 (74)
M2	1 604 (203)		902 (108)	573 (63)	332 (32)
M3	1 929 (720)	M3 + M4 1 528 (618)	612 (266)	5 877 (188)	730 (266)
M4	2 050 (744)		633 (249)	525 (155)	892 (394)
M5	1 368 (264)	M5 797 (242)	269 (145)	429 (76)	670 (43)
M6	1 199 (0)	M6 719 (0)	779	295	125
M7	676 (383)	M7 355 (262)	326 (208)	228 (112)	122 (63)
Actes d'achat	297 538				
Objectifs et méthodes	Eliminer l'effet de panel 2e groupe d'hypothèses : Comparaison comportement de changement porteurs/non–porteurs : Régression logistique 3e groupe d'hypothèses : Vitesse d'adoption : Analyse de survie (Cox)	1er groupe d'hypothèses : Analyse structure générale du marché (double Jeopardy + duplication d'achat) : modèle Dirichlet	2e groupe d'hypothèses : Comparaison comportement porteurs/non-porteurs : GLM à mesures répétées, analyse de survie (Cox) pour la durée de vie		

Tableau 37 bis.
Le résumé des échantillons (suite)

Échantillon	**4**	**5**	**6**
Base de l'échantillon	**Échantillon 1**	**Échantillon 1**	**Échantillon 1**
Critères de sélection	Porteurs de la carte M1 + M2 avec 12 mois d'historique avant et après souscription + non-porteurs	Porteurs de la carte M1 + M2 avec 12 mois d'historique avant et après souscription	Porteurs de la carte : Groupe 1 : souscription entre 1994 - 1997 Groupe 2 : souscription entre 1998 - 2001
Taille échantillon	99 porteurs M1 + M2 et 367 non-porteurs comme échantillon de contrôle	8 344 actes d'achats (99 porteurs M1 + M2)	G1 : 140 G2 : 126 47 500 actes d'achat
Objectifs et méthodes	2e groupe d'hypothèses : Comparaison comportement porteurs avant/après souscription de la carte : GLM à mesures répétées 3e groupe d'hypothèses : Comparaison vitesse d'adoption carte en fonction du comportement d'achat : Tableaux de contingence (khi-2)	2e groupe d'hypothèses : Comparaison comportement porteurs avant/après souscription de la carte au niveau désagrégé : Analyse de variance (GLM) univarié (UNIANOVA) pour échantillons non-appariés. Comparaison probabilité de choix porteurs avant/après souscription de la carte au niveau désagrégé : Régression multinomiale logistique	3e groupe d'hypothèses : Comparaison comportement d'achat « premiers adopteurs »/ « adopteurs tardifs » : test *T* de Student

Chapitre 5

Les résultats de l'étude

Dans ce chapitre, nous présentons les résultats issus des procédures de tests proposées précédemment. Conformément à l'approche générale que nous avons adoptée dans cette étude, nous exposons d'abord les résultats obtenus quant à l'impact des programmes de fidélisation sur la structure concurentielle du marché. Ensuite, sont décrites les conclusions des hypothèses concernant les effets sur le comportement d'achat. Enfin, sont présentés les résultats des effets d'auto-sélection du programme de fidélisation. Après chaque section, une synthèse est faite sur les principales conclusions. La discussion des résultats est abordée dans le chapitre 6.

1. La structure concurentielle du marché

Avant de présenter les résultats du modèle Dirichlet, nous montrons quelques statistiques descriptives sur la pénétration concernant les variations temporelles. Ensuite, les statistiques provenant du modèle Dirichlet permettent d'établir des normes du marché qui sont comparées aux valeurs observées pour chaque magasin avec le but de détecter des écarts pouvant résulter d'un des quatre programmes de fidélisation. Enfin, pour valider l'hypothèse sur la présence d'un « premium de part de marché », les résultats de la procédure, recommandée par Fader et Schmittlein (1993), sont présentés.

1.1. La stabilité de la pénétration

Le premier constat important est que l'ordre de pénétration est le même par semaine (pénétration instantanée) que celui de la totalité de la période (pénétration stabilisée). Les hypermarchés ont toujours les valeurs les plus élevées, les supermarchés, le contraire. La pénétration par semaine est environ trois à quatre fois plus faible que celle sur la durée totale de la période, ce qui est cohérent avec les travaux de Keng et Ehrenberg (1984). Cela signifie qu'un point de vente attire par semaine environ un quart de son potentiel stabilisé.

Le coefficient de variation [1] indique qu'il y a des fluctuations temporelles importantes par semaine, avec un maximum de 22 % pour le magasin 7. Le coefficient d'évolution [2] est le plus fort pour le magasin M7 (120 %) indiquant un taux de pénétration très instable. Aucun des points de vente, même ceux avec cartes

1. Le coefficient de variation = écart type/moyenne.
2. Le coefficient d'évolution = (maximum-minimum)/minimum.

de fidélité, n'arrive à augmenter sa pénétration. Ce constat est compréhensible, car le programme de fidélisation, à l'opposé d'autres actions marketing et étant donné son orientation défensive, devrait agir plutôt sur les consommateurs existants que recruter de nouveaux clients, dans la mesure où il récompense plus les gros acheteurs. Ce type d'acheteur détient en général un répertoire d'achat très large et a une probabilité significative d'avoir déjà acheté la marque avant le lancement du programme (Ehrenberg *et al.*, 1994). En regardant notre échantillon, on s'aperçoit que 89 % des individus ont déjà été client dans les points de vente M1 et M2 un an avant la souscription à la carte de fidélité. Ce chiffre est comparable à celui trouvé par Ehrenberg *et al.* (1997) qui trouvent que 67 % des acheteurs d'une marque l'ont achetée six mois avant une promotion, 80 % il y a un an, 90 % il y a deux ans. Cela veut dire que ce sont des acheteurs qui connaissent déjà la marque, qui l'ont dans leur « panier de marques disponibles » ou dans leur l'ensemble évoqué, et qui l'achètent.

Tableau 1.
La pénétration par semaine

Semaine	M1	M2	M3	M4	M5	M6	M7
1	23 %	23 %	17 %	23 %	13 %	13 %	6 %
2	26 %	23 %	22 %	28 %	14 %	12 %	7 %
3	29 %	21 %	24 %	26 %	15 %	12 %	9 %
4	29 %	25 %	22 %	31 %	13 %	13 %	9 %
5	29 %	24 %	22 %	25 %	15 %	11 %	5 %
10	25 %	20 %	22 %	30 %	15 %	15 %	9 %
15	24 %	22 %	20 %	27 %	15 %	17 %	9 %
20	25 %	22 %	21 %	26 %	17 %	16 %	9 %
25	28 %	22 %	21 %	28 %	15 %	15 %	9 %
55	28 %	21 %	19 %	29 %	15 %	15 %	9 %
100	27 %	17 %	22 %	30 %	17 %	15 %	9 %
156	26 %	20 %	21 %	29 %	16 %	14 %	9 %
Moyenne	24 %	23 %	20 %	27 %	14 %	15 %	9 %
Minimum	17 %	17 %	14 %	17 %	10 %	9 %	5 %
Maximum	30 %	25 %	24 %	31 %	17 %	17 %	11 %
Écart type	2 %	2 %	2 %	2 %	2 %	2 %	2 %
Variation	8 %	8 %	10 %	8 %	14 %	13 %	22 %
Évolution	80 %	47 %	72 %	81 %	65 %	88 %	120 %

1.2. La fidélité excessive liée aux cartes de fidélité ?

Nous rappelons que le modèle Dirichlet estime les valeurs théoriques de la fréquence que l'on devrait observer pour une certaine pénétration donnée. La comparaison entre les valeurs théoriques et observées permet par la suite de déterminer si les magasins ont ce que Sharp et Sharp (1997) appellent une « fidélité excessive » (les points de vente se situent au-dessus de la ligne de la double pénalité, c'est-à-dire des valeurs théoriques), une « fidélité normale » (les points de vente se situent exactement sur la ligne de la double pénalité), ou une « infidélité excessive », renforcée par l'effet de la double pénalité (les points de vente se situent en dessous de la ligne des valeurs théoriques).

Pour faciliter la lecture des tableaux exposant les résultats, les magasins sont toujours présentés par ordre décroissant de taux de pénétration.

La situation du marché total

Tout d'abord, il convient de mentionner que le modèle s'ajuste bien aux données, ce qui veut dire que le marché est approximativement stationnaire (voir tableau suivant). L'effet de la « double pénalité » est clairement présent sur la totalité du marché de (Keng et Ehrenberg, 1984). Les points de vente ayant la plus forte pénétration, c'est-à-dire dans l'ordre M4, M1, M3 ont également des fréquences d'achat supérieures à ceux ayant des taux de pénétration plus faibles, comme les supermarchés M6 et M7.

Figure 1.
La ligne de la double pénalité sur la totalité du marché

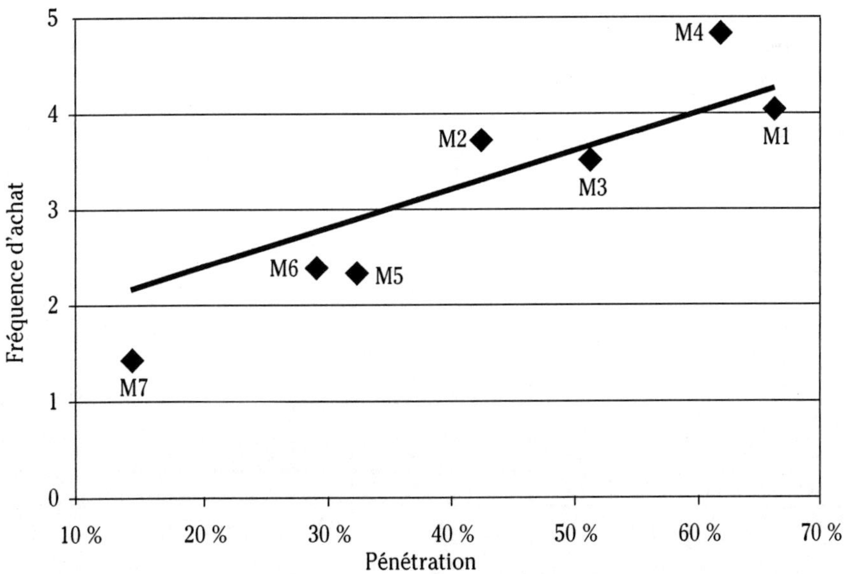

Si le modèle s'ajuste bien, il y a cependant des déviations [3] pour trois magasins entre les valeurs théoriques prédites et celles qui sont observées [4] (voir tableau suivant). M1, M3, et M6 se situent dans la norme Dirichlet. En revanche, M2, M4 et M7 sont caractérisés par des déviations du modèle (signalées dans le tableau par une étoile). M4 possède visiblement, en plus de sa position dominante sur le marché, de la « fidélité excessive » (écart positif entre la fréquence observée et théorique), ce qui indique que le point de vente développe une fidé-

3. L'ajustement du modèle n'est pas perturbé par la non-stationnarité de plusieurs marques (Ehrenberg et Uncles, 1997).

4. Nous rappelons que selon la pratique de la modélisation Dirichlet (Goodhardt *et al.*, 1984 ; Ehrenberg, 1988), une déviation est considérée comme significative si elle est supérieure à +/– 3 % pour la pénétration, +/–0,3 pour la fréquence d'achat, +/–3 % pour le taux de nourriture.

lité proportionnellement supérieure à sa pénétration. Apparemment, il possède des sous-segments plus propices à la fidélité. M2 est dans la même situation. Tous les deux possèdent un programme de fidélisation. Les deux points de vente ont également un plus grand nombre de clients fidèles, en particulier monofidèles, et un taux d'achat répété plus élevé que la norme. Est-ce la carte de fidélité qui leur procure cette situation confortable en captant et isolant les individus des actions concurrentielles ? La réponse n'est pas évidente, car en effet, M1 a le même programme que M2, et M3 propose également la carte de M4. Ce n'est pas pour autant que les clients de M1 et M3 développent un niveau de fidélité proportionnellement supérieur à leur taux de pénétration (ils sont dans la norme). M5 et M7, ayant également des programmes, possèdent des valeurs en dessous de la norme pour la fréquence d'achat mais supérieure en ce qui concerne la pénétration. Ceci indique que ces deux points de vente ont proportionnellement plus de clients que leur taille leur permet théoriquement, mais ces clients ne sont pas fidèles et n'y font pas régulièrement leurs courses, ce qui est caractérisé par une fréquence d'achat et des taux de nourriture inférieurs à la norme Dirichlet. Regardant les statistiques des acheteurs monofidèles et les taux d'achat répété, il devient clairement visible que ces deux points de vente ont également des valeurs inférieures aux autres concurrents, notamment M2, M3, M4 et M3. Kahn *et al.* (1988) appellent cette situation « *change-of-pace* ». Enfin, le seul magasin (M6), ne proposant pas de programme de fidélisation, est parfaitement dans la norme Dirichlet, ce qui peut être expliqué par sa localisation en proximité directe au centre-ville et sa petite taille. Le point de vente est certainement perçu comme un commerce pour faire les courses de tous les jours.

Tableau 2.
Les résultats du modèle Dirichlet (marché total N = 2 476, 24 semaines)

Magasin	Pénétration		Fréquence d'achat moyenne		Taux de nourriture		100 % fidèle		Achat répété	
	O	T	O	T	O	T	O	T	O	T
M1	66 %	66 %	4,0	4,1	18 %	17 %	0,4 %	0,8 %	80 %	83 %
M4	62 %	69 %*	4,9	4,3*	24 %	18 %*	1,8 %	0,9 %	83 %	84 %
M3	52 %	53 %	3,5	3,4	16 %	14 %	1,5 %	0,6 %	76 %	78 %
M2	43 %	48 %*	3,7	3,2*	15 %	13 %*	1,7 %	0,6 %	80 %	77 %
M5	32 %	28 %*	2,3	2,7*	10 %	10 %	0,6 %	0,5 %	71 %	71 %
M6	29 %	27 %	2,4	2,6	9 %	10 %	0,5 %	0,5 %	71 %	71 %
M7	14 %	9 %*	1,4	2,3*	5 %	9 %*	0,4 %	0,4 %	70 %	67 %

O : valeur observée ; T : valeur théorique ; * : écart significatif du modèle Dirichlet.

En regardant le tableau suivant, on se rend compte que sur la totalité de la durée, c'est-à-dire 156 semaines, les résultats restent relativement stables. Ainsi, les points de vente M2 et M4 développent à nouveau une fidélité excessive, M1 et M7 sont en dessous, M3, M5 et M6 sont dans la norme.

Regardant le tableau de la duplication des achats, le phénomène de la double pénalité est à nouveau clairement présent car la duplication est proportionnelle à la pénétration relative des points de vente. Ainsi, les points de vente ayant une forte pénétration ont une duplication inférieure à ceux avec une faible pénétration, et inversement (Ehrenberg et Uncles, 1996).

Par exemple, un acheteur visitant le point de vente M1 n'a qu'une duplication de 10 % dans le magasin M7. À l'opposé, pour le magasin M7 cette valeur atteint 73 % dans le point de vente M1. En moyenne, M1, ayant la plus forte pénétration, a été visité par 72 % des clients des autres points de vente (M2-M7). À l'inverse, M7 ayant la plus faible pénétration, n'a été visité que par 10 % des consommateurs des autres points de vente (M1-M6).

Tableau 3.
Les résultats du modèle Dirichlet (marché total N = 2 476, 156 semaines)

Magasin	**Pénétration**		**Fréquence d'achat moyenne**	
	O	T	O	T
M1	92 %	83 %	25,1	27,8*
M4	83 %	86 %	35,0	33,9*
M3	78 %	78 %	21,6	21,4
M2	73 %	79 %	24,0	22,1*
M5	67 %	66 %	14,9	15,0
M6	63 %	65 %	14,8	14,5
M7	40 %	37 %	9,2	9,9*

La constante *D* [5] est supérieure à 1, ce qui indique que le marché ne montre pas de signe particulier de segmentation. La multiplication de ce facteur avec les taux de pénétration moyens respectifs des points de vente permet de prédire la duplication et de la comparer aux valeurs réelles. À nouveau, les points de vente M2 et M4 sont caractérisés par des valeurs observées supérieures aux valeurs théoriques. M1, M5 et M7 se situent en dessous de la norme.

Tableau 4.
La duplication des achats (marché total N = 2 476, 24 semaines)

	M1	**M4**	**M3**	**M2**	**M5**	**M6**	**M7**
Pénétration	66 %	62 %	52 %	43 %	32 %	29 %	14 %
M1	—	75 %	57 %	53 %	31 %	29 %	10 %
M4	71 %	—	57 %	53 %	31 %	29 %	10 %
M3	72 %	76 %	—	54 %	31 %	29 %	10 %
M2	72 %	76 %	58 %	—	31 %	30 %	10 %
M5	73 %	77 %	59 %	55 %	—	30 %	10 %
M6	73 %	77 %	59 %	55 %	32 %	—	10 %
M7	73 %	77 %	60 %	55 %	32 %	30 %	—
Moyenne D	72 %	76 %	58 %	54 %	31 %	29 %	10 %
Facteur	1,11						
D × Pénétration (%)	74 %	69 %	57 %	47 %	36 %	32 %	16 %

5. La constante D est calculée en divisant la duplication moyenne par la pénétration moyenne.

Un autre point important, relevé par Fader et Schmittlein (1993), est que les taux de nourriture sont également dépendants des parts de marché des magasins (corrélation = 0,93 ; $p < 0,001$). Les différences entre les taux de nourriture observés et théoriques sont également fortement corrélées aux parts de marché, ce qui indique la présence d'un « premium de part de marché » *(market share premium)* dans la catégorie. Pour confirmer cela, nous allons montrer les résultats de la régression linéaire avec comme variable dépendante, la fréquence d'achat et variable explicative, la part de marché.

Tableau 5.
Le premium de part de marché (« *market share premium* ») dans la catégorie

Total		**Erreur type**	**Beta**	**T**	**p**
Constante a	1,46	0,253		5,76	0,00
Coefficient B (fréquence d'achat)	0,22	0,027	0,96	7,96	0,00
Test				R2 = 0,93	
H0 : b = 1 – a	Pas de « Premium » de part de marché				
H1 : b > 1 – a	« Premium » de part de marché				
b	1 – a	MS Premium			
0,22	– 0,46	Oui			

On constate qu'en plus de l'effet de la double pénalité, un « premium part de marché » est clairement présent dans la catégorie, en l'occurrence pour le magasin M4, ce qui signifie que ce magasin n'a pas seulement une fréquence d'achat supérieure grâce à sa pénétration élevée, mais en plus de cela, elle est supérieure à la norme.

Figure 2.
La relation entre part de marché et fréquence d'achat

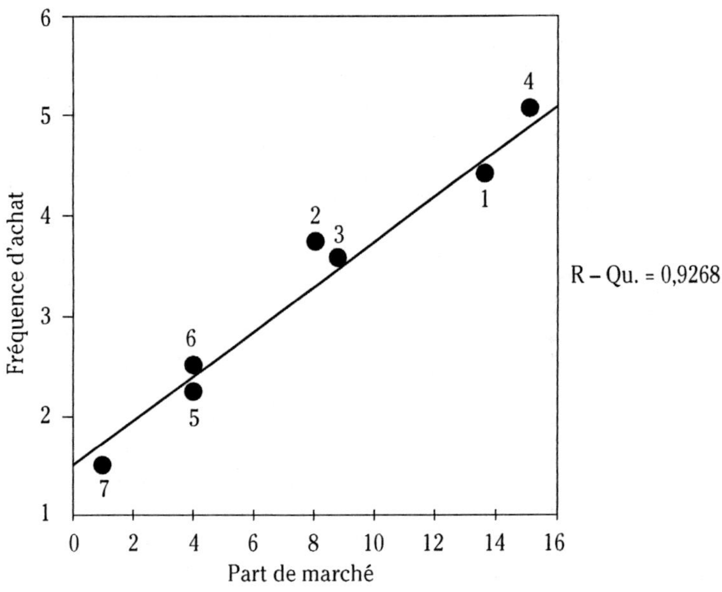

Pour tester si la fidélité excessive des points de vente M2 et M4 est liée aux programmes de fidélisation respectifs, nous reconduisons le modèle Dirichlet d'abord uniquement sur les panélistes possédant au moins une des quatre cartes de fidélité disponibles (N = 1 646) et puis sur ceux n'en possédant aucune (N = 830). Les résultats sont visibles dans les tableaux suivants.

Tableau 6.
Les résultats du modèle Dirichlet
(marché total porteurs tous programmes N =1 646, 24 semaines)

Magasin	Pénétration		Fréquence d'achat moyenne		Taux de nourriture		100 % fidèle		Achat répété	
	O	T	O	T	O	T	O	T	O	T
M1	69 %	67 %	4,2	4,4	17 %	14 %*	1,7 %	1,2 %	79 %	80 %
M4	66 %	72 %	5,3	4,9*	25 %	14 %*	1,5 %	1,2 %	81 %	80 %
M3	55 %	59 %	3,9	3,7	17 %	15 %	1,5 %	1,3 %	82 %	82 %
M2	37 %	39%	2,8	2,7	10 %	10 %	0,7 %	0,9 %	74 %	74 %
M5	37 %	39 %	2,8	2,7	12 %	10 %	0,9 %	0,9 %	72 %	73 %
M6	26 %	21 %	1,8	2,2*	6 %	7 %	0,1 %	0,7 %	67 %	67 %
M7	19 %	19 %	2,1	2,2	8 %	6 %	0,6 %	0,6 %	64 %	64 %

O = valeur observée ; T = valeur théorique ; * : écart significatif du modèle Dirichlet.

Tableau 7.
Les résultats du modèle Dirichlet
(marché total uniquement non-porteurs N = 830, 24 semaines)

Magasin	Pénétration		Fréquence d'achat moyenne		Taux de nourriture		100 % fidèle		Achat répété	
	O	T	O	T	O	T	O	T	O	T
M1	61 %	59 %	3,7	3,9	18 %	14 %*	3,9 %	1,2 %	80 %	80 %
M4	55 %	59 %	4,1	3,6*	22 %	14 %*	2,4 %	1,2 %	82 %	80 %
M2	51 %	63 %	5,1	4,1*	21 %	15 %*	3,4 %	1,3 %	85 %	82 %
M3	46 %	42 %	2,7	2,9	13 %	10 %*	2,6 %	0,9 %	74 %	74 %
M6	34 %	39 %	3,3	2,9*	14 %	10 %*	1,4 %	0,9 %	73 %	73 %
M5	25 %	16 %	1,5	2,3*	7 %	7 %	0,3 %	0,7 %	67 %	67 %
M7	7 %	1 %	0,3	1,8*	5 %	6 %	0,1 %	0,6 %	64 %	64 %

O = valeur observée ; T = valeur théorique ; * : écart significatif du modèle Dirichlet.

Pour les non-porteurs, M2 et M4 possèdent toujours une fidélité excessive mais également M6. M5 et M7 se situent toujours en dessous des valeurs théoriques pour la fréquence d'achat. M1 et M3 sont dans la norme.

Globalement, il n'est pas étonnant que la fréquence d'achat pour les porteurs de la carte de fidélité, tous programmes confondus, augmente par rapport aux non-porteurs. M6 est clairement désavantagé. Cependant, il n'y plus que M4 qui possède toujours une fidélité excessive, et en plus, moins accentuée. M2 ne possède plus de fidélité excessive mais est dans la norme. M1, M3, M5 et M7 sont également dans la norme. De plus, regardant les valeurs pour le taux de nourriture, le taux d'achat répété et en particulier le taux de monofidélité, on constate que les non-porteurs possèdent des valeurs supérieures aux porteurs, ce qui laisse supposer que la fidélité n'est pas générée par les programmes de fidélisation (car M6 n'en possède pas) mais par d'autres facteurs comme la position concurrentielle, la proximité, le confort, le choix et la variété des produits (pour M4 liée à sa surface de vente importante) ou pour M2 la relative isolation des autres points de vente.

Les acheteurs monofidèles sont faibles en nombre mais sont des gros acheteurs de la catégorie. En revanche, ils ont une fréquence d'achat légèrement plus faible que la moyenne de l'échantillon (158 visites), et surtout que les consommateurs multifidèles (200 visites en moyenne). Sur ce point-là, nos résultats divergent de ceux des travaux de Gordon (1994) qui ne considère pas la valeur des paniers dans le magasin.

Tableau 8.
Le comportement d'achat des acheteurs mono-fidèles

Panier moyen monofidèles	**Panier moyen Total échantillon**	**Fréquence monofidèles**	**Fréquence Total échantillon**
545 F	391 F	128	158

Les acheteurs monofidèles sont plutôt âgés (50 ans et plus), appartiennent à des petits foyers (deux ou moins de personnes) et sont plutôt issus de CSP supérieures.

Tableau 9.
Les CSP des acheteurs monofidèles

Âge	%	**Taille foyer**	%	**CSP**	%
< 30	1	1	24	Modeste	4
30-39	6	2	51	Moyenne inférieure	23
40-59	38	3	10	Moyenne supérieure	41
60 et +	55	4 +	15	Aisée	32
Total	100	Total	100	Total	100

Nous rappelons que pour cette première analyse, nous avons raisonné d'abord pour la totalité des panélistes puis, sur les non-porteurs et porteurs, tous les quatre programmes de fidélisation confondus, ce qui peut masquer l'hétérogénéité individuelle. L'étape suivante consistera à estimer le modèle Dirichlet pour chaque point de vente séparément pour les groupes de porteurs de carte de l'enseigne puis les consommateurs non porteurs, afin d'analyser s'il existe des différences entre eux.

Avant de faire cette analyse, une première conclusion quant au modèle Dirichlet s'impose : nos résultats confirment ceux de Keng et Ehrenberg (1984). Le modèle s'applique bien sur des problématiques de choix de points de vente, même si les deux auteurs essayent d'expliquer le choix du point de vente à partir des choix de marques ou catégories de produits disponibles dans les magasins, et non sur le choix du distributeur lui-même [6]. Il est alors clairement possible de raisonner pour des supermarchés dans une zone géographique en catégorie de produits, même si cette vision du marché va à l'encontre de la réalité des zones de chalandise [7].

La fidélité excessive liée la carte de fidélité. La situation des magasins M1 et M2 ?

Lors de la comparaison des deux modèles Dirichlet estimés, on constate tout d'abord qu'effectivement les acheteurs porteurs de la carte de fidélité des magasins M1 et M2 (enseigne E1) possèdent une fréquence d'achat, des taux de nourriture, des taux de monofidélité et des indicateurs d'achat répété supérieurs aux acheteurs non-porteurs des deux points de vente. Quant à la fidélité excessive, seulement le point de vente M2 en possède, M1 est dans la norme (à l'exception du taux de nourriture dont les valeurs observées sont inférieures à celles qui sont théoriques), ce qui pourrait indiquer un certain impact du programme de fidélisation pour M2. En effet, le magasin M2 a moins d'acheteurs mais ces acheteurs achètent plus fréquemment et il est intéressant de constater que le programme de M2 semble en partie isoler les clients partagés avec M3 (car ces individus semblent être relativement peu affectés par la carte de fidélité de M3) qui se situe relativement près géographiquement. Un constat intéressant est que M4, le leader du marché, et M6, le supermarché de proximité sans programme de fidélisation, sont dans la norme pour les porteurs.

Il convient cependant de noter que même si l'on observe la fidélité excessive pour M2, il serait dangereux d'établir un lien de causalité avec le programme de fidélisation car il peut y avoir un effet de sélection (*i.e.* il est plus probable que les plus gros acheteurs du point de vente adhèrent au programme). Cependant, les normes Dirichlet surmontent ce problème (Sharp et Sharp, 1999), ce qui veut dire que les différences absolues entre les indicateurs de fidélité (porteurs/non-porteurs) ne peuvent pas être attribuées de manière causale à la carte de fidélité. En revanche, la présence de la fidélité excessive peut y être attribuée. À partir de ce constat, il est possible de conclure que la fidélité excessive de M2 est au moins en particulier liée au programme de fidélisation.

6. Les travaux de Keng et Ehrenberg sont basés sur le choix de marques au sein de la catégorie « café soluble ».
7. Nos résultats sur le taux de nourriture et la pénétration laissent croire que l'on peut segmenter les sept magasins en catégories par quartier ou par taille, par exemple. Une application du modèle Dirichlet par zone primaire, secondaire et tertiaire serait intéressante mais n'a pas été faite ici pour des raisons de taille d'échantillon.

Tableau 10.
Les résultats du modèle Dirichlet
(porteurs M1 + M2 N = 266, 24 semaines)

Magasin	Pénétration		Fréquence d'achat moyenne		Taux de nourriture		100 % fidèle		Achat répété	
	O	T	O	T	O	T	O	T	O	T
M1	89 %	88 %	9,4	9,6	40 %	45 %*	7,0 %	4,7 %	94 %	94 %
M4	58 %	62 %	3,4	3,2	14 %	12 %	1,0 %	1,0 %	72 %	79 %
M2	46 %	65 %	4,8	3,5*	17 %	13 %*	1,5 %	1,1 %	81 %	81 %
M3	41 %	39 %	2,1	2,2	7 %	7 %	0,6 %	0,6 %	72 %	68 %
M6	32 %	36 %	2,3	2,1	6 %	7 %	0,6 %	0,6 %	67 %	66 %
M7	23 %	28 %	2,1	1,9	8 %	6 %	1,0 %	0,6 %	64 %	63 %
M5	22 %	11 %	0,8	1,6*	2 %	5 %*	0,5 %	0,5 %	56 %	57 %

O = valeur observée ; T = valeur théorique ; * : écart significatif du modèle Dirichlet.

Tableau 11.
Les résultats du modèle Dirichlet
(non-porteurs M1 + M2 N = 1 397, 24 semaines)

Magasin	Pénétration		Fréquence d'achat moyenne		Taux de nourriture		100 % fidèle		Achat répété	
	O	T	O	T	O	T	O	T	O	T
M1	64 %	59 %	3,4	3,6	15 %	15 %	1,6 %	0,7 %	78 %	80 %
M4	63 %	71 %	5,0	4,4*	24 %	19 %*	2,0 %	0,9 %	84 %	85 %
M3	53 %	56 %	3,6	3,5	17 %	14 %*	1,7 %	0,6 %	77 %	79 %
M2	42 %	47 %	3,2	3,1	14 %	13 %	1,7 %	0,6 %	80 %	76 %
M5	34 %	31 %	2,5	2,7	11 %	10 %	0,7 %	0,5 %	74 %	71 %
M6	26 %	26 %	3,2	2,6*	9 %	10 %	0,6 %	0,4 %	72 %	70 %
M7	13 %	8 %	1,3	2,3*	5 %	8 %*	0,4 %	0,4 %	67 %	66 %

O = valeur observée ; T = valeur théorique ; * : écart significatif du modèle Dirichlet.

Un résultat intéressant vient des tableaux de comparaison de la duplication des achats. Un acheteur porteur de carte du magasin M1 a plus de duplication dans le point de vente M2 et inversement, car tous les deux ont la carte de fidélité en commun, et moins de duplication dans les magasins concurrents (M3, M4 et M5). Le comportement d'achat de changement semble ainsi être réduit. Quant à la duplication moyenne, le point de vente M2 (mais pas M1) est caractérisé par des valeurs observées supérieures aux valeurs théoriques.

En revanche, la duplication augmente dans les supermarchés M6 et M7. La différence est hautement significative ($p < 0,001$). Une explication pour l'augmentation dans les supermarchés peut être liée au fait que M7 se situe en relative proximité de M1 et M6 proche de M2. Les acheteurs semblent alors avoir recours à ces magasins pour faire les achats complémentaires.

Tableau 12.
La duplication des achats (porteurs M1 + M2 N = 266, 24 semaines)

Porteurs M1 + M2	M1		M4		M2		M3		M6		M7		M5	
Pénétration	89 %		58 %		46 %		41 %		32 %		23 %		22 %	
M1	—		68 %	**	71 %	**	43 %	**	40 %	**	31 %	**	12 %	**
M4	97 %	**	—		78 %		49 %		45 %		36 %		14 %	
M2	96 %	**	75 %		—		49 %		45 %		35 %		14 %	
M3	97 %	**	79 %		81%		—		48 %		38 %		15 %	
M6	98 %	**	79 %		82 %		53 %		—		38 %		15 %	
M7	98 %	**	80 %		82 %		53 %		49 %		—		15 %	
M5	98 %	**	81 %		84 %		55 %		51 %		40 %		—	
Moyenne D	97 %	**	77 %	ns	80 %	**	50 %	**	46 %	**	36 %	**	14 %	**
Facteur D	1,3													
D x pénétration	100 %		75 %		60 %		53 %		41 %		30 %		28 %	

** : significatif à $p < 0{,}001$.

Tableau 13.
La duplication des achats (non-porteurs M1 + M2 N =1 397, 24 semaines)

Non-porteurs M1 + M2	M1		M4		M2		M3		M6		M7		M5	
Pénétration	64 %		63 %		42 %		53 %		26 %		13 %		34 %	
M1	—		77 %		53 %		61 %		29 %		9 %		35 %	
M4	64 %		—		52 %		60 %		28 %		8 %		34 %	
M2	65 %		78 %		—		62 %		29 %		9 %		35 %	
M3	65 %		77 %		53 %		—		29 %		9 %		35 %	
M6	66 %		79 %		54 %		63 %		—		9 %		36 %	
M7	67 %		79 %		54 %		63 %		30 %		—		36 %	
M5	66 %		78 %		54 %		62 %		30 %		9 %		—	
Moyenne duplication	66 %		78 %		53 %		62 %		29 %		9 %		35 %	
Facteur		1,12												
D x pénétration	71 %		70 %		47 %		59 %		31 %		15 %		38 %	

Enfin, la régression linéaire, avec comme variable dépendante la fréquence d'achat et variable explicative la part de marché, met clairement en évidence un « premium de part de marché » dans la catégorie, en l'occurrence pour M2. Ce magasin n'a pas seulement une fréquence d'achat supérieure grâce à sa pénétration élevée, mais en plus de cela elle est supérieure à la norme.

Tableau 14.
« *Market share premium* » dans la catégorie (porteurs M1 + M2)

Porteurs M1	**Probabilité achat répété**	**Erreur type**	**Beta**	**T**	**p**
Constante a	1,52	0,322		4,7	0,01
Coefficient B	0,18	0,018	0,98	10,3	0,00
Test					
H0 : b = 1-a H1 : b>1-a	Pas de « Premium » de part de marché « Premium » de part de marché				
b	1 – a	MS Premium	t		
0,18	– 0,52	Oui	– 1,06		

Figure 3.
La relation entre part de marché et fréquence d'achat (Porteur M1 + M2)

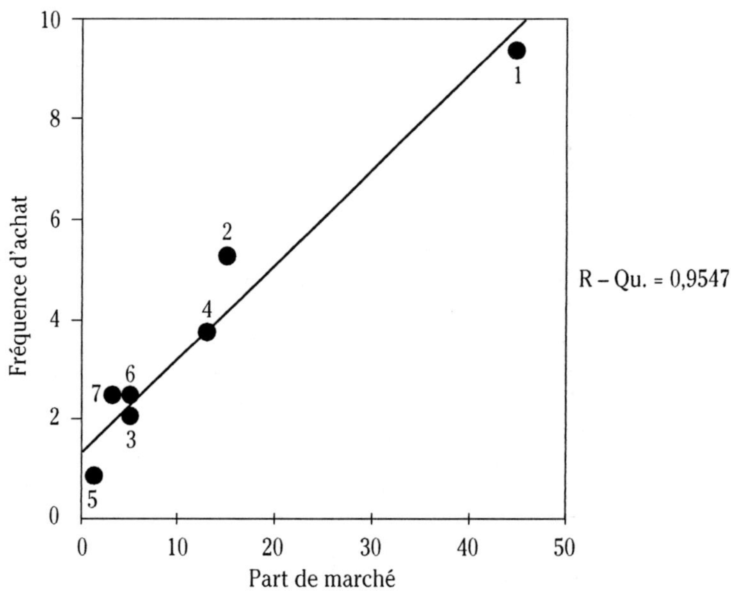

La situation des magasins M3 et M4 ?

La situation pour l'enseigne E2 (M3 et M4) est beaucoup plus claire car la fidélité excessive est présente pour les deux magasins dans le groupe des porteurs. Les deux points de vente sont ceux qui possèdent les plus grandes surfaces de vente (9 000 et 9 400 m^2) et les parts de marché les plus élevées. Apparemment, la fidélité étant un produit supplémentaire d'une part de marché élevée, les stratégies de fidélisation semblent par conséquent être plus efficaces pour les firmes « leaders » du marché (McGahan et Ghemawat, 1994).

Tableau 15.
Les résultats du modèle Dirichlet (porteurs M3 + M4 N = 618, 24 semaines)

Magasin	Pénétration		Fréquence d'achat moyenne		Taux de nourriture		100 % fidèle		Achat répété	
	O	T	O	T	O	T	O	T	O	T
M4	76 %	82 %	7,5	7,0*	35 %	31 %*	2,5 %	2,9 %	93 %	91 %
M1	67 %	62 %	3,6	3,8	13 %	15 %	0,7 %	1,3 %	80 %	81%
M3	66 %	74 %	5,8	5,1*	26 %	21%*	2,7 %	1,9 %	87 %	86%
M2	36 %	34 %	2,3	2,5	7 %	9 %	0,4 %	0,8 %	70 %	70%
M5	32 %	30 %	2,2	2,4	7 %	8 %	0,1 %	0,7 %	68 %	68 %
M6	22 %	16 %	1,5	2,1*	5 %	7 %	0,1 %	0,6 %	64 %	65 %
M7	11 %	6 %	1,0	1,9*	3 %	6 %*	0,1 %	0,6 %	61 %	62 %

O = valeur observée ; T = valeur théorique ; * : écart significatif du modèle Dirichlet.

Tableau 16.
Les résultats du modèle Dirichlet (non-porteurs M3 + M4 N = 910, 24 semaines)

Magasin	Pénétration		Fréquence d'achat moyenne		Taux de nourriture		100 % fidèle		Achat répété	
	O	T	O	T	O	T	O	T	O	T
M1	66 %	67 %	4,2	4,2	20 %	17 %*	2,9 %	1,5 %	83 %	83 %
M4	55 %	57 %	3,5	3,5	18 %	13 %*	1,5 %	1,1 %	78 %	78 %
M2	46 %	57 %	3,5	3,5	18 %	13 %*	2,4 %	1,2 %	79 %	79 %
M3	45 %	39 %	2,3	2,5	11 %	10 %	1,0 %	0,8 %	71 %	72 %
M6	33 %	35 %	2,8	2,6	11 %	9 %	0,8 %	0,8 %	72 %	71 %
M5	32 %	31 %	2,4	2,5	11 %	8 %*	1,0 %	0,8 %	69 %	69 %
M7	16 %	13 %	1,6	2,1*	6 %	7 %	0,6 %	0,6 %	64 %	64 %

O = valeur observée ; T = valeur théorique ; * : écart significatif du modèle Dirichlet.

Les tableaux de comparaison de la duplication des achats montrent que la duplication est à nouveau plus importante, réciproquement, dans les points de vente M3 et M4, tous les deux organisateurs du programme de fidélisation commun, et moins élevée dans les magasins concurrents (M1, M2, M5, M6 et M7). Le comportement de changement semble ainsi être réduit. La différence est hautement significative ($p < 0,001$). Quant à la duplication moyenne, les points de vente M2 et M4 sont caractérisés par des valeurs observées supérieures aux valeurs théoriques, contrairement aux autres magasins.

Tableau 17.
La duplication des achats (porteurs M3 + M4 N = 618, 24 semaines)

Porteurs														
M3 + M4	**M4**		**M1**		**M3**		**M2**		**M5**		**M6**		**M7**	
Pénétration	76 %		67 %		66 %		36 %		34 %		22 %		11 %	
M4	—		70 %	**	82 %	**	39 %	**	34 %	ns	19 %	**	6 %	**
M1	92 %	**	—		85 %		42 %		36 %		20 %		7 %	
M3	91 %	**	72 %		—		40 %		35 %		19 %		7 %	
M2	94 %	**			88 %		—		39 %		22 %		7 %	
M5	94 %	**	77 %		88 %		45 %		—		22 %		8 %	
M6	94 %	**	78 %		89 %		45 %		39 %		—		8 %	
M7	95 %	**	79 %		89 %		46 %		40 %		22 %		—	
Moyenne D	93 %	**	63 %	**	87 %	**	43 %	**	37 %	ns	21 %	**	7 %	**
Facteur D	1,12													
D × Pénétration	86 %		75 %		74 %		41 %		38 %		25 %		12 %	

** : significatif à p < 0,001.

Tableau 18.
La duplication des achats (non-porteurs M3 + M4 N = 910, 24 semaines)

Non-porteurs														
M3 + M4	**M4**		**M1**		**M3**		**M2**		**M5**		**M6**		**M7**	
Pénétration	55 %		66 %		45 %		46 %		32 %		33 %		16 %	
M4	—		79 %		48 %		69 %		39 %		44 %		16 %	
M1	67 %		—		47 %		68 %		38 %		43 %		16 %	
M3	70 %		80 %		—		71 %		40 %		45 %		17 %	
M2	68 %		79 %		48 %		—		39 %		44 %		16 %	
M5	71 %		81 %		50 %		71 %		—		46 %		17 %	
M6	70 %		81 %		50 %		71 %		40 %		—		17 %	
M7	72 %		82 %		51 %		72 %		41 %		47 %		—	
Moyenne D	70 %		80 %		49 %		70 %		39 %		45 %		16 %	
Facteur	1,26													
D × pénétration	70 %		84 %		56 %		58 %		40 %		41 %		21 %	

La situation du magasin M5 ?

La situation pour le point de vente M5 n'est pas très favorable. Pour les acheteurs porteurs de la carte de fidélité, il n'y a clairement pas de fidélité excessive. Le leader M4 est dans la norme.

Tableau 19.
Les résultats du modèle Dirichlet (porteurs M5 N = 242, 24 semaines)

Magasin	Pénétration		Fréquence d'achat moyenne		Taux de nourriture		100 % fidèle		Achat répété	
	O	T	O	T	O	T	O	T	O	T
M5	91 %	90 %	11,5	11,6	52 %	56 %*	4,5 %	6,9 %	95 %	95 %
M4	73 %	73 %	4,3	4,3	17 %	18 %	0,4 %	1,4 %	85 %	85 %
M3	61 %	62 %	3,2	3,1	13 %	12 %	0,4 %	1,0 %	79 %	79 %
M1	57 %	53 %	2,4	2,6	8 %	9 %	0,0 %	0,8 %	71 %	73 %
M2	21 %	14 %	1,0	1,6*	3 %	5 %	0,0 %	0,4 %	56 %	57 %
M6	15 %	6 %	0,6	1,4*	2 %	4 %	0,0 %	0,4 %	53 %	54 %
M7	6 %	2 %	0,4	1,4*	2 %	4 %	0,0 %	0,4 %	52 %	53 %

O = valeur observée ; T = valeur théorique ; * : écart significatif du modèle Dirichlet.

Tableau 20.
Les résultats du modèle Dirichlet (non-porteurs M5 N =555, 24 semaines)

Magasin	Pénétration		Fréquence d'achat moyenne		Taux de nourriture		100 % fidèle		Achat répété	
	O	T	O	T	O	T	O	T	O	T
M1	67 %	66 %	4,2	4,3	19 %	17 %	2,5 %	1,5 %	83 %	83 %
M4	61 %	67 %	4,7	4,5	25 %	18%*	2,1 %	1,6 %	84 %	83%
M3	50 %	52 %	3,5	3,4	17 %	13%*	1,7 %	1,1 %	77 %	77%
M2	45 %	53 %	3,7	3,4	16 %	13%*	2,0 %	1,1 %	78 %	78%
M6	31 %	31 %	2,6	2,6	10 %	9 %	0,6 %	0,8 %	70 %	70 %
M5	25 %	13 %	1,2	2,2*	6 %	7 %	0,2 %	0,7 %	66 %	66 %
M7	15 %	11 %	1,5	2,2*	6 %	7 %	0,5 %	0,7 %	67 %	65 %

O = valeur observée ; T = valeur théorique ; * : écart significatif du modèle Dirichlet.

En revanche, les porteurs de la carte de fidélité du point de vente possèdent une duplication diminuée dans la majorité des autres magasins. La duplication moyenne vers ce point de vente augmente également.

Tableau 21.
La duplication des achats (porteurs M5, N = 242, 24 semaines)

Porteurs M5														
	M5		**M4**		**M3**		**M1**		**M2**		**M6**		**M7**	
Magasin	91 %		73 %		61 %		57 %		21 %		15 %		6 %	
M5	—		79 %	ns	68 %	ns	57 %	**	15 %	**	6 %	**	2 %	**
M4	97 %	**	—		74 %		63 %		17 %		7 %		3 %	
M3	98 %	**	86 %		—		66 %		18 %		7 %		3 %	
M1	98 %	**	88 %		78 %		—		19 %		8 %		3 %	
M2	99 %	**	90 %		82 %		72 %		—		9 %		3 %	
M6	99 %	**	91 %		82 %		72 %		21 %		—		3 %	
M7	99 %	**	91 %		82 %		73 %		22 %		9 %		—	
Moyenne pénétration														
Moyenne D	98 %	**	87 %	ns	78 %	**	67 %	**	19 %	**	8 %	**	3 %	**
Facteur D	1,11													
D × pénétration (%)	101 %		81 %		67 %		64 %		24 %		16 %		7 %	

** : significatif à p < 0,001.

Tableau 22.
La duplication des achats (non-porteurs M5, N = 555, 24 semaines)

Non-porteurs M5														
	M5		**M4**		**M3**		**M1**		**M2**		**M6**		**M7**	
Pénétration	25 %		61 %		50 %		67 %		45 %		31 %		15 %	
M5	—		82 %		66 %		80 %		67 %		40 %		15 %	
M4	16 %		—		61 %		76 %		62 %		37 %		13 %	
M3	17 %		79 %		—		78 %		64 %		38 %		14 %	
M1	16 %		78 %		62 %		—		62 %		37 %		13 %	
M2	17 %		79 %		63 %		78 %		—		38 %		14 %	
M6	17 %		81 %		65 %		79 %		66 %		—		14 %	
M7	18 %		82 %		66 %		80 %		67 %		40 %		—	
Moyenne pénétration														
Moyenne duplication	17 %		80 %		64 %		79 %		65 %		38 %		14 %	
Facteur	1,20													
D × pénétration (%)	30 %		73 %		61 %		81 %		55 %		37 %		19 %	

La situation du magasin M7 ?

Enfin, dans le cas du point de vente M7, les porteurs de la carte de fidélité développent une fidélité excessive. En même temps, M4 détient toujours une position dominante avec une déviation positive du modèle Dirichlet. Les autres points de vente sont dans la norme (à l'exception de M5).

Tableau 23.
Les résultats du modèle Dirichlet (porteurs M7, N =262, 24 semaines)

Magasin	Pénétration		Fréquence d'achat moyenne		Taux de nourriture		100 % fidèle		Achat répété	
	O	T	O	T	O	T	O	T	O	T
M1	77 %	75 %	4,7	4,9	20 %	20 %	0,9 %	1,7 %	86 %	86 %
M4	64 %	71 %	4,8	4,4*	23 %	18 %*	0,9 %	1,5 %	88 %	85 %
M3	51 %	54 %	3,1	2,9	14 %	11 %*	0,6 %	0,9 %	76 %	76 %
M2	41 %	45 %	2,7	2,5	10 %	9 %	0,5 %	0,8 %	71 %	71 %
M7	34 %	49 %	3,9	2,7*	15 %	10 %*	1,3 %	0,8 %	76 %	73 %
M5	33 %	27 %	1,6	2,0*	7 %	7 %	0,4 %	0,6 %	65 %	65 %
M6	33 %	31 %	2,0	2,1	7 %	7 %	0,1 %	0,6 %	66 %	66 %

O = valeur observée ; T = valeur théorique ; * : écart significatif du modèle Dirichlet.

Tableau 24.
Les résultats du modèle Dirichlet (non-porteurs M7, N =93, 24 semaines)

Magasin	Pénétration		Fréquence d'achat moyenne		Taux de nourriture		100 % fidèle		Achat répété	
	O	T	O	T	O	T	O	T	O	T
M1	61 %	58 %	3,7	3,9	17 %	15 %	2,8 %	1,4 %	80 %	80 %
M4	61 %	65 %	4,9	4,6*	24 %	18 %*	2,3 %	1,7 %	83 %	83 %
M3	52 %	52 %	3,6	3,6	17 %	14 %*	2,0 %	1,2 %	78 %	78 %
M2	43 %	50 %	4,1	3,5*	16 %	13 %*	2,3 %	1,2 %	78 %	78 %
M5	32 %	30 %	2,6	2,8	11 %	10 %	0,8 %	0,9 %	71 %	71 %
M6	28 %	26 %	2,5	2,7	10 %	9 %	0,9 %	0,9 %	70 %	70 %
M7	6 %	1 %	0,3	2,2*	8 %	7 %	0,1 %	0,7 %	64 %	65 %

O = valeur observée ; T = valeur théorique ; * : écart significatif du modèle Dirichlet.

Les porteurs de la carte de M7 ont, tous magasins confondus une duplication supérieure dans M7 aux non-porteurs. En même temps, la duplication dans les autres magasins diminue.

Tableau 25.
La duplication des achats (porteurs M7, N = 262, 24 semaines)

Porteurs M7	M5		M4		M3		M1		M2		M6		M7	
Magasin	77 %		64 %		51 %		41 %		34 %		33 %		33 %	
M1	—		82 %		64 %		53 %		58 %	**	32 %		37 %	
M4	86 %		—		65 %		54 %		59 %	**	33 %		38 %	
M3	88 %		85 %		—		57 %		62 %	**	35 %		40 %	
M2	89 %		86 %		69 %		—		63 %	**	35 %		41 %	
M7	88 %	**	85 %	ns	68 %	ns	57 %	ns	—		35 %	ns	41 %	**
M5	90 %		87 %		70 %		59 %		65 %	**	—		43 %	
M6	90 %		87 %		70 %		59 %		65 %	**	36 %		—	
Moyenne pénétration														
Moyenne D	88 %	**	85 %	ns	68 %	ns	57 %	ns	62 %	**	34 %	ns	40 %	ns
Facteur D	1,31													
D × pénétration (%)	100 %		84 %		67 %		54 %		44 %		43 %		43 %	

Tableau 26.
La duplication des achats (non-porteurs M7, N = 93, 24 semaines)

Non-porteurs M7	M5		M4		M3		M1		M2		M6		M7	
Pénétration	61 %		61 %		52 %		43 %		6 %		32 %		28 %	
M1	—		76 %		62 %		60 %		1 %		37 %		32 %	
M4	67 %		—		61 %		59 %		1 %		36 %		31 %	
M3	68 %		77 %		—		61 %		1 %		37 %		32 %	
M2	69 %		77 %		63 %		—		1 %		37 %		32 %	
M7	71 %		79 %		65 %		63 %		—		39 %		34 %	
M5	70 %		78 %		64 %		62 %		1 %		—		33 %	
M6	70 %		78 %		64 %		62 %		1 %		38 %		—	
Moyenne pénétration														
Moyenne D	69 %		78 %		63 %		61 %		1 %		37 %		32 %	
Facteur	1,21													
D × pénétration (%)	74 %		74 %		62 %		52 %		7 %		39 %		33 %	

1.3. Pas de fidélité excessive pour les petits acteurs du marché. La synthèse des résultats

Le taux de pénétration ainsi que la part de marché dépendent de la taille, de la localisation et de l'activité marketing (Ehrenberg, 1988). Un autre fait important est la confirmation des résultats de Keng et Ehrenberg (1984) qui prétendent que plus l'horizon temporel augmente, plus la pénétration s'accroît également. Les variations temporelles sont présentes sur des périodes d'observation courtes (la semaine), liées à des pressions marketing des divers distributeurs, mais sur le long terme, le marché est caractérisé par une certaine stationnarité.

Les conclusions de cette première analyse sur l'efficacité des programmes de fidélisation sont relativement mitigées. D'un côté, certains magasins développent le phénomène de la fidélité excessive pour les échantillons de porteurs des cartes de fidélité respectives, notamment M2, M3, M4 et M7, de l'autre côté, il y a des points de vente où elle est inexistante (M1 et M5). Dans ce contexte, il est intéressant de constater que M4, leader dans la catégorie, possède souvent également de la fidélité excessive, même dans les échantillons de certains adhérents d'autres programmes de fidélisation (notamment dans le cas du programme des magasins M1 et M2 et pour les acheteurs porteurs de M7). Ce constat s'avère d'autant plus vrai que l'effet de la double pénalité est clairement présent, conformément aux résultats de Jephcott (1972) et de Keng et Ehrenberg (1984). La fréquence d'achat et le taux de nourriture sont fortement corrélés à la situation de domination sur le marché. Le leader M4 développe en plus un « premium de part de marché » et ce magasin n'a pas seulement une fréquence d'achat supérieure grâce à sa pénétration élevée, mais en plus de cela, elle est supérieure à la norme. Nous confirmons également la position d'Ehrenberg (1988) que les positions de niche seraient plutôt l'exception. En effet, les points de vente ayant une part de marché et une pénétration faible ne peuvent pas augmenter leur fréquence d'achat avec un programme de fidélisation. Elles ne se situent pas au-dessus de la ligne de la double pénalité et ne possèdent pas une fréquence d'achat proportionnellement supérieure à leur pénétration donnée.

Nous ne pouvons alors pas retenir l'hypothèse H.1.1. : « les magasins avec un programme de fidélisation ayant une part de marché et une pénétration plus faible ont en revanche une fréquence d'achat plus élevée ». Ils ne se situent pas au-dessus de la ligne « double pénalité ».

En revanche, nous retenons l'hypothèse H.1.2. : « La duplication d'achat est supérieure dans les points de vente participants mais inférieure dans les points de vente non participants au programme. La duplication des magasins concurrents augmente vers le point de vente qui a le programme de fidélisation. »

La mono-fidélité est également très rare (moins de 3 % des acheteurs), en général les consommateurs font leurs courses dans deux points de vente. En revanche, elle est supérieure pour les porteurs et non pour les non-porteurs des cartes de fidélité respectives (allant jusqu'à 7 % pour M1). En même temps, elle est basse pour M6, qui ne dispose pas de programme de fidélisation.

Nous pouvons par conséquent retenir l'hypothèse H.1.3. : « le nombre d'acheteurs monofidèles est généralement bas, mais plus élevé pour les magasins avec un programme de fidélisation. »

Le tableau suivant résume les résultats que nous avons trouvés auparavant.

Si la question sur la modification du comportement d'achat n'est peut-être que partiellement résolue à ce stade de l'étude, il semble y avoir un effet de sélection de la carte. Par les caractéristiques cumulatives des gratifications sur le long terme, les programmes de fidélisation sont principalement intéressants pour les gros acheteurs de l'enseigne ou de la catégorie qui ont en général un répertoire d'achat plus large, le magasin concerné inclus. Ces acheteurs ont une probabilité significative d'avoir déjà acheté dans l'enseigne avant d'avoir adhéré au programme. En effet, 89 % des individus ont déjà été clients dans les points de vente M1 et M2, un an avant la souscription à la carte de fidélité. Nous ré-aborderons cette question plus tard à un niveau plus désagrégé. Le test « avant/après » souscription à la carte nous permettra de voir si la fidélité excessive est due à une augmentation de la fréquence moyenne d'achat. À ce stade de l'étude, nous nous contentons de cette supposition mais nous ne l'analysons pas. Pour approfondir ces conclusions, il est cependant indispensable d'aborder le sujet au niveau individuel, ce qui permet de tenir compte des phénomènes de l'hétérogénéité.

Tableau 27.
Le résumé des hypothèses sur la structure concurrentielle du marché

H.1.1.	Les magasins avec un programme de fidélisation ayant une part de marché et une pénétration plus faible ont en revanche une fréquence d'achat plus élevée. Ils se situent au-dessus de la ligne « double pénalité ».	Rejetée
H.1.2.	La duplication d'achat est supérieure dans les points de vente participants mais inférieure dans les points de vente non participants au programme. La duplication des magasins concurrents augmente vers le point de vente qui a le programme de fidélisation.	Validée
H.1.3.	Le nombre d'acheteurs monofidèles est généralement bas mais plus élevé pour les magasins avec un programme de fidélisation.	Validée

2. Les différences comportementales entre porteurs et non-porteurs des cartes de fidélité

La carte de fidélité avec ses caractéristiques intrinsèques est un instrument qui devrait permettre à l'entreprise de retenir des clients ainsi que de renforcer l'intensité de la relation avec ces derniers. L'origine des explications de ce phénomène peut provenir d'une augmentation de la satisfaction générale, de la confiance et puis de l'engagement, mais également d'une diminution de la sensibilité au prix ou bien d'un effet de préférence/concentration des achats. Par conséquent, notre deuxième groupe d'hypothèses explore la supposition que les porteurs de la carte de fidélité ont un niveau transactionnel supérieur à celui des non-porteurs dans le point de vente avec le programme de fidélisation, lié à des achats croisés ou supplémentaires de produits qu'ils ont auparavant achetés chez les concurrents.

Pour tester ce groupe d'hypothèses, les procédures qui suivront vont à un niveau plus désagrégé (*i.e.* foyer), pour explorer les phénomènes liés à l'hétérogénéité interindviduelle. Nous tenons également compte de la réalité des zones de chalandise car un découpage par magasin en zone primaire, secondaire et tertiaire est fait, permettant d'éliminer les biais géographiques. Les panélistes se situant dans chacune des zones se trouvent alors dans des situations concurrentielles similaires (éloignement de l'un des sept points de vente, nombre de concurrents, etc.), ce qui permet une comparaison des porteurs et non-porteurs, toutes choses égales, par ailleurs.

Nous rappelons que pour valider ces hypothèses, nous avons recours dans un premier temps à une analyse de variance de dispositifs en mesures répétées. Elle permet de tester à la fois des différences comportementales en fonction de la détention ou non d'une des quatre cartes de fidélité respectives de M1, M2, M3, M4, M5 et M7, en fonction du temps (année 1 à année 3) et de la zone de chalandise (primaire, secondaire, tertiaire). Cette approche permet ainsi de s'assurer que les tendances sont les mêmes pendant la totalité de la période d'observation et dans toutes les zones de chalandise. Nous comparons ainsi successivement à partir des échantillons 3a-3e et 3g, pour chaque point de vente (M1, M3, M4, M5, M7) individuellement, les porteurs de la carte de fidélité avec les non-porteurs, en tenant compte des éventuelles interactions du programme de fidélisation avec le facteur temps et la zone de chalandise.

Ensuite, la question sur la durée de la relation est abordée par un modèle de Cox dans lequel nous introduisons simultanément pour chacun des sept échantillons, c'est-à-dire pour chaque point de vente, les covariables « détention d'une des quatre cartes de fidélité ».

2.1. Les porteurs d'une carte de fidélité sont-ils de meilleurs acheteurs ?

Une première comparaison descriptive globale sans distinction en zone de chalandise montre que les porteurs possèdent une intensité d'achat plus élevée que les non-porteurs pour chacun des programmes de fidélisation.

Tableau 28.
La comparaison des porteurs/non-porteurs des cartes de fidélité

	Carte	Panier moyen (FF)	Panier total (FF)	Panier catégorie (FF)	Taux de nourriture	Nombre d'achats	Durée (jours)	Durée interachat (jours)	Nombre de magasins visités	% changement de magasins
M1	Non-porteur	370	9 883	515	17 %	27	725	35	2,1	86 %
	Porteur	472	31 175	558	42 %	63	943	15	2,2	67 %
	p	**	**	**	**	**	**	**	**	**
M2	Non-porteur	304	11 062	496	21 %	21	729	45	2,1	78 %
	Porteur	395	17 474	549	23 %	34	837	28	2,3	78 %
	p	**	**	**	**	**	**	**	**	ns
M3	Non-porteur	393	8 801	490	16 %	20	643	47	2,2	86 %
	Porteur	510	22 463	585	30 %	40	802	23	2,2	74 %
	p	**	**	**	**	**	**	**	**	**
M4	Non-porteur	450	13 690	491	24 %	27	725	35	2,1	81 %
	Porteur	530	28 531	580	39 %	54	861	17	2,2	69 %
	p	**	**	**	**	**	**	**	**	**
M5	Non-porteur	353	6 362	500	11 %	8	514	117	2,2	89 %
	Porteur	431	37 219	505	55 %	50	976	19	2,3	50 %
	p	**	**	ns	**	**	**	**	**	**
M7	Non-porteur	209	2 854	488	6 %	5	384	187	2,4	91 %
	Porteur	381	23 109	493	33 %	26	768	36	2,5	69 %
	p	**	**	ns	**	**	**	**	**	**

** : p < 0,01 ; * : p < 0,05 ; ns : non significatif.

Regardant la concentration des porteurs de carte, il est clairement visible qu'ils représentent entre un tiers (M1) à deux tiers (M7) du chiffre d'affaires des magasins. Si l'on compare la contribution individuelle au chiffre d'affaires des magasins respectifs, on se rend compte que les adhérents aux programmes de fidélisation apportent individuellement en moyenne quatre fois plus (allant jusqu'à huit fois plus) que les non-porteurs.

Tableau 29.
La contribution des porteurs de la carte de fidélité au chiffre d'affaires

Porteur carte	Nombre %	CA %
M1	11 %	29 %
M2	11 %	17 %
M3	37 %	60 %
M4	36 %	54 %
M5	19 %	58 %
M7	57 %	91 %

Les résultats pour le point de vente M1

La mise en place du dispositif en mesure répétée permet de considérer à la fois la possession de la carte de fidélité, le facteur temps et surtout la situation géographique. Ainsi, dans le tableau suivant, il ressort clairement que les porteurs de la carte de fidélité de M1 possèdent un comportement d'achat significativement plus intense et fidèle que les non-porteurs dans chacune des zones sur la totalité des trois ans.

Une comparaison simultanée des courbes du panier moyen, dans chaque groupe, au sein de chacune des zones de chalandise et au sein de l'intervalle de temps, met en évidence la différence significative entre les porteurs et les non-porteurs de la carte de fidélité du magasin M1. La différence est hautement significative pour la comparaison inter-groupe « porteurs/non-porteurs » et « zone » ($p < 0{,}0001$) mais non-significatif pour l'interaction « zone*carte de fidélité » ($p > 0{,}1$).

Tableau 30.
Les indicateurs comportementaux par zone et par année M1

		Année 1		Année 2		Année 3	
Magasin 1		**Porteur**	**Non-porteur**	**Porteur**	**Non-porteur**	**Porteur**	**Non-porteur**
Panier moyen Magasin (en FF)	Zone 1	513	392	514	398	512	411
	Zone 2	395	345	404	329	406	333
	Zone 3	394	318	397	303	403	315
Panier total Magasin (en FF)	Zone 1	15 901	5 525	15 495	5 912	14 862	5 999
	Zone 2	7 032	2 760	7 421	3 373	7 027	3 148
	Zone 3	5 411	1 420	5 892	1 700	5 690	1 677
Panier total Catégorie (en FF)	Zone 1	25 259	19 807	24 908	19 806	23 667	19 564
	Zone 2	22 801	20 216	23 398	20 597	22 360	20 821
	Zone 3	24 283	21 741	24 787	21 598	25 270	21 542
Taux de nourriture	Zone 1	61 %	31 %	60 %	30 %	61 %	31 %
	Zone 2	33 %	17 %	33 %	16 %	31 %	15 %
	Zone 3	21 %	9 %	25 %	9 %	24 %	19 %
Fréquence d'achat	Zone 1	31	14	30	13	29	12
	Zone 2	18	8	17	8	15	7
	Zone 3	14	4	13	4	12	4
Durée inter-achat (en jours)	Zone 1	10	22	11	25	11	26
	Zone 2	18	39	19	40	20	43
	Zone 3	23	70	24	82	26	89
Nombre de magasins visités	Zone 1	2,4	2,4	2,0	1,9	2,2	2,2
	Zone 2	2,6	2,5	2,3	2,2	2,5	2,5
	Zone 3	2,7	2,5	2,2	2,1	2,5	2,3
Changements de magasins	Zone 1	46 %	72 %	48 %	73 %	47 %	72 %
	Zone 2	79 %	88 %	81 %	89 %	80 %	90 %
	Zone 3	82 %	93 %	81 %	92 %	85 %	94 %

En effet, les paniers des foyers porteurs de carte sont supérieurs à ceux des non-porteurs, et ceci, indépendamment de la zone (primaire, secondaire et tertiaire) et de l'année analysée. De plus, la différence des paniers entre les deux groupes est stable, quelle que soit la zone étudiée (les pentes ont la même envergure, ce qui veut dire qu'aucun changement ne s'est produit). En revanche, la différence intra-groupe est significative pour l'interaction « temps × carte de fidélité » ($p < 0,05$), ce qui indique qu'à un moment *t* un des deux groupes subit un changement. Effectivement, le panier augmente en année 2 pour les porteurs et reste relativement constant pour les non-porteurs. On peut alors conclure que les deux groupes se comportent de manière significativement différente et les porteurs possèdent des paniers moyens supérieurs aux non-porteurs sur la totalité des trois ans et dans la totalité des zones de chalandise.

Figure 4.
Les interactions « temps x carte de fidélité » pour le panier moyen (M1)

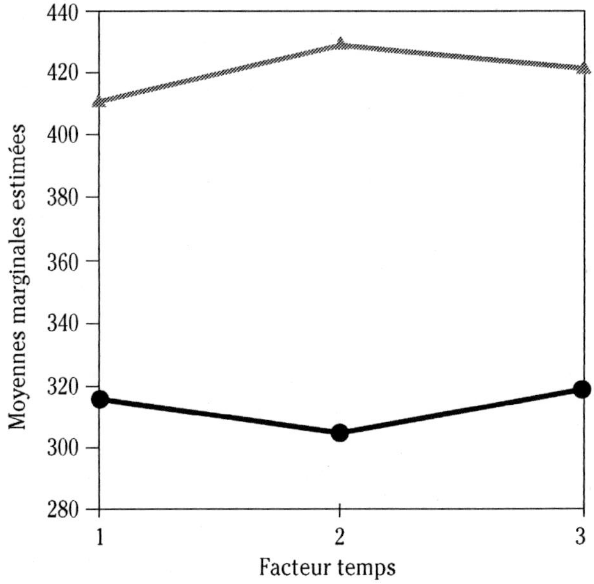

Figure 5.
Les interactions « zone x carte de fidélité » pour le panier moyen (M1)

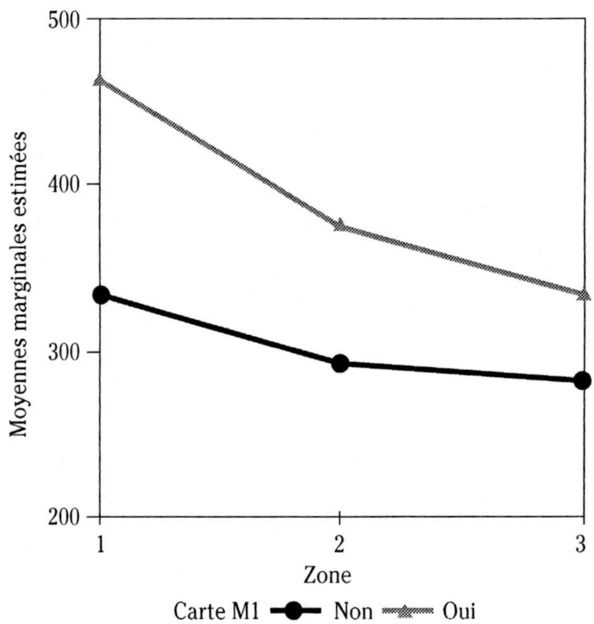

Ce constat est valable pour tous les indicateurs comportementaux (paniers moyens et totaux, taux de nourriture, fréquence d'achat plus élevés, durées interachat plus courtes) à la différence que l'interaction entre le facteur « temps × carte de fidélité » (intragroupe) n'est pas significative pour les autres variables ($p > 0{,}1$). Les comportements d'achat sont alors stables au sein des groupes dans le temps dans toutes les zones. En revanche, l'interaction entre « la zone × carte de fidélité » est significative pour la fréquence d'achat et la durée interachat ($p < 0{,}05$). En effet, la différence entre un porteur de la zone principale et un non-porteur de la même zone est proportionnellement plus importante que celle entre les deux groupes dans la zone secondaire et tertiaire. Les porteurs de la zone principale semblent visiter le magasin pour y faire des courses « de tous les jours », à l'opposé, ceux des deux autres zones y vont moins fréquemment et plus pour y faire des courses « de remplissage ». On note également que la variable du nombre de magasins visités n'est pas significativement différente entre les deux groupes ($p > 0{,}1$). Tous les résultats du magasin M1 sont résumés dans le tableau ci-dessous.

Tableau 31.
Les variances intra- et intergroupe pour le magasin M1

M1		**Facteur**	**Facteur × Zone**	**Facteur × Carte**	**Facteur × Carte Zone**	**Zone**	**Carte**	**Zone × Carte**
		Variance intragroupe				**Variance intergroupe**		
Panier	F	1,18	0,22	3.0	0,73	17	40	2
		ns	ns	*	ns	**	**	ns
Panier total magasin	F	8,3	0,34	0,10	0,97	65	118	3
		**	ns	ns	ns	**	**	ns
Panier total catégorie	F	2,1	0,7	0,4	0,8	1.0	22	0,67
		ns	ns	ns	ns	ns	**	ns
Taux de nourriture	F	6,7	0,6	2.1	0,2	77	86	0,96
		**	ns	ns	ns	**	**	ns
Fréquence d'achat	F	15	0,44	0,66	0,56	94	202	4
		**	ns	ns	ns	**	**	*
Durée interachat	F	74	2	3	1	64	107	5
		**	*	*	ns	**	**	*
Nombre de magasins visités	F	229	6	1.2	0,5	12	2	1
		**	**	ns	ns	**	ns	ns
Changements de magasins	F	5,9	1,7	0,2	0,7	124	58	6
		*	ns	ns	ns	**	**	**

** : $p < 0{,}01$; * : $p < 0{,}05$; ns : non significatif.

Une régression logistique à partir du fichier individuel des actes d'achat met clairement en évidence que les porteurs de la carte de fidélité possèdent un taux de changement inférieur à celui des non-porteurs. Les probabilités de changement pour les deux groupes, porteurs et non-porteurs peuvent être calculées à partir de l'équation suivante : $p = 1/(1 + e-\beta)$. La validité prédictive du modèle est bonne (86 %). Le fait d'être adhérent au programme de fidélisation de M1 diminue la probabilité de changement de 4 %. La différence est significative ($p < 0{,}05$).

Tableau 32.
Les probabilités de changement dans le magasin M1

M1	**Coefficient** β	**Erreur type**	**Wald**	**df**	**Sig.**	**Exp(B)**
Carte M12	- 0,36	0,06	39,84	1,00	0,00	0,70
Constante	- 1,49	0,05	751,93	1,00	0,00	0,23
Bon classement du modèle	86 %					
	Porteurs	Non-porteurs		T	1,755	
Probabilité de changement	14 %	18 %		p	0,04	

À ce moment de l'investigation, il est cependant difficile d'avancer que cette différence est liée à la carte, ou si les porteurs sont tout simplement de plus grands acheteurs. Autrement dit, les deux interrogations suivantes restent non résolues :

– la carte de fidélité agit-elle sur le comportement d'achat?
– la carte de fidélité exerce-t-elle un effet de sélection?

Nous tentons d'approfondir cette question dans les deux sections suivantes après avoir traité les différences entre les porteurs et non-porteurs pour les autres points de vente.

Les résultats pour le point de vente M2

Dans le tableau suivant, il ressort à nouveau clairement que les porteurs de la carte de fidélité du point de vente M2 de la zone 1 possèdent un comportement d'achat significativement plus intensif ($p < 0,001$) et fidèle que les non-porteurs. Dans les zones plus éloignées, le pouvoir d'attraction est moins élevé que pour le magasin M1 et même les porteurs de la carte de fidélité ne manifestent pas un comportement plus intense.

Pour le point de vente M2, nous notons des différences significatives pour les paniers moyens/totaux sur les interactions « carte × facteur temps » et « carte × zone ». Il y a une tendance d'accroissement des valeurs dans le temps (années 2 et 3) et dans la zone 2 pour les deux groupes porteurs et non-porteurs. Cependant, en année 3, les paniers chutent pour les porteurs mais pas pour les non-porteurs (l'interaction « temps × carte » est significative à $p < 0,05$).

Nous remarquons également une intensification du comportement d'achat dans le point de vente pour les zones secondaires et tertiaires dans l'année 2 (relativement constant dans la zone 1). Cependant, la zone tertiaire rechute en année 3 (l'interaction « temps × carte × zone » est significative à $p < 0,1$). Il convient de noter que même si cette augmentation est présente pour les zones 2 et 3, elle n'est pas de forte ampleur.

Tableau 33.
Les indicateurs comportementaux par zone et par année M2

		Année 1		Année 2		Année 3	
Magasin 2		**Porteur**	**Non-porteur**	**Porteur**	**Non-porteur**	**Porteur**	**Non-porteur**
Panier moyen magasin (en FF)	Zone 1	387	302	420	311	400	316
	Zone 2	233	270	272	272	319	284
	Zone 3	254	231	275	239	158	272
Panier total magasin (en FF)	Zone 1	8 941	5 978	11 809	7 404	10 877	7 463
	Zone 2	710	744	1 647	1 733	2 193	1 772
	Zone 3	288	360	839	911	361	913
Panier total catégorie (en FF)	Zone 1	23 425	19 988	24 009	20 207	23 278	19 896
	Zone 2	24 820	21 031	24 532	21 094	23 656	20 732
	Zone 3	25 462	21 124	25 355	20 842	24 986	21 534
Taux de nourriture	Zone 1	45 %	38 %	45 %	41 %	44 %	42 %
	Zone 2	12 %	10 %	7 %	11 %	10 %	12 %
	Zone 3	4 %	6 %	4 %	5 %	2 %	30 %
Fréquence d'achat	Zone 1	35	18	38	18	37	18
	Zone 2	3	3	3	2	2	2
	Zone 3	1	1	1	1	1	1
Durée inter-achat (en jours)	Zone 1	9	17	8	17	8	17
	Zone 2	102	113	113	135	125	146
	Zone 3	283	209	312	264	411	318
Nombre de magasins visités	Zone 1	2,6	2,6	2,3	2,2	2,5	2,5
	Zone 2	2,5	2,4	2,1	1,9	2,3	2,2
	Zone 3	2,5	2,5	2,0	2,0	2,2	2,2
Changements de magasins	Zone 1	55 %	60 %	55 %	59 %	57 %	57 %
	Zone 2	96 %	89 %	93 %	90 %	90 %	88 %
	Zone 3	98 %	93 %	95 %	94 %	95 %	91 %

Figure 6.
Les interactions « zone × temps » pour le panier (M2)

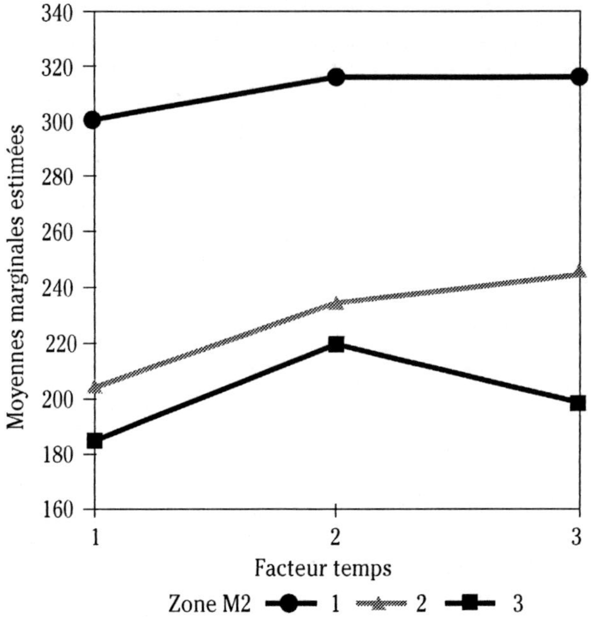

Figure 7.
Les interactions « temps × carte » pour le panier (M2)

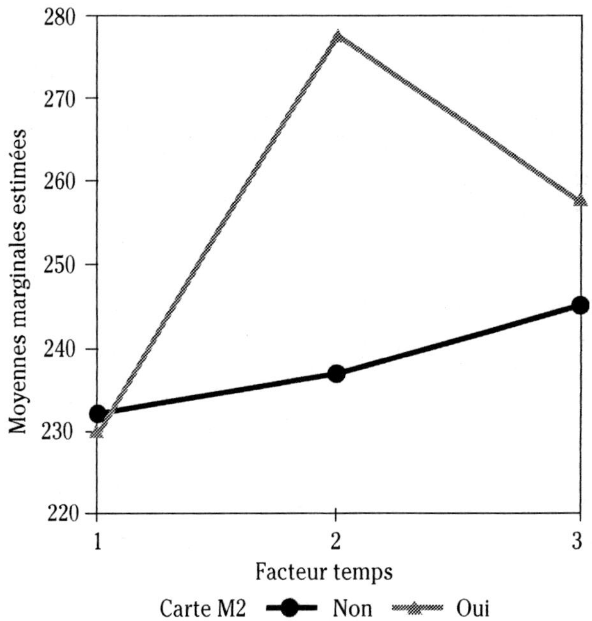

Figure 8.
Les interactions « zone x carte » pour le panier (M2)

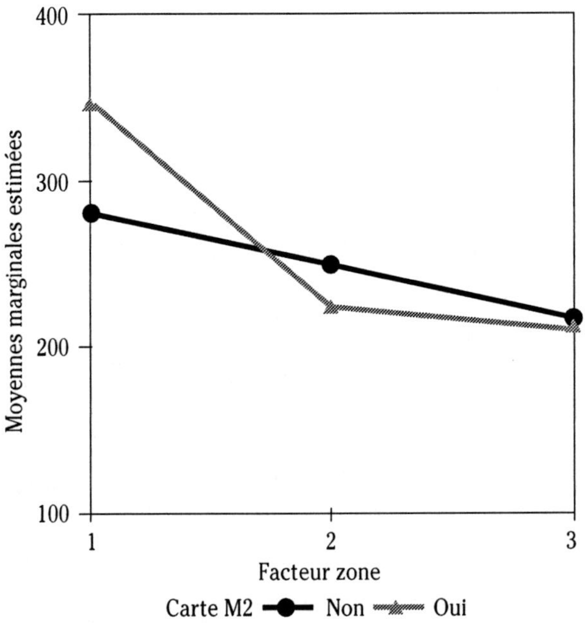

Pour les autres indicateurs, les interactions « temps × carte » au sein de chaque groupe ne sont pas significatives, ce qui indique une certaine stabilité du comportement d'achat. On note cependant que les différences entre porteurs et non-porteurs sont significatives, sauf en ce qui concerne le comportement de changement et le nombre de magasins visités.

Il y a également une significativité pour l'interaction « zone × carte», ce qui montre, comme pour les paniers, une intensification du comportement d'achat dans le point de vente pour la zone secondaire ($p < 0,05$).

Tableau 34.
Les variances intra-et intergroupe pour le magasin M2

M2		Facteur	Facteur × Zone	Facteur × Carte	Facteur × Carte Zone	Zone	Carte	Zone × Carte
		Intragroupe				Intergroupe		
Panier	F	2,7	2,5	4,1	2,0	18	2	3,27
		*	*	*	ns	**	*	*
Panier total magasin	F	2,5	0,35	2,6	1,9	86	23,8	3,6
		*	ns	*	ns	**	**	*
Panier total catégorie	F	2,3	0,14	0,57	0,48	0,76	0,39	0,28
		ns	ns	ns	ns	ns	ns	ns
Taux de nourriture	F	1,24	0,11	1,8	1,8	78	2,3	2,7
		ns	ns	ns	ns	**	ns	*
Fréquence d'achat	F	7,9	0,23	0,08	0,39	425	20	2
		*	ns	ns	ns	**	**	*
Durée interachat	F	118	23	0,29	0,23	119	19	2,3
		**	**	ns	ns	**	**	*
Nombre de magasins	F	247	4	1	0,12	13	0,9	0,2
visités		**	0,01	ns	ns	**	ns	ns
Changements	F	0,9	0,1	1,6	0,6	50	0,3	0,7
de magasins		ns	ns	ns	ns	**	ns	ns

** : p < 0,01 ; * : p < 0,05 ; ns : non significatif.

Les résultats pour les autres points de vente (M3-M7)

Par la suite, nous allons nous limiter pour des raisons d'espace aux résultats les plus intéressants et significatifs qui peuvent nous aider à comprendre les phénomènes liés au fonctionnement de la carte de fidélité. D'une manière générale, pour tous les magasins M3, M4, M5 et M7, les différences entre porteurs et non-porteurs sont toujours significatives pour tous les indicateurs comportementaux (p < 0,01), à l'exception de la variable taux de changement et nombre de magasins visités.

La totalité des résultats n'est pas présentée à cet endroit mais peut être trouvée dans la thèse de doctorat de Lars Meyer-Waarden, soutenue en 2002 à l'IAE de Pau.

Pour le point de vente M4, il est intéressant de constater que la différence est hautement significative (p < 0,01) pour l'interaction inter-groupe « zone × carte » (p > 0,1). Ainsi, les pentes de certains indicateurs varient. En effet, regardant les statistiques, la différence du panier moyen et total, du taux de nourriture et de la fréquence entre un porteur et un non-porteur est plus importante dans la zone secondaire (voir, à titre d'exemple, le panier moyen du magasin M4 dans la figure suivante). Même avec une certaine prudence, on pourrait en déduire que la carte de fidélité exerce un effet de sélection dans la zone secondaire dans laquelle le magasin est plus vulnérable.

- **Le point de vente M4**

Tableau 35.
Les indicateurs comportementaux par zone et par année M4

		Année 1		Année 2		Année 3	
Magasin 4		**Porteur**	**Non-porteur**	**Porteur**	**Non-porteur**	**Porteur**	**Non-porteur**
Panier moyen magasin (en FF)	Zone 1	522	444	543	455	540	459
	Zone 2	539	448	576	465	594	488
	Zone 3	480	389	491	428	512	451
Panier total magasin (en FF)	Zone 1	13 857	7 264	15 382	9 029	14 553	9 049
	Zone 2	8 769	2 637	11 576	4 343	11 663	4 330
	Zone 3	4 883	1 996	6 807	3 759	6 670	3 625
Panier total catégorie (en FF)	Zone 1	23 236	19 161	23 683	18 508	22 700	18 421
	Zone 2	25 774	20 416	25 982	20 498	26 011	20 664
	Zone 3	24 724	18 806	24 662	19 122	24 258	19 103
Taux de nourriture	Zone 1	61 %	47 %	64 %	48 %	63 %	49 %
	Zone 2	42 %	22 %	44 %	22 %	43 %	22 %
	Zone 3	27 %	18 %	28 %	18 %	28 %	29 %
Fréquence d'achat	Zone 1	27	15	27	17	26	16
	Zone 2	16	6	17	6	16	5
	Zone 3	10	5	10	5	9	4
Durée inter-achat (en jours)	Zone 1	12	21	11	19	12	19
	Zone 2	19	55	19	55	20	60
	Zone 3	31	61	31	62	33	72
Nombre de magasins visités	Zone 1	2,5	2,4	2,0	1,9	2,2	2,1
	Zone 2	2,5	2,4	2,1	2,0	2,5	2,3
	Zone 3	2,6	2,5	2,1	2,1	2,4	2,4
Changements de magasins	Zone 1	48 %	59 %	45 %	59 %	46 %	58 %
	Zone 2	68 %	86 %	68 %	85 %	66 %	85 %
	Zone 3	80 %	88 %	80 %	88 %	80 %	88 %

Figure 9.
Les interactions « temps x carte » pour le panier moyen (M4)

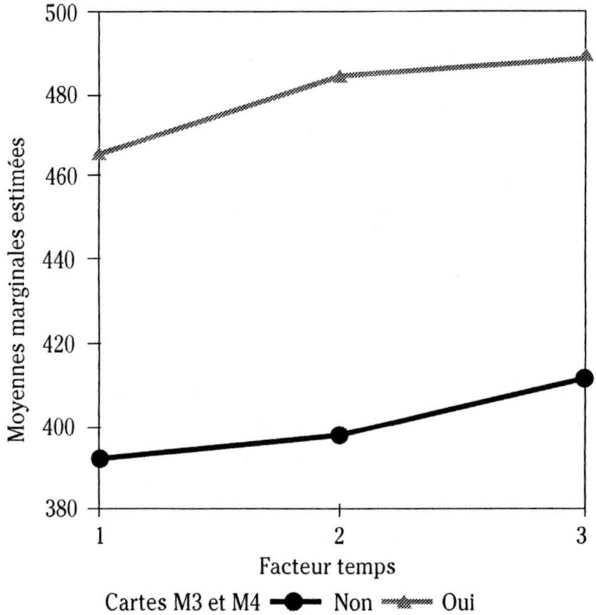

Figure 10.
Les interactions « zone x carte » pour le panier moyen (M4)

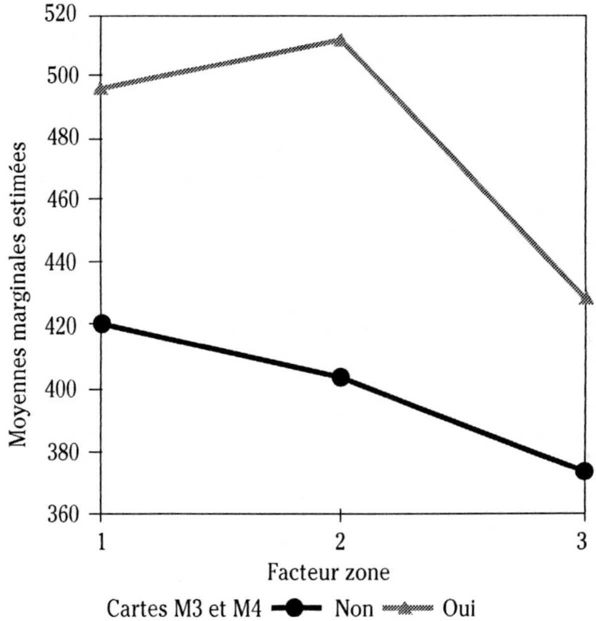

Tableau 36.
Les variances intra- et intergroupe pour le magasin M4

M4		Facteur	Facteur × Zone	Facteur × Carte	Facteur × Carte Zone	Zone	Carte	Zone × Carte
		Intragroupe				Intergroupe		
Panier	F	4,1	0,1	0,5	0,1	12,7	55	6
		*	ns	ns	ns	**	**	*
Panier total magasin	F	5	1	0,4	0,7	91	128	5
		**	ns	ns	ns	**	**	*
Panier total catégorie	F	5,3	2,8	0,7	1,9	4	107	0,6
		**	**	ns	ns	**	**	ns
Taux de nourriture	F	2,9	1,5	0,6	0,9	119	67	4
		*	ns	ns	ns	**	**	**
Fréquence d'achat	F	15	0,8	1,7	0,5	262	230	7,7
		*	ns	ns	ns	**	**	**
Durée interachat	F	108	11	6	0,7	106	101	2
		**	**	**	ns	**	**	*
Nombre de magasins visités	F	416	7	1,3	1,0	9	11	0,6
		**	**	ns	ns	**	**	ns
Changements de magasins	F	0,9	1	1	0,7	171	61	2
		ns	ns	ns	ns	ns	ns	ns

** : $p < 0,01$; * : $p < 0,05$; ns : non significatif.

- **Le point de vente M7**

Pour le magasin M7, il y a également une différence significative des pentes pour l'interaction « temps × carte » ($p < 0,1$) et « zone × carte de fidélité ». En l'occurrence, les paniers moyens et totaux, la fréquence augmentent jusqu'en période 3 pour les porteurs et baissent en même temps pour les non-porteurs.

Figure 11.
Les interactions « temps × carte » pour le magasin M7

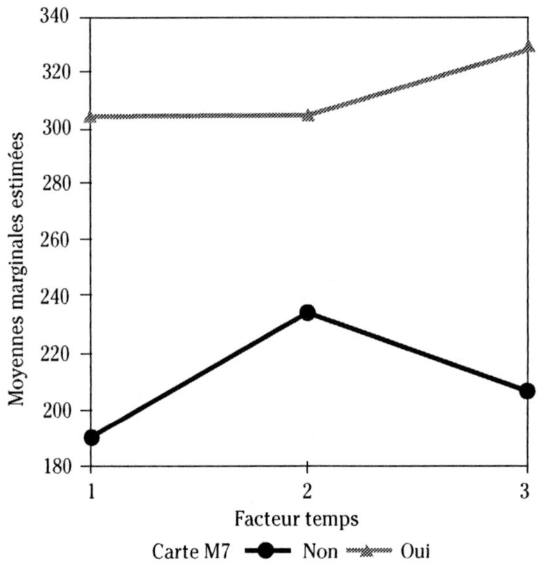

Figure 12.
Les interactions « zone × carte » pour le magasin M7

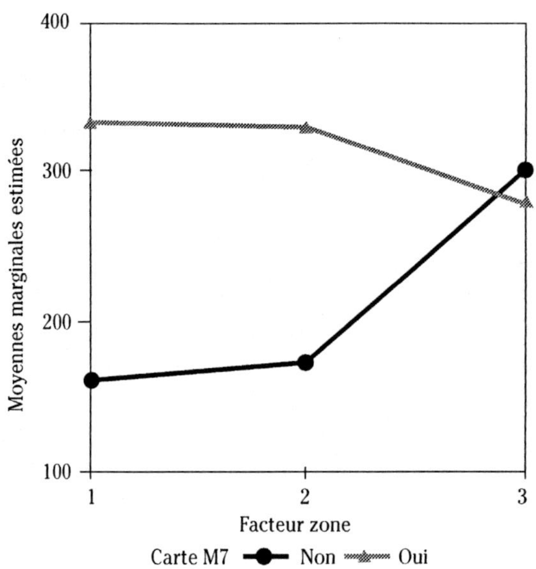

Tableau 37.
Les variances intra- et intergroupe pour le magasin M7

M4		Facteur	Facteur × Zone	Facteur × Carte	Facteur × Carte Zone	Zone	Carte	Zone × Carte
		Intra-groupe				Inter-groupe		
Panier	F	2,2	1.8	2,8	3,2	1,1	12	3,3
		ns	*	*	**	ns	**	*
Panier total magasin	F	4,4	1,7	1,2	2,8	8	26	3,3
		ns	*	ns	ns	**	**	*
Panier total catégorie	F	3,9	1,9	1	0,58	11	3,3	0,4
		*	ns	ns	ns	0	0,07	ns
Taux de nourriture	F	5,2	1,4	1	2,2	6	31	2,4
		*	ns	ns	ns	*	**	ns
Fréquence d'achat	F	3,6	5,2	6,2	6,3	708	855	306
		*	**	**	**	**	**	**
Durée interachat	F	15,1	3,3	0,02	1,3	8,8	8,2	5,6
		**	**	ns	ns	**	*	*
Nombre de magasins visités	F	340	14	7	2,1	14	73	0,1
		**	**	**	ns	**	**	ns
Changements de magasins	F	1,5	0,46	2,69	1,8	5,2	10,1	6,1
		ns	ns	ns	ns	ns	ns	*

** : p < 0,01 ; * : p < 0,05 ; ns : non significatif.

Comme précédemment, nous avons comparé le comportement de changement des porteurs/non-porteurs des différents points de vente dans la zone 1 à l'aide d'une régression logistique. À nouveau, les porteurs de la carte de fidélité des magasins M4 à M7 possèdent un taux de changement de magasins inférieur (p < 0,001).

La validité prédictive du modèle est bonne (85 % et 75 %). Le fait d'être adhérent à un programme de fidélisation diminue la probabilité de changement d'environ 6 % pour le magasin M4 et de 15 % pour le point de vente M7. La différence est significative (p < 0,01).

Tableau 38.
Les probabilités de changement dans le magasin M4

M4	Coefficient β	Erreur type	Wald	df	Sig.	Exp(B)
Carte M4	– 0,49	0,04	194,72	1,00	0,00	0,61
Constante	– 1,45	0,03	2 873,63	1,00	0,00	0,24
Bon classement du modèle	85 %					
	Porteurs	Non-porteurs		T	3,946	
Probabilité de changement	13 %	19 %		p	0,000	

Tableau 39.
Les probabilités de changement dans le magasin M7

M7	Coefficient β	Erreur type	Wald	df	Sig.	Exp(B)
Carte M7	-0,93	0,04	633,09	1,00	0,00	0,39
Constante	-0,90	0,02	3 364,32	1,00	0,00	0,40
Bon classement du modèle	75 %					
	Porteurs	Non-porteurs		T	8,5	
Probabilité de changement	14 %	29%		p	0,00	

2.2. Les porteurs de la carte de fidélité ont-ils une durée de vie plus longue que les non-porteurs ?

Afin de valider l'hypothèse sur la durée totale de la relation, nous appliquons un modèle de Cox qui nous permet de mettre en évidence si les porteurs de la carte de fidélité possèdent les courbes de survie les plus importantes. Ainsi, la durée de la relation et l'événement de défection sont modélisés en fonction de la possession ou non d'une ou de plusieurs des cartes de fidélité et la localisation du foyer dans une des zones de chalandise des magasins. Nous rappelons également que des coefficients β négatifs de la covariable « détention de la carte de fidélité » augmentent la probabilité de survie, des coefficients positifs la diminuent.

Les résultats de tous les modèles par magasin sont bons. Le gain dans le « –2 Log Vraisemblance » est significatif pour tous les modèles, ce qui signifie que les quatre programmes de fidélisation apportent une amélioration par rapport au modèle de base ($p < 0{,}001$). Le risque relatif à la défection est indiqué par la valeur

Figure 13.
La probabilité de survie par groupe porteurs/non-porteurs (M1)

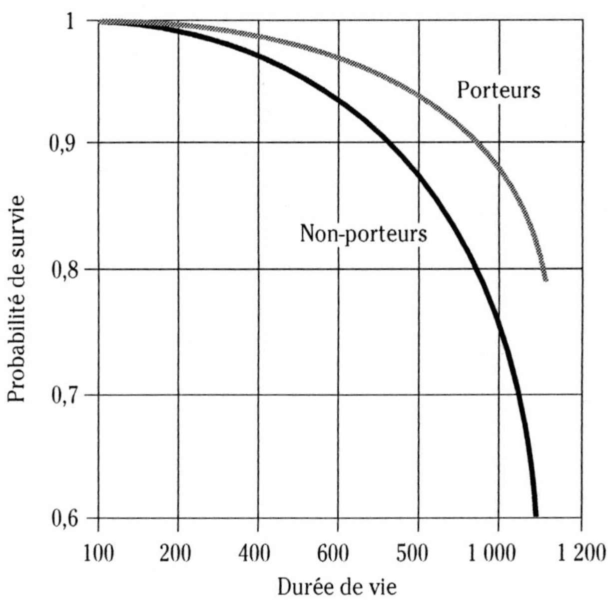

de l'exponentielle de B (Exp B). Tous les coefficients B des programmes de fidélisation des points de vente concernés sont négatifs. La détention de la carte de fidélité augmente alors la probabilité de survie. Elle est, comme attendu, la plus élevée pour les porteurs de la carte et pour les individus habitant dans la zone primaire (voir graphiques à titre d'exemple pour M1).

Figure 14.
La probabilité de survie par zone de chalandise (M1)

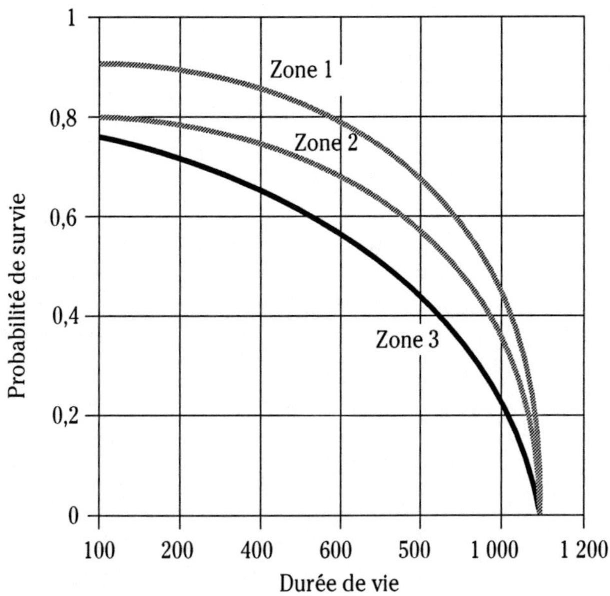

Le fait d'avoir la carte de fidélité du magasin M1 diminue le risque relatif de « décès » de 46 % ($p < 0{,}0001$). À l'opposé, si les acheteurs sont adhérents en même temps au programme de fidélisation de l'enseigne E2 (M3 et M4) et E3 (M5), le risque augmente respectivement de 32 % et de 28 % ($p < 0{,}0001$). Curieusement, le risque d'être inactif diminue également si les individus sont porteurs de la carte de fidélité du magasin M7. Une explication peut être liée au fait que ce supermarché est directement dans la zone de chalandise de M1 et sert ainsi pour faire des courses d'appoint.

Pour le magasin M2, le risque relatif de décès diminue de 15 %. Si les acheteurs du magasin M2 possèdent également les cartes de fidélité de E2 et E5, le risque de défection augmente respectivement de 21 % et 22 %.

Tableau 40.
Les résultats du modèle de Cox pour M1 et M2

	Enseigne 1 : magasin 1						Enseigne 1 : magasin 2					
	B	SE	Wald	df	p	Exp(B)	B	SE	Wald	df	p	Exp(B)
Carte E1	– 0,62	0,16	14,81	1,00	0,00	0,54	– 0,163	0,154	4,1	1	0,05	0,85
Carte E2	0,28	0,10	8,46	1,00	0,00	1,32	0,196	0,108	3,29	1	0,07	1,21
Carte E3	0,24	0,14	2,96	1,00	0,09	1,28	– 0,098	0,176	0,31	1	0,57	0,90
Carte E5	– 0,33	0,10	10,50	1,00	0,00	0,72	0,202	0,105	3,653	1	0,05	1,22
– 2 Log-Like-lihood initial	5 652,5	p	χ^2				4618	p	χ^2			
– 2 Log-Like-lihood final	5 614,5	0,003	37,994				4609	0,073	8,558			

Pour le magasin M3, le fait d'avoir la carte de fidélité diminue le risque relatif de « décès » de 38 % (p < 0,0001). Les valeurs pour les autres programmes de fidélisation ne sont pas significatives.

Pour le point de vente M4, le risque relatif de défection diminue de 45 % s'il y a possession de la carte de fidélité. Pour les programmes de fidélisation de l'enseigne E1 et E3 (M5), le risque augmente respectivement de 39 % (p < 0,05) et de 28 % (p < 0,1). La valeur pour la carte de E5 (M7) n'est pas significative.

Tableau 41.
Les résultats du modèle de Cox pour M3 et M4

	Enseigne 2 : magasin 3						Enseigne 2 : magasin 4					
	B	SE	Wald	df	p	Exp(B)	B	SE	Wald	df	p	Exp(B)
Carte E1	0,20	0,16	1,47	1,00	0,23	1,22	0,331	0,15	4,871	1	0,03	1,39
Carte E2	– 0,48	0,11	20,19	1,00	0,00	0,62	– 0,592	0,107	30,81	1	0,00	0,55
Carte E3	– 0,13	0,15	0,73	1,00	0,39	0,88	0,251	0,143	3,091	1	0,07	1,28
Carte E5	0,15	0,11	2,08	1,00	0,15	1,16	0,027	0,104	0,067	1	0,79	1,03
–2 Log-Like-lihood initial	4 728,9	p	χ^2				5160	p	χ^2			
–2 Log-Like-lihood final	4 704,2	0,00	24,74				5122	0,00	37,14			

Pour le point de vente M5, le risque relatif de défection diminue de 61 % (p < 0,0001). Si les porteurs de la carte possèdent en même temps la carte de l'enseigne 2, le risque augmente de 26 % (p < 0,1). Les valeurs pour les deux autres enseignes ne sont pas significatives (p > 0,1).

Tableau 42.
Les résultats du modèle de Cox pour M5 et M6

	Enseigne 3 : magasin 5						Enseigne 4 : magasin 6					
	B	SE	Wald	df	p	Exp(B)	B	SE	Wald	df	p	Exp(B)
Carte E1	0,22	0,20	1,26	1,00	0,26	1,25	0,122	0,17	0,518	1	0,471	1,13
Carte E2	0,23	0,12	3,70	1,00	0,05	1,26	0,121	0,131	0,848	1	0,357	1,13
Carte E3	– 0,95	0,19	23,97	1,00	0,00	0,39	0,405	0,209	3,756	1	0,053	1,50
Carte E5	0,03	0,13	0,07	1,00	0,79	1,03	0,235	0,118	3,943	1	0,047	1,26
-2 Log-Like-lihood initial	3 216,3	p	χ^2				3380	p	χ^2			
-2 Log-Like-lihood final	3 181,4	0,00	34,87				3371	0,03	10,57			

Le cas du magasin M6 (le seul magasin qui ne possède pas de programme de fidélisation) est intéressant. Le risque relatif de défection augmente de 50 % et de 27 % si les acheteurs possèdent les cartes de fidélité des magasins M5 et M7 ($p < 0,05$). En revanche, les valeurs pour les cartes des enseignes 1 et 2 ne sont pas significatives ($p > 0,1$).

Pour le magasin M7, le fait d'avoir la carte de fidélité diminue le risque relatif de « décès » de 62 % ($p < 0,001$). À l'opposé, si les acheteurs sont adhérents au programme de fidélisation de l'enseigne E2, le risque augmente de 42 % ($p < 0,1$). Les valeurs pour les points de vente M1 et M2 (enseigne E1) et E3 (M5) ne sont pas significatives ($p > 0,1$).

Tableau 43.
Les résultats du modèle de Cox pour M7

	Enseigne 5 : magasin 7					
	B	**SE**	**Wald**	**df**	**p**	**Exp(B)**
Carte E1	- 0,01	0,26	0,00	1,00	0,97	0,99
Carte E2	0,35	0,19	3,50	1,00	0,06	1,42
Carte E3	- 0,25	0,38	0,44	1,00	0,51	0,78
Carte E5	- 0,96	0,18	28,66	1,00	0,00	0,38
-2 Log-Like-lihood initial	1 299,4	P	χ^2			
-2 Log-Like-lihood final	1 269,2	0,00	30,169			

Une analyse de variance univariée avec des échantillons indépendants confirme ces résultats. Les porteurs des cartes de fidélité respectives possèdent, tous magasins et zones de chalandise confondus, des durées de vie significativement supérieures ($p < 0,0001$).

Tableau 44.
La comparaison des durées de vie par une analyse de variance

Durée de vie	**Carte**	**M1**	**M2**	**M3**	**M4**	**M5**	**M7**
Zone 1	Non	796	897	663	820	858	261
	Oui	1 029	942	939	983	1 056	863
Zone 2	Non	661	381	515	497	320	56
	Oui	836	558	723	783	918	259
Zone 3	Non	537	294	321	476	176	14
	Oui	827	435	504	655	750	94
	F	108,36	620	177	148,29	510,48	494,97
	p	0,00	0,00	0,00	0,00	0,00	0,00

2.3. Les porteurs de la carte de fidélité sont de meilleurs acheteurs. La synthèse des résultats

Les différents tests au niveau global, par an et par zone de chalandise, nous amènent alors aux conclusions suivantes : le comportement d'achat semble tout d'abord être influencé par la proximité géographique des points de vente, ce qui peut être expliqué par un fort niveau d'inertie. Évidemment, les foyers habitant près des points de vente respectifs (zone primaire), possèdent un comportement d'achat plus intense que ceux qui demeurent plus loin. Dans notre analyse, nous avons éliminé ce biais à l'aide du dispositif en mesure répétée, en faisant les comparaisons au niveau intragroupe dans les zones respectives.

Ce biais éliminé, tous les indicateurs comportementaux montrent que les deux groupes, porteurs/non-porteurs manifestent un comportement d'achat significativement différent, indépendamment du temps et de la zone de chalandise ($p < 0{,}01$). Les porteurs possèdent alors une intensité de comportement d'achat significativement plus élevée en terme de paniers moyens et totaux, taux de nourriture, fréquence et durées interachat que les non-porteurs sur la totalité des trois ans et dans la totalité des zones de chalandise. Dans la majorité des cas, l'interaction entre le facteur « temps × carte de fidélité » n'est pas significative ($p < 0{,}1$). Les comportements d'achat et les différences entre les porteurs et non-porteurs sont alors stables dans le temps dans toutes les zones. En revanche, l'interaction « zone × carte de fidélité » est significative pour M4 sur certains indicateurs (panier moyen et taux de nourriture). En effet, la différence entre un porteur de la zone secondaire et un non-porteur de la même zone est proportionnellement plus importante que celle entre un porteur et un non-porteur de la zone principale et tertiaire. On note également que la variable du nombre de magasins visités n'est pas significativement différente entre les deux groupes ($p > 0{,}1$) pour tous les points de vente.

Un autre fait intéressant est que les porteurs de la carte ne sont pas uniquement les plus grands acheteurs de la marque, mais également de la catégorie ($p < 0{,}001$).

Compte tenu de ces résultats, et de ceux obtenus précédemment provenant des comparaisons de moyennes, nous pouvons retenir l'hypothèse H 2.2.1 à 2.2.6 : « Les porteurs d'une carte de fidélité ont une intensité d'achat supérieure dans le magasin avec le programme de fidélisation aux non-porteurs. » En particulier, ils ont des paniers moyens et totaux, des fréquences d'achat, des taux de nourriture supérieurs, et des durées inter-achat ainsi que des taux de changement inférieurs.

En revanche, nous rejetons alors l'hypothèse H 2.2.7 selon laquelle les porteurs des cartes de fidélité ont un répertoire d'achat inférieur aux non-porteurs. Ils ne fréquentent alors pas moins de magasins concurrents.

Un autre aspect de la fidélité comportementale se rapporte à la composante temporelle. La validation de l'hypothèses H 2.5 montre que la durée de vie, ainsi que la probabilité de survie, sont supérieures pour les porteurs de cartes.

Tableau 45.

Le résumé des hypothèses sur le comportement d'achat des porteurs/non-porteurs

	Les porteurs des cartes de fidélité ont :	
H 2.2.1	Des paniers moyens supérieurs dans le magasin avec la carte de fidélité	Validée
H 2.2.2	Des paniers totaux supérieurs dans le magasin avec la carte de fidélité	Validée
H 2.2.3	Des durées interachat inférieures dans le magasin avec la carte de fidélité	Validée
H 2.2.4	Des fréquences d'achat supérieures dans le magasin avec la carte de fidélité	Validée
H 2.2.5	Des taux de nourriture supérieurs dans le magasin avec la carte de fidélité	Validée
H 2.2.6	Des taux de changement inférieurs dans le magasin avec la carte de fidélité	Validée
H 2.2.7	Un répertoire d'achat moins large	Rejetée
H 2.5	Une durée de vie plus longue dans le magasin avec la carte de fidélité	Validée
	En comparaison avec les non-porteurs des cartes de fidélité.	

En résumé, les hypothèses validées montrent clairement des différences entre les porteurs et les non-porteurs sur l'intensité et la durée de la relation ainsi que sur le comportement de changement. Il est cependant difficile d'avancer que cette différence est liée à la carte ou si les porteurs sont tout simplement de plus grands acheteurs. Autrement dit, la question de savoir si le programme de fidélisation influence le comportement d'achat ou s'il exerce un effet de sélection, reste non-résolue.

3. La modification individuelle du comportement d'achat après adhésion au programme de fidélisation

Nous avons vu que les adhérents aux divers programmes de fidélisation sont des acheteurs plus fidèles (dans l'enseigne avec la carte de fidélité) que ceux qui ne le sont pas.

Les deux questions cruciales de ce travail, à savoir l'effet du programme sur le comportement d'achat et/ou l'effet de sélection doivent cependant encore être explorées. Dans cette section, nous tentons d'abord d'examiner l'ampleur et la nature de l'impact de la carte de fidélité sur la modification du comportement d'achat. Dans un deuxième temps, nous testerons la stabilité de ces effets, si une modification a eu réellement lieu. Nous rappelons que l'analyse se fera sur les porteurs de la carte de fidélité du programme de fidélisation de l'enseigne E1, qui regroupe les points de vente M1 et M2, dont sont connues les dates de souscription à la carte de fidélité. Le groupe des non-porteurs, ayant acheté pendant la même période, nous servira d'échantillon de contrôle (voir chapitre méthodologie). Il s'agit alors des porteurs de la carte de l'enseigne E1 pour lesquels on dispose de 3 trimestres d'historique d'achat avant et 4 trimestres d'historique d'achat après la souscription au programme de fidélisation en question. Ils ont adopté le programme de fidélisation entre juillet 1999 et juillet 2000. Cette durée est suffisamment longue et stable pour déduire si la carte de fidélité possède le cas échéant un pouvoir de modification durable du comportement d'achat.

Dans le cadre de cette approche, notre analyse va successivement d'une analyse désagrégée, au niveau foyer, à un niveau encore plus individuel – l'acte d'achat – afin de tenir compte des phénomènes d'hétérogénéité.

3.1. La carte de fidélité augmente-elle l'intensité d'achat ?

Dans le tableau suivant sont résumés les différents indicateurs du comportement avant et après la souscription provenant de l'analyse de variance en mesure répétée, pour une période de 12 mois (trois trimestres : – 3, – 2, – 1) avant la souscription et de 16 mois (quatre trimestres : 0, + 1, + 2, + 3) après la souscription.

Ces premiers résultats sont clairs. L'impact de la carte de fidélité sur le comportement d'achat n'est globalement que très faible et peu durable pour tous les indicateurs de l'intensité d'achat.

En effet, si l'on regarde les paniers moyens et totaux, il y a certes une augmentation entre le trimestre t-1 et le moment de la souscription pour les porteurs (en même temps le panier des non-porteurs reste stable) mais celle-ci n'est pas significative ($p > 0,1$). Il en est de même pour la comparaison du trimestre 0 avec t +1 ($p > 0,1$).

Tableau 46.
L'intensité d'achat avant/après souscription

Intensité dans le magasin								Avant/ Après	t-1/ t0
Trimestre	**– 3**	**– 2**	**– 1**	**0**	**1**	**2**	**3**		
Panier moyen des porteurs	491	478	518	543	512	551	515	7 %	5 %
Panier moyen des non-porteurs	395	429	389	393	395	359	407	– 4 %	1 %
F Temps		0,24	0,01	0,85	0,15	0,03	1,26		
p		ns	ns	ns	ns	ns	ns		
F Temps × Carte		3,92	9,17	0,00	0,53	8,49	14,60		
p		*	**	ns	ns	**	*		
Panier total des porteurs	4791	3970	3 698	4054	4214	3987	4545	1 %	10 %
Panier total des non-porteurs	2146	2336	1941	1926	1978	1741	2555	– 4 %	– 1 %
F Temps		6,2	7,0	1,0	0,0	5,3	275,5		
p		**	**	ns	ns	**	**		
F Temps × Carte		1,6	0,8	0,1	0,0	3,4	38,4		
p		ns	ns	ns	ns	ns	**		
Fréquence d'achat des porteurs	14	12	10	11	12	10	14	– 1 %	12 %
Fréquence d'achat des non-porteurs	6	6	6	6	6	6	10	16 %	2 %
F Temps		198,3	1 133,7	1,2	2,1	2,1	288,1		
p		**	**	ns	ns	ns	**		
F Temps × Carte		195,4	1 290,5	0,1	0,5	3,3	44,4		
p		**	**	ns	ns	ns	**		
Durée interachat des porteurs	13	16	18	18	17	19	11	2 %	– 2 %
Durée interachat des non-porteurs	24	42	47	51	53	61	71	57 %	9 %
F Temps		19,4	4,3	0,0	0,3	2,1	0,2		
p		**	**	ns	ns	ns	ns		
F Temps × Carte		7,4	1,2	0,9	0,5	0,4	4,5		
p		**	ns	ns	ns	ns	**		

** p < 0,01 ; ns : non significatif p > 0,1.

Figure 15.
Le panier moyen et total avant/après souscription

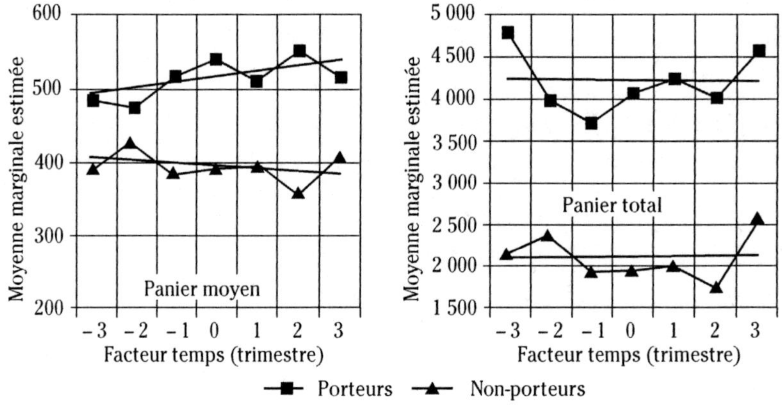

Le facteur temps est non significatif pour les paniers moyens, ce qui signifie qu'ils sont relativement stables dans le temps pour les deux groupes, même si pour les porteurs une certaine tendance vers la hausse est observable. En revanche, les paniers totaux des porteurs et des non-porteurs sont en baisse jusqu'au trimestre t-1. Pour les porteurs, les montants d'achat semblent augmenter provisoirement au moment de la souscription à la carte de fidélité, pendant que ceux des non-porteurs restent stables. La différence entre t−1 et t 0 n'est cependant pas significative ($p > 0,1$). Ces effets ne sont pas de nature stable, ni pour le panier moyen ni pour le panier total, car les deux indicateurs rechutent en t +1 pour re-augmenter en t+3 pour les porteurs (mais ils montent aussi pour les non-porteurs). Il est alors probable que ces fluctuations sont de nature aléatoire et non liées à la carte de fidélité.

Une analyse de variance sur le fichier individuel des 8344 actes d'achats confirme ces résultats (voir graphique suivant). Il n'y a pas de différence significative pour les paniers moyens réalisés avant et après la souscription ($p > 0,1$).

Figure 16.
Le panier moyen avant/après souscription ($F = 1,05$, $p = 0,26$)

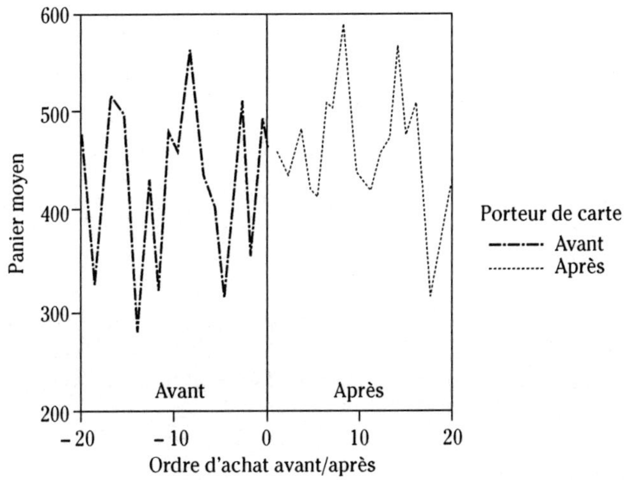

Quant à la fréquence d'achat et la durée interachat, les conclusions sont similaires. Il y a un effet faible mais non significatif de la carte au moment de la souscription ($p > 0,1$). La courbe des fluctuations des fréquences d'achat ressemble pour quelque peu à celle du panier total et la fréquence d'achat est relativement stable car le facteur temps est non significatif à $p > 0,1$ (si l'on ne considère pas le dernier trimestre où la fréquence augmente pour les deux groupes comme pour le panier total).

Figure 17.
La fréquence d'achat et la durée interachat avant/après souscription

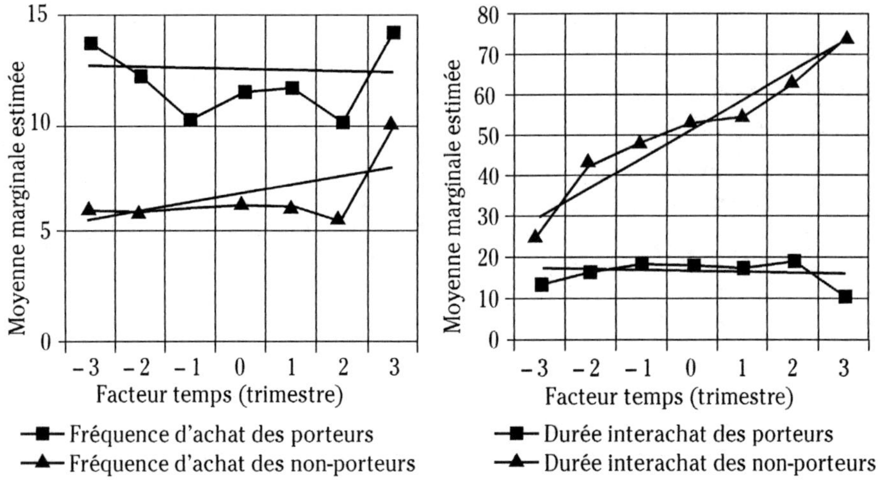

En revanche, un phénomène intéressant est présent pour la durée inter-achat. Elle est stable pour les porteurs et augmente de manière monotone pour les non-porteurs. Une question centrale s'impose quant à l'efficacité de la carte de fidélité : le programme de fidélisation maintient-il la durée interachat stable alors qu'elle augmente pour les non-porteurs ? Ce constat est tout à fait imaginable considérant sa nature défensive. Mais aucun indicateur nous permet de confirmer cette supposition et des études supplémentaires sont nécessaires.

Les analyses conduites au niveau de l'acte d'achat confirment à nouveau celles qui ont été faites au niveau du foyer. Il y a une légère augmentation de la fréquence d'achat et une diminution de la durée inter-achat juste après la souscription. Cependant, la fréquence d'achat a déjà augmenté un peu avant l'adoption de la carte de fidélité et la durée interachat a également déjà baissé avant. De plus, les différences ne sont pas significatives, pour les deux indicateurs, entre les achats réalisés avant et ceux faits après la souscription (voir figures suivantes).

Figure 18.
La fréquence d'achat avant/après souscription ($F = 1,1$, $p = 0,17$)

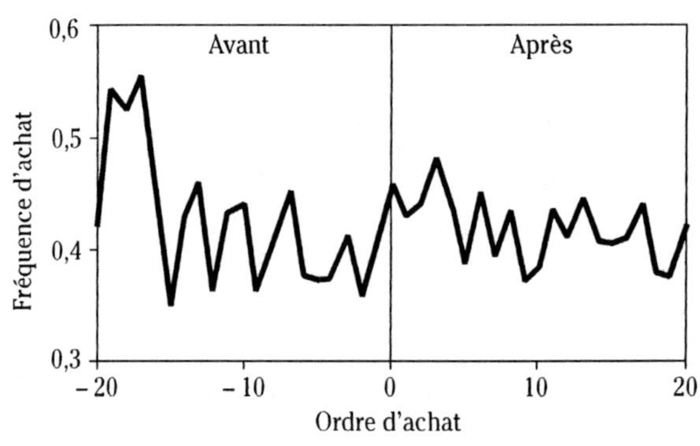

Figure 19.
La durée interachat avant/après souscription (F = 1,5, p = 0,27)

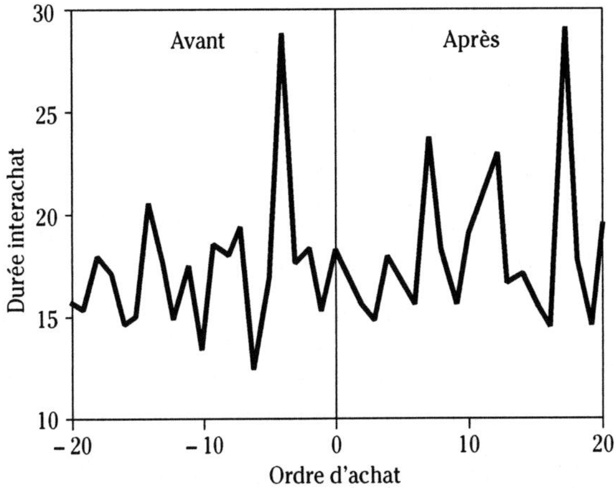

3.2. La carte de fidélité rend-elle plus fidèle ?

Si l'impact du programme de fidélisation sur l'intensité d'achat n'a pu être mis en évidence, il reste à examiner s'il exerce un effet sur le comportement de fidélité.

Tableau 47.
Le comportement de fidélité avant/après souscription

Comportement de fidélité								**Avant/ Après**	**t-1/ t 0**
Trimestre	**– 3**	**– 2**	**– 1**	**0**	**1**	**2**	**3**		
Taux de nourriture des porteurs	57 %	67 %	58 %	64 %	71 %	68 %	67 %	- 14 %	6 %
Taux de nourriture des non-porteurs	60 %	60 %	58 %	58 %	58 %	56 %	56 %	100 %	0 %
F Temps		11,5	5,6	7,4	0,3	2,7	0,0		
p		**	**	**	ns	ns	ns		
F Temps × Carte		14,6	2,1	6,8	0,5	0,2	1,3		
p		**	ns	**	ns	ns	ns		
Nb. Magasins visités des porteurs	2,1	1,9	2,1	2,2	2,0	2,0	2,2	3 %	7 %
Nb. Magasins visités des non-porteurs	3,1	3,1	3,0	3,1	3,0	2,9	3,8	4 %	3 %
F Temps		13,0	1,2	4,0	17,2	1,0	122,5		
p		**	ns	**	**	ns	**		
F Temps × Carte		10,0	7,1	0,6	7,5	0,2	13,7		
p		**	**	ns	**	ns	**		
% de changement des porteurs	66 %	71 %	68 %	56 %	63 %	68 %	56 %	0 %	-11 %
% de changement des non-porteurs	61 %	62 %	62 %	62 %	61 %	63 %	61 %	0 %	0 %
F Temps		15,7	251,4	9,0	2,2	2,9	14,5		
p		**	**	**	ns	ns	**		
F Temps × Carte		22,6	337,1	7,9	3,6	0,4	6,0		
p		**	**	**	ns	ns	**		

** : p < 0,01 ; * : p < 0,05 ; ns : non significatif.

En effet, il y a un impact sur le taux de nourriture qui croît dans le groupe des porteurs de six points à partir du moment de la souscription jusqu'au trimestre t +1 pendant que les valeurs des non-porteurs restent stables. Ce fait est confirmé par la relative baisse du taux de changement pour les porteurs et la stabilité de cet indicateur pour les non-porteurs. Les facteurs temps et les interactions « temps*carte » sont significatifs pour les deux variables ($p < 0{,}01$). En revanche, cette tendance n'est pas stable dans le temps, car une dégradation des deux indicateurs a lieu dans le deuxième trimestre, c'est-à-dire six à neuf mois après la souscription à la carte de fidélité. Quant au nombre de magasins visités, l'interaction « temps*carte » n'est pas significative en t 0 ($p > 0{,}1$), mais significative en t + 1 (associée à une légère baisse du nombre de magasins visités).

Figure 20.
Les taux de nourriture, de changement et le nombre de magasins visités avant/après souscription

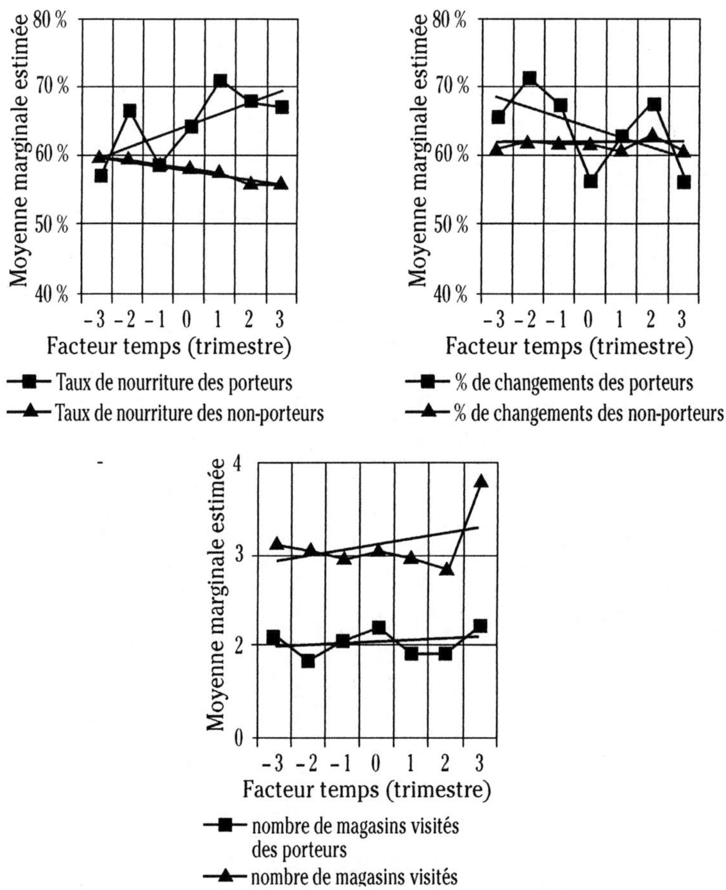

Les analyses au niveau de l'acte d'achat confirment la modification du taux de nourriture ($p < 0{,}05$). En revanche, il n'y a pas d'impact pour le taux de changement car les différences avant/après ne sont pas significatives ($p > 0{,}1$).

Figure 21.
Le taux de nourriture avant/après souscription (F = 2,6, p = 0,02)

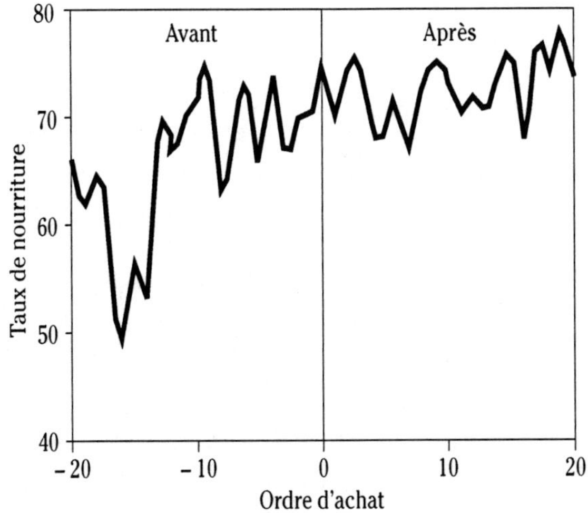

Figure 22.
Le taux de changement avant/après souscription (F = 1,2 ; p = 0,135)

Une question cruciale reste cependant non résolue : l'augmentation du taux de nourriture se fait-elle au détriment des autres points de vente, même provisoirement? Les graphiques suivants confirment en partie cette supposition.

Figure 23.
Les panier moyens et totaux M3-M7 avant/après souscription

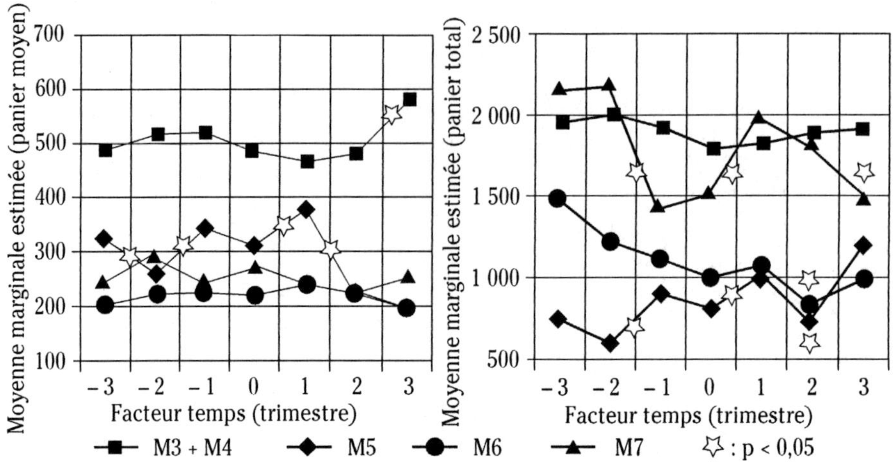

Tous les paniers moyens et totaux des concurrents (à l'exception de M7) subissent de légères baisses au moment de la souscription à la carte de fidélité, qui ne sont cependant ni significatives ($p > 0{,}1$) ni durables, car ces derniers augmentent à nouveau au premier trimestre après la souscription. En revanche, les taux de nourriture baissent de manière significative ($p < 0{,}05$) juste au moment t0 pour tous les points de vente, à l'exception de M7, pour remonter à nouveau en t +1. Ces écarts cumulés d'environ 6 % correspondent effectivement aux gains enregistrés par l'enseigne E1.

Figure 24.
Les taux de nourriture des porteurs M3-M7 avant/après souscription

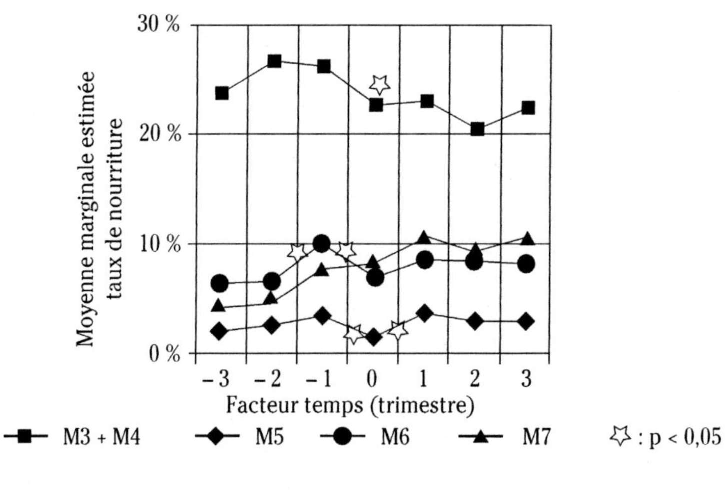

Enfin, les probabilités de choix pour les points de vente respectifs, calculées par le modèle de la régression multinomiale logistique, ne changent pas fondamentalement. Pour l'enseigne E1 (M1 + M2), elles n'augmentent que très légèrement au moment de la souscription pendant qu'elles baissent pour tous les autres concurrents. Cependant, les différences au moment T 0 ne sont pas significatives ($p > 0,1$). Les matrices de transition par trimestre peuvent être trouvées dans les annexes de la thèse de doctorat de Lars Meyer-Waarden (2002).

Tableau 48.
Les probabilités de choix des porteurs avant/après souscription

	M1 + M2		M3 + M4		M5		M6		M7	
T – 3	73,8		14,2		2,1		5,4		4,5	
T – 2	73,8	ns	14,5	ns	1,9	ns	5,9	ns	4,0	ns
T – 1	74,0	ns	13,4	ns	1,7	ns	6,1	ns	4,8	ns
T 0	74,5	ns	13,3	ns	1,6	ns	6,0	ns	4,7	ns
T + 1	74,3	ns	13,5	ns	1,6	ns	6,0	ns	4,5	ns
T + 2	75,6	ns	12,0	ns	1,5	ns	5,8	ns	5,0	ns
T + 3	75,7	ns	12,1	ns	1,7	ns	5,6	ns	4,9	ns

ns : non significatif.

3.3. La carte de fidélité ne modifie pas fondamentalement le comportement d'achat. La synthèse des résultats

Cette analyse nous conduit à rejeter les hypothèses H 2.3.1. à H 2.3.4 sur l'augmentation de l'intensité d'achat (i.e. changement des paniers moyens et totaux, de la fréquence d'achat, de la durée inter-achat). Quant au comportement de fidélité, les hypothèses H 2.3.5 et H 2.3.6 sont maintenues. En effet, les seuls indicateurs significativement différents au moment de la souscription sont le taux de nourriture qui augmente et le taux de changement qui diminue. En revanche, H 2.3.7. sur la diminution du répertoire d'achat, est rejetée. L'hypothèse H 2.1 est également rejetée, selon laquelle le programme de fidélisation augmente la probabilité de choix du magasin après la souscription à sa carte de fidélité. En revanche, l'hypothèse H 2.4 sur la nature transitoire des effets dans le temps est maintenue.

Le tableau suivant montre le récapitulatif des confirmations et des rejets de nos hypothèses sur le contrôle comportemental et met en évidence plusieurs conclusions majeures : le programme de fidélisation n'a pas ou peu d'impact sur l'intensité d'achat. Ces effets sont en plus uniquement de courte durée. En revanche, la multifidélité semble être réduite provisoirement au moment de la souscription et les deux trimestres qui suivent, même si à nouveau l'ampleur de la modification est de nature faible et transitoire.

Nous avons ainsi constaté que les effets du programme de fidélisation sur le comportement sont faibles, ainsi que relativement éphémères, et ressemblent plus à ceux provoqués par la promotion des ventes (Blattberg et Wisniewski, 1989 ; Blattberg *et al.*, 1995), ce qui est en entière cohérence avec les résultats trouvés par Sharp et Sharp (1997/1999) ainsi que Benavent *et al.* (1999/2000). Il nous reste à tester leurs effets sélectifs, à savoir si certaines catégories d'acheteurs, comme les plus gros acheteurs, adoptent la carte de fidélité plus vite que d'autres. Ceci sera l'objet de la section suivante.

Tableau 49.
La synthèse des hypothèses sur la modification du comportement d'achat

H 2.3.1	Les paniers moyens dans le magasin avec programme de fidélisation augmentent après souscription à la carte de fidélité.	Rejetée
H 2.3.2	Les paniers moyens et totaux (en valeur) dans le magasin avec programme de fidélisation augmentent après souscription à la carte de fidélité.	Rejetée
H 2.3.3	La durée inter-achat dans le magasin avec programme de fidélisation diminue après souscription à la carte de fidélité.	Rejetée
H 2.3.4	La fréquence d'achat dans le magasin avec programme de fidélisation augmente après souscription à la carte de fidélité.	Rejetée
H 2.3.5	Le taux de nourriture dans le magasin avec programme de fidélisation augmente après souscription à la carte de fidélité.	Validée
H 2.3.6	Le nombre de changements de magasins diminue après souscription à la carte de fidélité.	Validée
H 2.3.7	Le nombre de magasins visités (répertoire d'achat) diminue après souscription à la carte de fidélité.	Rejetée
H 2.4	Les effets de changement du comportement d'achat sont transitoires dans le temps.	Validée

4. Les effets de sélection de la clientèle

Après avoir examiné à plusieurs reprises l'influence de la carte de fidélité sur le comportement d'achat, nous avons trouvé un impact faible et transitoire. La supposition d'un effet d'autosélection s'est cependant octroyée au fur et à mesure de l'avancement de cette étude, car il est probable que d'un point de vue théorique, les disparités résultent d'un phénomène d'hétérogénéité. C'est la raison pour laquelle notre troisième groupe d'hypothèses s'intéresse aux effets de sélection d'un programme de fidélisation. En particulier, nous examinerons s'il existe des acheteurs ou catégories d'acheteurs qui adoptent plus rapidement la carte de fidélité que d'autres. En l'occurrence, on pourrait s'attendre à ce que certains individus possèdent des caractéristiques sociodémographiques/socioéconomiques, situationnelles (leur proximité géographique par rapport au point de vente) et comportementales spécifiques qui favorisent l'adoption du programme de fidélisation, car l'utilité procurée par la carte n'est certainement pas la même pour la totalité des consommateurs. Dans un deuxième temps, nous balayons une idée annexe qui est que les premiers adopteurs de la carte sont les acheteurs qui sont les plus motivés, ce qui devrait se traduire par une activité accrue dans le point de vente.

Pour tester ce groupe de suppositions, nous réalisons d'abord un tableau de contingence avec un test de khi-2 sur l'échantillon 4, contenant pour rappel 99 porteurs [8] n'ayant pas encore adopté la carte de fidélité au début de la période d'observation, et 367 non-porteurs. Des quartiles en fonction de l'importance du comportement manifesté sont crées par variable comportementale (panier, durée inter-achat, nombre de magasins fréquentés, etc.) correspondant à des achats réalisés entre la semaine 28/1998 et la semaine 28/1999. Le premier quartile est celui qui a le comportement le moins marqué (par exemple panier le plus bas), le quatrième quartile est celui qui a le comportement le plus accentué (par exemple panier le plus élevé). Autrement dit, le quartile 1 manifeste le comportement d'achat le moins fidèle, le quartile 4, l'opposé.

Pour les analyses de survie, l'échantillon 1 est utilisé contenant 126 porteurs de cartes, pour lesquels l'événement de la souscription s'est réellement produit avant la fin de la période d'observation.

Enfin, pour le test de comparaison des adopteurs précoces et tardifs, nous travaillons sur l'échantillon 6 qui contient 140 individus ayant souscrit à la carte de fidélité entre 1994 et 1997, et 126 clients l'ayant adoptée entre 1998 et 2001 (47 500 actes d'achat sur 3 ans).

4.1. La carte de fidélité sélectionne-t-elle les meilleurs clients ?

En regardant les tableaux suivants, il ressort clairement que les gros acheteurs de l'enseigne sont les premiers à adopter la carte de fidélité. Plus les paniers moyens et totaux, ainsi que les taux de nourriture dans le magasin, sont importants (les quartiles 3 et surtout 4), plus les individus prennent rapidement la carte. Les différences par semestre sont toutes significatives (p < 0,001).

Tableau 50.
L'adoption de la carte de fidélité en fonction des « paniers moyens » E1

Panier Moyen E1	Q1	Cum.	Q2	Cum.	Q3	Cum.	Q4	Cum.	p
Moyenne en jours	365		291		208		176		
Avant 2 semaines 1998	0,5 %	0,5 %	1,2 %	1,2 %	5,3 %	5,3 %	17,3 %	17,3 %	**
2 semaines 1998	1,4 %	1,9 %	2,5 %	3,7 %	3,0 %	8,3 %	4,9 %	22,2 %	**
1 semaine 1999	0,7 %	2,6 %	0,5 %	4,2 %	0,4 %	8,6 %	1,2 %	23,4 %	*
2 semaines 1999	0,7 %	3,3 %	0,5 %	4,8 %	0,9 %	9,5 %	2,1 %	25,5 %	**
1 semaine 2000	0,0 %	3,3 %	0,2 %	4,9 %	0,0 %	9,5 %	0,2 %	25,7 %	**
2 semaines 2000	0,0 %	3,3 %	0,0 %	4,9 %	0,5 %	10,0 %	0,5 %	26,2 %	**
1 semaine 2001	0,2 %	3,5 %	0,2 %	5,1 %	0,2 %	10,2 %	0,7 %	26,9 %	**

** : p < 0,01 ; * : p < 0,05 ; ns : non significatif.

8. En effet, la majorité des 266 porteurs de la carte de fidélité de l'enseigne E1 a souscrit à la carte avant 1999.

Tableau 51.

L'adoption de la carte de fidélité en fonction des « paniers totaux » E1

Panier Total E1	Q1	Cum.	Q2	Cum.	Q3	Cum.	Q4	Cum.	p
Moyenne en jours	367		285		217		175		
Avant 2 semaines 1998	0,5 %	0,5 %	1,4 %	1,4 %	4,8 %	4,8 %	17,6 %	17,6 %	**
2 semaines 1998	1,2 %	1,8 %	2,6 %	4,0 %	3,2 %	7,9 %	4,8 %	22,4 %	**
1 semaine 1999	0,5 %	2,3 %	0,9 %	4,9 %	0,2 %	8,1 %	1,2 %	23,6 %	**
2 semaines 1999	0,7 %	3,0 %	0,4 %	5,3 %	1,1 %	9,2 %	2,1 %	25,7 %	**
1 semaine 2000	0,0 %	3,0 %	0,2 %	5,5 %	0,0 %	9,2 %	0,2 %	25,9 %	**
2 semaines 2000	0,0 %	3,0 %	0,0 %	5,5 %	0,5 %	9,7 %	0,5 %	26,4 %	**
1 semaine 2001	0,2 %	3,2 %	0,2 %	5,6 %	0,2 %	9,9 %	0,7 %	27,1 %	**

** : p < 0,01 ; * : p < 0,05 ; ns : non significatif.

Tableau 52.

L'adoption de la carte de fidélité en fonction du « taux de nourriture » E1

Taux de nourriture E1	Q1	Cum.	Q2	Cum.	Q3	Cum.	Q4	Cum.	p
Moyenne en jours	385		198		255		172		
Avant 2 semaines 1998	0,5 %	0,5 %	2,3 %	2,3 %	4,9 %	4,9 %	16,5 %	16,5 %	**
2 semaines 1998	1,1 %	1,6 %	2,6 %	4,9 %	3,7 %	8,6 %	4,4 %	21,0 %	**
1 semaine 1999	0,7 %	2,3 %	0,5 %	5,5 %	0,4 %	9,0 %	1,2 %	22,2 %	*
2 semaines 1999	0,7 %	3,0 %	0,4 %	5,8 %	1,1 %	10,0 %	2,1 %	24,3 %	**
1 semaine 2000	0,0 %	3,0 %	0,2 %	6,0 %	0,0 %	10,0 %	0,2 %	24,5 %	**
2 semaines 2000	0,0 %	3,0 %	0,0 %	6,0 %	0,7 %	10,7 %	0,4 %	24,8 %	**
1 semaine 2001	0,2 %	3,2 %	0,0 %	6,0 %	0,4 %	11,1 %	0,7 %	25,5 %	**

** : p < 0,01 ; * : p < 0,05 ; ns : non significatif.

En ce qui concerne la fréquence d'achat et la durée interachat, il ressort que le quartile 4 (acheteurs ayant une fréquence d'achat élevée et ayant une durée interachat courte dans l'enseigne E1) adopte le plus rapidement la carte ($p < 0{,}001$).

Tableau 53.

L'adoption de la carte de fidélité en fonction de la « fréquence d'achat » E1

Fréquence d'achat E1	Q1	Cum.	Q2	Cum.	Q3	Cum.	Q4	Cum.	p
Moyenne en jours	394		249		203		180		
Avant 2 semaines 1998	0,5 %	0,5 %	2,1 %	2,1 %	4,0 %	4,0 %	17,8 %	17,8 %	**
2 semaines 1998	1,5 %	2,1 %	2,4 %	4,5 %	3,1 %	7,1 %	4,7 %	22,5 %	**
1 semaine 1999	0,3 %	2,4 %	1,0 %	5,6 %	0,2 %	7,3 %	1,2 %	23,7 %	ns
2 semaines 1999	0,5 %	2,9 %	0,9 %	6,5 %	0,5 %	7,9 %	2,3 %	26,0 %	**
1 semaine 2000	0,2 %	3,1 %	0,0 %	6,5 %	0,0 %	7,9 %	0,2 %	26,2 %	**
2 semaines 2000	0,0 %	3,1 %	0,0 %	6,5 %	0,4 %	8,2 %	0,7 %	26,9 %	**
1 semaine 2001	0,3 %	3,4 %	0,0 %	6,5 %	0,2 %	8,4 %	0,7 %	27,6 %	**

** : p < 0,01 ; * : p < 0,05 ; ns : non significatif.

Tableau 54.
L'adoption de la carte de fidélité en fonction de la « durée inter-achat » E1

Durée Inter-Achat E1	Q1	Cum.	Q2	Cum.	Q3	Cum.	Q4	Cum.	p
Moyenne en jours	295		254		228		170		
Avant 2 semaines 1998	1,0 %	1,0 %	2,0 %	2,0 %	5,4 %	5,4 %	18,7 %	18,7 %	**
2 semaines 1998	2,8 %	3,8 %	3,0 %	5,0 %	2,2 %	7,6 %	5,0 %	23,7 %	**
1 semaine 1999	0,4 %	4,2 %	0,8 %	5,8 %	0,4 %	8,0 %	1,4 %	25,1 %	ns
2 semaines 1999	0,6 %	4,8 %	0,8 %	6,6 %	1,0 %	8,9 %	2,2 %	27,3 %	**
1 semaine 2000	0,2 %	5,0 %	0,0 %	6,6 %	0,0 %	8,9 %	0,2 %	27,5 %	**
2 semaines 2000	0,0 %	5,0 %	0,2 %	6,8 %	0,6 %	9,5 %	0,4 %	27,9 %	**
1 semaine 2001	0,2 %	5,2 %	0,0 %	6,8 %	0,2 %	9,7 %	0,8 %	28,7 %	**

** : p < 0,01 ; * : p < 0,05 ; ns : non significatif.

Quant au comportement de changement, la situation est mitigée. D'un côté, les foyers fidèles avec peu de changements de magasins (quartile 4) adoptent le plus vite la carte de fidélité (p < 0,001). De l'autre côté, les individus du quartile 1, ayant un taux de changement élevé, la prennent également très rapidement au début et lors d'une deuxième vague en période tardive de diffusion (2e semestre 1999). Regardant le nombre de magasins visités, on se rend compte que les acheteurs visitant trois magasins ou plus possèdent la vitesse d'adoption la plus rapide (p < 0,05). Ces consommateurs volatiles sont certainement très opportunistes et prennent la carte dans chaque point de vente où ils font leurs courses. Benavent *et al.* (2000) ont également trouvé des segments de consommateurs se comportant ainsi. Il est probable qu'il s'agisse de « chasseurs de promotions » qui essaient de prendre des avantages dans un grand nombre de magasins. Le phénomène n'est pas contradictoire et est bien connu sous le nom « *cherry picking* » (Drèze, 1999) dans la littérature sur la promotion des ventes.

Tableau 55.
L'adoption de la carte de fidélité en fonction du « taux de changement » E1

Taux de changement E1	Q1	Cum.	Q2	Cum.	Q3	Cum.	Q4	Cum.	p
Moyenne en jours	283		256		224		172		
Avant 2 semaines 1998	7,1 %	7,1 %	2,0 %	2,0 %	4,9 %	4,9 %	14,3 %	14,3 %	**
2 semaines 1998	4,0 %	11,1 %	2,1 %	4,1 %	3,4 %	8,3 %	3,9 %	18,1 %	**
1 semaine 1999	0,8 %	11,9 %	0,8 %	4,8 %	0,4 %	8,6 %	0,9 %	19,0 %	ns
2 semaines 1999	2,4 %	14,3 %	0,6 %	5,4 %	1,1 %	9,7 %	1,6 %	20,6 %	**
1 semaine 2000	0,0 %	14,3 %	0,0 %	5,4 %	0,0 %	9,7 %	0,4 %	21,0 %	ns
2 semaines 2000	1,6 %	15,9 %	0,0 %	5,4 %	0,5 %	10,2 %	0,2 %	21,1 %	**
1 semaine 2001	0,0 %	15,9 %	0,2 %	5,6 %	0,2 %	10,4 %	0,7 %	21,8 %	*

** : p < 0,01 ; * : p < 0,05 ; ns : non significatif.

Tableau 56.
L'adoption de la carte de fidélité en fonction du nombre de magasins visités

Nombre de magasins visités	**1**	**Cum.**	**2**	**Cum.**	**+ 3**	**Cum.**	**p**
Moyenne en jours	224		201		221		
Avant 2 semaines 1998	5,1 %	5,1 %	5,1 %	5,1 %	6,9 %	6,9 %	ns
2 semaines 1998	2,1 %	7,2 %	3,9 %	8,9 %	2,6 %	9,5 %	*
1 semaine 1999	0,3 %	7,5 %	0,7 %	9,6 %	1,1 %	10,6 %	*
2 semaines 1999	1,3 %	8,8 %	0,7 %	10,3 %	1,2 %	11,8 %	*
1 semaine 2000	0,1 %	8,9 %	0,1 %	10,4 %	0,0 %	11,8 %	ns
2 semaines 2000	0,0 %	8,9 %	0,2 %	10,6 %	0,6 %	12,4 %	ns
1 semaine 2001	0,4 %	9,4 %	0,2 %	10,8 %	0,2 %	12,5 %	ns

** : p < 0,01 ; * : p < 0,05 ; ns : non significatif.

La distance au magasin est fortement corrélée à la vitesse d'adoption. Ainsi, les foyers se situant à proximité directe du point de vente M1 (inférieur à 2 km), prennent la carte plus rapidement (p < 0,05).

Tableau 57.
L'adoption de la carte de fidélité en fonction de la distance E1

Distance E1	**Distance < 2km**	**Cum.**	**2 km < Distance < 5km**	**Cum.**	**Distance > 2 km**	**Cum.**	**P**
Moyenne en jours	117		231		395		
Avant 2 semaines 1998	8,9 %	8,9 %	4,6 %	4,6 %	3,5 %	3,5 %	**
2 semaines 1998	4,5 %	13,4 %	2,9 %	7,4 %	0,9 %	4,4 %	**
1semaine 1999	0,8 %	14,2 %	0,8 %	8,3 %	0,0 %	4,4 %	*
2 semaines 1999	1,5 %	15,8 %	1,0 %	9,3 %	0,5 %	4,9 %	*
1 semaine 2000	0,0 %	15,8 %	0,2 %	9,4 %	0,0 %	4,9 %	ns
2 semaines 2000	0,1 %	15,9 %	0,4 %	9,9 %	0,0 %	4,9 %	ns
1 semaine 2001	0,6 %	16,5 %	0,3 %	10,1 %	0,0 %	4,9 %	*

** : p < 0,01 ; * : p < 0,05 ; ns : non significatif.

On se rend compte que les grands acheteurs de la catégorie y ayant des paniers moyens et totaux élevés sont ceux qui adoptent la carte de fidélité le plus rapidement. Cependant, la différence n'est pas significative.

Tableau 58.
L'adoption de la carte de fidélité en fonction des « paniers moyens catégorie »

Panier moyen catégorie	Q1	Cum.	Q2	Cum.	Q3	Cum.	Q4	Cum.	p
Moyenne en jours	258		241		182		196		
Avant 2 semaines 1998	3,1 %	3,1 %	5,7 %	5,7 %	6,1 %	6,1 %	7,4 %	7,4 %	**
2 semaines 1998	2,4 %	5,5 %	2,4 %	8,1 %	3,6 %	9,7 %	3,1 %	10,5 %	ns
1 semaine 1999	0,3 %	5,8 %	1,0 %	9,0 %	0,5 %	10,2 %	0,8 %	11,3 %	ns
2 semaines 1999	1,0 %	6,8 %	1,5 %	10,5 %	1,0 %	11,1 %	0,8 %	12,1 %	ns
1 semaine 2000	0,2 %	7,0 %	0,0 %	10,5 %	0,2 %	11,3 %	0,0 %	12,1 %	ns
2 semaines 2000	0,2 %	7,1 %	0,2 %	10,7 %	0,0 %	11,3 %	0,6 %	12,8 %	ns
1 semaine 2001	0,2 %	7,3 %	0,5 %	11,1 %	0,3 %	11,6 %	0,2 %	12,9 %	ns

** : $p < 0{,}01$; * : $p < 0{,}05$; ns : non significatif.

Tableau 59.
L'adoption de la carte de fidélité en fonction des « paniers totaux catégorie »

Panier total catégorie	Q1	Cum.	Q2	Cum.	Q3	Cum.	Q4	Cum.	p
Moyenne en jours	260		251		191		189		
Avant 2 semaines 1998	2,7 %	2,7 %	4,5 %	4,5 %	6,9 %	6,9 %	8,1 %	8,1 %	**
2 semaines 1998	2,4 %	5,2 %	2,4 %	6,9 %	2,9 %	9,9 %	3,7 %	11,8 %	*
1 semaine 1999	0,5 %	5,7 %	0,8 %	7,8 %	0,5 %	10,3 %	0,8 %	12,6 %	ns
2 semaines 1999	0,8 %	6,5 %	1,0 %	8,7 %	1,1 %	11,5 %	1,3 %	13,9 %	ns
1 semaine 2000	0,2 %	6,6 %	0,0 %	8,7 %	0,2 %	11,6 %	0,0 %	13,9 %	ns
2 semaines 2000	0,2 %	6,8 %	0,0 %	8,7 %	0,3 %	12,0 %	0,5 %	14,4 %	ns
1 semaine 2001	0,2 %	6,9 %	0,6 %	9,4 %	0,2 %	12,1 %	0,2 %	14,5 %	ns

** : $p < 0{,}01$; * : $p < 0{,}05$; ns : non significatif.

Plusieurs conclusions s'imposent à ce stade de notre travail : la carte de fidélité possède visiblement des vertus d'autosélection des meilleurs clients de l'enseigne. Cependant, elle n'attire pas forcement les plus grands acheteurs de la catégorie pour lesquels tous les distributeurs se disputent les taux de nourriture.

Le modèle de Cox (1972), dont les résultats sont présentés dans le tableau suivant, tentera de confirmer ces conclusions. Les covariables introduites dans le modèle de Cox sont dans un premier temps les comportements d'achat antérieurs (variables métriques), puis les catégories socioéconomiques, l'âge et la taille du foyer.

La fonction de survie est normalement la probabilité de ne pas avoir subi l'événement de défection. À l'opposé, pour modéliser la problématique de l'adoption de la carte de fidélité, la fonction de survie S(t) est considérée de manière inverse comme la « résistance » ou la probabilité de ne pas avoir adhéré au programme de fidélisation à un moment donné. Plus elle est proche de zéro, plus la probabilité d'adoption est importante. Des coefficients positifs des covariables B diminuent la probabilité de survie et augmentent par conséquent la probabilité d'adoption.

Tout d'abord, au niveau global, les variables apportent un gain dans le « – 2 Log de Vraisemblance » de 246 ($p < 0,0001$). Le risque relatif pour les variables est indiqué par la valeur exponentielle du paramètre B. Ainsi, plus un acheteur est actif dans l'enseigne E1 en terme de sa fréquence de visite, de son taux de nourriture et de son panier moyen, plus il va adopter rapidement la carte de fidélité (significatif à $p < 0,01$). Il est à noter que le taux de nourriture dans l'enseigne E1 exerce le plus fort impact sur la vitesse d'adoption. Un autre constat concerne le taux de changement : plus il est important, plus vite un individu va adhérer à un programme de fidélisation. En revanche, la variable du panier total dans la catégorie n'est pas significative ($p > 0,1$) et confirme que ce ne sont pas forcément les plus gros acheteurs de la catégorie qui adoptent la carte de fidélité le plus rapidement. Le nombre de magasins visités n'est pas significatif non plus ($p > 0,1$).

Tableau 60.
Les résultats du modèle de Cox en fonction du comportement d'achat

	B	SE	Wald	df	p	Exp(B)
Fréquence d'achat enseigne E1	0,006	0,002	11,525	1	0,001	1,006
Taux de nourriture	1,209	0,226	28,550	1	0,000	3,351
Panier moyen enseigne E1	0,001	0,000	9,021	1	0,003	1,001
Taux de changement	0,013	0,002	30,205	1	0,000	1,013
–2 Log-Likelihood initial	3932,9	p	χ^2			
–2 Log-Likelihood final	3686,6	0,000	246,35			

	Variables exclues du modèle	Score	df	R
Pas 2	Nombre de magasins visités	0,0923	1	0,7612
Pas 3	Panier total catégorie	0,1763	1	0,6745

4.2. Quel type de clients la carte de fidélité sélectionne-t-elle ?

Si nous avons montré qu'un comportement d'achat intense dans l'enseigne E1 favorise l'adoption de la carte de fidélité dans un processus d'autosélection, il est probable que certains consommateurs ont une propension d'innovation ou d'intention d'adhérer au système plus tôt que les autres membres de leur environnement social, en fonction de l'utilité apportée par la carte et des cycles de vie dans lesquels ils se situent. En effet, la carte de fidélité devrait procurer le plus d'utilité aux consommateurs ayant un certain pouvoir d'achat en vue de l'acquisition d'une ou de plusieurs gratifications ou d'une gestion de paiement différée. Pour comparer les vitesses d'adoption en fonction des variables situationnelles et sociodémographiques, un modèle de Cox a été à nouveau appliqué. Les résultats sont présentés dans les tableaux suivants.

Quant à la catégorie socioprofessionnelle, les classes « modestes » possèdent une probabilité d'adoption moins importante que celles qui sont moyennes et mieux situées financièrement. Ainsi, le risque d'adopter la carte de fidélité est de seulement 49 % pour les « modestes » et de 71 % pour les « moyennes inférieures » (p < 0,05). Les catégories « aisées » ont les probabilités d'adoption les plus élevées. Les différences ne sont cependant pas significatives (p > 0,1).

Les tranches d'âge de moins de 30 ans ont un risque d'adoption moins important (36 %) que celles de 50 ans et plus (85 %). Les différences sont significatives à p < 0,05.

Tableau 61.
Les résultats du modèle de Cox : la CSP et l'âge

	B	SE	Wald	Df	p	Exp(B)
CSP			9,737	4	0,02	
Modeste	– 0,704	0,293	5,775	1	0,02	0,49
Moyenne inférieure	– 0,340	0,170	4,006	1	0,05	0,71
Moyenne supérieure	– 0,038	0,152	0,063	1	0,80	0,96
Aisée	– 0,035	0,155	0,021	1	0,55	0,97
–2 Log-Likelihood initial	4 135,6	p	χ^2			
–2 Log-Likelihood final	4 124,9	0,02	10,67			
Âge			8,859	4	0,06	
< 30 ans	– 1,025	0,459	4,994	1	0,03	0,36
30-39 ans	– 0,324	0,184	3,110	1	0,05	0,72
40-49 ans	– 0,166	0,159	1,094	1	0,30	0,74
+ 50 ans	– 0,334	0,170	3,852	1	0,05	0,85
–2 Log-Likelihood initial	4 135,6	p	χ^2			
–2 Log-Likelihood final	4 125,6	0,06	9,94			

Dans les graphiques suivants sont présentées les fonctions de risque (1-non-adoption), c'est-à-dire les probabilités d'adoption, ainsi que les résultats des tests de comparaison pour l'égalité des distributions de survie. La comparaison de ces courbes pour la CSP et l'âge par trois différents tests (Log Rank, Breslow, Tarone-Ware) s'avère significative à p < 0,05 et permet de valider l'existence des différences entre les différentes groupes, décrites plus haut (les classes « modestes » ayant une probabilité d'adoption moins importante que celles qui sont moyennes et mieux situées financièrement; les tranches d'âge inférieures ont un risque d'adoption moins important que celles qui sont supérieures).

Tableau 62.
Les tests pour l'égalité des distributions de survie : la CSP et l'âge

	CSP			**Âge**		
	Statistique	**dl**	**p**	**Statistique**	**dl**	**p**
Log Rank	10,25	3	0,01	9,44	4	0,04
Breslow	10,46	3	0,01	9,75	4	0,04
Tarone-Ware	10,36	3	0,01	9,6	4	0,04

Figure 25.
La fonction de risque ou probabilité d'adoption : la CSP

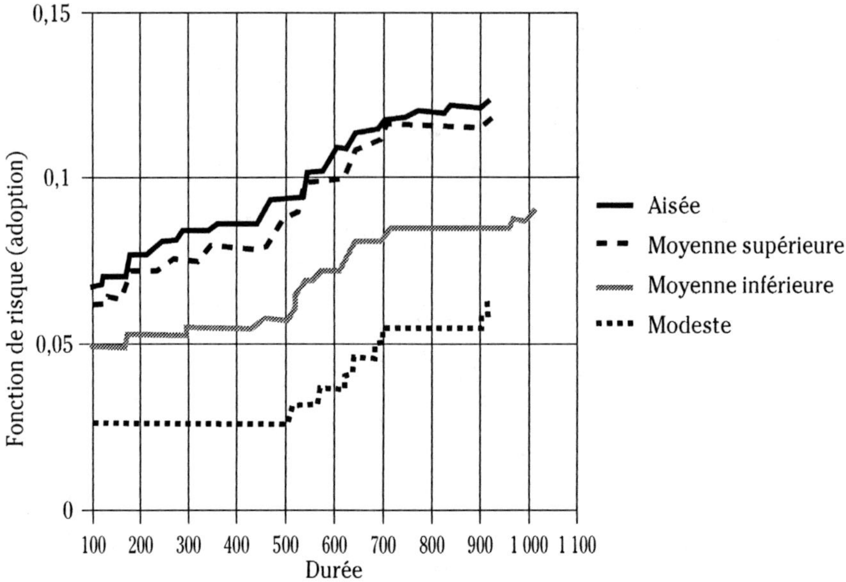

Figure 26.
La fonction de risque ou probabilité d'adoption : l'âge

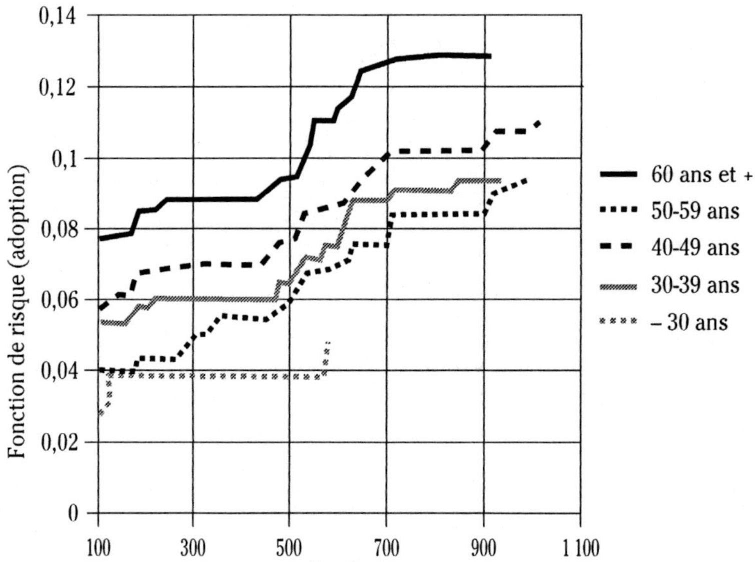

La profession qui est corrélée au niveau d'éducation montre que les foyers dont les chefs de famille sont cadres, techniciens ou ouvriers ont une probabilité d'adoption plus forte que les agriculteurs ou employés. Les différences ne sont cependant que significatives pour les agriculteurs et les employées ($p < 0,1$). Il est alors difficile de déduire que le niveau d'éducation est lié à l'adoption de la carte.

Tableau 63.
Les courbes de la fonction de risque : la profession

	B	SE	Wald	df	p	Exp(B)
Profession			9,790	5,000	0,08	
Agriculteur	- 0,991	0,586	2,861	1,000	0,09	0,37
Cadre	- 0,238	0,187	1,608	1,000	0,20	0,79
Technicien	- 0,283	0,184	2,358	1,000	0,12	0,75
Employé	- 0,464	0,186	6,232	1,000	0,01	0,63
Ouvrier	- 0,044	0,186	0,056	1,000	0,81	0,96
−2 Log-Likelihood initial	4 135,6	p	χ^2			
−2 Log-Likelihood final	4 125,0	0,07	10,59			

La variable taille du foyer est non significative (p > 0,1), à la fois dans le modèle de Cox et dans le test de comparaison des courbes de survie (tests de Log Rank, Breslow, Tarone-Ware non significatifs, p > 0,1).

En revanche, plus un foyer détient un grand nombre de cartes de fidélité, plus la probabilité d'adoption est importante (p < 0,0001). Il semble y avoir cependant un seuil qui s'élève à deux cartes, car les modalités « 3 cartes » et « plus de cartes » ne sont pas significatives (p > 0,1). Ainsi, un porteur de trois cartes a un risque d'adoption de la carte de l'enseigne E1 de 31 %, par rapport à quelqu'un qui n'en n'a qu'une (4 %). La comparaison des différentes courbes de survie (tests de Log Rank, Breslow, Tarone-Ware) s'avère hautement significative à p < 0,0001.

Tableau 64.
Les résultats du modèle de Cox : la taille du foyer et le nombre de cartes détenues

	B	SE	Wald	df	p	Exp(B)
Taille du foyer			2,615	4,000	0,62	
1 personne	- 0,132	0,229	0,329	1,000	0,57	0,88
2-3 personnes	0,028	0,213	0,017	1,000	0,90	1,03
4 personnes	- 0,053	0,243	0,048	1,000	0,83	0,95
> 5 personnes	0,174	0,234	0,553	1,000	0,46	1,19
−2 Log-Likelihood initial	4 135,6	p	χ^2			
−2 Log-Likelihood final	4 133,0	0,62	2,59			
Nombre de cartes			219,041	5,000	0,00	
0 carte	- 7,491	1,416	27,995	1,000	0,00	0,00
1 carte	- 3,207	1,008	10,123	1,000	0,00	0,04
2 cartes	- 2,241	1,007	4,954	1,000	0,03	0,11
3 cartes	- 1,167	1,010	1,334	1,000	0,25	0,31
> 3 cartes	- 0,688	1,027	0,449	1,000	0,50	0,50
−2 Log-Likelihood initial	4 135,6	p	χ^2			
−2 Log-Likelihood final	3 752,8	0,00	382,73			

Tableau 65.
Les tests pour l'égalité des distributions de survie :
la taille du foyer et le nombre de cartes de fidélité

	Taille du foyer			Nombre de cartes		
	Statistique	**DL**	**p**	**Statistique**	**DL**	**p**
Log Rank	2,71	4	0,61	550,4	5	0,00
Breslow	2,91	4	0,57	546,2	5	0,00
Tarone-Ware	2,81	4	0,59	548,49	5	0,00

Figure 27.
La fonction de risque ou probabilité d'adoption : la taille du foyer

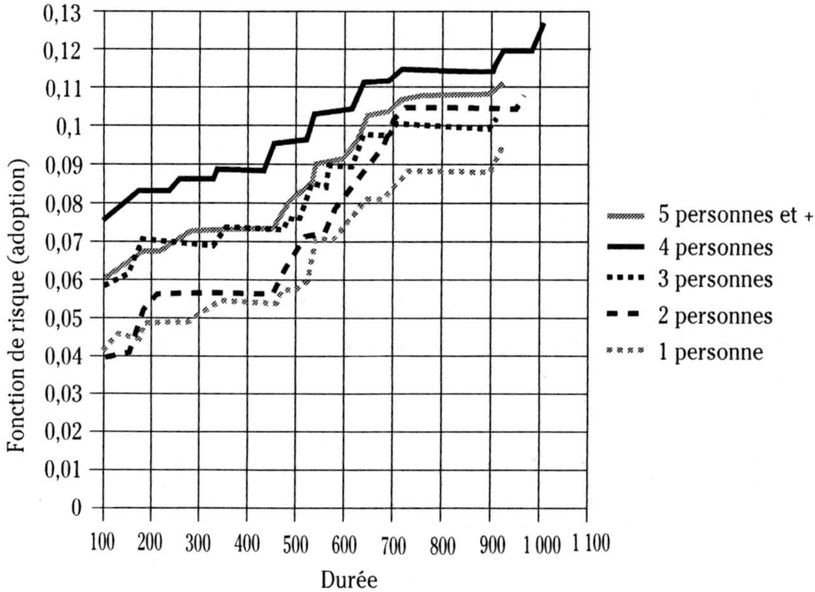

Figure 28.
La fonction de risque ou probabilité d'adoption : le nombre de cartes

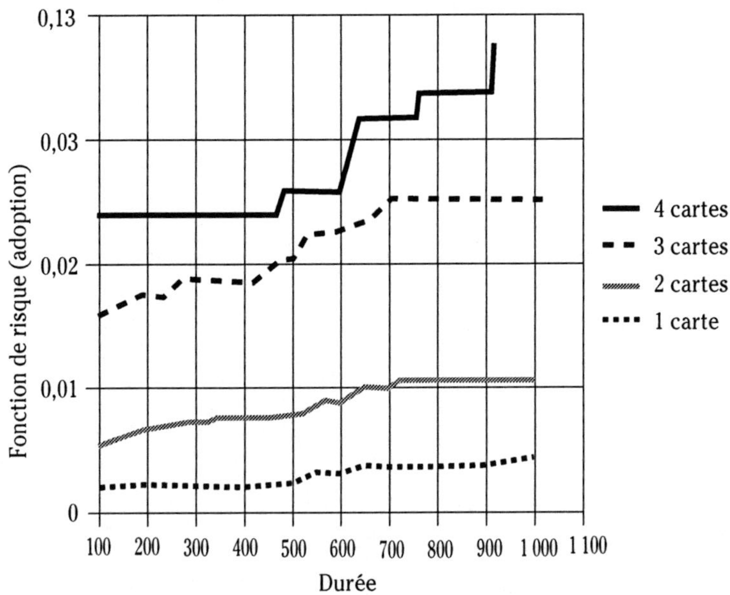

Ces résultats laissent supposer que les foyers adoptant plus rapidement la carte de fidélité proviennent de couches sociales plutôt moyennes à aisées. Ils appartiennent à des tranches d'âge supérieures (entre 40 ans et plus). Enfin, plus le nombre de cartes de fidélité détenu est important, plus le temps d'adoption de la carte de fidélité de l'enseigne E1 est court.

4.3. Les adopteurs précoces sont-ils de meilleurs clients que les adopteurs tardifs ?

Nous avons constaté que la carte de fidélité possède plus un pourvoir de sélection que de contrôle comportemental. Une autre question peut cependant être relevée à ce moment. Le programme de fidélisation de l'enseigne E1 a été lancé au début des années 1990. Nos informations du panel proviennent cependant d'une période de quatre ans après le lancement (1998-2001), ce qui signifie que les porteurs de carte que nous venons d'analyser ont adopté la carte à un stade très tardif de sa diffusion.

Comme pour de nouveaux produits, on peut cependant imaginer que les « premiers adopteurs » se distinguent significativement de ceux qui ont adhéré au programme de fidélisation vers la fin du processus de diffusion (Rogers, 1983 ; Taylor, 1977), car le marché montre une forte hétérogénéité au sein des groupes de consommateurs [9]. Ainsi, il est possible que ces consommateurs « deuxième majorité » ou « réfractaires » manifestent un comportement d'achat plus faible, en terme de comportement de fidélité, que les « premiers adopteurs ». Pour apporter

9. Les consommateurs se différencient de manière importante dans leur volonté d'adopter de nouveaux produits.

une réponse à cette question qui confirmerait entièrement nos hypothèses sur les capacités de sélection de la carte de fidélité, nous allons comparer les indicateurs comportementaux des deux groupes d'adopteurs sur la totalité de la période d'observation entre 1998 et 2001 à l'aide de l'échantillon 6.

Le tableau suivant montre les résultats de cette comparaison des indicateurs de fidélité par date de création de la carte. En effet, il devient clairement visible que les clients ayant souscrit à la carte entre 1994-1997 possèdent un comportement de fidélité plus important (panier moyen et total, taux de nourriture, pourcentage de changement de magasins, durée interachat) que ceux l'ayant adoptée entre 1998 et 2001. Les différences sont toutes significatives à au moins 5 %, à l'exception de la variable nombre de points de vente visités. Ainsi, plus on avance sur la courbe de diffusion dans le temps, moins les clients attirés sont bons, et plus ils seront opportunistes en terme de nombre de changements de magasins.

Tableau 66.
Le comportement d'achat en fonction de la date de souscription à la carte

	Souscription 1994-1997	**Souscription 1998-2001**	**T**	**p**
Nombre de panélistes	N =140	N =126		
Panier moyen E1 (M1 + M2)	492 F	430 F	9,1	**
Panier total E1 (1998-2001)	35 000 F	25 000 F	2,6	*
Taux de nourriture M1 + M2	71 %	60 %	7,7	**
Fréquence d'achat (1998-2001)	104	55	6,8	**
Durée interachat E1 (en jours)	13,6	21,2	14,2	**
% Changement de magasin M1 + M2	56 %	76 %	5,1	**
Nombre de magasins visités	2,3	2,3	1,1	ns
Panier moyen catégorie	354	311	9,6	**

** : p < 0,01 ; * : p < 0,05 ; ns : non significatif.

La reconduite de l'analyse pour le panier moyen, la durée interachat et le taux de changement sur le fichier individuel par année d'obtention (à partir de 1998) confirment ces résultats. Il ressort à nouveau clairement que les foyers adoptant la carte de fidélité avant 1998, manifestent un comportement d'achat plus important avant et après la souscription à la carte de fidélité. Plus le processus d'adoption avance dans le temps, moins les adopteurs sont de bons clients. Les différences pour la variable « année d'obtention » sont hautement significatives (p < 0,001). À nouveau, on s'aperçoit que la carte de fidélité exerce peu d'effets sur le comportement d'achat au moment de la souscription car les différences pour la variable « ordre d'achat avant et après la souscription » ne sont pas significatives (p > 0,1). Pour les souscripteurs de 2000, les indicateurs s'améliorent vers la fin de la période d'observation, ce qui peut être expliqué par une activité marketing accrue autour de la rénovation de la carte de fidélité.

Tableau 67.
Le niveau de significativité pour le panier moyen, la durée interachat et le taux de changement

	Panier moyen		Durée interachat		Taux de changement	
	F	p	F	p	F	p
Constante	53,8	**	30,98	*	925,9	**
Ordre d'achat	0,254	ns	1,381	ns	1,64	ns
Année d'obtention	23,6	**	7,48	**	198	**
Ordre d'achat × Année d'obtention	0,830	ns	0,862	ns	1,14	ns

* p < 0,05 ; ** < 0,01 ; ns : non significatif.

Figure 29.
Le panier moyen en fonction de la date de souscription

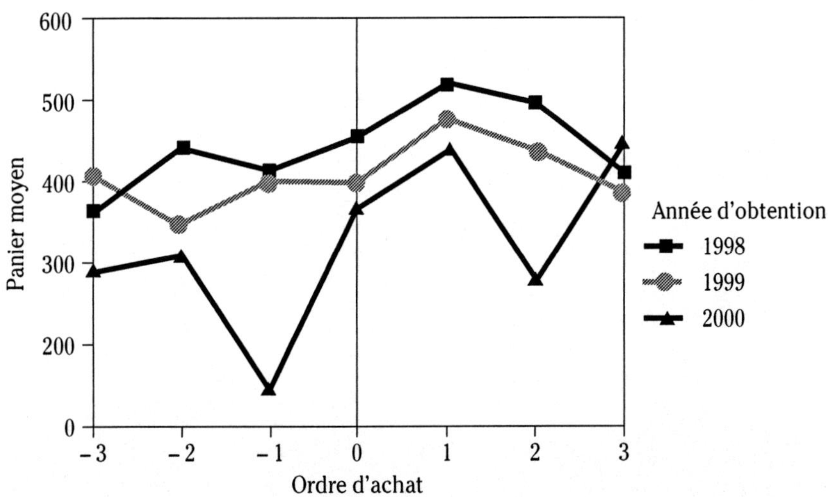

Figure 30.
La durée interachat en fonction de la date de souscription

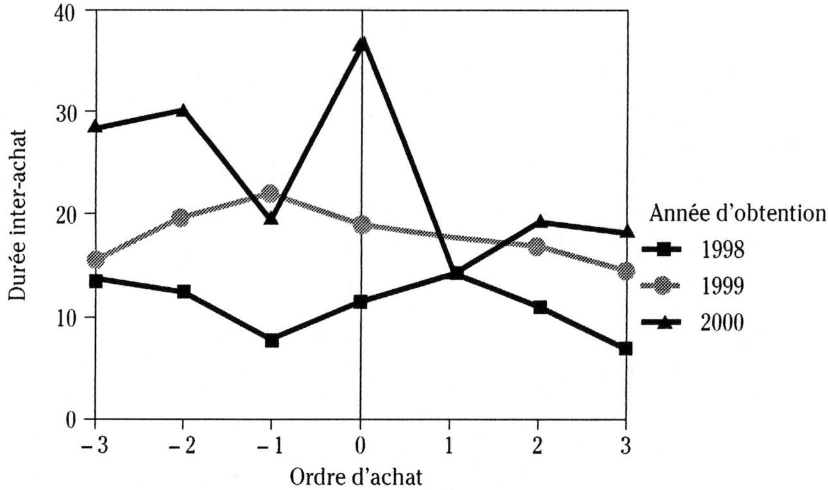

Figure 31.
Le taux de changement en fonction de la date de souscription

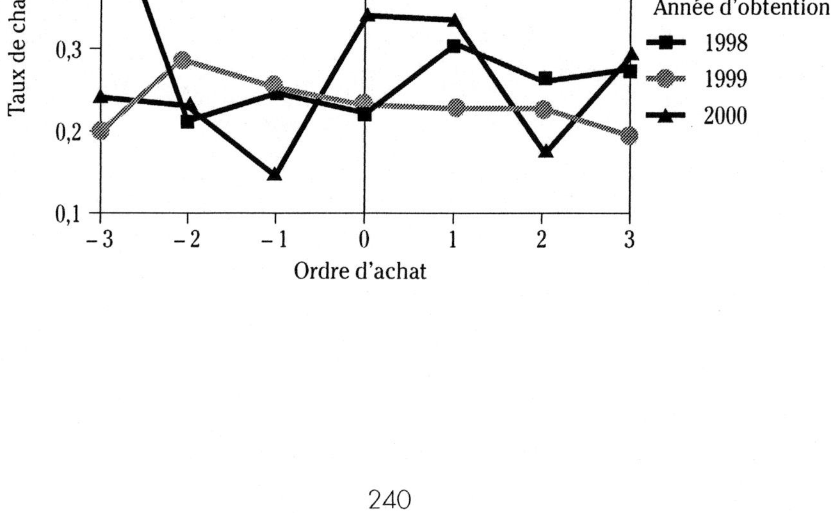

4.4. La carte de fidélité sélectionne les meilleurs clients du magasin. La synthèse des résultats sur les effets de sélection

Ce troisième groupe d'hypothèses s'attache aux effets de sélection d'un programme de fidélisation. En particulier, nous avons examiné s'il existe des catégories d'acheteurs qui adoptent plus rapidement la carte de fidélité que d'autres.

Un certain nombre de conclusions importantes se cristallisent : les hypothèses H 3.1. à H 3.5., stipulant que les acheteurs très actifs dans le magasin (et non de la catégorie) ayant le programme de fidélisation (en ce qui concerne la fréquence d'achat et le montant total des achats) sont les premiers à l'adopter, ont ainsi été validées. Le niveau du taux de nourriture et des paniers dans l'enseigne avec programme de fidélisation semble être particulièrement pertinent. Cependant, les variables fréquence d'achat et durée inter-achat sont également significatives. Nous avons en revanche rejeté les hypothèses H 3.6. et H 3.7., selon lesquelles ce sont les acheteurs les plus fidèles quant au taux de changement [10] et au nombre de magasins visités qui adoptent le plus rapidement la carte de fidélité. L'hypothèse H 3.9. a également été rejetée, ce qui signifie que le programme de fidélisation n'attire pas en premier lieu les gros acheteurs de la catégorie, mais uniquement ceux du magasin. Quant aux variables situationnelles et socioéconomiques, nous maintenons l'hypothèse H.3.8 suivante : « Plus un foyer habite près du point de vente, plus vite la carte de fidélité sera adoptée. » Nous validons aussi H 3.10. : « Les foyers ayant des revenus intermédiaires adoptent la carte de fidélité plus rapidement que ceux avec des revenus modestes ou élevés. » Enfin, aucune différence significative n'a été trouvée quant au niveau d'éducation des foyers. Par conséquent, l'hypothèse H 3.11., selon laquelle « les foyers ayant une éducation modeste adoptent la carte de fidélité plus rapidement que ceux avec une éducation élevée », est rejetée. Le tableau suivant montre le récapitulatif des confirmations et des rejets de nos hypothèses sur les effets de sélection du programme de fidélisation.

Ces résultats du dernier groupe d'hypothèses démontrent clairement que le programme de fidélisation exerce plus un effet d'autosélection sur les gros clients du point de vente que de modification du comportement d'achat. Contrairement alors à ce qui est revendiqué par les praticiens, dans la configuration actuelle, il se révèle être un bon outil de segmentation et de sélection, mais peu adapté pour contrôler le comportement ou pour fidéliser. Dans le chapitre suivant, nous discutons et tentons d'expliquer les raisons pour ces conclusions quelque peu surprenantes.

10. Même si la variable « nombre de changement de magasins » est significative dans le modèle de Cox, son impact est faible. En outre, elle n'est pas significative dans le test de khi-2.

Tableau 68.
La synthèse des hypothèses sur les effets de sélection

H 3.1	Plus la valeur du panier moyen du magasin avec le programme de fidélisation est élevée, plus la carte de fidélité sera adoptée rapidement.	Validée
H 3.2	Plus la valeur du panier total du magasin avec le programme de fidélisation est élevée, plus la carte de fidélité sera adoptée rapidement.	Validée
H 3.3	Plus le taux de nourriture dans le magasin avec le programme de fidélisation est élevé pour un acheteur, plus la carte de fidélité sera adoptée rapidement.	Validée
H 3.4	Plus la fréquence d'achat dans le magasin avec le programme de fidélisation est élevée, plus la carte de fidélité sera adoptée rapidement.	Validée
H 3.5	Plus la durée interachat dans le magasin avec le programme de fidélisation est courte, plus la carte de fidélité sera adoptée rapidement	Validée
H 3.6	Plus le nombre de changements de magasins effectués par un acheteur est bas, plus la carte de fidélité sera adoptée rapidement.	Rejetée
H 3.7	Plus le nombre de magasins visités par un acheteur est bas, plus la carte de fidélité sera adoptée rapidement.	Rejetée
H 3.8	Plus un acheteur est proche d'un magasin, plus la carte de fidélité sera adoptée rapidement.	Validée
H 3.9	Plus l'intensité d'achat dans la catégorie est importante, plus la carte de fidélité sera adoptée rapidement.	Rejetée
H 3.10	Les foyers ayant des revenus intermédiaires adoptent la carte de fidélité plus rapidement que ceux avec des revenus modestes ou élevés.	Validée
H 3.11	Les foyers ayant une éducation modeste adoptent la carte de fidélité plus rapidement que ceux avec une éducation élevée	Rejetée

Chapitre 6

La discussion des résultats

Les résultats obtenus et présentés dans le chapitre précédent méritent d'être discutés en eux-mêmes et confrontés à la littérature existante en vue d'une interrogation sur leur cohérence. L'objectif de ce chapitre est alors d'expliquer pourquoi le programme de fidélisation exerce plus un effet sélectif que de modification comportementale.

L'interprétation des trois groupes de résultats devra permettre de comprendre les sources d'efficacité des programmes de fidélisation.

1. La question de la transférabilité des résultats

Avant de discuter les résultats, nous pensons qu'il est important de revoir la question sur leur validité externe. Peut-on considérer que le marché test étudié possède des caractéristiques générales permettant de transférer nos conclusions à d'autres régions de la France ou d'autres pays, à d'autres magasins ou bien à d'autres secteurs d'activité ? Plusieurs remarques et constats nous permettent de répondre positivement à cette question.

Tout d'abord, le travail présent est réalisé à partir d'une étude de cas incluant sept distributeurs généralistes du bassin de chalandise d'Angers. On peut alors penser que l'impact des programmes de fidélisation sur le comportement d'achat est variable d'une région à l'autre, car le nombre de points de vente en concurrence, les taux de pénétration, les fréquences de visites et les politiques marketing des magasins sont probablement différents selon les divers bassins de chalandise en France, ou même dans d'autres pays.

À cela s'ajoute une autre critique sur la représentativité (population française ou européenne) même du panel BehaviorScan quant à la composition de la structure sociodémographique et de l'âge des foyers panélistes. Il est ainsi permis d'imaginer que la validité externe ou la transférabilité de nos conclusions se trouve limitée aux villes ou régions comparables au paysage de la distribution étudié dans cette investigation.

Plusieurs constatations s'imposent ainsi : les villes d'Angers et du Mans ont été choisies par MarketingScan, car chacune est caractérisée par une taille relativement importante [1] et une structure proche des moyennes nationales, sans atypisme, ni perturbation. Par ailleurs, de multiples quotas ont été appliqués afin de garantir la représentativité du panel de la population française, en termes de

1. Angers et Le Mans sont respectivement les 16e et 20e villes de France par leur population.

taille du foyer, âge du chef de famille, activité de la ménagère, profession... La présence et la diversité de toutes les enseignes de la grande distribution française contribuent à la représentativité du marché test. De plus, chaque magasin pèse dans les achats du panel un poids représentatif de l'enseigne au niveau national, afin d'être au plus près de la réalité (assortiments, prix, etc.). Il faut également rappeler que les hypermarchés se trouvent assez près les uns des autres, ce qui confirme l'idée que la zone d'étude ressemble à celle des bassins urbains, qui est assez dense.

Afin de désamorcer cette éventuelle source d'erreur, nous avons comparé les structures socioprofessionnelles et économiques de notre échantillon avec celles de l'INSEE provenant du dernier recensement de la population française en 1999. L'écart de structure entre notre échantillon et les résultats du recensement n'atteint en moyenne que 0,86 %.

Tableau 1.
La comparaison de l'échantillon avec le recensement de l'INSEE (1999)

Âge	**< 20 ans**	**20-39 ans**	**40-59 ans**	**60 ans et +**	
Échantillon	0 %	29 %	37 %	34 %	
INSEE (1999)	0,4 %	30 %	36 %	34 %	
Taille foyer	**1 personne**	**2 personnes**	**3 personnes**	**4 personnes**	**5 personnes et +**
Échantillon	30 %	32 %	16 %	15 %	7 %
INSEE (1999)	31 %	31 %	16 %	14 %	8 %
Revenu	**Modeste**	**Moyen inf.**	**Moyen sup.**	**Aisé**	
Échantillon	28 %	22 %	39 %	11 %	
INSEE (1999)	30 %	20 %	40 %	10 %	
Profession	**Agriculteur**	**Cadre**	**Technicien**	**Employée**	**Ouvrier**
Échantillon	3 %	23 %	26 %	28 %	20 %
INSEE (1999)	4 %	23 %	25 %	29 %	19 %
Activité	**Actif**	**Inactif**			
Échantillon	69 %	31 %			
INSEE (1999)	67 %	33 %			

Par ailleurs, une étude de Volle et Desmet (1994) qui porte sur la comparaison de deux zones de chalandise, confirme ces résultats et montre que de nombreuses structures comportementales sont identiques d'un bassin à l'autre, malgré des différences de disposition (enseignes présentes, géographie, etc.).

En plus, pour contribuer à un plus grand réalisme, la société MarketingScan compare régulièrement les données de test avec les données nationales. Quant à ce point, la firme possède une longue expérience dans le domaine. Ainsi, depuis 1979, plus de 1 000 tests ont été réalisés en France, en Allemagne et aux États-Unis. Ces études montrent que l'écart entre les prévisions de BehaviorScan et les ventes réelles sur la totalité du territoire n'atteint que plus ou moins 8 %.

Il est ainsi permis de conclure que les marchés test, comme BehaviorScan, représentent des outils puissants, réguliers, précis et fiables, qui réunissent à la fois l'information individuelle et agrégée. L'exhaustivité de la situation concurrentielle est indispensable quant à la validation des stratégies marketing des entreprises et des problématiques de recherche académique, et peuvent s'adapter à une grande partie de bassins de chalandise comparables à celui d'Angers.

Enfin, pour conclure cette discussion, il convient de rappeler, que nos résultats sont entièrement cohérents avec ceux de Sharp et Sharp (1997) et de Benavent *et al.* (2000). Les auteurs ont travaillé sur des programmes de fidélisation issus du secteur de la distribution, ce qui renforce l'idée la validité externe et de la transférabilité de nos résultats à d'autres enseignes en France voire à l'étranger [2]. En effet, la majorité de nos résultats s'appuie sur l'analyse de non seulement un programme de fidélisation mais de quatre programmes. À cela s'ajoute que le grand nombre d'analyses que nous avons conduites est fait au niveau agrégé et au niveau le plus désagrégé, ce qui renforce alors la validité de notre travail.

Considérant ces arguments, la question de la validité externe des résultats peut-elle être alors traitée d'un autre point de vue? Remettre en question le modèle de recherche BehaviorScan équivaut ainsi à douter de toute la méthodologie des panels scannérisés, et surtout des marchés test fermés. Les conséquences seraient multiples : tout d'abord pour le domaine académique, cela reviendrait à douter des résultats de Lodish *et al.* (1995) dont les principaux acquis de recherche sur la publicité télévisée proviennent du panel BehaviorScan (aux États-Unis). Dans le domaine professionnel, la conséquence serait un paradoxe qui revient à juger toute une industrie et surtout la technologie des panels comme inutiles et à remettre en question les politiques d'études de marché de quelques majeurs industriels comme Coca-Cola, Danone, Ferrero, Henkel, Kellogg's, Kraft Jacobs Suchard, Lever-Fabergé, Nestlé, L'Oréal, Procter & Gamble, Unilever, qui accordent leur confiance à la technologie BehaviorScan.

2. Les effets des programmes de fidélisation

Nous structurons la discussion autour de nos principales conclusions :

– le programme de fidélisation ne modifie pas substantiellement la structure du marché. L'effet est inégal selon les enseignes ;

– les porteurs de la carte de fidélité sont les plus gros acheteurs dans le magasin avec programme de fidélisation ;

– l'influence sur le comportement d'achat est marginale et provisoire ;

– le programme de fidélisation exerce un effet de sélection sur certaines cibles, et notamment sur les gros acheteurs du magasin.

Ces conclusions sont synthétisées dans la figure suivante, où les hypothèses validées sont marquées par « V », celles qui sont partiellement validées par « PV », enfin, celles qui sont rejetées par « R » (les flèches de ces dernières sont en plus en pointillés). Elles sont examinées à travers deux questions. Premièrement, les résultats sont-ils stables? Deuxièmement, comment peut-on les expliquer?

2. Le programme de fidélisation, dont Sharp et Sharp (1997) ont analysé l'efficacité, s'appelle Fly Buys et est un programme multisponsors en Australie et en Nouvelle-Zélande.

Figure 1.
La synthèse des résultats

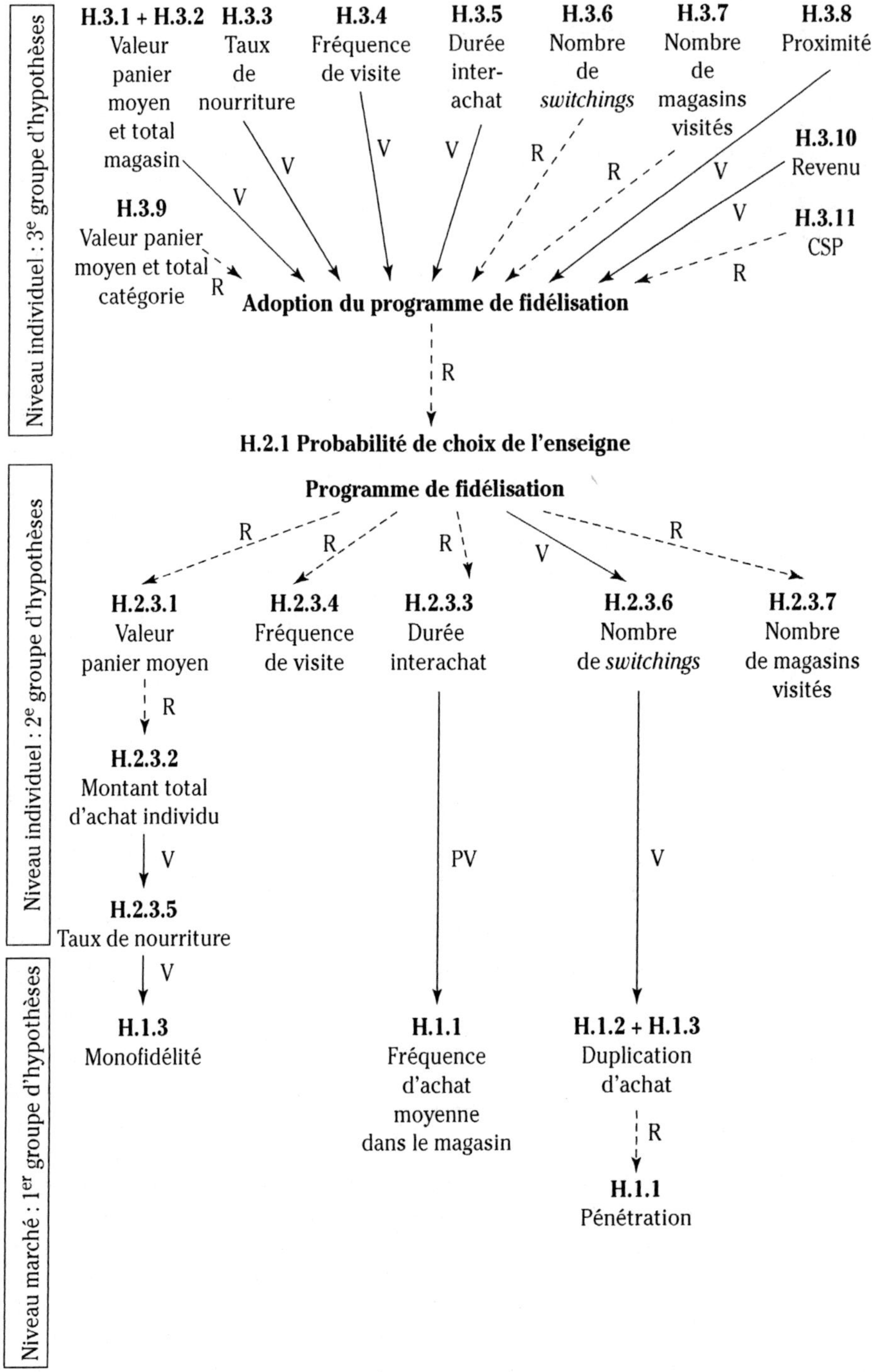

2.1. Le programme de fidélisation ne modifie pas substantiellement la structure concurentielle du marché

Les résultats d'Ehrenberg (1988) sont confirmés, la part de marché est liée à la pénétration. Ce sont ainsi les points de vente ayant la plus forte pénétration qui ont également la plus forte part de marché. Le taux de pénétration ainsi que la part de marché dépendent de la taille, de la localisation (Arnold *et al.*, 1983 ; Cliquet, 1988), mais sont également fonction du format (prix, positionnement Hi-Lo ou EDLP, achats de compléments ou de remplissage, etc.) (Drèze *et al.* 1994). Un autre fait important est la confirmation des résultats de Keng et Ehrenberg (1984), qui prétendent que plus l'horizon temporel augmente, plus la pénétration s'accroît également. Les variations temporelles sont présentes sur des périodes d'observation courtes (la semaine), et probablement liées à des pressions marketing de divers distributeurs, mais sur le long terme, le marché est caractérisé par une certaine stationnarité.

L'impact du programme de fidélisation au niveau agrégé est faiblement présent et s'exerce principalement sur la fréquence d'achat, la duplication d'achat et le taux de monofidélité, même si ce dernier est généralement faible (moins de 7 %), ce qui est cohérent avec les travaux de Sharp et Sharp (1999). Les consommateurs font leurs courses d'une manière générale dans deux points de vente, un hypermarché et un supermarché, ce qui explique pourquoi M6, un magasin de convenance, situé au centre-ville, ne souffre pas tellement de la présence des quatre programmes de fidélisation. Pour deux magasins (M2 et M4), la monofidélité est plus élevée pour les non-porteurs que pour les porteurs, ce qui laisse supposer que le choix du point de vente est guidé par d'autres éléments que le programme de fidélisation, en particulier le confort, la proximité, le choix ou la variété des produits.

Pour certains magasins, mais surtout pour le leader M4, la fréquence d'achat est affectée. Ainsi, certains magasins développent le phénomène de la « fidélité excessive » pour les échantillons de porteurs des cartes de fidélité respectives, notamment M2, M3, M4 et M7 ; de l'autre côté, il y a des points de vente où elle est inexistante (M1 et M5). Dans ce contexte, il est intéressant de constater que M4, leader dans la catégorie, possède souvent également la « fidélité excessive », même dans les échantillons des non-porteurs de sa carte contentant des adhérents d'autres programmes de fidélisation. Il convient également de mentionner que les cartes de fidélité des points de ventes caractérisés par un certain isolement géographique et concurrentiel (M2), affectent plus la fréquence que celles des magasins entourés de nombreux concurrents (M1). Le phénomène de la double pénalité est présent, et est même accentué par la présence d'un « premium de part de marché » pour M4 (Fader et Schmittlein, 1994). Le leader du marché n'a pas seulement une part de marché et une pénétration plus importante, mais en plus, la fréquence d'achat moyenne est supérieure à la norme. Plus spécifiquement, les enseignes moins populaires ont non seulement moins de clients, mais elles sont également visitées moins souvent par ces derniers, ce qui est conforme aux résultats de Jephcott (1972) et de Keng et Ehrenberg (1984). Ainsi, si la fidélité est un produit supplémentaire d'une part de marché et d'une pénétration élevée, les stratégies de fidélisation semblent être par conséquent plus efficaces pour les firmes « leaders » du marché (McGahan et Ghemawat, 1994) et les petites entreprises sont doublement défavorisées. Ces résultats vont alors dans le sens de ceux d'Ehrenberg (1988) qui prétend que les positions de niche seraient plutôt l'exception et mettent en évidence que les programmes de fidélisation des petits acteurs n'y contribuent pas de manière substantielle.

Comme attendu, la pénétration et la part de marché ne sont pas affectées, ce qui confirme la nature défensive du programme de fidélisation qui, à l'opposé d'autres actions marketing, agit moins sur le recrutement de nouveaux clients, mais plutôt sur le comportement d'achat des consommateurs existants, même si l'impact est faible. Ceci peut être expliqué par le fait que grâce aux caractéristiques cumulatives des gratifications sur le long terme, les programmes de fidélisation sont principalement intéressants pour les gros acheteurs de l'enseigne (Ehrenberg *et al.*, 1994). Ainsi, ces consommateurs ont une probabilité significative d'avoir déjà acheté dans le magasin avant d'avoir adhéré au programme. En effet, considérant notre échantillon, on s'aperçoit que la majorité (88 %) des porteurs de cartes ont déjà été clients avant la souscription à la carte de fidélité, ce qui est comparable aux résultats trouvés par Ehrenberg *et al.* (1994). C'est la raison pour laquelle les cartes de fidélité attirent principalement des clients existants et affectent ainsi plus la fréquence d'achat de ces derniers que la pénétration (le recrutement de nouveaux clients). Ce phénomène apparaît clairement pour les points de vente M4 et M2, mais pas pour M1 et M3. En effet, pour M2 et M4, on constate une augmentation de la fréquence de visite et même un recul de la pénétration. Cette dernière diminue parce que la probabilité d'atteindre une récompense n'est pas très importante pour certains clients, en particulier les petits consommateurs (ce qui est souvent le cas). Dans ce cas-là, notamment, les petits acheteurs de la catégorie se voient plus attirés par les promotions concurrentielles à court terme des concurrents, car les programmes de fidélisation leur procurent moins d'utilité. Ainsi, les magasins n'ont pas simplement « plus de fidélité » que les autres points de vente, mais au contraire, « trop de fidélité » par rapport à leur taux de pénétration. En effet, l'enseigne est fréquentée plus souvent par les mêmes consommateurs que le modèle Dirichlet le prévoit. Le test « avant/après » souscription à la carte remet cependant en question l'idée que la fidélité excessive est due à une augmentation de la fréquence moyenne d'achat, et laisse supposer qu'elle dépend d'autres facteurs comme la proximité géographique, l'isolement des concurrents, le choix et la variété des produits, etc.

Notre analyse laisse aussi supposer que l'argument de Dowling et Uncles (1997) est valable. Effectivement, il semble y avoir plus un effet d'imitation que d'innovation, et tout ce que les acteurs du marché obtiennent est une certaine stabilité, voire un retour à la situation antérieure, avant la présence des programmes de fidélisation. Ce constat conduit à s'interroger sur l'efficacité du lancement récent du programme de fidélisation du point de vente M6 qui n'en disposait pas encore au sein de notre période d'observation.

Pour généraliser ces conclusions, nous formulons les propositions suivantes :

Compte tenu de nos résultats, il est possible de confirmer les arguments de « l'école Dirichlet » (Ehrenberg, 1988), selon laquelle il est très difficile de changer les structures d'achat répété sur des marchés stationnaires. Le chemin à la fidélité passe principalement par la position de domination sur le marché, c'est-à-dire la pénétration, les parts de marché. Cependant, le programme de fidélisation n'affecte pas ces derniers indicateurs. Nous confirmons également les travaux de Jephcott (1972), Wrigley et Dunn (1984) qui montrent que dans un contexte de distribution fortement influencé par le facteur proximité géographique, les phénomènes de la double pénalité sont toujours existants. Les généralisations empiriques d'Ehrenberg sur les structures d'achat des marques peuvent ainsi être directement transférées dans le domaine du choix des points de vente.

Dans le cas de la présence simultanée de plusieurs programmes, le marché est caractérisé par une absence de changements des conditions concurrentielles, comme le supposent Dowling et Uncles (1997). Ce fait n'est pas nouveau et a été souvent observé dans les travaux sur les éléments du marketing mix (Lodish *et al.*, 1995 et 1998).

2.2. Les porteurs des cartes de fidélité sont les plus gros acheteurs dans le magasin

Les différents tests nous amènent alors aux conclusions suivantes : le comportement d'achat d'achat semble tout d'abord être influencé par la proximité géographique des points de vente, ce qui peut être expliqué par un fort niveau d'inertie. Ce constat est cohérent avec les études de Arnold *et al.* (1983), Cliquet (1988) puis Anderson (1994) pour qui la localisation joue un rôle plus important dans la fidélité que la satisfaction, car l'inertie semble fortement influencer le choix.

Logiquement, les ménages habitant près (zone primaire) possèdent des indicateurs comportementaux supérieurs à ceux qui demeurent loin (zones secondaire et tertiaire). Au sein de chaque zone, toutes choses égales par ailleurs, les porteurs manifestent un comportement d'achat significativement plus fidèle (paniers moyens et totaux, fréquences d'achat, taux de nourriture supérieurs, durées interachat supérieures ainsi que taux de changement inférieurs) que celui des non-porteurs. En revanche, il est intéressant de constater que les porteurs habitant respectivement dans les zones plus éloignées possèdent le même comportement d'achat que les non-porteurs en zone primaire. Un certain nombre de propositions peuvent être déduites à partir de ces résultats.

Si les porteurs des cartes de fidélité possèdent une intensité d'achat supérieure à celle des non-porteurs, on peut alors imaginer que le programme de fidélisation constitue un élément important permettant de construire une relation entre le distributeur et ses clients, car selon Kelley et Thibaut (1978), le nombre d'interactions entre deux parties représente une dimension importante de la relation qui favorise la notion de confiance et d'engagement. Autrement dit, on pourrait supposer que si la fréquence d'achat et d'autres indicateurs comportementaux sont élevés dans un magasin, l'adéquation entre les besoins du client et l'offre est bonne (même si l'inertie peut expliquer en bonne partie le comportement de choix). Une explication alternative, mais non incompatible à la première, peut être tout simplement liée au système d'animation et de communication du programme qui favorise la multiplication des interactions entre les deux acteurs. Ces deux explications conduisent ainsi à une relation renforcée, qui par la suite entraîne également un plus grand nombre d'achats croisés et un nombre de transactions plus importantes dans le magasin avec le programme de fidélisation (Morgan et Hunt, 1994).

Un autre aspect de la fidélité comportementale se rapporte à la composante temporelle. La validation de l'hypothèse sur la durée de la relation montre que la probabilité de survie est supérieure pour les porteurs de cartes. Ce fait a d'importantes implications pour la gestion d'un portefeuille clients de la valeur actualisée des clients (LTV), car selon Reichheld et Sasser (1998), la rentabilité d'un client augmente avec un accroissement de la durée de vie. Il est évidemment simpliste d'assimiler la durée d'un flux transactionnel à une relation structurée et rentable entre deux acteurs. Cependant, la durée est un des éléments nécessaires vers la construction d'une relation commerciale à long terme. À partir de ce constat, on peut penser qu'elle reflète assez bien la substance relationnelle des échanges et renforce l'idée du rôle de catalyseur relationnel du programme de fidélisation sur le long terme.

En revanche, le rejet de l'hypothèse H.2.2.7., sur la fréquentation réduite du nombre de magasins concurrents, ne nous semble pas étonnant compte tenu de nos résultats sur la monofidélité (provenant du modèle Dirichlet) similaires à ceux d'Ehrenberg (1988). En effet, très peu de consommateurs sont fidèles à 100 %. Par contre, la majorité des individus est multifidèle à un nombre réduit de magasins auxquels elle est plus ou moins fidèle. Ce constat est en parfaite cohérence avec les travaux de Brown (1972), Dubois et Laurent (1999). Effectivement, dans le contexte de la distribution, on pourrait définir le concept comme des allers et retours d'un point de vente vers un autre ou comme l'achat simultané dans plusieurs magasins ou bien une fidélité circonstancielle. Certes, la majorité des clients, porteurs et non-porteurs, achète en moyenne dans deux points de vente pour y faire des achats de réapprovisionnement (hypermarché M4) et des courses d'appoint (supermarché M6, en relative proximité). Le choix du magasin pour les courses d'appoint semble fortement dépendre de la proximité géographique, celui pour les achats de réapprovisionnement, beaucoup moins (Drèze et Vanhuele, 2002). Dans ce contexte, on pourrait ainsi s'attendre à ce que l'efficacité du programme dépende d'un contexte de consommation.

Par ailleurs, la validation de l'hypothèse H.2.2.6 montre que les taux de changement de magasin sont clairement inférieurs pour les porteurs de la carte de fidélité (environ 20 %). On pourrait alors supposer que le programme de fidélisation représente un bon outil pour « combattre » le phénomène de recherche de variété (McAlister, 1982). L'hypothèse de Chintagunta (1998), selon laquelle le besoin de recherche de variété est plus important lorsque la période interachats est courte, ne semble pas être confirmée. En effet, pour les porteurs de cartes, la durée interachats est plus courte, mais aussi, leur comportement de changement est moins important. Selon Chintagunta, l'ampleur du phénomène semble être le plus élevé juste après l'acte d'achat lié à une saturation des attributs. La divergence de nos résultats peut certainement être expliquée de la manière suivante : tout d'abord, notre investigation traite le choix de magasins et non pas de produits ou de marques. L'attribut le plus important est alors le confort et la proximité géographique en défaveur de la recherche de variété. Dans ce contexte, on pourrait également s'attendre à ce que l'expérience du magasinage ne soit pas déterminante. Deuxièmement, le nombre d'alternatives est, contrairement au domaine des marques disponibles dans un point de vente, limité. Les possibilités de devenir infidèle sont alors également restreintes.

En résumé, les hypothèses validées montrent clairement des différences entre les porteurs et non-porteurs sur l'intensité et la durée de la relation ainsi que sur le comportement d'achat de changement. C'est dans ce contexte que le programme de fidélisation peut jouer un rôle important dans la gestion d'un portefeuille et des cycles de vie clients pour renforcer la relation et intensifier les achats. En revanche, il est difficile d'avancer à partir de ces résultats que la différence entre porteurs et non-porteurs soit liée à la carte ou que les porteurs soient tout simplement de plus grands acheteurs (même si tous les indicateurs semblent indiquer que le phénomène soit lié à la carte). Autrement dit, les deux questions cruciales de ce travail, à savoir l'effet du programme sur le comportement d'achat et/ou l'effet de sélection, ne peuvent être résolues de manière fiable que par les tests des deux derniers groupes d'hypothèses.

2.3. La carte de fidélité modifie peu le comportement d'achat

Il apparaît que le programme de fidélisation analysé a un impact très faible (non signifcatif) et uniquement transitoire sur un changement de l'intensité d'achat et de la probabilité de choix. En revanche, la multifidélité semble être réduite provisoirement au moment de la souscription et les deux trimestres qui suivent, même si à nouveau l'ampleur de la modification est de nature faible et transitoire. Il est alors probable que la carte de fidélité exerce plus un effet de concentration des dépenses sur le magasin émetteur (en réduisant les taux de changement et en augmentant les taux de nourriture des individus [3]), qu'un phénomène d'accélération ou d'intensification du rythme de la consommation ou des achats, comme on l'observe souvent pour les promotions des ventes (Neslin *et al.*, 1985 ; Wansink et Deshpande, 1994 ; Ailawadi et Neslin, 1998). En effet, les montants dépensés, la fréquence d'achat et la durée interachat restent stables et ne sont pas caractérisés par des fluctuations fortes au moment de la souscription. Si de faibles modifications peu durables sont visibles, rien ne prouve qu'elles soient liées à la carte de fidélité et non à des fluctuations saisonnières ou d'autres facteurs externes (*i.e.* promotions associées à la carte).

Les effets du programme de fidélisation sont aussi relativement éphémères et ressemblent ainsi plus à ceux provoqués par la promotion des ventes (Blattberg et Wisniewski, 1989 ; Blattberg *et al.*, 1995). Dans ce contexte, on pourrait même avancer l'hypothèse que les cartes de fidélité sont plus un instrument de promotion (personnalisée) que de fidélisation. La constatation « cruelle » selon laquelle la carte de fidélité influence peu et non durablement le comportement d'achat dans le point de vente, confirme les études de Sharp (1997/1999) ainsi que celles de Benavent *et al.* (1999/2000). Toutefois, cette conclusion contredit fortement l'idée que s'en font les professionnels de la distribution et les grands consultants (à l'instar des livres de Reichheld, 1996 ; Woolf, 1997 ; Butscher, 1998) à l'image des sommes phénoménales investies dans les programmes de fidélisation. Plusieurs raisons peuvent être avancées :

- La relative stabilité des indicateurs, surtout de la probabilité de choix, semble indiquer que les comportements d'achat sont fortement influencés par l'inertie. Ceci est d'autant plus valable que le point de vente principal se situe dans la majorité des cas près (moins de 2 km) des habitations des individus, et que le contexte de cette étude favorise la fidélité qualifiée inertielle, car l'implication est faible avec une espérance de gain faible lors d'un changement de magasin. Les décisions semblent ainsi être prises plus en fonction d'heuristiques relatives à la distance au magasin, au confort, à la satisfaction et aux habitudes, qu'en fonction de la carte de fidélité. Ainsi, dans notre étude, le consommateur semble alors plus être guidé par l'objectif d'un choix facile, pour minimiser l'effort cognitif, que par un choix optimal, car les achats habituels ne subissent

3. En effet, le nombre de magasins fréquentés baisse légèrement en trimestre t + 1.

pas nécessairement une évaluation systématique (Jacoby et Kyner, 1973). Ce constat est alors en entière cohérence avec les travaux de Kahn et Schmittlein (1989), pour qui l'achat répété dans le secteur de la distribution ressort plus d'une procédure tendant à réduire l'effort cognitif.

• Le manque d'envergure des effets sur l'intensité d'achat pourrait également être expliqué par la nature même des stimulations utilisées, car selon Desmet (1992), les techniques promotionnelles, dont les dates d'expiration sont lointaines, ne réduisent ni la durée interachat, ni la fréquence. Dans le cadre d'un programme de fidélisation, les facteurs « urgence » et « pression de temps » ne sont pas importants, étant donné que les récompenses sont différées dans le temps et les points cumulés sont souvent valables plusieurs années, voire à vie.

• Une autre explication pour les gains faibles et provisoires enregistrés, est que le taux de nourriture semble plus être « emprunté » aux concurrents. Ce phénomène est bien connu dans le domaine de la promotion des ventes (Van Heerde et Wittink, 1999 ; Bemmaor et Mouchoux, 1992 ; Raju, 1992 ; Chintagunta, 1993 ; Ehrenberg *et al.*, 1994) et expliquerait le changement à court terme du comportement de visite des consommateurs, en particulier, des « chasseurs de promotions ». Le résultat est un « transfert » temporaire des achats en faveur de l'enseigne E1 à l'occasion de la souscription à la carte de fidélité pour acquérir une gratification. En revanche, il est probable qu'il s'agisse de consommateurs ayant déjà été plus ou moins des clients fidèles ou multifidèles de l'enseigne E1 avant la souscription à la carte de fidélité, car nous avons vu que la pénétration reste stable et que 88 % des individus ont déjà acheté dans le point de vente un an avant la souscription [4].

• Ensuite, il est également imaginable qu'une fois l'effet de nouveauté de la carte disparu, une certaine lassitude s'installe, qui se traduira par un retour de la plupart des acheteurs vers leurs habitudes antérieures à la souscription. Dans ce contexte, il est probable que le besoin de recherche de variété (McAlister, 1982), provisoirement modéré par la carte de fidélité, « renaît » au bout d'un certain temps pour affaiblir le comportement fidélité. L'utilité de l'enseigne E1 augmenterait ainsi dans un premier temps en fonction de l'inertie et décroît dans un second temps en fonction de la recherche de variété.

• Une autre raison peut être liée au fait que la probabilité d'atteindre la récompense est trop faible, ce qui peut s'avérer trop décourageant d'un point de vue client. Effectivement, dans un premier temps, il est probable que beaucoup de consommateurs opportunistes soient attirés par le programme, pensant pouvoir profiter du système sans changement majeur de leur comportement d'achat. En revanche, une fois qu'ils s'aperçoivent que l'acquisition de la prime est encore lointaine ou que les avantages obtenus ne sont pas substantiels, on peut imaginer qu'ils considèrent le système comme trop contraignant et reviennent dans leurs points de vente habituels ou vers ceux proposant de fortes promotions à caractère non différé [5] (Meyer-Waarden et Benavent, 2001).

• La nature même du programme de fidélisation pourra également contribuer à une modification seulement transitoire du comportement d'achat. En effet, le

4. Il semblerait que seulement 4 % à 24 % des ventes supplémentaires viennent d'autres marques, la plus grande partie étant réalisée par des acheteurs multifidèles (Van Heerde *et al.*, 1999).

5. L'étude des auteurs faite sur plus de 80 programmes de fidélisation montre que les valeurs monétaires des récompenses sont souvent très faibles (entre 0,3 % et 3 % du montant d'achat, ce qui ne représente souvent que quelques euros).

secteur dans lequel notre analyse s'effectue est caractérisé par des produits peu différenciés et à faible implication (produits alimentaires). Ainsi, les récompenses du programme de fidélisation peuvent devenir la principale motivation de la fidélité et non le produit acheté ou l'enseigne (Rothschild et Gaidis, 1981). Une fois acquise, la principale raison d'achat peut brusquement disparaître, ce qui se traduit par un retour des consommateurs vers leurs anciennes habitudes. Cette explication semble être probable car le nombre d'achats répétés moyen nécessaire pour obtenir une gratification dans l'enseigne en question s'élève à 24. À raison d'un achat par semaine ou toutes les deux semaines, ce chiffre coïncide exactement avec le moment pendant lequel la baisse de l'activité est enregistrée (troisième trimestre après la souscription à la carte).

- Enfin, une dernière raison peut être que les consommateurs ressentent une certaine saturation vis-à-vis des programmes de fidélisation [6], et par conséquent la souscription à une nouvelle carte de fidélité n'entraîne pas de changement majeur du comportement d'achat. Ce phénomène est souvent observé dans le domaine de la promotion des ventes, lorsque la fréquence des actions promotionnelles est élevée (Raju, 1992).

En revanche, le manque d'impact ne peut pas être expliqué par l'unité d'analyse temporelle car notre approche part d'un niveau agrégé (le point de vente) et va progressivement via le foyer (agrégé par trimestre, mois et semaine) vers celui qui est le plus désagrégé, à savoir l'acte d'achat. Les mesures sont ainsi suffisamment fines pour capturer l'impact de la carte de fidélité, s'il existait.

Nos résultats remettent ainsi en question une idée, exprimée par un grand nombre d'auteurs (par exemple, Reichheld, 1996) qui distinguent les programmes de fidélisation de la promotion des ventes, par leur orientation à long terme. Selon eux, lorsque la promotion s'arrête, rien n'empêche les consommateurs de reprendre leurs habitudes précédentes. À l'opposé, un programme de fidélisation chercherait plutôt à augmenter le niveau d'activité des clients de manière durable et commencerait à agir à partir du moment où les promotions des ventes s'arrêtent. Nos conclusions sont contradictoires à cette hypothèse et mettent en évidence le fait que les cartes de fidélité jouent un rôle plutôt promotionnel que fidélisant, avec des modifications faibles et peu durables car elles ressemblent fortement aux effets enregistrés par la promotion des ventes (Gupta, 1988 ; Blattberg et Neslin, 1990 ; Wansink et Deshpandé, 1994 ; Ailawadi et Neslin, 1998 ; Bell *et al.*, 1999). La finalité est une proportion d'acheteurs, devenant plus fidèles ultérieurement, faible ou inexistante. Dans ce contexte, il faudra cependant être prudent avant de tirer des conclusions hâtives, vu le faible niveau de différenciation des programmes analysés dans le secteur de la distribution, ce qui pourrait fortement expliquer le faible impact sur le comportement d'achat.

Ces conclusions, certes décourageantes pour les managers quant aux possibilités de contrôle comportemental, ne sont pas complètement étonnantes si l'on regarde les évidences empiriques sur l'efficacité des autres éléments du marketing mix (Lodish *et al.*, 1995 ; Ehrenberg *et al.*, 1997). En effet, les actions marketing contribuent souvent plus au maintien qu'à la progression du niveau d'activité des entreprises, et l'utilité ne devient que clairement visible lorsque des actions ont été abandonnées résultant en une perte des parts de marché.

---

6. La détention moyenne s'élève à deux cartes dans notre échantillon.

En revanche, cette analyse ne tient pas compte des avantages qualitatifs : le fait de disposer d'une base de données marketing permet incontestablement d'améliorer l'efficacité des opérations promotionnelles, ce qui met en évidence l'importance d'une gestion individualisée (la gestion de l'hétérogénéité) de la relation client en fonction des avantages recherchés, du cycle de vie et de la valeur de la clientèle. Dans ce cadre, nous discutons par la suite des vraies « vertus » du programme de fidélisation analysé.

2.4. La carte de fidélité possède des caractéristiques sélectives de la clientèle

Après avoir examiné à plusieurs reprises l'influence de la carte de fidélité sur le comportement d'achat, allant d'un niveau le plus agrégé à celui le plus désagrégé, nous avons trouvé un impact faible et transitoire. La supposition d'un effet d'autosélection s'est cependant octroyée au fur et à mesure de l'avancement de cette étude. C'est ainsi que notre dernier groupe d'hypothèses confirme qu'il existe des différences significatives quant au processus d'adoption de la carte de fidélité en fonction d'un comportement d'achat manifesté antérieurement à la souscription (la valeur du panier, la fréquence d'achat, la durée interachat, le nombre de magasins fréquentés, le taux de nourriture et le nombre de changements respectifs).

À côté du comportement d'achat manifesté, certaines variables socioéconomiques et situationnelles favorisent également l'adhésion au programme. Tout d'abord, il est compréhensible que la distance géographique y joue un rôle majeur [7]. Il s'avère également que les catégories socioprofessionnelles, de moyennes à aisées (ayant entre 15 000 francs et 20 000 francs comme revenu disponible par mois), sont plus opportunes à l'adoption que les classes plus modestes. La probabilité d'adhésion est également plus importante pour les tranches d'âge supérieures, entre 40 ans et 60 ans. En revanche, la taille des foyers ainsi que le niveau d'éducation se sont montrés non significatifs. Nos résultats, très similaires à ceux trouvés par Wright et Sparks (1999), montrent que la possession et l'utilisation des cartes dépend certainement de différents cycles de vie qui sont fonction de l'âge et de la profession [8]. Ainsi, les tranches d'âge et de CSP moyennes à supérieures ont probablement un degré d'activité plus important dans les points de vente car ils possèdent un pouvoir d'achat plus élevé que les catégories plus jeunes.

Ces conclusions amènent ainsi à l'idée qu'il est probable d'un point de vue théorique que les disparités résultent d'un phénomène d'hétérogénéité entre les consommateurs. L'argument de Dowling et Uncles (1997) se trouve alors confirmé : si les porteurs d'une carte de fidélité possèdent un comportement d'achat plus intense que les non-porteurs, ce n'est probablement pas lié au programme mais tout simplement à un effet d'autosélection, car les premiers sont probablement de plus gros consommateurs du bien et par conséquent tirent plus d'utilité du système. La théorie de Becker (1965), selon laquelle les ménages minimisent à la fois leur fonction de coût et maximisent leur fonction d'utilité, s'applique alors parfaitement à notre problématique. Certains acheteurs vont

7. En effet, le taux de nourriture et la distance géographique sont fortement corrélés comme nous l'avons vu plus haut.
8. La majorité des cartes propose des facilités de paiement, une fonction qui est certainement plus demandée par des tranches d'âge plus élevées.

adhérer au programme de fidélisation par rapport à leurs caractéristiques socio-démographiques et leurs besoins recherchés.

D'autres clients « s'autosélectionnent » vers le système grâce à leur comportement d'achat (Salant, 1987). Notre analyse confirme clairement que, dans le cadre de la grande distribution, la carte de fidélité attire d'abord les gros consommateurs de l'enseigne [9] (les clients fidèles). Les raisons sont simples à comprendre. Par la nature du programme, le gros client perçoit plus d'utilité en terme de bonifications et de probabilité d'obtention de la récompense et moins de coûts marginaux, car une modification majeure du comportement d'achat répété n'est pas nécessaire pour pouvoir profiter du système et obtenir une gratification. À cela s'ajoute que la carte de fidélité sera en parfaite compatibilité avec son système de valeur et son expérience. De même, la complexité de la compréhension de l'information et le risque associé sont moins importants (collection de points, gestion de coupons, frais d'adhésion, etc.). Les individus tous différents par rapport à leurs besoins, vont donc arbitrer entre la valeur procurée par la récompense ou de la carte de fidélité et les charges associées (Narsimhan, 1984). La perception de la valeur va être fonction de leur hétérogénéité, par exemple le niveau d'activité dans le point de vente, le revenu disponible, la pression de la contrainte temporelle ou l'éducation. C'est la raison pour laquelle les gros consommateurs fidèles et réguliers, ayant des paniers et des taux de nourriture importants ont plus de chance de « s'autosélectionner » dans le système de fidélisation que les petits clients occasionnels et/ou multifidèles dont les entreprises cherchent à augmenter la consommation. Ce phénomène est certainement amplifié par la nature monosponsor du programme [10] que nous analysons, car elle demande moins de changement pour les clients fidèles que pour ceux qui le sont dans les enseignes concurrentes, qui devraient réaliser un transfert de la totalité ou d'une partie de leurs achats.

Une autre partie de la théorie de Becker se trouve confirmée par le fait que ce sont les catégories socioéconomiques moyennes et aisées qui sont les plus propices à l'adoption de la carte de fidélité. En effet, les foyers à très faible salaire ne peuvent probablement pas saisir l'opportunité d'un programme de fidélisation. L'utilité du magasin le plus proche est alors forte, même sans carte de fidélité. En revanche, pour des niveaux de revenus plus élevés, l'utilité marginale du programme de fidélisation et des gratifications est plus élevée, mais risque de décroître rapidement. Enfin, nos analyses ont confirmé que le niveau d'éducation ne permet pas d'expliquer le processus d'adoption du programme de fidélisation.

Nous constatons alors que la carte de fidélité possède plus un pouvoir de sélection que de contrôle comportemental. Cette supposition est accentuée par le fait que les clients « adopteurs précoces », ayant souscrit à la carte entre 1994-1997, possèdent un comportement de fidélité plus important (panier moyen et total, taux de nourriture, pourcentage de changement de magasins, durée inter-achat) que ceux qui ont pris la carte entre 1998 à 2001 (« adopteurs tardifs »). Ce fait confirme l'idée que la carte attire d'abord les plus gros acheteurs du magasin qui ont un comportement d'achat plus intéressant du point de vue de l'entreprise. Plus on avance sur la courbe de diffusion dans le temps, moins les

9. En revanche, la supposition sur une adoption accrue des clients sensibles au prix reste en suspens et devrait faire l'objet de recherches ultérieures.
10. Permettant uniquement l'accumulation de points dans cette enseigne et nulle part ailleurs.

clients attirés sont bons, et plus ils seront opportunistes en terme de nombre de changements de magasins. Nous mettons cependant en garde sur le fait que nous ne disposons pas de l'historique du panel correspondant à la période de 1994-1997 qui nous permettrait de comparer les indicateurs dès la prise de la carte afin de valider cette supposition.

Conclusion

L'objectif général de cette étude était de contribuer à une meilleure compréhension du fonctionnement des programmes de fidélisation en vue d'une amélioration des politiques de gestion de clientèle. Le premier but correspond à une conceptualisation de certaines idées relativement récentes sur l'orientation client et la fidélisation. Le deuxième objectif est de répondre à des questions centrales des managers sur les effets réels des cartes de fidélité et de donner des explications pour lesquelles des modifications ont eu lieu ou non.

C'est dans ce dernier chapitre que nous allons exposer les contributions de cette étude. La première section met ainsi successivement en évidence les apports théoriques, méthodologiques et managériaux. L'objectif est de contribuer à une vision élargie d'un programme de fidélisation quant à sa structure et son fonctionnement, car si les conclusions sur les sources d'efficacité des programmes de fidélisation sont relativement claires, il est en revanche moins évident de faire des préconisations quant à la construction de systèmes efficaces.

La deuxième section conclut ce travail en présentant ses limites et en proposant des pistes d'études complémentaires.

1. Les contributions

La particularité de notre travail n'est pas l'établissement et la validation d'un modèle conceptuel, ni une explication théorique de la fidélité, mais la constitution de la réalité d'un fait à partir d'un grand nombre d'observations provenant d'un panel exhaustif. Ces conclusions, ainsi que les approches méthodologiques économétriques agrégées et individuelles, sont directement opérationnelles, utilisables et replicables par les managers des programmes de fidélisation. Afin de faciliter les applications directes de notre travail, nous allons par la suite mettre en évidence les principales contributions qui sont à la fois théoriques, méthodologiques et managériales.

1.1. Les contributions théoriques. Le rôle du programme de fidélisation dans la stratégie marketing client

La littérature sur le fonctionnement des programmes de fidélisation étant très restreinte, les contributions théoriques principales de notre travail sont la proposition d'une définition, l'élaboration d'un nouveau cadre théorique, de conceptualisations, de nouvelles grilles d'analyse qui permettent de mieux explorer les effets d'un ensemble de techniques de gestion marketing et de mieux apprécier ainsi que mettre en œuvre les politiques de la relation client. En effet, la capacité à gérer de manière dynamique un portefeuille de clientèle, en fonction de la valeur des consommateurs et de leurs cycles de vie, est mise en évidence par deux orientations stratégiques : la gestion de la diversité des clients et celle de la relation. Ainsi, au travers de ses caractéristiques, un programme de fidélisation est un outil qui permet :

– d'identifier et de sélectionner les meilleurs clients dans un but d'optimiser l'allocation des ressources ;
– de construire une relation avec les clients ;
– d'évaluer la valeur des consommateurs ;
– de gérer la relation de manière dynamique et individuelle en fonction des cycles de vie ;
– de renforcer le niveau transactionnel lorsque la relation mûrit ;
– de retenir les consommateurs grâce à des barrières à la sortie et des coûts de changement, la modération des insatisfactions temporaires.

Le programme de fidélisation va donc au-delà d'un simple outil de communication ou de distribution de primes de fidélité. Il est un instrument pour préserver le capital clientèle de l'entreprise. Ces conclusions générales d'ordre théorique sont soutenues par les résultats de l'investigation empirique dont nous résumons par la suite les contributions les plus importantes.

1.2. Les contributions méthodologiques

Le croisement du panel « *single source* » BehaviorScan avec la base de données interne d'un distributeur a permis d'allier deux sources d'information très complètes. À notre connaissance, le seul projet de recherche similaire existe aux États-Unis, où des distributeurs et des entreprises de panel se sont regroupés dans un programme s'appelant ShopperDirect.

Un autre apport est en particulier la mise en place du modèle Dirichlet, une méthodologie solide en marketing sur des données de panel, peu utilisée hors des frontières anglo-saxonnes, notamment en France et en Allemagne. Le modèle s'avère particulièrement intéressant pour les chefs de produits et directeurs marketing dans un but de fournir des diagnostics et des statistiques du marché auxquels les observations réelles peuvent être confrontées.

L'introduction des analyses de survie, dont l'emploi fut initialement promu dans les travaux de Crié (1999), est une autre contribution méthodologique de ce travail. L'apport de cette technique est principalement lié à sa capacité de structurer certaines composantes comportementales autour d'une notion finalement peu abordée en marketing, celle du temps. Cette approche permet également une gestion plus fine de chacun des clients en vue d'une optimisation de l'allocation des ressources marketing. L'avantage de la méthode est également lié au fait qu'il s'agit d'un modèle semi-paramétrique qui ne stipule aucune distribution *a priori* des achats.

1.3. Les contributions managériales. Vers une vision élargie du programme de fidélisation

L'étude des sources de l'efficacité des programmes de fidélisation est un apport majeur car peu d'études empiriques ont été réalisées à ce sujet. Ce travail a permis d'avoir une vision plus claire sur leur positionnement stratégique dans la gestion dynamique d'un portefeuille clients et surtout, de mieux comprendre leur fonctionnement ainsi que leur impact sur le comportement d'achat. Le grand nombre d'analyses que nous avons conduites contribue à deux conclusions générales qui sont certainement favorisées par le contexte global du marché, caractérisé par une relative stationnarité et des produits à faible implication :

L'impact des cartes de fidélité sur la structure générale du marché et le comportement d'achat est relativement faible (parfois inexistant) et de nature transitoire. Si un impact significatif est enregistré, comme dans le cas du taux de nourriture, l'importance mesurée par une élasticité est très faible, et se limite à des foyers habitant généralement près du magasin. En revanche, les capacités du programme de fidélisation à sélectionner les plus gros acheteurs du magasin sont réelles. Nos résultats remettent ainsi en question plusieurs idées établies :

– un programme de fidélisation commence à agir à partir du moment où les promotions s'arrêtent ;

– la modification du comportement d'achat n'est pas liée à une intensification ou une accélération des achats (*i.e.* augmentation du panier, de la fréquence d'achat), mais à la création temporaire d'un effet de préférence envers le point de vente ;

– l'aptitude de sélection des gros clients se limite à des clients qui sont déjà plus ou moins fidèles au magasin. Cette conclusion est clairement confirmée par plusieurs indicateurs de notre analyse : le modèle Dirichlet montre que la pénétration reste stable. Le modèle de Cox met en évidence que le niveau du taux de nourriture dans l'enseigne est le plus déterminant pour l'adoption de la carte de fidélité ;

– plus le temps de la diffusion de la carte de fidélité avance, moins elle capte des clients intéressants, ce qui semble indiquer que la diffusion est caractérisée par un effet d'imitation.

Ces conclusions ne sont pas pour autant très étonnantes et confirment les rares investigations académiques (Sharp et Sharp, 1997 ; Benavent *et al.*, 2000), mais également les jugements de certains praticiens [1]. On pourrait certainement en déduire que les entreprises et leurs programmes de fidélisation n'ont probablement pas encore atteint un niveau de maturité suffisant pour utiliser de manière satisfaisante le potentiel et la richesse d'information de leurs bases de données marketing. L'argument de Benavent et Crié (1999), selon lequel l'absence de segmentation et d'exploitation de l'hétérogénéité des clients est principalement responsable de l'échec de certains programmes, est alors probablement valable. C'est la raison pour laquelle nous défendons l'idée que l'efficacité dépend de deux facteurs : la capacité à cibler, sélectionner et discriminer les gros consommateurs (la gestion de l'hétérogénéité) et l'aptitude à gérer la relation avec les clients sur le long terme. Le programme en lui-même, y compris les mécanismes de récompenses actuels, ne semble pas être pas suffisant pour modifier les comportements des consommateurs. Le flux des animations ainsi qu'une gestion personnalisée des gratifications tangibles et intangibles, adaptés aux cycles de vie des clients, sont à la clé d'un programme de fidélisation réussi, lorsqu'il est appliqué sur des clients réactifs. Ceci encourage le développement

1. En effet, l'enseigne Boots a attribué en 2000 une augmentation de seulement 0,2 % de la marge brute directement à son programme *Advantage*. En outre, dans des entretiens avec divers dirigeants des programmes de fidélisation de la grande distribution, ces derniers n'étaient pas tellement surpris par nos résultats. Ce constat remet en question les systèmes de gratifications actuels et montre également que l'objectif principal est peut-être moins la modification du comportement d'achat du consommateur mais plutôt la mise en place d'applications de CRM et d'information sur les clients permettant d'augmenter le pouvoir de négociation des distributeurs envers les annonceurs.

de bases de données clients ainsi que leur exploitation statistique pour établir une gestion de plus en plus individualisée de la relation, nourrie par une remontée régulière de l'information. Certains distributeurs, comme Tesco, ont bien compris ce nouvel enjeu des cartes de fidélité, car désormais elles leur permettent de mieux comprendre les comportements d'achat des consommateurs, plutôt que de les modifier.

Dans ce contexte, il convient également de développer une certaine critique vis-à-vis des attentes générales des systèmes de fidélisation, qui peuvent apparaître comme trop ambitieuses et irréelles. Comme nous l'avons vu, la loi de duplication des achats s'applique et les mises en garde d'Ehrenberg (1988) sont à l'ordre du jour : la monofidélité dans le sens d'une fidélité exclusive est quasi inexistante. Il apparaît ainsi improbable que n'importe quel programme de fidélisation, tous secteurs confondus mais en particulier dans les secteurs caractérisés par des produits banaux, arrive à conserver des clients fidèles à 100 %. L'objectif ne peut alors pas être de créer des clients monofidèles, car cela semble être impossible, ni d'attirer tous les clients de la zone, mais de s'approprier une partie des taux de nourriture des clients vulnérables, dans une optique de prolongation de la durée de vie, de diminution du comportement de changement et d'une intensification de la relation commerciale.

À partir de ces conclusions générales, la principale contribution de ce travail consiste à mettre en garde les managers des programmes de fidélisation sur l'efficacité incertaine de ces derniers, même si les professionnels du marketing justifient souvent les investissements considérables dans les configurations actuelles des programmes de fidélisation, comme on l'observe dans de nombreux secteurs (en particulier celui de la grande distribution), par le maintien ou le développement du chiffre d'affaires. Par ailleurs, l'ajustement mutuel et la surenchère des budgets du fonctionnement des programmes mettent les distributeurs dans une situation de dilemme, où ils auraient tout intérêt à baisser l'intensité, car les arguments de création de trafic et d'augmentation de paniers ne sont pas forcément pertinents.

L'explication générale de ce faible impact est certainement liée au fait que les marchés sont plus caractérisés par l'imitation que par une réelle innovation. Le résultat est une saturation et un retour à la situation antérieure (Dowling et Uncles, 1997). Dans ce cadre, les acteurs ayant de petites parts de marché imitant les leaders sont doublement pénalisés, ce qui remet en question toute stratégie d'imitation. Le raisonnement, selon lequel il vaut mieux pratiquer l'imitation et occuper une faible position sur un marché de taille importante que se positionner en tant que leader différencié sur un petit marché de niche, conduit ainsi certaines entreprises dans une impasse peu profitable, où elles se retrouvent immergées dans le cercle vicieux de la double pénalité (Doyle, 1998). C'est la raison pour laquelle Porter (1999) recommande d'échapper à la compétition, c'est-à-dire s'éloigner de la concurrence en pratiquant la différentiation.

Pour la réussite d'un programme de fidélisation, il s'avère ainsi indispensable de créer des configurations difficilement imitables. Ayant abouti à ces conclusions, nous abordons par la suite la problématique des programmes de fidélisation efficaces sous un autre angle. L'objectif est de proposer une vision élargie quant à leur structure, leur fonctionnement général, leur système de gratifications et leurs possibilités de management des portefeuilles de clientèles.

La gestion de la base de données marketing

L'utilisation de la partie comportementale de la fidélité, directement mesurable dans les bases de données marketing et sans mise en place d'enquêtes, *a priori*, est une des principales recommandations de notre travail. La base de données marketing constitue ainsi l'élément de fond qui permet d'établir cette relation entre les clients et l'entreprise, tant revendiquée par les praticiens et les chercheurs du marketing relationnel. Ainsi, la valeur stratégique d'un programme de fidélisation dépend de cette dernière car elle permet de suivre chronologiquement le comportement d'achat des clients, en vue d'une gestion dynamique du portefeuille clients.

Dans ce contexte, notre méthodologie, allant d'un diagnostic général au niveau agrégé, à celui qui est le plus désagrégé, semble être particulièrement complète et opérationnelle pour les entreprises désirant mettre en place un marketing client. Par exemple, une analyse trimestrielle ou semestrielle de la situation générale du marché à l'aide des statistiques fournies par le modèle Dirichlet permet une meilleure compréhension des phénomènes de l'achat répété et s'avère parfaitement complémentaire aux informations déjà fournies par les entreprises de panel. En particulier, les indicateurs sur le taux d'achat répété et le taux de nourriture représentent des indicateurs de performance supplémentaires précieux pour les responsables marketing ainsi que les chefs de produits, permettant d'évaluer une stratégie marketing ou un outil du marketing mix.

Nos indicateurs individuels, notamment la probabilité d'activité du client en fonction de sa durée interachat moyenne et la durée censurée observée, peuvent être facilement intégrés dans des procédures de segmentation déjà existantes, de type RFM [2], FRAT [3] ou de la valeur actualisée client (VAC), et permettent de suivre les schémas temporels d'achat. La mise en place de routines informatiques permet de connaître précisément les probabilités de défection des individus afin de déclencher des actions de fidélisation ou de rétention.

D'autres applications automatisées sont dans ce contexte des systèmes de recommandation qui favorisent, en fonction de l'historique des achats, la proposition de produits complémentaires (Gaul *et al.*, 2001). Il serait même imaginable de prendre en charge des « alertes d'achat » de certains produits ou catégories de produits, pour lesquels le foyer est en risque de rupture de stocks, chaque fois que le consommateur présente la carte. Si un tel type de service était associé au programme de fidélisation, il augmenterait de manière considérable les coûts de changement.

Ces heuristiques requièrent cependant des historiques dépassant en général deux ans. Pour la gestion de la relation client autour d'un programme de fidélisation, il est alors indispensable de développer et exploiter des bases de données marketing qui enregistrent méticuleusement tous les achats de manière chronologique. Elles permettront ainsi de gérer et d'individualiser toute démarche de marketing relationnel. Certains distributeurs, comme les enseignes anglaises Boots ou Tesco ont bien compris l'enjeu des systèmes d'information. En effet, Boots est en train d'investir 21 millions d'euros dans des bornes interactives dans les points de vente et des systèmes de recommandation qui sont associés à son programme de fidélisation Advantage.

---

2. Recency, Frequency, Monetary.
3. Frequency, Recency, Amount, Type of product.

La stratégie de fidélisation

Notre travail a mis en évidence le fait que les programmes de fidélisation sont un moyen privilégié pour construire la relation fournisseur–client et pour individualiser l'offre à l'aide des informations enregistrées dans les bases de données marketing. Il permet de gérer le portefeuille clients de manière dynamique en fonction de la valeur des clients et de leurs cycles de vie. Pour cela, il poursuit deux stratégies, la gestion de l'hétérogénéité et celle de la relation clientèle. Les deux approches ne sont pas incompatibles, mais au contraire s'imbriquent dans une optique de gestion de cycles de vie de clients, comme le montrent de nombreux exemples dans la pratique.

- **L'exploitation de l'hétérogénéité des clients**

Le contexte actuel de la majorité des programmes de fidélisation est caractérisé par la construction d'immenses bases de données marketing mais aussi par une absence de segmentation et d'utilisation de cette richesse d'information. Ce fait se traduit par une faible capacité à cibler, sélectionner et discriminer les gros consommateurs et gérer la relation avec les clients sur le long terme [4].

En revanche, pour gérer des portefeuilles de clients, il est indispensable d'obtenir une meilleure connaissance des besoins hétérogènes de ces derniers afin de les satisfaire de plus en plus précisément et pratiquer une discrimination à large échelle. C'est dans ce cadre que nos résultats sur les « vertus » d'auto-sélection des gros acheteurs sont à la base de pistes d'exploitation prometteuses pour l'avenir des programmes (identifier, sélectionner ainsi que gérer les meilleurs clients et leur diversité de besoins). Ainsi, la différenciation des cartes ou la proposition du *« versioning »* (Shapiro et Varian, 1999) prend toute son ampleur, en permettant à la fois d'attirer un grand nombre de consommateurs et d'offrir à chacun le produit correspondant le plus à son cycle de vie ou sa situation sociodémographique, ainsi que faire payer à chacun le prix le plus élevé possible sans perdre trop de marge (la gestion de l'hétérogénéité des clients).

Pour bien comprendre l'importance de l'hétérogénéité des clients, nous allons focaliser sur un aspect crucial de cette diversité : tous les clients ne sont pas prêts à dépenser la même somme d'argent pour obtenir un bien donné. Même en pratiquant une politique de prix optimal (selon le classique modèle du monopole), certains consommateurs seront avantagés : ceux dont le consentement à payer est supérieur à ce prix. Il est tentant alors de se réapproprier ce surplus, en vendant plus cher à ces consommateurs qu'aux autres. Encore faut-il que l'on puisse les identifier. On s'aperçoit ainsi que la politique idéale serait de connaître parfaitement la sensibilité au prix de chaque individu, sous la forme d'un prix de réserve, pour maximiser à la fois les ventes et les profits. On devine que les programmes de fidélisation dans leur fonction d'identification risquent de jouer un rôle essentiel. Ce problème d'identification est connu depuis fort longtemps par les économistes et forme la base de la théorie de la discrimination par les prix dont trois espèces sont distinguées (que nous avons décrites de manière détaillée au chapitre 2). La première espèce de discrimination est réalisée au travers d'une segmentation fondée sur un critère situationnel (période de la semaine ou de la journée) ou un critère personnel (âge, profession, etc.). La deuxième espèce peut être mise en œuvre au travers de la tarification binomiale ou liée aux quantités,

4. Car selon PORTER (1999), la collection, l'analyse et l'utilisation de l'information sur le client peuvent conduire à un avantage marketing substantiel.

elle s'appuie sur un processus d'autosélection ; la troisième espèce suppose une connaissance parfaite des prix de références des consommateurs.

Le principe reste, au fond, l'idée simple de proposer un prix au client qui correspond à son prix de réserve, en s'appuyant sur une connaissance préalable construite dans les bases de données. Cette dernière permet dans un premier temps d'identifier les utilisateurs de coupons de réductions qui sont *a priori* les plus sensibles au prix, afin de leur proposer ensuite des offres spécifiques sur le prix. L'avantage fondamental des cartes de fidélité devient ainsi leur capacité d'identification des clients. Ainsi, toute tentative d'adaptation individuelle requiert les actions fondamentales suivantes : historiser ainsi qu'identifier le comportement du consommateur, à partir de ses actes d'achat, afin de traiter ces informations et agir sur les différences observées.

Des exemples illustrant cela sont les programmes des constructeurs automobiles de luxe, tels ceux de Porsche et Mercedes et celui d'American Express qui propose la Centurion Card pour 1 000 dollars par an. Les compagnies aériennes ont, dans la majorité des cas, instauré des systèmes de fidélisation différenciés en fonction des « Miles » parcourus par an. Ainsi, British Airways propose trois différentes cartes « Executive Club » en tant que membre Blue, membre Silver ou membre Gold, Air France offre Fréquence Jeune, Fréquence Plus Bleue et Rouge. Fréquence Plus Rouge, réservée aux clients voyageant plus de 100 000 miles par an, fait ainsi bénéficier ses adhérents de privilèges particulièrement intéressants. Le mécanisme général reste centré sur l'activité manifestée dans l'entreprise, c'est-à-dire le volume et le rythme de consommation, permettant de diviser la population de clients en un nombre limité de segments.

- **La gestion de la relation au travers d'un programme de gratifications**

Si les programmes de fidélisation ont une forte aptitude à autosélectionner des segments de clientèles spécifiques, ils ne contribuent en revanche que très marginalement à changer les comportements sur le long terme. Le contexte du marché, caractérisé par une relative stationnarité et des produits à faible implication, favorise certainement l'absence d'effets.

Les résultats de Benavent *et al.* (2000) montrent, cependant, que des effets plus substantiels peuvent être obtenus lorsque des programmes d'animations et de gratifications les complètent. Ainsi, notre hypothèse de base est que la relation entreprise–client peut uniquement être continue et durable, si un programme d'animation différencié est proposé, permettant d'interagir avec les clients, de leur offrir des cadeaux, des surprises, des attentions ainsi que d'éviter des soucis au quotidien. C'est alors principalement grâce aux gratifications qu'une modification des motivations et des comportements des consommateurs devient possible, parce que toute motivation, effort et comportement sont influencés par l'espérance d'un gain (Thaler, 1980). Le flux des animations et des gratifications personnalisées, adaptées au cycles de vie des clients et nourries par la base de données client, est ainsi à la clé d'un programme de fidélisation réussi. Ce constat est encore plus valable car plus de 70 % des consommateurs déclarent que les gratifications ne sont pas suffisamment intéressantes pour motiver l'adhésion et rester fidèle. Les efforts associés seraient ainsi supérieurs aux gains (Shrake, 1999). En effet, la pratique dans les entreprises montre ainsi une vision relativement désillusionnante et tous les quatre programmes analysés dans notre investigation proposent des récompenses peu différenciées sans procurer une réelle valeur à la leur.

Si une entreprise arrivait alors à différencier son programme de fidélisation, l'argument de Dowling et Uncles (1997) sur les effets d'imitation tomberait en partie. En exploitant la diversité des consommateurs avec une segmentation précise de la clientèle et des offres de plus en plus individualisées, l'idée de la « domestication » des microsegments trouverait à nouveau son intérêt, car, en fidélisant ceux que l'on peut fidéliser, on échapperait partiellement au jeu de la concurrence et de l'imitation.

La question de l'animation peut ainsi se poser au travers de plusieurs questions : quelle gratification et quel contenu ? À quelle fréquence, avec quelle pression, à quel rythme doit-elle être dispensée ?

O'Brien et Jones (1995) recommandent le cadre d'analyse suivant : la probabilité d'atteindre la récompense, leur valeur perçue et leur variété.

Dans la réalité, une hétérogénéité importante quant à la panoplie et la valeur des produits proposés peut être observée (Meyer-Waarden et Benavent, 2001). Le danger de cette multiplication de gratifications est que les investissements financiers deviennent lourds liés aux coûts de gestion. De plus, une relative incompatibilité avec l'image et le positionnement de la marque peut être source de problème.

Dans ce contexte, la hiérarchisation de Roehm *et al.* (2002) peut contribuer à la constitution du mix de gratifications. Ainsi, l'impact des gratifications est classé en fonction de leur « tangibilité » et leur « compatibilité avec le positionnement de la marque » :

– si l'objectif est de provoquer un comportement d'achat à court terme, une récompense tangible (réduction de prix, cadeau, etc.) est plus efficace qu'une récompense intangible ;

– si l'objectif est de renforcer le lien entre le client et l'entreprise en vue d'une fidélité à long terme, des gratifications intangibles sont plus adaptées. Dans ce cadre, des privilèges ou services individualisés basés sur la reconnaissance sont particulièrement performants car ils renforcent en même temps la différentiation de la marque et possèdent plus de valeur perçue aux yeux des consommateurs [5] ;

– dans le même sens, une gratification qui est liée à l'activité de la marque renforce son positionnement et la fidélité, celle qui ne l'est pas crée des interférences pouvant rendre la marque et ses caractéristiques intrinsèques secondaires et affaiblir son « capital fidélité ».

Nous pouvons élargir ce cadre d'analyse par la dimension temporelle des systèmes de gratifications :

– si l'objectif est d'avoir un comportement immédiat, la récompense non différée est préférable. Dans ce cas-là, les gains apparaissent en même temps que les coûts ou les efforts et le champ d'investigation se rapproche alors plutôt de celui de la promotion des ventes ;

– si le but est d'établir une relation à long terme et un changement du comportement plus durable, la gratification différée semble être plus adéquate. Dans ce cas-là, le rapport est inversé, car un individu doit d'abord fournir un effort à plus ou moins long terme pour obtenir le bénéfice dans le futur.

5. Par exemple, le grand magasin allemand Karstadt invite par point de vente ses 200 meilleurs clients à des dégustations de vin privatives. Selon l'enseigne, ce bénéfice est plus valorisé par les porteurs de carte que les réductions de prix et les rabais.

Une gestion optimale des récompenses doit alors se faire sur ces trois dimensions : la présence de bénéfices tangibles, non ou peu différés, et rapidement accessibles avec des perspectives de réaliser des économies, est nécessaire pour recruter de nouveaux clients. Par la suite, ce sont les bénéfices non tangibles, différés ou non, qui permettent de construire une relation à long terme client–entreprise, car la vraie différentiation telle que Dowling et Uncles la réclament, vient des récompenses intangibles et non-monétaires, difficilement imitables, qui procurent au client à long terme une valeur ajoutée élevée plus émotionnelle que rationnelle.

Il convient également de compléter ce cadre d'analyse par les conclusions de Kivetz et Simonson (2002) quant à la valorisation des gratifications : des points acquis dans le cadre du travail requièrent plus des gratifications hédonistes ou de luxe, ceux qui sont gagnés dans le domaine privé, des récompenses utilitaires. Dans ce dernier contexte, les individus chercheraient plutôt des récompenses à utilité sociale, éthique ou de reconnaissance individuelle. Un autre constat de leur investigation est conforme à nos résultats : plus l'effort de changement des habitudes est important (point de vente éloigné), plus les exigences quant à la gratification deviennent fortes.

Une enquête sur mille consommateurs allemands, réalisée par le cabinet de conseil Roland Berger (2003), confirme nos contributions sur les attentes actuelles des porteurs de cartes de fidélité ainsi que les problèmes des programmes de fidélisation.

Tableau 1.
Les attentes des consommateurs envers un programme de fidélisation

Acquisition des points dans une multitude d'enseignes	72 %
Transformation des points en bons d'achat ou en réductions	59 %
Offres spéciales porteurs	56 %
Aquisition rapide des gratifications	50 %
Carte de fidélité avec fonction de crédit	37 %

Tableau 2.
Les raisons de non-participation à un programme de fidélisation

Gratifications intangibles peu intéressantes	49 %
Réductions trop faibles	45 %
Programme de fidélisation trop compliqué	42 %
Partenaires pas attractifs	28 %
Multifidélité	25 %
Possession de trop de cartes	24 %

Tableau 3.
La durée moyenne pour atteindre une récompense de 50 €

Miles & More (Lufthansa)	7 mois
Payback (Kaufhof, DM, etc.)	11 mois
Aral (station-service)	13 mois
Görtz (distribution chaussures)	78 mois

En effet, les attentes principales des consommateurs sont des programmes multisponsors, simples à utiliser, qui permettent rapidement d'acquérir des gratifications ou des réductions de prix. Les problèmes principaux relevés sont le manque de différenciation des programmes de fidélisation, des gratifications peu intéressantes avec une durée d'acquisition trop longue.

- **L'intégration de la gestion de l'hétérogénéité et de la relation**

L'exploitation systématique des différences entre les consommateurs et la tentative de contrôler les comportements ne sont pas deux stratégies opposées mais complémentaires. La seule limite est de nature budgétaire, car fournir un effort dans les deux sens (contrôler et exploiter) pourrait s'avérer excessivement coûteux. Ces deux critères, la sensibilité de la clientèle à la pression marketing, le potentiel de discrimination, révèlent quatre stratégies de base. C'est leur combinaison en fonction du portefeuille qui en définit la stratégie générale.

Tableau 4.
Les stratégies de fidélisation

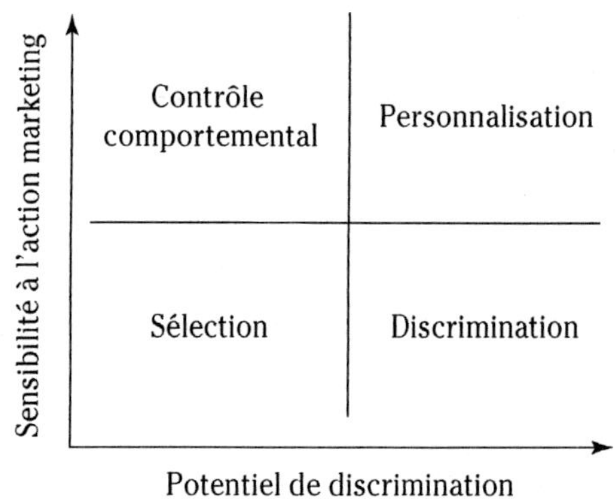

Une première stratégie consiste à sélectionner la clientèle. Elle vise à trouver des consommateurs en phase avec l'offre. Des stratégies de niches peuvent parfaitement correspondre à cette approche. Elle s'appuie sur la capacité à identifier le bon segment de clientèle.

La deuxième option est une stratégie de contrôle comportemental qui s'attache à stimuler, à surprendre, à éduquer, à encourager les consommateurs de manière à ce qu'ils changent favorablement, substantiellement et durablement de comportement.

La troisième direction stratégique est la discrimination qui vise à proposer à chaque consommateur le juste équilibre d'avantages et de coûts. Dans cette stratégie, le consommateur est considéré comme peu influençable et il s'agit de s'ajuster finement à ses besoins.

La dernière stratégie est celle de la personnalisation qui combine un traitement individuel des clients mais aussi un effort de persuasion. Elle représente en quelque sorte une situation d'idéal.

La mise en évidence des caractéristiques sélectives et d'exploitation de la clientèle des programmes de fidélisation trouve alors parfaitement son importance dans le paradigme du marketing relationnel. La carte de fidélité et la base de données marketing deviennent ainsi centrales dans gestion du portefeuille de clientèle et servent de catalyseur pour nouer des liens plus structurés et plus satisfaisants autour de l'échange transactionnel pour des cibles déjà fidèles et intermédiaires.

- **Un programme mono- ou multi-sponsors. Intégration de partenaires**

L'introduction de partenaires est actuellement considérée par de nombreuses entreprises comme un des axes majeurs de croissance des programmes de fidélisation. Comme nous l'avons vu, cette option est surtout appliquée dans le secteur des services même si certains distributeurs sont en train d'évoluer dans le même sens [6] en transformant leur système d'une configuration monosponsor vers une qui est multisponsors. Leur choix est certainement en partie guidé par des effets d'imitation, comme pour le lancement initial de leurs systèmes de cartes de fidélité.

La décision sur le choix de la structure générale du programme n'est visiblement pas simple et dépend d'un certain nombre de facteurs et objectifs. Nous tentons de donner une recommandation sur la base des deux orientations stratégiques que nous avons analysées dans ce travail, la gestion de la diversité/hétérogénéité des clients et/ou de la relation. En croisant ces deux dimensions, on obtient la matrice suivante qui peut être une aide à la décision.

Tableau 5.
Un programme de fidélisation mono- ou multisponsors

Getsion de l'hétérogénéité	Gestion de la relation →	–	+
	+	1. Multisponsors	2. Monosponsor
	–	3. Pas de programme de fidélisation nécessaire	4. Monosponsor

Un programme multisponsors a tout d'abord l'avantage de pouvoir partager les coûts élevés de la gestion, mais il offre également des effets de synergies et d'externalités des programmes. D'un point de vue consommateur, il est ainsi vraisemblable qu'il crée plus de valeur car il multiplie les possibilités de cumuler des points de fidélité ainsi que la panoplie des gratifications. En effet, selon l'étude de Roland Berger Consulting (2003), 72 % des consommateurs souhaitent pouvoir utiliser leur carte de fidélité dans plusieurs magasins pour des raisons de praticité et de rapidité de cumul des points.

Le problème principal de ces alliances est que les entreprises favorisent de cette manière la multifidélité à plusieurs firmes, et rendent flou le niveau de la fidélité ainsi que l'image des sponsors. La fidélité n'est pas construite autour de

6. En effet, le programme monosponsor de Géant Casino a été transformé en 2001 en S-Miles qui est une configuration multisponsors.

la marque, mais autour du programme et du système de récompense. Il paraît ainsi évident que ce type de configuration ne peut que favoriser une faible modification du comportement d'achat telle que nous l'avons observée dans notre étude. Ce type de programme peut même rapidement se transformer en « piège », car, à l'opposé du programme monosponsor, il peut signaler qu'il est facile d'accumuler des points avant d'obtenir une prime sans qu'une modification majeure du comportement d'achat doive avoir lieu. Le résultat est une multiplication du nombre des petits adhérents, qui contribuent peu à la rentabilité de l'entreprise, ce qui peut s'avérer désastreux pour le système. Selon Sharp et Sharp (1997), les effets agrégés du phénomène de la fidélité excessive, qui sont déjà faibles, seront contrebalancés par un nombre significatif de nouveaux petits acheteurs, ayant un comportement d'achat moins important. Le résultat est alors un niveau de pénétration plus élevé, avec une fréquence d'achat sous-proportionnelle. Le magasin se situera en dessous de la ligne de la double pénalité. Les deux auteurs ont observé exactement ce phénomène pour le programme multisponsors Fly Buys en Australie et en Nouvelle-Zélande.

En revanche, la nature monosponsor, telle que nous l'avons analysée, semble exercer un effet de sélection sur les gros acheteurs de la marque. En effet, il va signaler aux consommateurs peu motivés par un changement du comportement d'achat que l'acquisition des points n'est pas facile et qu'un engagement à plus ou moins long terme est nécessaire. Par ses caractéristiques sélectives, il va ainsi filtrer et limiter l'accès aux clients les plus intéressants (en l'occurrence les plus grands acheteurs du magasin mais pas de la catégorie), ce qui est confirmé par notre étude. Ainsi, la « fidélité excessive » devrait être supérieure à celle d'un programme multisponsors, car d'un côté, les « chasseurs de promotion » et les petits clients du magasin se dirigent vers les points de vente ayant des promotions en cours (avec des récompenses immédiates), de l'autre côté, les acheteurs qui restent ou viennent devraient manifester un changement important du comportement, en vue de l'acquisition de la récompense.

Considérant ces points de vue, la réponse sur l'introduction de partenaires ou non est relativement claire. Si la priorité de l'entreprise est de fidéliser ou de modifier le comportement d'achat, la structure monosponsor est préférable, voire la seule solution possible. Si l'objectif est d'avoir une base de données marketing pour individualiser l'offre, le programme multi-sponsors est suffisant et permet de réaliser des économies et des synergies. Dans ce dernier cas, il est important de constituer un réseau de partenaires complémentaires et compatibles avec les propres produits proposés.

- **La diffusion massive ou sélective de la carte de fidélité**

Les programmes de fidélisation, tels qu'ils sont proposés actuellement, ont un impact faible et incertain sur le comportement d'achat. En revanche, leurs capacités de gestion de l'hétérogénéité et de sélection leur permettent de capter des cibles hautement intéressantes pour l'entreprise. C'est la raison pour laquelle la diffusion de la carte de fidélité doit être d'autant plus contrôlée que son coût direct pour l'entreprise est important. Pour une gestion optimale des ressources marketing, sa diffusion ne doit ainsi pas se faire dans une approche de masse, mais au contraire, de manière finement segmentée pour tenir compte de l'hétérogénéité des consommateurs, afin de toucher ceux qui sont les plus appropriés, en l'occurrence, ceux dont la probabilité d'adoption et de contrôle comportemental est maximale.

Ce constat est soutenu par une autre conclusion importante de notre analyse : certains individus sont plus enclins à une adoption précoce de la carte. Ces individus se distinguent par un comportement d'achat plus intense dans le point de vente proposant le programme de fidélisation. En outre, il semble que plus on avance sur la courbe de diffusion, moins les clients sont bons. Ils montrent même un certain opportunisme comme on peut l'observer souvent dans le domaine de la promotion des ventes. Les conclusions sur le comportement d'adoption des cartes de fidélité s'avèrent d'une importance capitale pour les managers quant à la gestion des portefeuilles clients et la triade recrutement–fidélisation–rétention : en période de lancement, une campagne de communication ciblée sur les gros acheteurs du magasin (les « adopteurs précoces ») doit être réalisée pour les laisser s'autosélectionner. Une fois le cycle de recrutement terminé, le management du programme doit plutôt focaliser sur la fidélisation de ces cibles au travers d'une politique de gestion de récompenses adaptées et individualisées. Nous recommandons ainsi de restreindre le recrutement dans les phases tardives du processus de diffusion à de nouveaux membres ayant des profils d'acheteurs similaires aux « adopteurs précoces » pour remplacer les défections inévitables, mais particulièrement afin d'éviter que des clients peu intéressants rendent le programme banal et surtout coûteux. Il est donc nécessaire que l'allocation des ressources marketing se fasse de manière équilibrée entre les différents types de politiques (Fornell et Wernerfelt, 1987) : recrutement–fidélisation–rétention.

- **La cible principale des programmes de fidélisation**

Le constat sur les sensibilités hétérogènes entre les consommateurs (CSP, revenu, etc.) amorce à nouveau un débat central sur la gestion d'un portefeuille clients et des cibles principales des systèmes de fidélisation actuels. La majorité des auteurs, comme Blattberg et Deighton (1996), recommandent d'orienter les ressources vers les gros consommateurs fidèles, et non vers les clients multifidèles, gros acheteurs de la catégorie mais faibles dans la marque ou l'enseigne.

En effet, selon notre analyse, les programmes ciblent visiblement bien les gros acheteurs existants, fidèles et réguliers ayant des taux de nourriture importants. Ce sont eux qui sont les premiers à adhérer au système parce qu'ils tirent le plus d'avantages des cartes de fidélité. Dans ce contexte, la question d'Ehrenberg *et al.* (1995) devient particulièrement valable : l'orientation des ressources du programme de fidélisation vers les gros acheteurs du magasin est-elle inefficace si l'on considère que ce type de consommateur a déjà manifesté le même type de comportement d'achat avant la souscription à la carte ? Le programme de fidélisation se situe alors intégralement dans un paradoxe bien connu du domaine de la promotion des ventes, c'est-à-dire récompenser un consommateur qui est déjà plus ou moins fidèle, qui aurait acheté même sans gratification. De l'autre côté, il apparaît difficile d'attirer les gros acheteurs de la catégorie qui sont souvent multifidèles, afin de les inciter à consommer plus.

Un autre problème est de nature démographique. Dans notre étude, l'âge des gros consommateurs fidèles est relativement élevé. La cible principale se situe ainsi en pleine phase de maturité, voire en déclin de son cycle de vie. Il est alors indispensable de penser à un recrutement de nouveaux clients plus jeunes avec un potentiel de développement important. Cependant, le programme dans sa configuration actuelle ne correspond clairement pas aux attentes de ce public. L'enseigne en question n'exploite alors pas le potentiel et les ressources de son programme de fidélisation. Les possibilités de gestion de portefeuille clients, avec une différentiation des cartes de fidélité ainsi que des actions marketing en vue de gérer les divers cycles de vie en fonction des changements de besoins ou des situations de vie (naissance d'enfants, âge, changement de profession), sont cependant réelles.

C'est la raison pour laquelle nous proposons une option stratégique de ciblage supplémentaire et d'orientation des ressources vers une clientèle intermédiaire, les fidèles partagés, possédant un taux de nourriture médian dans le magasin. Ce groupe de consommateurs présente en effet une opportunité de croissance importante et durable, et semble manifester une forte réactivité et sensibilité quant aux actions associées au programme de fidélisation. C'est en effet cette cible, déjà plus ou moins fidèle, qui devrait percevoir une utilité importante dans le système de gratification et des coûts relativement faibles associés à un changement de comportement d'achat.

Le problème de la stationnarité des marchés

Cette étude a également montré l'inertie du comportement de choix des magasins. En effet, les taux de pénétration, les parts de marché, les chiffres d'affaires ainsi que les taux de nourriture sont d'une extraordinaire stabilité sur la période de trois ans, ce qui confirme les généralisations empiriques majeures du modèle Dirichlet (Ehrenberg, 1988) : la présence de l'effet de la double pénalité. Les parts de marché et les fréquences d'achat sont ainsi proportionnelles à la pénétration, ce qui laisse supposer que les stratégies de fidélisation sont plus efficaces pour les gros acteurs leaders du marché que pour les petits. Les déviations de la norme Dirichlet se traduisant par des positions de niche sont plutôt l'exception, ce qui confirme les résultats d'Ehrenberg. L'idée de la domestication au travers des systèmes de fidélisation apparaît ainsi peu tenable dans le contexte actuel, plus déterminé par l'imitation que par la différenciation.

Nos conclusions ont ainsi deux implications importantes pour le manager marketing. Le côté positif de la considération est que les actes d'achat dans le domaine de la grande distribution s'ajustent bien aux modèles stochastiques, comme NBD/Dirichlet, qui ont déjà fait leurs preuves dans une longue tradition de recherche en marketing. La conséquence négative est que l'homme du marketing n'a que peu de contrôle sur l'achat répété à travers des actions de fidélisation. Tout ce qu'il peut espérer de sa panoplie d'actions, toutes choses égales par ailleurs, est une modification non durable des conditions de marché. Ce fait n'est pas nouveau et a été souvent observé dans les travaux sur les éléments du marketing mix (Lodish *et al.*, 1995 et 1998). En revanche, certaines conditions (comme la proximité, le confort, l'offre produits) s'apprêtent plus à capter des individus et à créer de la fidélité excessive ou des positions de niche, à l'aide d'un programme de fidélisation [7]. O'Brien et Jones (1995) avancent également que certains secteurs ou structures de marché sont plus favorables à l'application des cartes

7. Ce phénomène, qui souligne le caractère défensif des programmes de fidélisation et qui les distingue des autres variables du marketing mix (d'ailleurs, dans la panoplie des outils du marketing mix, les cartes de fidélité sont probablement le seul instrument capable de relever ce défi) est en revanche plutôt rare, ce qui est conforme aux résultats d'Ehrenberg *et al.* (1959-2004) et de Fader et Schmittlein (1993).

de fidélité, notamment ceux caractérisés par un grand nombre de consommateurs effectuant des transactions fréquentes mais de faible valeur, donnant ainsi les possibilités d'obtenir les informations sur le client et offrant d'importantes perspectives dans la gestion de l'hétérogénéité.

Il convient alors de mettre en garde contre tout abandon des programmes de fidélisation, car à ce stade de l'étude, les conséquences d'un arrêt subit sur les structures générales du marché ne sont pas explorées. L'acteur perdrait-il des clients et des parts de marché, ou bien, dans un contexte d'inertie et de stationnarité, la situation resterait-elle inchangée? Il est probable que l'abandon pourrait ainsi conduire à un désavantage par rapport à la concurrence.

Dans ce contexte, regardant le marché en Angleterre, certaines enseignes, comme Safeway et Asda, ont décidé de franchir ce pas et de revenir en arrière pour économiser environ 75 millions de dollars par an afin de les investir dans des promotions des ventes, considérées plus efficaces pour le recrutement (Curtis, 1999). Asda ne semble pas en avoir souffert. Ses parts de marché sont en effet passées depuis de 13,2 % à 13,6 % (Hawkes, 2000). De l'autre côté, celles des concurrents, Tesco ou Sainsbury's, qui ont maintenu leurs cartes de fidélité, ont également augmenté. Le distributeur Tesco considère que les abandons des programmes de fidélisation de la part de la concurrence ont contribué à une différenciation de chacun des acteurs, permettant à tous de trouver leur compte auprès des clientèles différentes. Tesco et Sainsbury's se différencient désormais plus par leur programme de fidélisation, Asda et Safeway, par leur politique de prix agressive.

Cet exemple et les résultats ne sont, par contre, pas validés par des recherches empiriques et académiques, ce qui met en garde contre tout abandon des programmes de fidélisation. À notre avis, même si l'impact des programmes de fidélisation est faible, leur maintien s'avère autant nécessaire que celui des autres instruments marketing, car comme le dit Ehrenberg (1997) : « *Marketers must work hard to stand still.* »

Nous voyons que le champ d'investigation est central pour créer et gérer un programme de fidélisation efficace. En revanche, les études dans le domaine sont encore incomplètes. Ainsi s'ouvrent de nombreuses perspectives d'étude prometteuses et fructueuses.

2. Les limites et voies de recherches

Nous profitons à cet endroit pour rappeler que notre étude présente un certain nombre de limites théoriques et méthodologiques, et ne se veut en aucun cas exhaustive. Ainsi, étant donné la relative nouveauté du sujet, le nombre restreint d'investigations existantes, et la richesse des données provenant de BehaviorScan, les pistes de recherche sont très nombreuses.

2.1. Les limites théoriques

Ce travail a positionné le programme de fidélisation en quelque sorte comme instrument agissant en tant que catalyseur pour établir une relation entre l'entreprise et ses clients. À ce propos, nous avons cependant mis en garde sur le fait que tous les domaines d'activité ne peuvent pas atteindre le même niveau d'efficacité, car celui-ci dépend du degré du risque perçu, de la compétition, de la différentiation et de l'implication. En effet, le secteur que nous avons analysé (*i.e.* grande distribution généraliste) est caractérisé par une inertie importante des comportements et une quasi-absence de coûts de changement (comme nous l'avons précisé plus haut). Ainsi, la construction d'une relation semble être plus difficile dans des contextes très concurrentiels, et notamment pour des produits de grande consommation. À cela s'ajoute la question cruciale de savoir si le consommateur la recherche réellement dans un contexte d'achats à faible implication et sans risque, car tout simplement, les circonstances transactionnelles ne s'y prêtent pas.

Le secteur d'activité de la distribution choisi pour cette investigation limite ainsi la validité externe de nos conclusions vers d'autres domaines, comme celui du transport aérien, par exemple. Il est alors possible qu'un programme de fidélisation construit autour de certaines catégories de produits à forte implication sera plus efficace (Anderson, 1994). En effet, selon une étude récente commerciale (Shrake, 1999), dans le secteur bancaire et celui du transport aérien, 20 % des consommateurs choisissent leur établissement en fonction du programme de fidélisation proposé. Ce taux descend à 10 % dans le domaine de la distribution où la majorité des échanges se réalise selon un mode intermédiaire, par défaut d'engagement réel du fournisseur et du client. De l'autre côté, une thèse de doctorat récemment soutenue à l'université de Sydney (le champs d'investigation se situe dans le secteur du transport aérien en Europe et en Australie) met en évidence que les effets des cartes de « *frequent flyer* » sur le comportement d'achat sont similairement faibles que dans notre contexte d'analyse, la grande distribution (Harris, 2004). Ce fait semble confirmer la transférabilité de notre travail vers d'autres secteurs d'activité.

2.2. Les limites méthodologiques

Le dispositif de données

L'utilisation d'une base de données interne à l'entreprise pose des problèmes dans le sens où l'on ne maîtrise pas l'ensemble du répertoire d'achats des individus. C'est la raison pour laquelle nous avons contourné ce biais par le croisement du fichier distributeur avec le panel BehaviorScan afin de nous approprier la vision la plus complète possible du marché. En revanche, l'emploi de données de panel pose certains problèmes d'ordre plus général, bien connus dans le domaine, que nous avons décrits dans le chapitre méthodologie.

Les suppositions de base du modèle Dirichlet

Une des critiques majeures du modèle Dirichlet est la considération de l'achat répété comme un phénomène sans mémoire des achats antérieurs, ce qui pose des problèmes pour mesurer la fidélité. Or, de nombreux travaux ont démontré que la fidélité est caractérisée par des processus d'apprentissage (Jacoby et Chestnut, 1978 ; Guadagni et Little, 1983). Cependant, ce constat n'empêche pas que le modèle s'ajuste bien et prédit de manière satisfaisante les taux de pénétration, les fréquences d'achat ainsi que d'autres statistiques utiles pour le manager marketing.

L'analyse temporelle des comportements d'achat

Le problème principal qui se pose lors de l'analyse temporelle des comportements d'achat est lié à la fixation arbitraire de la période totale de l'étude et des intervalles d'achat. Dans notre étude, nous avons d'abord opté pour une durée d'observation suffisamment longue (3 ans) afin d'éliminer les effets saisonniers.

Un autre biais méthodologique est lié au fait que la fidélité évolue probablement au niveau individuel dans le temps (Duwors et Haines, 1990), en fonction de changements de situations (déménagement) ou de besoins (cycles de vie). Il serait alors intéressant de reconduire l'analyse désagrégée pour des périodes de temps plus longues.

2.3. Les voies de recherches

Nous avons vu que les études dans le domaine sont encore rares et incomplètes, car la plupart du temps normatives et non validées empiriquement. Ainsi, les champs d'investigation pour le futur ne manquent pas et beaucoup de questions restent ouvertes permettant de nombreux développements de notre travail.

De l'autre côté, une source de données aussi riche que le panel BehaviorScan offre des extensions de recherche quasi illimitées [8].

L'intégration de variables psychométriques

Une voie de recherche prometteuse est de compléter notre approche comportementale de la fidélité en intégrant des variables psychométriques ou attitudinales. Une extension à des concepts de mesure de la qualité de la relation, comme la confiance et l'engagement, serait d'un intérêt particulier, dans un but d'explorer ce construit encore fragile dans le secteur de la grande distribution. Les travaux sur l'attachement, dans un contexte caractérisé par des achats routiniers, sans affection et implication, sont en effet encore rares (Macintosh et Lockshin, 1997).

La réalisation d'autres analyses sur BehaviorScan

Plusieurs modifications ont eu lieu dans le paysage de la distribution française : en 2001, le programme de fidélisation que nous avons analysé a été transformé en structure multisponsors ; l'enseigne M6 a lancé également un programme de fidélisation en 2002, permettant de disposer d'une vraie configuration avant/après existence de la carte de fidélité [9]. Ces cas s'avèrent d'un intérêt particulier et il convient ainsi d'analyser les effets de ces changements majeurs.

Des réplications

Tout d'abord, il serait intéressant de refaire l'analyse « avant/après souscription à la carte de fidélité » avec un programme de fidélisation de l'un des concurrents du marché d'Angers (par exemple, le leader M4). Nous pensons cependant que les résultats ne changeront pas fondamentalement pour plusieurs raisons : premièrement parce que ce travail a déjà examiné les cartes de fidélité des autres concurrents dans le cadre de l'approche agrégée et individuelle (modèle Dirichlet et comparaison porteurs/non-porteurs) ; ensuite parce que la méthodo-

8. Nous tenons à remercier de nouveau les sociétés MarketingScan (en particulier messieurs Battais, Belhommet et Guicchard), GfK et le distributeur pour leur aide et confiance indispensable, sans lesquels la réalisation de ce travail n'aurait pas été possible. En effet, la collaboration entre universitaires et professionnels du marketing est une voie prometteuse qui est cependant encore rarement choisie en France et en Allemagne.

9. Il est ainsi possible de redéployer à la fois la méthodologie Dirichlet pour tester l'impact d'un nouveau programme sur la structure générale du marché, et l'analyse au niveau individuel, pour tester les effets sur le comportement d'achat.

logie Dirichlet utilisée est une réplication de l'étude de Sharp et Sharp (1997/1999) qui confirme que nos résultats ne divergent pas fondamentalement des leurs.

Des réplications dans d'autres secteurs d'activité, (par exemple celui des services : compagnies aériennes, loueurs de voitures, chaînes d'hôtels, etc.) s'avèrent particulièrement porteuses. Des réflexions théoriques devraient ainsi amener à des considérations sur les facteurs déterminants des choix de stratégies de fidélisation. Dans quelles conditions les programmes de fidélisation sont-ils les plus efficaces ? Dans quelle situation vaut-il mieux mettre l'accent sur la discrimination, dans quelle autre peut-on chercher à renforcer le lien et la relation avec le client ? Cet arbitrage dépend de beaucoup de facteurs. Palmer et Beggs (2002) proposent le cadre d'analyse suivant avec quelques variables clés pour optimiser les conditions d'application et l'efficacité des programmes de fidélisation. La première considération concerne le secteur d'activité ainsi que le degré de différenciation et d'implication des produits, la structure du marché et l'intensité de la compétition. La seconde réflexion renvoie à la capacité et la volonté de segmentation de la firme ainsi que son aptitude à différencier les produits et la relation.

Enfin, une dernière possibilité de réplication est de refaire notre analyse sur un autre marché test BehaviorScan, comme à Hassloch en Allemagne. Le choix s'est porté sur l'Allemagne car dans ce pays un bon nombre de phénomènes intéressants se présentent. Tout d'abord, les programmes de fidélisation tels qu'ils sont connus en France ont seulement émergé au début des années 2000. Le marché est alors caractérisé par une relative immaturité. Ce fait est confirmé par une récente étude du magazine *Stern TrendProfil* (2001). Plus de 81 % des utilisateurs du plus grand programme de fidélisation Payback [10] considèrent qu'ils utilisent la carte régulièrement et la trouvent utile. En comparaison avec les programmes BahnCard et Lufthansa Miles & More, il atteint un niveau de notoriété, de possession, de satisfaction et de sympathie supérieure. La structure de la catégorie socioprofessionnelle correspond de manière équilibrée à des hommes et des femmes jeunes appartenant à des couches sociales supérieures.

La chute de la loi sur les rabais le 25 juillet 2001 (Rabattgesetz) a certainement favorisé ce développement favorable, et le chiffre d'affaires cumulé réalisé par la carte Payback s'élevait à 5,5 milliards d'euros en un an (2001) et la valeur des gratifications émises à 7,8 millions d'euros.

Ensuite, un autre phénomène intéressant en Allemagne est la longue tradition d'un autre outil de fidélisation, le club de client (*customer club* [11]), qui existait outre-Rhin avant les programmes de fidélisation, lié à la situation juridique contraignante concernant les réductions de prix ou récompenses financières. Ces clubs fonctionnaient plus sur les aspects relationnels que sur le prix.

10. Le premier programme de fidélisation est de nature multisponsors. Derrière ce programme, l'entreprise Loyalty Partner GmbH gère toutes les modalités pour un nombre important d'entreprises adhérentes, parmi les plus connues sont : Galeria Kaufhof, DM Drogerie, DEA, AOL, OBI, Europcar, Real. Selon les dernières informations, 19 millions de cartes ont été émises depuis le lancement en mars 2000, dont un tiers dans l'hypermarché Real.

11. Il y a actuellement plus de 300 clubs clients en Allemagne. De telle manière, on trouve par exemple le club Volkswagen/Audi qui offre, comme la carte de General Motors, des points pour chaque achat effectué (révisions et pièces détachées inclus) dans le groupe VAG.

L'intégration du contenu du panier

La problématique de cette étude est centrée sur le comportement d'achat agrégé et individuel dans les points de vente. Une voie de recherche intéressante serait d'élargir la modélisation au niveau individuel au contenu du panier, car il est tout à fait probable que les programmes de fidélisation fonctionnent mieux pour certains produits, catégories de produits ou marques. En particulier, les travaux de Drèze *et al.* (1994) montrent qu'une segmentation par catégories de produits sensibles en terme d'implication et de fréquence d'achat (par exemple, la catégorie bébé) peut augmenter de manière importante les effets. Dans ce contexte, la prise en compte de la notion de produit fidélisant (Crié, 1999) peut également s'avérer très porteuse pour des études futures, notamment pour une optimisation des politiques de « *category management* », de référencement de produits (Borges, 2003) et de promotions des ventes des distributeurs.

L'exploration des systèmes de recommandation tel que l'équipe du professeur Gaul (2001) de l'Institut für Entscheidungstheorie und Unternehmensforschung à l'université de Karlsruhe la pratique, sera certainement d'une importance capitale pour analyser les multitudes de combinaisons de produits dans les paniers. D'ailleurs, dans ce contexte, il serait intéressant de tester l'impact de l'individualisation de l'offre qui sera permis à l'aide du couplage de la carte de fidélité à des systèmes de recommandation.

Une analyse par segment de clients

Notre analyse du comportement d'achat a montré que les modifications liées à la carte de fidélité sont très faibles. Est-ce l'absence d'une gestion individualisée des systèmes de fidélisation qui favorise le faible impact de la carte de fidélité sur le comportement d'achat ? Un certain nombre de faits semblent confirmer cette supposition. Il est probable, comme le démontre la littérature sur la promotion des ventes (Ortmeyer *et al.*, 1991 ; Chintagunta *et al.*, 1991 ; Vilcassim et Jain, 1991), que certains segments de consommateurs sont plus susceptibles d'être influencés par les programmes de fidélisation que d'autres, ceci étant lié à la présence de phénomènes d'hétérogénéité des clients. Une analyse effectuée par segments de consommateurs semble ainsi être une piste de recherches futures prometteuse et permet d'éclairer les idées de ciblage de Blattberg et Deighton (1996). L'aboutissement d'un tel travail doit être une proposition de critères de segmentation et le rôle principal des cartes de fidélité est de sélectionner et d'identifier les clients, conduisant ainsi à un meilleur ajustement des ressources en fonction de la sensibilité de ces derniers aux actions de fidélisation. Dans ce contexte, d'importantes questions, telles que la capacité d'exploitation de la valeur d'un segment, se posent. Par exemple, est-il possible, par l'action marketing, d'infléchir le cycle de vie du client de manière à gérer dans le temps le flux des revenus? Comment peut-on augmenter les probabilités de survie et donc accroître la valeur ?

Une analyse de l'efficacité des systèmes de gratifications

Nous avons vu à partir de notre travail mais également dans les travaux récents présentés dans le *Journal of Marketing Research* (Kivetz et Simonson, 2002 et de Roehm *et al.*, 2002), que le système de gratifications joue un rôle central comme source d'efficacité d'un programme de fidélisation car d'un côté, ce sont les stimuli qui sont susceptibles de provoquer un comportement d'achat donné, de l'autre côté, ils permettent de gérer la durée de la relation (rétention) au travers des bénéfices différés.

Le nombre d'investigations sur l'impact des récompenses reste néanmoins restreint. C'est la raison pour laquelle des travaux complémentaires nous semblent prioritaires. La mise en place de configurations expérimentales pour tester nos hypothèses est indispensable, notamment celle sur l'impact d'un programme de gratifications sur les stratégies d'achat. D'autres questions restent ouvertes. Par exemple, dans quel contexte vaut-il mieux opter pour des bénéfices tangibles ou intangibles ? Est-il préférable de proposer des gratifications liées à l'activité de l'entreprise pour renforcer l'image de marque ? Quel est l'arbitrage optimal à faire entre la rétention et la motivation du client de s'engager plus ou moins longtemps dans le programme ? Autrement dit, quelle est la durée maximale qu'un consommateur est prêt à investir pour obtenir une récompense ?

Dans ce contexte, nous avons commencé à gagner l'intérêt de certains distributeurs et industriels français pour notre groupe de recherche international IRGREM [12] qui est spécialisé dans ce domaine de recherche, dans l'optique de trouver des éléments de réponse à ces interrogations.

Nous voyons que les études dans le domaine de la fidélisation et des programmes spécifiques sont encore rares et incomplètes, car la plupart du temps normatives et non validées empiriquement. Ainsi, les champs d'investigation ne manquent pas et beaucoup de questions de nature diverse restent ouvertes et à explorer. Quoique nous ne pensions pas avoir clôturé la question de recherche dans le domaine, ne serait-ce dans un but de multiplier des études pour résoudre le problème de la validité externe de notre travail, notre profonde conviction est que la question de recherche principale dans le futur doit être structurée autour de l'examen de l'efficacité des systèmes de gratifications.

12. International Research Group for Relationship and E-Marketing, initié par les IAE de Pau, Lille, l'université Toulouse Paul Sabatier (LGC) ainsi que par l'université de Karlsruhe en Allemagne. Des informations supplémentaires sur ce groupe peuvent être trouvées sur le site suivant : http://meyer-waarden.com

Bibliographie

AAKER D.A. (1991), *Managing Brand Equity*, New York, Free Press.

AILAWADI K. et NESLIN S. (1998), « The Effect of Promotion on Consumption : Buying more and Consuming it faster », *Journal of Marketing Research*, 35, août, p. 390-398.

AMINE A. (1999), *Le Comportement du consommateur face aux variables d'action marketing*, Eds. Management et Société.

ANDERSON E. et SULLIVAN M. (1993), « The Antecedents and Consequences of Customer Satisfaction for Firms », *Marketing Science*, 12, 2, p. 125-43.

ANDERSON E.W. (1994), « Cross Category Variation in Consumer Satisfaction and Retention », *Marketing Letters*, 5, 1, p. 19-30.

ARNDT J. (1979), « Toward a Concept of Domesticated Markets », *Journal of Marketing*, 43, p. 69-75.

ARNOLD S., OUM T. et TIGERT D. (1983), « Determinant Attributes in Retail Patronage : Seasonal, Temporal, Regional and International Comparisons », *Journal of Marketing Research*, 20, mai, p. 149-157.

ASTLEY W.G. (1985), « The Two Ecologies : Population and Community Perspectives on Organizational Evolution », *Administrative Science Quarterly*, 30, p. 224-241.

AURIER P.(1991), « La Recherche de variété : un concept majeur de la théorie en marketing », *Recherche et applications en marketing*, 6, 1, p. 85-106.

AURIER P., EVRARD Y et N'GOALA G. (1998), « La Valeur du produit du point de vue du consommateur », *Actes du congrès des IAE*, tome I, Nantes, 28 avril.

BALDINGER A. et RUBINSON J. (1996), « Brand Loyalty : the Link Between Attitude and Behavior », *Journal of Advertising Research*, novembre-décembre, p. 22-34.

BARLOW R. (1992), « Relationship Marketing. The Ultimate in Customer Services », *Retail Control*, mars, p. 29-37.

BARLOW R . (1994), « Department Stores Move in the Right Direction... Slowly », *Colloquy*, 4, 3, p. 2-3.

BARLOW R . (1996), « Thank You's and Discounts aren't enough », *Colloquy*, 5, 3, p. 2-3.

BARLOW R. (2000), « Online Loyalty Programs Losing Traction », *Brandweek*, New York, septembre, 18, p. 30.

BARNES J.G. (1997) , « Closeness, Strength, and Satisfaction : Examining the Nature of Relationships between Providers of Financial Services and Their Retail Customers », *Psychology and Marketing*, 14, p. 765-90.

BASS F. (1969), « A New Product Growth Model for Consumer Durables », *Management Science*, 15, 4, p. 204-223, *in* PALMA *et al.* (1991).

BASS F. (1974), « The Theory of Stochastic Preference and Brand Switching », *Journal of Marketing Research*, 11, p. 1-20.

BAWA K. (1990), « Modelling Inertia and Variety Seeking Tendencies », *Marketing Science*, 9, p. 263-78.

BAWA K. et SHOEMAKER R. (1989), « The Coupon-Prone Consumer : Some Findings Based on Purchase Behavior Across Product Classes », *Journal of Marketing*, 51, p. 99-110.

BAWA K. et GOSH A. (1991), « The Covariates of Regularity in Purchase Timing », *Marketing Letters*, p. 147-57.

BECKER G. (1965), « A Theory of the Allocation of Time », *The Economic Journal*, 75, p. 493-517.

BELL D., CHIANG J. et PADMANABAN V. (1999), « The Decomposition of Promotional Response : an Empirical generalisation », *Marketing Science*, 18, 4, p. 504-26.

BEMMAOR A. et MOUCHONS P. (1992), « Effets des réductions de prix et de la publicité sur les ventes en magasin : un plan factoriel », *Recherche et applications en marketing*, 7, 2, p. 27-47.

BENAVENT C. (1995), « Gérer le portefeuille clients : une application au Benelux », *Décisions marketing*, 4, janvier-avril, p. 35-45.

BENAVENT C. (2002), site web, http://christophe.benavent.free.fr

BENAVENT C. et CRIÉ D. (1998), « Mesurer l'efficacité des cartes de fidélité », *Décisions marketing*, 15, janvier-avril, p. 10-20.

BENAVENT C., CRIÉ D. et MEYER-WAARDEN L. (2000), « Analysis of the Efficiency of Loyalty Programs », The 3rd AFM French-German Conference about Retailing and Distribution in Europe, Saint-Malo, juin.

BENDAPUDI N. et BERRY L. (1997), « Customers' Motivations for Maintaining Relationships with Service Providers », *Journal of Retailing*, 73 (1), p. 15-37.

BERGER P.D. et NASDR I., NASR (1998), « Customer Life Time Value : Marketing Models and Applications », *Journal of Interactive Marketing*, 12 (1), p. 17-30.

BERRY L. (1983), *Relationship Marketing*, Eds. Emerging Perspectives on Services Marketing AMA.

BERRY L. (1995), *On Great Service : A Framework for Action*, Free Press, New York.

BHATTACHARYA C.B. (1997), « Is Your Brand's Loyalty Too Much, Too Little, or Just Right? Explaining Deviations in Loyalty From the Dirichlet Norm », *International Journal of Research in Marketing*, 14, 5, p. 421–435.

BITRAN G.R. et MONDSCHEIN S.V. (1996), « Mailing Decisions in the Catalog Industry », *Management Science*, vol. 42, 9, p. 1364-1381.

BLATTBERG R., BUESING T., PEACOCK P. et SEN S. (1978), « Identifying the Deal Prone Segment », *Journal of Marketing Research*, 25, 3, p. 369-377.

BLATTBERG R. et DEIGHTON J. (1996), « Manage Marketing by the Customer Equity Test », *Harvard Business Review*, juillet-août, p. 136-144.

BLATTBERG R. et WISNIEWKI K. (1989), « Modelling Store Level Scanner Data », *Working Paper*, University of Chicago, ILL, janvier.

BLATTBERG R., BRIESCH R. et FOX E.(1995), « How Promotions Work », *Marketing Science*, 14, 3, p. 122-131.

BLATTBERG R., GLAZER R. et LITTLE J. (1994), *The Marketing Information Revolution*, Harvard Business School Press.

BLATTBERG R.C. et NESLIN S. (1990), *Sales Promotion. Concepts, Methods and Strategies*, Prentice Hall, Englewood Cliffs, New Jersey.

BLIEMEL F. et EGGERT A. (1998), « Kundenbindung. Die neue Sollstrategie », *Marketing ZFP*, 20, 1, p. 37-46.

BOEHNKE K. (1998), *Der Einfluss Verschiedener Stichprobencharakteristika auf die Effizienz der Parametrischen Varianzanalyse*, Eds. Springer, Heidelberg.

BOLTON R. et DREW J. (1994), « Linking Customer Satisfaction to Services Operations and Outcomes », *in* ROLAND T.R. et RICHARD L.O. (eds), *Service Quality. New Directions in Theory and Practice.*

BOLTON R. (1995), « Linking Customer Satisfaction to the Duration of Customer-Provider Relationships and to Revenues », unpublished working paper, Waltham, MA, GTE Laboratories.

BOLTON R., KANNAN P. et BRAMLETT M. (2000), « Implications of Loyalty Program Membership and Service Experiences for Customer Retention and Value », *Journal of the Academy of Marketing Science*, 28, 1, hiver, p. 95-108.

BORGES A. (2003), « L'Assortiment promotionnel dans le commerce de détail : prise en compte des associations d'achat et impact sur l'utilité promotionnelle », thèse de doctorat, université de Rennes 1 (CREREG).

Boston Consulting Group et Euro-Handelsinstitut (1994), Studie Deutscher Kundenbarometer.

BOZZO C. (2000), « Modélisation du comportement d'achat en milieu industriel : fidélité, rétention inertie », thèse de doctorat, IAE Aix-en-Provence, CEROG.

BROCK T.C. (1968), « Implications of Commodity Theory for Value Change », *Psychological Foundations of Attitudes*, GREENWALD A.G., BROCK T.C. et OSTROM T.M. (eds), New York, Academic Press, p. 243-275.

BROWN J.D. (1972), « Consumer Loyalty for Private Food Brands », *Bureau of Business Research*, Indiana Ball State University.

BRUHN M. et HOMBURG C. (1998), *Handbuch Kundenbindungsmanagement : Grundlagen-Konzepte-Erfahrungen*, BRUHN M. et HOMBURG C. (eds.), Wiesbaden.

BUCKLIN R. et GUPTA S. (1999), « Commercial Use of UPC Scanner Data : Industry and Academic Perspectives », *Marketing Science*, 18, 3, p. 247-273.

BÜHL A. et ZÖFEL P. (2000), *SPSS Version 10. Einführung in die moderne Datenanalyse unter Windows*, 7e édition, Eds. Addison-Wesley, Munich.

BÜHL A. et ZÖFEL P. (2000), *SPSS Methoden für die Markt- und Meinungsforschung*, Addison-Wesley, Munich.

BUTSCHER S. (1998), *Kundenbindungsprogramme und Kundenclubs*, IM Fachverlag Ettlingen.

BUZZEL R. et BARNEY T. (1987), *The PIMS Principles : Linking Strategy to Performance*, New York, Free Press.

CALCIU M. et SALERNO F. (2002), « Modélisation de la valeur client. Synthèse des modèles et propositions d'extension », *Actes du congrès de l'AfM*, Lille, p. 205-230.

CARMAN J. (1970), « Correlates of Brand Loyality : Some Positives Results », *Journal of Marketing Research*, 7, p. 67-76.

CHERON E. et ZEITOUN H. (1990), « Mesure et effets de l'insatisfaction : application au marché des services aériens », *Recherche et applications en marketing*, 5, 4, p. 71-86.

CHÉTOCHINE G. (1992), *Marketing stratégique de la distribution*, Editions Liaisons.

CHINTAGUNTA P. (1993), « Investigating Purchase Incidence, Brand Choice and Purchase Quantity Decisions of Households », *Marketing Science*, 12, 2, p. 184-208.

CHINTAGUNTA P. (1998), « Inertia and Variety Seeking in a Model of Brand-Purchase Timing », *Marketing Science*, 17, 3, p. 253-270.

CHINTAGUNTA P., JAIN D. et VILCASSIM N. (1991), « Investigating Heterogeneity in Brand Preferences in Logit Models for Panel Data », *Journal of Marketing Research*, 28, 4, p. 417-28.

CIGLIANO J., GEORGIADIS M., PLEASANCE D. et WHALLEY S. (2000), « The Price of Loyalty », *McKinsey Quarterly*, 4, p. 68-77.

CLIQUET G. (1988), « Les Modèles gravitaires et leur évolution », *Recherche et applications en marketing*, 3, 3, p. 39-52.

CLIQUET G. (1990), « La Mise en œuvre du modèle interactif de concurrence spatiale (MICS) subjectif », *Recherche et applications en marketing*, 5, 1, p. 3-18.

Coca-Cola Retailing Research Council (1994), « Measured Marketing : a Tool to Shape Food Store Strategy ».

COLOMBO R. et MORRISON D. (1989), « A Brand Switching Model with Implications for Marketing Strategies », *Marketing Science*, 8, 1, p. 89-99.

COOPER L. (1993), *Market Share Models, Handbooks in Operations Research and Management Science*, vol. 5, « Marketing », Ed. Eliashberg and Lilien G.

COPELAND M.T. (1923), « Relation of Customers Buying Habits to Marketing Methods », *Harvard Business Review*.

COX D.R. (1972), « Regression Models and Life Tables », *Journal of Royal Statistical Society*, B, 34, p. 187-220.

CRAIG S., GHOSH A. et MCLAFFERTY S. (1984), « Models of Retail Location Process : A Review », *Journal of Retailing*, 60, 1, p. 5-36.

CRIÉ D. (1999), « Les Produits fidélisants dans la relation client-fournisseur », thèse pour le doctorat de sciences de gestion, IAE, Lille.

CUNNINGHAM R. (1956), « Brand Loyalty – What, Where, How Much », *Harvard Business Review*, 34, p. 116-28.

CUNNINGHAM R. (1967), « Customer Loyalty to Store and Brand », *Harvard Business Review*, 39, p. 127-37.

CURTIS J. (1999), « Cards Versus Cuts in the Loyalty War », *Marketing*, Londres, octobre, 7, p. 37-38.

DAVIES G. (1998), « Loyalty Cards Can Erode Loyalty : Only Customer Relationship Programs Can Build It », *European Retail Digest*, 20, p. 8-13.

DAY G. (1999), « Instaurer des relations durables » , *in L'Art du marketing*, vol. 3, *Les Échos*, mercredi 30 avril.

DAY G. (2000), « Managing Market Relationships », *Journal of the Academy of Marketing Science*, hiver, 28, 1, p. 24-30.

DAY G.S. (1969), « A Two-Dimensional Concept of Brand Loyalty », *Journal of Advertising Research*, 9, septembre, p. 29-36.

DE PALMA A., DROESBEKE J.-J. et LEFÈVRE C. (1991), *Modèles de diffusion en marketing*, PUF.

DE SOUZA G. (1992), « Designing a Customer Retention Plan », *Journal of Business Strategy*, mars-avril, p. 24-28.

DECKER R. (1994), *Analyse und Simulation des Kaufverhaltens auf Konsumgütermärkten. Konzeption eines modell-und wissensorientierten Systems zur Auswertung von Paneldaten*, Peter Lang, Franfurt am Main, W. Gaul et H.G. Gemünden.

DECKER R. et GAUL W. (1989), « Classification and Selection of Consumer Purchase Behaviour Models », *in* OPITZ O., *Conceptual and Numerical Analysis of Data*, Berlin, Springer, p. 389-398.

DESHPANDE R. (1999), « Foreseeing Marketing », *Journal of Marketing*, 63, p. 164-167.

DESHPANDE R., FARLEY J. et WEBSTER F. (1993), « Corporate Culture, Customer Orientation and Innovativeness », *Journal of Marketing*, janvier, 57, 1, p. 23-38.

DESMET P. (1992), *La Promotion des ventes. Du 13 à la douzaine au marketing direct*, Nathan, Paris.

DESMET P. (1995), *Marketing direct. Concepts et méthodes*, Nathan, Paris.

DESMET P. et VOLLE P. (1996), « The Modelling and Assessment of Store Loyalty Performance with a Simple-Effect Gravitational Model », 25e EMAC Conference, Budapest, p. 333-351.

DESMET P. (2002), *La Promotion des ventes. Du 13 à la douzaine au marketing direct*, Dunod, Paris.

DICK A.S. et BASU K. (1994), « Customer Loyalty : Toward an Integrated Conceptual Framework », *Journal of The Academy of Marketing Science*, 22 (2), p. 99-113

DILLER H. (1996), « Kundenbindung als Marketingziel », *Marketing ZFP*, 2, 2, p. 81-94.

DILLER H. (1997), « Was Leisten Kundenclubs ? », *Marketing ZFP*, 1, 1, p. 33-41.

DORMONT B. (2002), *Introduction à l'économétrie des données de panel : théorie et applications à des échantillons d'entreprises*, Édition Paris : Centre national de la recherche scientifique, 1989.

DOWLING G.R. et UNCLES M. (1997) , « Do Customer Loyalty Programs Really Work ? », *Sloan Management Review*, été, p. 71-82.

DOYLE P. (1998), *Marketing Management and Strategy*, Édition Hemel Hempstead, Hertfordshire, Prentice Hall Europe , 2e édition.

DRÈZE X. (1999), « Rehabilitating Cherry Picking », *Working Paper Marshall School of Business*, Université Southern California, janvier.

DRÈZE X. et VANHUELE M. (2002), « Measuring the Price Knowledge Shoppers Bring to the Store », *Journal of Marketing Research*, 66, 4, octobre, p. 72-86.

DRÈZE X., HOCH S. et PURK M. (1994), « Explorating Relationship Marketing », *American Greetings Research Council*, Cleveland.

DRÈZE X., HOCH S. et PURK M. (1994), « EDLP, Hi-Lo and Margin Arithmetic », *Journal of Marketing*, 58, octobre, p. 16-27.

DRÈZE X., HOCH S. et PURK M.(1994), « Turning Traffic into Transactions. Innovative Strategies to Protect and Grow General Merchandise and Health and Beauty Care Products Sales through Category Management », *American Greetings Research Council*, Cleveland.

DROESBEKE J.-J., FICHET B. et TASSI P. (1989), *Analyses statistiques des durées de vie*, Economica.

DUBOIS B. et LAURENT G. (1999), *in* « Les arts du marketing », *Les Échos*, 14 mai.

DUBOIS B. et QUAGHEBEUR A. (1997), « Les consommateurs font-ils ce qu'ils disent ? », Actes du 13e congrès international de l'AfM.

DUBOIS P.L. et JOLIBERT A. (1992), *Le Marketing : fondements et pratiques*, Economica, Paris.

DUNN R., READER S. et WRIGLEY N. (1983), « An Investigation of the Assumptions of the NBD Model as Applied to Purchasing at Individual Stores », *Applied Statistics*, 32 (3), p. 249-259.

DUWORS R. et HAINES G. (1990), « Event History Analysis Measures of Brand Loyalty », *Journal of Marketing Research*, 27, p. 485-493.

DWYER F.R. (1989), « Customer Lifetime Valuation to support Marketing Decision Making », *Journal of Direct Marketing*, 3, 4.

DWYER R., SCHURR P. et OH S. (1987), « Developing Buyer Seller Relationships », *Journal of Marketing*, 52, p. 21-34.

EAST R. (2000), « Loyalty : Definition and Explanation », *in ANZMAC 2000 Visionary Marketing for the 21st Century : Facing the Challenge*, New Zealand.

EAST R. et HAMMOND K. (1996), « The Erosion of Repeat Purchase Loyalty », *Marketing Letters*, 7, 2, p. 163-171.

EAST R., HARRIS P., WITTSON G. et LOMAX W. (1995), « Loyalty to Supermarkets », *International Review of Retail, Distribution and Consumer Research*, 5, p. 99-109.

EHRENBERG A.S.C. (1988), *Repeat Buying, Facts, Theory and Applications*, Londres, C. Griffin & Co. Ltd, Oxford University Press, New York.

EHRENBERG A.S.C. (1997), « Description and Prescription », *Journal of Advertising Research*, novembre-décembre, p. 17-22.

EHRENBERG A.S.C. et UNCLES M. (1996), « Dirichlet-Type Markets : A Review », Working Paper, University of New South Wales, Londres, South Bank Business School, Sydney, Australia.

EHRENBERG A.S.C., GOODHARDT G. et HAMMOND K. (1994), « The After-Effects of Price-Related Consumer Promotions », *Journal of Advertising Research*, 35, juillet-août, p. 11-21.

EHRENBERG A.S.C., GOODHARDT G.J. et BARWISE T.P. (1990), « Double Jeopardy Revisited », *Journal of Marketing*, 54, juillet, p. 82-91.

EHRENBERG A.S.C., UNCLES M. et HAMMOND K. (1995), « Patterns of Buyer Behavior : Regularities, Models and Extensions », *Marketing Science*, 14, 3, G71-G78.

EHRENBERG A.S.C., BARNARD N. et SHARP B. (2000), « Decision Models or Descriptive Models », *International Journal of Research in Marketing*, 17, p. 147-158.

EHRENBERG A.S.C., BARNARD N. et SCRIVEN J. (1997), « Differentiation or Salience », *Journal of Advertising Research*, 37, 6, p. 7-14.

EHRENBERG A.S.C., BOUND J.A. (2000), Turning Data into Knowledge, *in* CHAKRAPANI C. (éd.), *Marketing Research : State of the Art Perspectives, The Handbook of the American Marketing Association and the Professional Market Research Society*, American Marketing Association, Chicago, IL, p. 23-46.

EISENHARDT K.M et GALUNIC D.C (2000), « Co-Evolving : at Last, a Way to Make Synergies Works », *Harvard Business Review*, 781, p. 91-101.

ENGEL U., REINECKE J. (1995), *Panelanalyse. Grundlagen. Techniken. Beispiele*, Eds. Gabler.

EVRARD Y., PRAS B. et ROUX E. (1993), *Market. Études et recherches en marketing*, Nathan.

EVRARD Y. et AURIER P. (1994), « The Influence of Emotions on Satisfaction with Movie Consumption », *Journal of Consumer Satisfaction, Dissatisfaction and Complaining Behavior*, 7, p. 119-125.

FADER P. (1993), « Integrating the Dirichlet-Multinomial and Multinomial Logit Models of Brand Choice », *Marketing Letters*, 4, 2, p. 99-112.

FADER P. et SCHMITTLEIN D. (1993), « Excess Behavioral Loyalty for High-Share Brands : Deviations from the Dirichlet Model for Repeat Purchasing », *Journal of Marketing Research*, 30, 4, p. 478-493.

FINN J.D. (1981), *Multivariance : Univariate and Multivariate Analysis of Variance, Covariance, Regression, and Repeated Measures*, Éditions National Education Resources Inc.

FISHBEIN M. et AJZEN I. (1975), *Belief, Attitude, Intention and Behaviour*, Reading, MA, Addison-Wesley.

FORNELL C. et WERNERFELT B. (1987), « Defensive Marketing Strategy by Customer Complaint Management : A Theoretical Analysis », *Journal of Marketing Research*, 24, novembre, p. 337-346.

FORNELL C., JOHNSON M.D., ANDERSON E.W., CHA J. et BRYANT B. (1996), « The American Customer Satisfaction Index : Nature, Purpose and Findings », *Journal of Marketing*, 60, octobre, p. 7-18.

FOTHERINGHAM A. (1991), « Statistical Modeling of Spatial Choice », *Research in Marketing*, JAI Press Inc., 5, p. 95-117.

FOURNIER S. (1998), « Consumers And Their Brands : Developing Relationship Theory In Consumer Research », *Journal of Consumer Research*, 24, 4, p. 343-373.

FOURNIER S. et YAO J. (1997), « Reviving Brand Loyalty : A Reconceptualization Within the Framework of Consumer Relationships », *International Journal of Research in Marketing*, 14, p. 451-472.

FRIEDMAN M., VAN DEN ABEELE P. et DE VOOS K. (1993), « Boorstin's Consumption Community Concept : A Tale of two Countries », *Journal of Consumer Policy*, 16, 1, p. 35-60.

FRISBIE G. (1980), « Ehrenberg's Negative Binomial Model Applied to Grocery Store Trips », *Journal of Marketing Research*, 17, 3, p. 385-390.

GARBARINO E. et JOHNSON M.S. (1999), « The Different Roles of Satisfaction, Trust and Commitment in Customer Relationships », *Journal of Marketing*, 63, avril, p. 70-87.

GAUL W. (2001), « Konsumentenverhalten und Marktforschung », Cahier de recherche, p. 172-174, Institut für Entscheidungstheorie und Unternehmensforschung, Universität Karlsruhe.

GAUL W., GEYER-SCHULZ A., HAHSLER M., SCHMIDT-THIEME (2001), « eMarketing mittels Recommendersystemen », Cahier de recherche n° 241, Institut für Entscheidungstheorie und Unternehmensforschung, Universität Karlsruhe (dans une édition spéciale de Marketing ZFP sur le E-marketing).

GEYER-SCHULZ A., HAHSLER M. et JAHN M. (2001), « A Customer Purchase Incidence Model Applied to Recommender Systems », *in* KOHAVI/MASAND/SPILIOPOULOU/SRIVASTAVA (eds.), p. 35-46.

GILMORE J. et PINE B. (1997), « The Four Faces of Mass Customisation », *Harvard Business Review*, 75, 1, p. 91-101.

GIRARD D. (1999), « The 10 Costliest Retention Marketing Errors », *Target Marketing*, 22, 12, p. 28-29.

GLENN N.D. (1977), *Cohort Analysis, Sage University Paper Series on Quantitative Applications in the Social Sciences*, 07-005, Beverly Hills and London, Eds. Sage.

GORDON W. (1994), « Retailer Brands. The Value Equation for Success in the 90s », *Journal of the Market Research Society*, 36, 3, p. 165-181.

GOODHARDT G.J., EHRENBERG A.S.C. et BARWISE T.P. (1984), « The Dirichlet : A comprehensive Model of Buying Behaviour », *Journal of the Royal Statistical Society*, A 147, p. 621-655.

GRÖNROOS C. (1995), « From Marketing Mix to Relationship Marketing : Towards a Paradigm Shift in Marketing », *Managment Decision*, 32, 2, p. 4-20.

GUADAGNI P. et LITTLE J. (1983), « A Logit Model of Brand Choice Calibrated on Scanner Data », *Marketing Science*, 2, p. 203-238.

GUMMESSON E. (1996), « Toward a Theoretical Framework of Relationship Marketing », *International Conference on Relationship Marketing*, Berlin March.

GUNDLACH G.T. et MURPHY P.E. (1993), « Ethical and Legal Foundations of Relational Marketing Exchanges », *Journal of Marketing*, vol. 57, p. 35-46.

GÜNTHER M. (1998), *Marktforschung mit Panels, Arten/Erhebung/Analyse/ Anwendung*, Eds. Dr. Th. Gabler.

GUPTA S. (1988), « Impact of Price Promotions on when, what and how much to buy », *Journal of Marketing Research*, 25, novembre, p. 342-356.

HAGENAARS J.A. (1990), *Categorical Longitudinal Data : Log-Linear Panel, Trend, and Cohort Analysis*, Eds. Sage.

HANSEN M. et WEINBERG C. (1979), « Retail Market Share in a Competitive Environment », *Journal of Retailing*, 55, 3, p. 37-46.

HARRIS J. (2004), « An Investigation of Brand Choice in Repeat Purchase Markets : The Case of Business Airline Travel », PHD University of New South Wales, Sydney.

HART C. (1995), « Mass Customization : Conceptual Underpinnings, Opportunities and Limits », *International Journal of Service Industry Management*, 6, 2, p. 36-45.

HARTUNG J. (1997), *Modellkatalog Varianzanalyse*, Eds. Oldenbourg, Munich.

HAWKES E. (2000), « Fighting in the Aisles », *Financial Management*, Londres, octobre.

HELSEN K. et SCHMITTLEIN D. (1993), « Analyzing Duration Times in Marketing : Evidence for the Effectiveness of Hazard Rate Models », *Marketing Science*, 11, 4, p. 395-414.

HENNIG-THURAU T. et KLEE A. (1997), « The Impact of Customer Satisfaction and Relationship Quality on Customer Retention : a Critical Reassessment and Model Development », *Psychology and Marketing*, 14, p. 737-764.

HIRSCHMAN A.-O. (1995), *Défection et prise de parole*, Fayard, L'espace du politique.

HIRSCHMAN E., GREENBERG B. et ROBERTSON D. (1978), « The Intermarket Reliability of Retail Image Research : An Empirical Examination », *Journal of Retailing*, 54, 1, p. 3-12.

HOLBROOK M.B. (1999), *Consumer Value : a Framework for Analysis and Research*, Routledge Interpretative Marketing Research Series, New York.

HOLZ S. et TOMCZAK T. (1996), *Kundenclubs. Marktuntersuchung deutschen Clubs*, IM Fachverlag, Ettlingen.

HOLZ S. et TOMCZAK T. (1996), *Kundenclubs als Kundenbindungsinstrument-Hinweise zur Entwicklung erfolgreicher Clubkonzepte*, Université St. Gallen.

http://transpatent.com/gesetze/rabattg.html.

http://www.cgey.com/crm/

http://www.marketingscan.fr/produits/behaviorscan/produits_behavior.html

http://www4.gartner.com/1_researchanalysis/focus/crm2002.html

http://membres.lycos.fr/waarden/recherche.htm

http://christophe.benavent.free.fr/

http://www.loyaltypartner.com/

http://www.marketingscan.fr

HUFF D. (1964), « Defining and Estimating a Trading Area », *Journal of Marketing*, 28, 3, p. 34-38.

HUJER R., (1997), *Wirtschafts – und sozialwissenschaftliche Panel – Studien. Datenstrukturen und Analyseverfahren*, Eds. Vandenh et R.

JACKSON B. (1985), « Build Customer Relationship that Last », *Harvard Business Review*, novembre-décembre, p. 120-128.

JACOBY J. et CHESTNUT R.W. (1978), *Brand Loyalty : Measurement and Management*, J. Wiley & Sons, NY.

JACOBY J. et KYNER D.B. (1973), « Brand Loyalty versus Repeat Purchasing Behavior », *Journal of Marketing Research*, 10, février, p. 1-9.

JACOBY J. et OLSON J.C. (1977), « Consumer Reaction to Price : an Attitudinal, Information Processing Perspective », *American Marketing Association, in Yoram Wind*, p. 73-86.

JAIN D. et VILCASSIM N. (1991), « Investigating Household Purchasing Times Decisions : a Conditional Hazard Function Approach », *Marketing Science*, 10, p. 1-23.

JEPHCOTT J.S. (1972), « Consumer Loyalty. A Fresh Look », Conference of the Market Research Society, Brighton, mars, *in* EHRENBERG, *Repeat Buying. Theory and Applications* (1988), p. 249.

JEULAND A.P. (1979), « Brand Choice Inertia as One Aspect of the Notion of Brand Loyalty », *Management Science*, 25, p. 671-682.

JEULAND A., BASS F. et WRIGHT G. (1980), « A Multibrand Stochastic Model Compounding Heterogeneous Erlang Timing and Multinomial Choice Process », *Operations Research*, 28, p. 255-277, *in* DECKER (1994) et FADER (1993).

JOHNSON K. (1999), « Making Loyalty Programs More Rewarding », *Direct Marketing*, 61, 11, p. 24-27.

JONES T.O. et SASSER W.E. (1995) , « Why Satisfied Customer Defect ? », *Harvard Business Review*, novembre-décembre, p. 89-99.

JUNGWIRTH G. (1998), « Kundenbindung durch Karten. Wunsch & Wirklichkeit, Akzeptanz & Nutzen der Kundenkarte », *Kundenkarten-Fachkonferenz von IIR*, 23, février, Wien.

KAHN B. (1998), « Dynamic Relationships with Customers », *Journal of the Academy of Marketing Science*, 26, 1, p. 45-53.

KAHN B., KALWANI M. et MORRISON D. (1988), « Niching versus Change-of-Pace Brands : Using Purchase Frequencies and Penetration Rates to Infer Brand Positionings », *Journal of Marketing Research*, 15, 4, p. 384-390.

KAHN B. et SCHMITTLEIN D. (1989), « Shopping Trip Behaviour : an empirical investigation », *Marketing Letters*, 1, p. 55-77.

KAHN B., KALWANI M. et MORRISON D. (1986), « Measuring Variety Seeking and Reinforcement Behaviors Using Panel Data », *Journal of Marketing Research*, 23, p. 89-100.

KEARNEY T.J. (1990), « Frequent Flyer Programs : a Failure in Competitive Strategy, with lessons for management », *The Journal of Consumer Marketing*, hiver, 7, 1, p. 31-40.

KEARNS Z., BOUND J. et GOODHARDT G. (1998), *DIRICHLET*, Southbank University.

KELLEY H. et THIBAUT J. (1978), *Interpersonal Relations : A Theory of Independence*, New York, John Wiley & Sons.

KENG K. et EHRENBERG A.S.C. (1984), « Patterns of Store Choice », *Journal of Marketing Research*, 21, p. 399-409.

KENWARD M.G. (1987), « A Method for Comparing Profiles of Repeated Measurements », *Applied Statistics*, 36, p. 296-308.

KIRSTGENS T. (1995), *Erste bundesweite Marktuntersuchung Kundenclubs*, IM Fachverlag, Ettlingen.

KIVETZ R. et SIMONSON I. (2002), « Earning the Right to Indulge : Effort as a Determinant of Customer Preferences Toward Frequency Program Rewards », *Journal of Marketing Research*, 39, 2, p. 155-170.

KLEIN J.P. et MOESCHBERGER M.L. (1997), *Survival Analysis : Techniques for Censored and Truncated Data*, Springer-Verlag Telos.

KOENIG G. (1993), « Production de la connaissance et constitution des pratiques organisationnelles », *Revue de gestion des ressources humaines*, 9, novembre, p. 4-17, *in* THIÉTART R. *et al.*, *Méthodes de recherche en management*, Dunod, (1999), p. 61.

KOHLI A. et JAWORSKI B. (1990), « Market Orientation : the Construct, Research Propositions and Managerial Implications », *Journal of Marketing*, avril, 54, 2, p. 1-19.

KOTLER P. et BLIEMEL F. (1994), *Marketing Management*, Poeschel Verlag Stuttgart, 8e édition.

KROEBER-RIEL W. et TROMMELSDORF V.(1973), « Markentreue beim Kauf von Konsumgütern Ergebnisse einer empirischen Untersuchung », *in Konsumentenverhalten und Marketing*, Eds. Westdeutscher Verlag, Opladen.

KUEHN A.A. (1962), « Consumer Brand Choice. A Learning Process », *Journal of Advertising Research*, 2, p. 10-17.

KUMAR V., GHOSH A. et TELLIS G. (1992), « A Decomposition of Repeat Buying », *Marketing Letters*, 3, 4, p. 407-417.

KUMAR V. et LEONE R. (1988), « Measuring the Effect of Retail Store Promotions on Brand and Store Substitution », *Journal of Marketing Research*, 25, p. 178-186.

LABARBERA P. et MAZURSKY D. (1983), « A Longitudinal Assessment of Consumer Satisfaction/Dissatisfaction : the Dynamic Aspect of Cognitive Process », *Journal of Marketing Research*, 20, p. 393-404.

LAMBREY B. (1995), « L'Importance de l'enseigne dans le processus d'achat des vêtements et le comportement de fréquentation des points de vente », Actes du congrès de l'AfM, Reims, 619-647.

LATTIN J. et MCALISTER L. (1985), « Using a Variety-Seeking Model to Identify Substitute and Complementary Relationships Among Competing Products », *Journal of Marketing Research*, 22, p. 330-339.

LEEFLANG P.S.H., WITTINK D.R. (2000), « Building Models for Marketing Decisions : Past, Present and Future », *International Journal of Research in Marketing*, 17, p. 105-106.

LEEFLANG P.S.H., WITTINK D.R., WEDEL M., NAERT P.A. (2000), *Building Models for Marketing Decisions*, Kluwer Academic Publishers, Dordrecht.

LEFÉBURE G. et VENTURI R (2000), *Gestion de la relation client, Panorama des produits et conduite de projets*, Éds. Eyrolles.

LEHU J.-M. (2000), *La Fidélisation client*, Éditions d'Organisation.

LICHTENSTEIN D.R., NETEMEYER R.G. et BURTON S.(1990), « Distinguishing Coupon Proneness from Value Consciousness : an Acquisition-Transaction Utility Theory Perspective », *Journal of Marketing*, 54, juillet, p. 54-67.

LILIEN G.L., KOTLER P., MOORTHY K.S. (1992), *Marketing Models*, Prentice-Hall, Englewood Cliffs, NJ.

LITTLE J.D.C., (1994), « Modeling Market Response in Large Customer Panels », *in* BLATTBERG R.C., GLAZER R., LITTLE J.D.C. (eds.), *The Marketing Information Revolution*, Harvard Business School Press, Boston, MA, 150-172.

LODISH L.M. (1998), « STAS and BehaviorScan-it's not Just that Simple », *Journal of Advertising Research*, mars-avril, 38, 2, p. 54-56.

LODISH L.M., ABRAHAM M., KALMENSON S., LIVELSBERGER J. *et al.* (1995), « How TV Advertising Works : a Meta-Analysis of 389 Real World Split Cable TV Experiments », *Journal of Marketing Research*, mai, 32, 2, p. 125-139.

LOPEZ C. (1993), Lettre d'information SAS ACTA , n° 19, juin, SAS 19 [2/16]. 1-16

LSA (1999), n° 1657, p. 66-68.

MACINTOSH G. et LOCKSHIN L. (1997), « Retail Relationships and Store Loyalty : a Multi-Level Perspective », *International Journal of Research in Marketing*, 14, p. 487-497.

Marketing Science Institute (2004), *Research Priorities. A Guide to MSI Research, Program and Procedures*, Cambridge.

MASLOW A.H. (1978), *Motivation und Persönlichkeit*, 2, Éds. Olten.

MAZURSKY D. et JACOBY J. (1986), « Exploring the Development of Store Images », *Journal of Retailing*, 62, 2, p. 145-165.

MCALISTER L. (1982), « A Dynamic Attribute Satiation Model of Variety-Seeking Behavior », *Journal of Consumer Research*, 9, p. 141-150.

MCGAHAN A.M. et GHEMAWAT P. (1994), « Competition to Retain Customers », *Marketing Science*, 13, 2, printemps, p. 165-176.

MCPHEE W. (1963), *Formal Theories of Mass Behavior*, New York, Free Press.

MEYER A. et OEVERMANN D. (1995), *Kundenbindung, dans Diller, Hermann : Handwörterbuch des Marketing*, Stuttgart, p. 1340-1351.

MEYER-WAARDEN L . et BENAVENT C. (2001), « Programmes de fidélisation: stratégies et pratiques », Actes du 17e congrès de l'AFM , Deauville.

MEYER-WAARDEN L. (2002), « Les sources d'efficacité des programmes de fidélisation : Une investigation empirique sur un panel « single source» », thèse de doctorat en sciences de gestion, IAE de Pau et Institut für Entscheidungstheorie und Unternehmensforschung, université de Karlsruhe.

MEYER-WAARDEN L. (2003), « L'impact des programmes de fidélisation sur le comportement d'achat », 18e congrès E. Thil, La Rochelle.

MEYER-WAARDEN L. (2003), « Loyalty Programs and their impact on Repeat Purchase Behaviour », Australian and New Zealand Marketing Academy Conference, Adelaide.

MEYER-WAARDEN L. (2003), « Les programmes de fidélisation et leurs opportunités de segmentation », *Décisions marketing*, n° 4, p. 19-30.

MEYER-WAARDEN L. (2004), « Loyalty Programs and their Impact on Repeat Purchase Behaviour. An Extension », European Marketing Academy Conference (EMAC), Murcia.

MEYER-WAARDEN L. (2004), « Do Loyalty Programs Modify Purchase Behaviour ? », European Marketing Academy (EMAC), Murcia.

MEYER-WAARDEN L. et BENAVENT C. (2004), « Programmes de fidélisation : stratégies, pratiques, évolutions et perspectives », *Revue française du marketing*, n° 196.

MICHEAUX A. (1994), *Marketing et bases de données*, Éds. Eyrolles.

MITTAL V. et KAMAKURA W. (2001), « Satisfaction, Repurchase Intent and Repurchase Behaviour : Investigating the Moderating Effect of Customer Characteristics », *Journal of Marketing Research*, 38, février, p. 131-142.

MONROE K. et GUILTINAN J. (1975), « A Path Analysis Explication of Retail Patronage Influences », *Journal of Consumer Research*, 2, p. 19-28.

MORGAN R. et HUNT S. (1994), « The Commitment-Trust Theory of Relationship Marketing », *Journal of Marketing*, 58, 3, p. 20-38.

N'GOALA G. (2000), « Une approche fonctionnelle de la relation à la marque : de la valeur perçue des produits à la fidélité des consommateurs », thèse de doctorat, IAE Montpellier.

NAKO S.M. (1997), « Frequent Flyer Programs and Business Travelers : An Empirical Investigation », *Logistics and Transportation Review*, 28, 4, p. 395- 410.

NARASIMHAM C. (1984), « A Price Discrimination Theory of Coupons », *Marketing Science*, 3, printemps, p. 128-147.

NESLIN S. (1985), HENDERSON C. et QUELCH J. (1985), « Consumer Promotions and Acceleration of Product Purchases », *Marketing Science*, 4, 2, p. 147-165.

NICHOLLS J.G. (1989), *The Competitive Ethos and Democratic Education*, Cambridge, MA, Harvard University Press.

NOLTE H. (1976), *Die Markentreue im Konsumgüterbereich*, Éds. Studienverlag Dr. Brockmeyer, Bochum.

OAG Business Traveller Lifestyle Survey (1993), Dunstable, Bedfordshire, England, Official Airline Guides.

O'BRIEN L. et JONES C. (1995), « Do Rewards Really Create Loyalty ? », *Harvard Business Review*, 73, mai-juin, p. 75-82.

OLIVER R.L. (1999),« Whence Consumer Loyalty ? », *Journal of Marketing*, 63, p. 33-45.

ORTMEYER G., LATTIN J. et MONTGOMERY D. (1991), « Individual Differences in Response to Consumer Promotions », *International Journal of Research in Marketing*, 8, 3, p. 169-185.

PAAS L. et KUILJEN T. (2001), « Towards a General Definition of Customer Relationship Management », *Journal of Database Marketing*, Londres, p. 10-21.

PALMER A., MCMAHON-BEATTIE U. et BEGGS R. (1997), « Loyalty Programs : Congruence of Market Structure and Success », *Academy of Marketing : Proceedings of Annual Conference*, Marketing Without Borders, vol. 1, p. 711-721.

PASSINGHAM J. (1998), « Grocery Retailing and the Loyalty Card », *Journal of the Market Research Society*, janvier, p. 55-64.

PEISER W. (1991), *Kohortenanalyse in der Konsumentenforschung*, Eds. Dt. Universitätsverlag.

PEPPERS D. et ROGERS M. (1993), *The One to One Future : Building Relationships on Customers at a Time*, New York, Currency/Doubleday.

PETERSON R., ALBAUM G., RIDGWAY N. (1989), « Consumers who Buy from Direct Sales Companies », *Journal of Retailing*, 65, p. 273-286.

PINE J. (1993), *Mass Customization*, Harvard Business School Press.

PORTER M. (1985), *L'Avantage concurrentiel*, InterÉditions.

PORTER M.E. (1999), *Wettbewerbsvorteile (Competitive Advantage) : Spitzenleistungen erreichen und behaupten*, Frankfurt/New York.

RAJU J. (1992), « The Effect of Price Promotions on Variability in Product Category Sales », *Marketing Science*, 11, 3, p. 207-220.

REICHHELD F. (1996), *The Loyalty Effect, the Hidden Force Behind Growth, Profits and Lasting Value*, Harvard Business School Press.

REICHHELD F. et SASSER W. (1990), « Zero Defections : Quality Comes to Services », *Harvard Business Review*, 68, septembre-octobre, p. 105-111.

REICHHELD F. et SASSER E.W. (1998), « Zero-Migration : Dienstleister im Sog der Qualitäts-revolution », *in* Eds. BRUHN M. et HOMBURG C., *Handuch Kundenbindungs-management*, Wiesbaden. 136-150.

REINARTZ W.J. (1999), « Customer Life Time Analysis : an Integrated Empirical Framework for Measurement and Explanation », *PHD*, Université de Houston.

Retail Advertising and Marketing Association International in Chicago (1999).

REUTTERER T. et KOUSEK H. (2000), « Determinants of Store Choice : an Empirical Study of Consumer Grocery Shopping Trip Behavior », The 3rd French-German Conference about Retailing and Distribution in Europe, Saint-Malo, mai.

ROEHM M., BOLMAN PULLINS E. et ROEHM H.A Jr. (2002), « Designing Loyalty-Building Programs for Packaged Goods Brands », *Journal of Marketing Research*, 39, 2, p. 202-214.

ROGERS E. (1983), *Diffusion of Innovations*, New York, The Free Press, 3e éd.

Roland Berger Strategy Consultants (2003), « Studie Kundenbindungsprogramme ».

ROSENBERG L. et CZEPIEL J. (1984), « A Marketing Approach to Consumer Retention », *Journal of Consumer Marketing*, 1, printemps, p. 45-51.

ROSSI P.E., MCCULLOCH R.E. et ALLENBY G.M. (1996), « The Value of Purchase History Data in Target Marketing », *Marketing Science*, 15, 4, p. 321-340.

ROTHSCHILD M. et GAIDIS W. (1981), « Behavioral Learning Theory : Its Relevance to Marketing and Promotions », *Journal of Marketing*, 45, printemps, p. 70-78.

RUNGIE C. (2004), « Estimation of the Parameters of the Dirichlet Model using Likelihood Theory », *Marketing Bulletin*, n° 1.

RUNGIE C. (2003), « Metric Utility Modelling Approach to Consumer Behaviour », *Working Paper School of Marketing*, University of South Australia, Adelaide.

RUNGIE C. (2003), « Repeated Revealed Preference Methods : Dirichlet Multinomial Regression », *Working Paper School of Marketing*, University of South Australia, Adelaide.

RUNGIE C., GOODHARDT G. et DRIESENER C. (2003), « Calculation of the Brand Performance Measures for the Dirichlet Model », *Working Paper School of Marketing*, University of South Australia, Adelaide.

RUST R. et ZAHORIC A. (1993), « Customer Satisfaction, Customer Retention and Market Share », *Journal of Retailing*, 69, n° 2.

SALANT S. (1987), « When is Inducing Self Selection Suboptimal for a Monopolist », Working Paper, University Michigan.

SALERNO F. et CALCIU M. (1997), « Modélisation participative sur le Web : un modèle de rétention des clients », *Décisions marketing*, 11, p. 31-42.

SALERNO A. (2001), « Une étude empirique des relations entre personnalisation, proximité dyadique et identité de clientèle », *Recherche et applications en marketing*, 16, 4, p. 25-46.

SCHILLER K. (1991), « Analyse von markentreuem Kaufverhalten mit loglinearen Modellen », Cahier de recherche n° 77, Institut für Entscheidungstheorie und Unternehmensforschung, université Karlsruhe.

SCHMITTLEIN D.C. et PETERSON R.A. (1994), « Customer Base Analysis : an Industrial Purchase Process Application », *Marketing Science*, 13, 1, p. 41-67.

SCHMITTLEIN D.C., MORRISON D.G. et COLOMBO R. (1987), « Counting Your Customer : Who are They and what will They do Next ? », *Management Science*, 33, p. 1-24.

SHAPIRO C. et VARIAN H. (1999), *Économie de l'information. Guide stratégique de l'économie des réseaux*, DeBoeck, Université Paris, Bruxelles.

SHARP A, SHARP B., WRIGHT M. (1997), « Questioning the Value of the True Brand Loyalty Distinction », proceedings of the Australian Marketing Educators Conference, Melbourne Australia.

SHARP B. et SHARP A. (1997), « Loyalty Programs and their Impact on Repeat-Purchase Loyalty Patterns », *International Journal of Research in Marketing*, 14. p. 473- 486.

SHARP B. et SHARP A. (1999), « Loyalty Programs and Their Impact on Repeat-Purchase Loyalty Patterns : a Replication and Extension », 28th EMAC Proceedings, Berlin, Institute of Marketing II, Humboldt-Universität.

SHARP B., RUNDLE-THIELE S. et DAWES J. (1997), « Three Conceptualisations of Loyalty », Australia New Zealand Marketing Educators Conference, Melbourne, vol. 3, REED P., LUXTON S. et SHAW M.R. (éd.), Department of Marketing, Monash University, p. 1283-1293.

SHEPARD D. (1995), *The New Direct Marketing*, Eds. Richard Irwin, NY.

SHEPHERDSON N. (2000), « Holding All the Cards », *American Demographics*, Ithaca, février, 22, 2, p. 35-37.

SHETH J.N. et PARVATIYAR A. (1994), *Relationship Marketing : Theory, Methods and Applications*, Atlanta Emory University.

SHRAKE S. (1999), « Studies Find Loyalty Pinned (Lossely) to Satisfaction, Value », *Target Marketing*, septembre, 22, 9, p. 14-18.

SNYDER C. et FROMKIN H. (1980), *Uniqueness : the Human Pursuit of Difference*, New York, Plenum Press.

SORMAN D. (1998), « The Illusion of Delayed Incentives : Evaluating Future Effort-Money Transactions », *Journal of Marketing Research*, 35, novembre, 4, p. 427-438.

Stern Trend Profil (2001), vu sur le site de http://www.loyaltypartner.com/.

Taylor Nelson AGB 1995-1997 Omnimas Survey.

TAYLOR J.W. (1977), « A Striking Characteristic of Innovators », *Journal of Marketing Research*, 14, 1, p. 104-107.

THALER R. (1985), « Mental Accounting and Consumer Choice », *Marketing Science*, 4, p. 199-214.

THALER R. H. (1980), « Toward a Positive Theory of Consumer Choice », *Journal of Economic Behavior and Organization*, 1, p. 390.

TIROLE J. (1989), *The Theory of Industrial Organisation*, MIT Press, Cambridge.

UNCLES M. (1994), « Do you or your Customers Need a Loyalty Scheme ? », *Journal of Targeting Measurement and Analysis for Marketing*, janvier, p. 335-349.

UNCLES M.D. et EHRENBERG A.S.C. (1990), « The Buying of Packaged Goods at US Retail Chains », *Journal of Retailing*, 66, automne, p. 278-296.

VAN HEERDE H., LEEFLANG P. et WITTINK D. (1999), « The Estimation of Pre- and Postpromotion Dips with Store-Level Data », Working Paper, Yale School of Management, New Haven, CT.

VARIAN H. (1989), *Price Discrimination, Handbook of Industrial Organisation*, SCHMALENSEE R. et WILLIG R. (éd.), Amsterdam.

VAVRA T. (1993), « Rethinking Marketing Mix to Maximize Customer Retention : an After Marketing Perspective », AMA, été 1993, p. 263-268.

VAVRA T. (1995), *After Marketing, How to Keep Customers for Life Through Relationship Marketing*, Mc Graw Hill.

VENOR B. et ZINKE C. (1998), *Kundenbindung als Strategisches Unternehmensziel : Vom Konzept zur Umsetzung*, *in* BRUHN, MANFRED/HOMBURG, CHRISTIAN (Eds.) (1998), *Handbuch Kundenbindungsmanagement*, Wiesbaden, p. 151-168.

VILCASSIM N. et JAIN D. (1991), « Modeling Purchase-Timing and Brand Switching Behavior Incorporating Explanatory Variables and Unobserved Heterogeneity », *Journal of Marketing Research*, 28, 1, p. 29-41.

VÖGELE S. (1991), *L'Entretien de vente par lettre*, Eds. Selz, Colmar.

VOLLE P. et DESMET P. (1994), « La Fréquentation des points de vente : une analyse descriptive préliminaire », Cahiers de recherche du CERESSEC, ESSEC, 94/49, décembre.

VOLLE P. (1999), *Promotion et choix du point de vente. Marketing promotionnel des distributeurs et choix du point de vente par les consommateurs*, Vuibert, Collection FNEGE.

Wall Street Journal (2000), New York, 19 juin, auteur anonyme.

WANSINK B. et DESHPANDE R. (1994), « Out of Sight, out of Mind Panty and Brand-Usage Frequency », *Marketing Letters*, 5, janvier, p. 91-100.

WIENCKE W. et KOKE D. (1994), *Cards and Clubs*, Eds. Econ, Düsseldorf.

WIENCKE W. et TRIBIAN U. (1996), « Händler und Absatzmittler-Marketing durch Business-to-Business-Clubs », *Der Karriereberater*, 7, p. 149-160.

WILLIAMSON O. (1993), « Calculativeness, Trust and Economic Organization », *Journal of Law and Economics*, 36, avril, p. 453-488.

Wirtschaftswoche, n° 36, 28 août 2003, p. 67-68.

WOODSIDE G. et SONI K. (1991), « Customer Portfolio Analysis for Strategy Development in Direct Marketing », *Journal of Direct Marketing*, 5, 2.

WOOLF B. (1997), *Le Marketing de la différence*, Eds. Village Mondial.

WRIGHT C. et SPARKS L. (1999), « Loyalty Saturation in Retailing : Exploring the End of Retail Loyalty Cards ? », *International Journal of Retail and Distribution Management*, 27, 10, p. 429-440.

WRIGLEY N. et DUNN R. (1984), « Stochastic Panel-Data Models of Urban Shopping Behaviour : Multistore Purchasing Patterns and the Dirichlet Model », *Environment and Planning A*, 16, p. 759-778.

ZEITHAML VALARIE A. (1988), « Consumer Perceptions of Price, Quality, and Value : a Means-End Model and Synthesis of Evidence », *Journal of Marketing*, 52, p. 2-22.

Collection FNEGE

Les ouvrages collectifs

- *Gestion et théorie des jeux*, ouvrage collectif coordonné par Jacques Thépot.
- *Faire de la recherche en marketing ?*, ouvrage collectif coordonné par Bernard Pras.
- *Faire de la recherche en contrôle de gestion ?*, ouvrage collectif coordonné par Yves Dupuy.
- *Faire de la recherche en logistique et distribution ?*, ouvrage collectif coordonné par Nathalie Fabbe-Costes, Jacques Colin et Gilles Paché.
- *Confiance et performance. Un essai de management comparé France-Allemagne*, ouvrage collectif coordonné par Jean-Claude Usinier.
- *Faire de la recherche en systèmes d'information*, ouvrage collectif coordonné par Frantz Rowe.
- *Images de l'investissement*, ouvrage collectif coordonné par Gérard Charreaux.
- *Faire de la recherche en comptabilité financière*, ouvrage collectif coordonné par Pascal Dumontier et Robert Teller.
- *Stratégies, actualités et futurs de la recherche*, ouvrage collectif coordonné par Alain-Charles Martinet et Raymond-Alain Thietart.
- *Les nouvelles fondations des sciences de gestion*, ouvrage collectif coordonné par Albert David, Armand Hatchuel et Romain Laufer.
- *Institutions et Gestion*, ouvrage collectif coordonné par Isabelle Huault.

Les thèses

- *Promotion et choix du point de vente*, Pierre Volle.
- *Politique marketing du point de vente*, Sandrine Macé.
- *Management de l'innovation*, Florence Durieux.
- *La relation client, fidélité, fidélisation, produits fidélisants*, Dominique Crié.
- *Une approche de l'évolution des systèmes*, Radouane Oudhriri.
- *Les banques de données comptables*, Joëlle Carcreff.
- *L'augmentation de capital*, Sébastien Dereeper.
- *Prévenir les conflits dans les partenariats d'innovation*, Marc Fréchet.
- *Les suppressions d'emploi*, Florent Noël (à paraître).

Achevé d'imprimer en janvier 2009
sur presse numérique par CPI, Firmin Didot
au Mesnil-sur-l'Estrée

N° d'éditeur : 2009/088
Dépôt légal : mai 2004
N° d'impression : 93558

Imprimé en France